現代中国の医療行政

「統制」から「予期せぬ放任」へ

金 貝 ──［著］

東京大学出版会

Health Policy in Contemporary China:
From State Control to Unexpected Liberalization
Bei JIN
University of Tokyo Press, 2017
ISBN 978-4-13-036261-0

目　　次

序章　社会問題化した中国の医療 ……………………………………1
 1．問題の所在　1
 2．福祉国家論の例外としての中国　10
 3．中国の医療に関する研究の展開　13
 4．本書の内容　19

第1章　「社会主義的」医療行政の形成 ………………………………23
 第1節　計画経済体制の樹立　23
  1．マクロの視点からみる国民経済　23
  2．ミクロの視点からみる国民生活　29
 第2節　計画経済期の3大医療保険制度　34
  1．都市労働者向けの労保医療　35
  2．国家機関職員向けの公費医療　38
  3．互助共済に基づく農村合作医療　42
  4．3大医療保険制度の性格　48
 第3節　計画経済期の「衛生行政」　50
  1．衛生部門の設立　50
  2．医療機関の整備　51
  3．公立病院の診療報酬制度と財政補助制度　57
 第4節　計画経済期の医薬品管理　63
  1．医薬品行政の発足　63
  2．製薬工業の発展　66
  3．医薬品供給体制の形成　68
  4．医薬品行政における協働　71
  5．薬価管理　73
 小　括　77

第 2 章　経済体制移行の始動 …………………………… 81

第 1 節　農村経済改革の先行　81
第 2 節　国有企業改革の展開　89
第 3 節　財政制度の修正　98
第 4 節　国民生活の変化　108
小　括　112

第 3 章　公的医療保険制度の再編 …………………………… 115

第 1 節　労保医療と公費医療の統合　115
1. 医療費請負の試行　117
2. 医療費の社会調達の普及　118
3. 「統帳結合」方式の選定　121
4. 城鎮職工基本医療保険の発足　126
5. 城鎮職工基本医療保険の発展　136

第 2 節　農村合作医療の崩壊と再建　139
1. 合作医療が崩壊した原因　140
2. 合作医療の再建と挫折　144
3. 新型農村合作医療の確立　145
4. 新型農村合作医療の普及　151

第 3 節　国民皆保険を目指して：城鎮居民基本医療保険の創設　154
1. 城鎮居民基本医療保険の発足　154
2. 城鎮居民基本医療保険の定着　158

第 4 節　城郷医療救助制度の新設　161
小　括　164

第 4 章　「衛生行政」の統制緩和 …………………………… 169

第 1 節　「衛生行政」の機能回復　169
第 2 節　公立病院改革の展開　174
1. 「経済管理」の試行　174
2. 医療の「市場化」の発端　178
3. 統制緩和の推進　184

4. 行き過ぎた統制緩和への反省　190
　　5. 改革の方向と成否をめぐる論争　202
　第3節　「衛生行政」の変容　205
　小　括　213

第5章　値下げできない医薬品市場の謎……………………215
　第1節　医薬品「市場」の形成　215
　　1. 医薬品行政の再建　216
　　2. 統制緩和の始動　218
　第2節　医薬品改革の展開　221
　　1.「放任」された医薬品市場　221
　　2. 規制強化の試み　224
　　3. 薬価規制の展開　228
　　4. 医薬品集中入札購入制度の登場　233
　　5. 規制強化への再出発　243
　第3節　医薬品行政の限界　246
　小　括　247

終章　医療の「公益性」への再挑戦……………………249
　　1. 医療改革の最新動向　249
　　2. 本書の知見　270

あとがき　273
参考文献　281
索引　311

序章　社会問題化した中国の医療

1. 問題の所在

　国民に十分な医療を提供することは，先進国と発展途上国とを問わず世界各国の政府が取り組んできた共通課題である．このことは，巨大な人口を抱える中国[1]も例外ではない．1949年10月に中華人民共和国が成立して以来，医療を受ける権利は，国民の基本的権利として中華人民共和国憲法によって規定されている[2]．実際，1949-1978年の計画経済期の下で，経済発展の水準が非常に低かったにもかかわらず，国民は極めて低い自己負担で医療へのアクセスが保障されていた．

　他方で，建国から1978年末頃までの中国の医療事情を鑑みて言えば，改革開放期に入ってから，国が医療衛生事業を発展させる道程は，決して平坦なものではなかった．無論，経済の発展に伴い，医療提供の質は大きな進展を遂げ，国民の健康状況も大きく改善された．国民の平均余命は，建国前にわずか35歳であったのに対して，2010年にそれが74.8歳へと延び，一部の地域がさらに80歳を突破した[3]．乳児死亡率も，建国前の200‰から2010年の13.1‰へ急激に低下し，2015年世界平均水準の31.7‰の半分以下に抑えられている[4]［図0-1］．

---

[1]　本書のいう中国は，現代中国，すなわち，1949年10月に成立した中華人民共和国を指す．
[2]　中華人民共和国の成立後，合計4つの憲法を公布，施行してきたが，国民の医療を受ける権利は，一貫して「国民の基本的権利及び義務」に記載されている．現行憲法は，1982年12月に公布された憲法であり，その45条では，「中華人民共和国公民は，老齢，疾病または労働能力喪失の場合に，国家および社会から物質的援助を受ける権利を有する．国家は，公民がこれらの権利を享受するのに必要な社会保険，社会救済および医療衛生事業を発展させる」と記されている．
[3]　WHOの最新統計によると，2015年の世界平均余命は71.4歳である．これは，2000年当時中国の国民平均余命である．現在，194カ国のうち29の先進国の国民平均余命は80歳を超えているが，中国の場合，上海と北京の市民平均余命は2010年当時すでに80歳を突破した．WHO, "World Health Statistics 2016: Monitoring Health for the SDGs," p. 9. 国家衛生和計画生育委員会『2015年中国衛生和計画生育統計年鑑』中国協和医科大学出版社，2015年，233頁．
[4]　2015年に中国の乳児死亡率は9.2‰に下がっている．膨大な人口を抱える発展途上国にしては，

2　序章　社会問題化した中国の医療

［図 0-1］　国民健康状況の推移

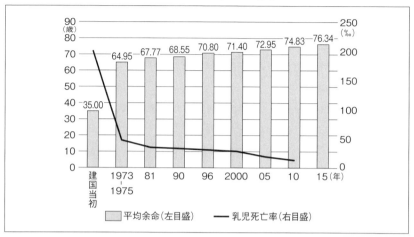

注：1973-1975 年の平均余命は，男女の平均余命に基づき算出したものである．
出典：2004 年，2015 年「中国衛生（和計画生育）統計年鑑」，「2016 年中国統計年鑑」に基づき，著者が作成．

［図 0-2］　1978 年以降の国民医療費

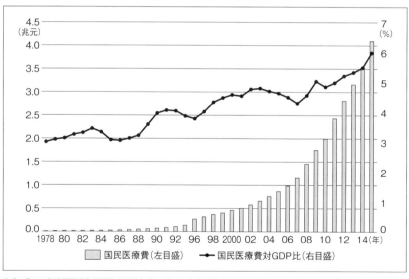

出典：「2015 年中国衛生和計画生育統計年鑑」，「2016 年中国統計年鑑」に基づき，著者が作成．

また，国民医療費⁵⁾も急速な膨張を見せ，それが国内総生産（GDP）に対する比率も全体として上がり続け，現在は6％近くに達したほか［図0-2］，医療機関の病床数及び医療従事者数も一貫して上昇してきた．

　ところが，こうした成果の大部分が，計画経済期に達成されたことにも留意してほしい．経済体制の移行に伴って，中国の医療にも大きな変革の波が訪れた．1980年代に入ると，中国の医療発展が失速の気配を見せた上で，期待を裏切る結果も生じた．何よりも明白な形で現れたのは，国民医療費における財政支出の低下である．［図0-3］が示すように，1978年時点で，財政支出の比率は32.2％だったのに対して，2000年にそれが15.5％へと下落し，1978年の水準の半分も満たさない．また，［図0-4］で分かるように，1990年代に入ってから，医療財政支出が財政支出全体に占める割合も全体として低下する一途であり，1990年の水準に戻るのが2009年に新たな医療改革（以下，通称の「新医改」という）が発足して以後のこととなる．

　この変化により，早速，国民の健康状況と医療費負担にしわ寄せが及んだ．一例として，1990年代半ば以降，以前にほぼ撲滅されたはずの伝染病と地方病の発症率は，再び上昇に転じた⁶⁾．また，財政投入の後ろ盾を失うと，ほぼ無料な医療提供の時代が終わり，公的医療保険制度への切り替えが始まった．同時に，公立病院に「経済管理」が実施されたが，「薬漬け・検査漬け」問題が悪化の一途を辿った．そこで，医療提供の量と質が向上した一方，国民の医療費負担は次第に重くなり，2001年にほぼ国民医療費の6割を占めたほか，［図0-5］が示すように，医療支出が家計に占める割合も大幅に増えた．結果として，2000年代に入ってから，国民の医療費負担が家計を圧迫し，「疾病が貧困を招く」（因病致貧）現象が，新たな社会問題として浮上した．こうして，計画経済と決別してから，経済発展の恩恵を受ける形で，中国の医療衛生事業にも大きな期待が寄せられたにもかかわらず，国民の視点からいうと，医療水準はむしろ相対的に低下してしまった⁷⁾．さらに，計画経済期の下では一度も社会問題とされなかった中国

　　これは悪くないパフォーマンスであろう．
　　［http://apps.who.int/gho/data/view.main.182］（最終検索日：2016年10月25日）
5）　中国の国民医療費は，統計上では「衛生総費用」という指標によって把握され，医療衛生提供に対する政府，社会，個人の三者からの支出が含まれる．
6）　王紹光「中国公共衛生的危機与転機」『経済管理文摘』第19巻，2003年，38-40頁．

4　序章　社会問題化した中国の医療

[図 0-3]　1978 年以後国民医療費の構成

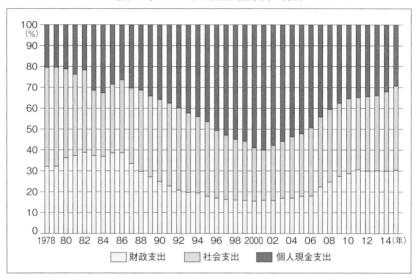

出典：[図 0-2] と同じ．

[図 0-4]　1990 年代以降医療財政支出の推移

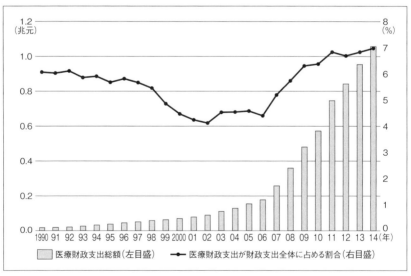

出典：「2015 年中国衛生和計画生育統計年鑑」に基づき，著者が作成．

[図 0-5] 1990 年代以降国民の医療支出

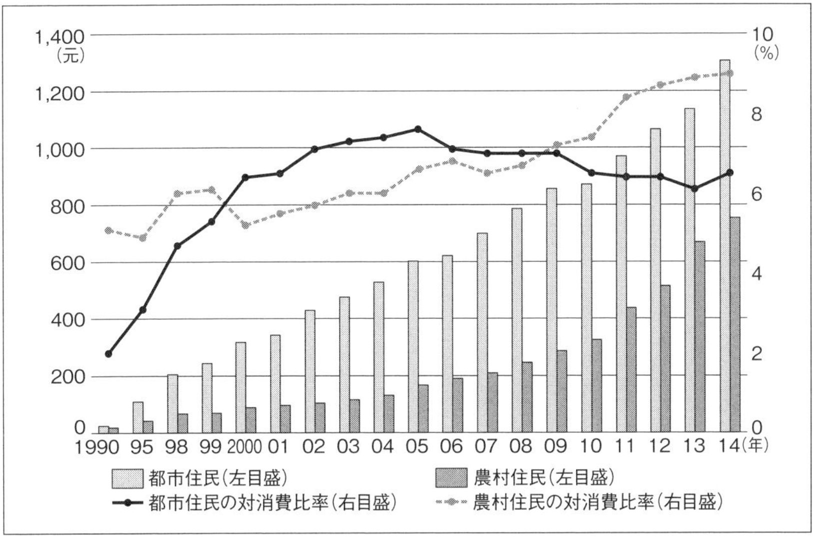

出典：2003-2015 年「中国衛生（和計画生育）統計年鑑」に基づき，著者が作成．

の医療は，経済体制の移行期に当たる今日においては，社会の安定を脅かすほどの深刻な問題となりつつある．

ところで，改革開放の路線が確立された当初，急速な経済成長に伴い，国民所得が上昇を続けた．これもあって，しばらくの間，国民医療費の伸びは社会問題というより，医療改革の過渡期に伴う陣痛と捉えられたように思われる．しかし，改革が進み，新たな公的医療保険制度の枠組みがほぼ整った頃になっても，問題は一向に改善の兆しを見せなかった．2006 年 3-7 月，中国社会科学院が社会安定状況をめぐって全国調査を実施し，その結果は 2007 年社会青書の一部として公表された．調査の結果，「受診難・高負担」（以下，中国語の「看病難，看病貴」

---

7) 医療制度を評価する基準として，1994 年にキシックが提起した「鉄の三角」はよく利用される．すなわち，医療のアクセス，クオリティとコストは，医療制度の抱える 3 つの競合的な部分であり，低水準のコストと高水準のアクセス及びクオリティは，医療制度の理想型とされる．詳細は，Kissick（1994）を参照されたい．この視点から見ても，改革開放期の中国の医療状況は，低水準のアクセスと高水準のクオリティ及びコストに当たる．つまり，医療のクオリティの改善が遂げられた一方，アクセスとコストのパフォーマンスはともに低下したという結論が導かれる．

という)が，初めて社会問題の首位に上った．それまでの調査では，失業，所得格差，汚職腐敗，社会保障が常に上位4位を占めていたのに対して，この年には医療が初めて最大の社会問題と認識されたのであった[8]．この意味で，医療が社会問題化する中で，中国の医療行政の対応は大きく遅れたと言わざるを得ない．この問題は，政府の中でも認識されたようである．2005年，中国国務院発展研究センターはすでに医療改革の失敗を宣言した[9]．この結論が発表されると，たちまち世論で大きな反響を呼び，医療改革の成否をめぐる議論が白熱した．偶然にも，2006年に10名以上の死者が出る大きな薬害事件が各地で連発した．医療費の高騰をもたらす要因の1つとして，1980年代からの薬価の急騰も挙げられるが，今度，薬品の安全問題まで発覚すると，医薬品に対する国民の不満も一気に噴き出したのである．

　医療問題に対する国民の猛烈な非難を背景に，指導部が医療改革に本格的に取り組む決意が固まった．2009年3月，医療制度全般の抜本的な改革を目指し，新たな医療改革，「新医改」が打ち出された．しかしながら，30年を経て，医療の各領域には，強固な利益構造がすでに定着しており，問題を解決する糸口を見つけることすら困難である．さらに，医療機関[10]と医療従事者[11]の信用は失墜しつつあり，診療の妥当性をめぐって，患者及びその家族が医療従事者に暴力を振るう傷害事件（医患糾紛，暴力傷医）も頻発するようになった[12]．今や，中

---

8) 汝信他『2007年中国社会形勢分析与予測』社会科学文献出版社，2006年，24-25頁．

9) 2005年7月28日，中国国務院発展研究センターとWHOが共同に発表した研究報告では，これまでの医療改革の民営化，市場化の志向が，医療の公益性を引き下げ，医療資源投入の効率の低下を招いたゆえに，「全体として，中国の医療衛生体制改革は成功しなかった」という判断を下した．葛延風他「対中国医療衛生体制改革的評価与建議」『中国発展評論』A01巻，2005年，1-14頁．

10) 統計上は「医療衛生機構」という項目に当たるが，疾病の診断及び治療を行う病院（医院），衛生院，療養院，外来部（門診部），診療所，衛生所（室）及び救急ステーション（急救站）等が含まれる．国務院「医療機構管理条例」1994年2月26日．建国以来，公立病院は医療提供の主な担い手であり，医療問題の核心にもあることから，本書は医療機関を論じる際，公立病院を中心に議論を展開するとする．

11) 統計上では主に「衛生技術人員」という項目に当たるが，医療・予防・保健人員，中薬・西薬人員，看護人員，その他の衛生技術人員に分けられる．すなわち，医師の他に，看護師や薬剤師も含まれる．中央職称改革工作領導小組「衛生技術人員職務試行条例」1986年3月15日．

12) 2002年5月，WHOは医療機関における「暴力」について定義を行った．その後，中国病院協会は，2003-2012年に全国の病院で発生した暴力傷医の状況について調査を実施した．結果として，医療従事者が悪罵及び脅迫を受けるのがすでに普遍的な現象となり，発生する病院の比率が2008年の90%から2012年の96%に上がった．また，医療従事者の身体が攻撃を受け，人身傷害事件に至る回数も年々上がり，発生する病院の比率は2008年の47.7%から2012年の63.7%に上昇し

国の医療が直面する深刻な問題は，海外からも注目を集めている[13]．

　こうして，中国の医療改革は難局に陥っている．問題を解決するには，利益構造にメスを入れることになろう．しかし，中国の医療をめぐって，一体誰が利益を得ているのかが，必ずしも明らかではない．利益関係者として，国民，中央・地方政府及び関連する行政部門[14]，医療機関，医療従事者，医薬品製造・販売業者などが想定される．詳しい分析は後に譲るとして，ここでは，国民，医療従事者，公立病院，医薬品製造販売業者，政府に注目してみよう．まず，国民の医療費負担が重く，医療へのアクセスが妨げられる実情に着目すると，国民は医療問題の唯一の被害者であるかのように見受けられる．しかし，医療従事者[15]を対象とする傷害事件の頻発を考えると，医療従事者も被害者の一人であると言わざるを得ない．2013年10月17日から10日の間に，各地で6件の「暴力傷医」事件が連発し，2名の勤務医が死亡した．こうして，中国では公立病院の勤務医はもはや高いリスクの職業になりつつある．しかも，患者の大病院志向や患者数の急増により，大多数の公立病院の勤務医は，平日に激務に追われている一方，その平均賃金は，社会平均賃金の2倍前後の低い水準に抑えられている[16]．そこで，2013年10月25日に起こった浙江省温嶺市第一人民医院の王雲傑医師殺害事件は，全国の医療従事者の不満の捌け口となった．これ以降，「暴力傷医」事件の厳重処罰及び勤務環境の安全向上を求めて，各地の医療従事者が地方政府の前でデモ集会を行うようになった[17]．同時に，転職を選ぶ医師が増え，自分の子女が医学を学ぶことに反対する医師も決して少なくない[18]．

　　　た．さらに，悪質な人身傷害事件の発生頻度も年々増え，2003-2012年に合計で40件あり，2012年はピークに達したという．賈暁莉他「2003年-2012年全国医院場所暴力傷医情況調査研究」『中国医院』第18巻第3号，2014年，1-3頁．
13)　Chinese Doctors are under threat, The Lancet 376（9742），28 August 2010, p. 657.
14)　中国では，中央・地方政府の行政組織の通称は「行政部門」であり，本書も，この表現を使う場合が多い．
15)　現在，医療問題でもっとも批判にさらされるのは，公立病院の勤務医である一方，薬価の問題では薬剤師の責任が問われることも多い．また，医療機関の暴力傷害事件では，看護師が被害者となることもよく見られる．
16)　OECD諸国の場合，医師の平均賃金は社会平均水準の2-4倍となるという．これに比べて，中国の公立病院勤務医の平均賃金水準は，比較的に低いことが分かる．貢森他『中国公立医院医生薪酬制度改革研究』社会科学文献出版社，2016年，3頁．
17)　近年の一例として，2015年6月24日，重慶医科大学附属児童医院の当直医師が，診断を経て患者の入院を許可しなかったことでその家族から暴力を受けて負傷した．翌日，病院の前で，当該病院の全医療従事者の数百人が抗議集会を開いた．

それでは，最も大きな利益を得ているのは公立病院であるかというと，現状ではそうとも一律に言えない．第4章でまた詳しく述べるが，1980年代から公立病院への財政補助は一定額に抑えられるようになったにもかかわらず，診療報酬基準が以前のようにコスト以下の低水準に抑えられていた．この状況の中で，公立病院はかろうじて経営を続けてきた一面がある．無論，これは「薬漬け・検査漬け」の問題にもつながり，計画経済期の下で再三強調されていた医療の「公益性」は，もはや失われつつあるのである．しかも，すべての公立病院は，大きな黒字を出したわけではない．全体として，一部の大規模な公立病院は大きな利潤を上げたのに対して，中小規模の公立病院の多くは，少ない財政補助と診療収入で採算が取れず，医療従事者の賃金支給にも悩まされている[19]．

　ところで，医薬品製造・販売業者も厳しい競争にさらされ，収益率がさほど高くない．1980年代以来，薬価の不合理な高騰が非難を浴びている．しかし，第5章で説明するように，中国の製薬産業では，後発医薬品の製造がメインで，完全競争市場に近い状況を作り上げている．医薬品同士の代替可能性が高いゆえに，医薬品業者が関連行政部門，公立病院の勤務医や医薬品担当者に対して，大量な営業活動を行わざるを得ない．ここで，医薬品の営業費用は，最大薬価の9割を占めるという[20]．近年，公的医療保険の診療報酬コントロール，公立病院の医薬品集中購入方式が低価を求める傾向や，製薬工業のGMP改造の推進により，2012年以来，医薬品産業の収益増が急降下を経験している[21]．

　最後に残るのは，政府である．1980年代半ば以降，国民医療費に占める財政支出の割合が減り続けた一方，国民の負担が急速に重くなった．2001年当時，国民負担が国民医療費のほぼ6割を占めたのに対して，財政負担がその16％未満の水準に落ちた．この巨大な医療負担の格差を埋めるべく，医療への財政投入がその後着実に増えたが，現在でも1978年の水準を取り戻していない．さらに，医療問題の抜本的な改革を目指す新医改の発足に伴い，2009年から2011年の3年間に，合計8,500億元の莫大な財政支出が医療分野に投下されたが，それに見

---

[18]　白剣鋒「医生子女為何不学医」『人民日報』2010年3月25日付，19面．
[19]　侯建林『公立病院薪酬制度的国際比較』北京大学医学出版社，2016年，213-214頁．
[20]　周学栄『中国医療価格的政府管制研究』中国社会科学出版社，2008年，116-117頁．
[21]　中国製薬網「三大因素迫使医薬行業利潤率快速下滑」（2014年12月30日）[http://www.zyzhan.com/news/detail/44430.html]（最終検索日：2017年2月2日）

[図 0-6] 1980 年代以降の人口構成

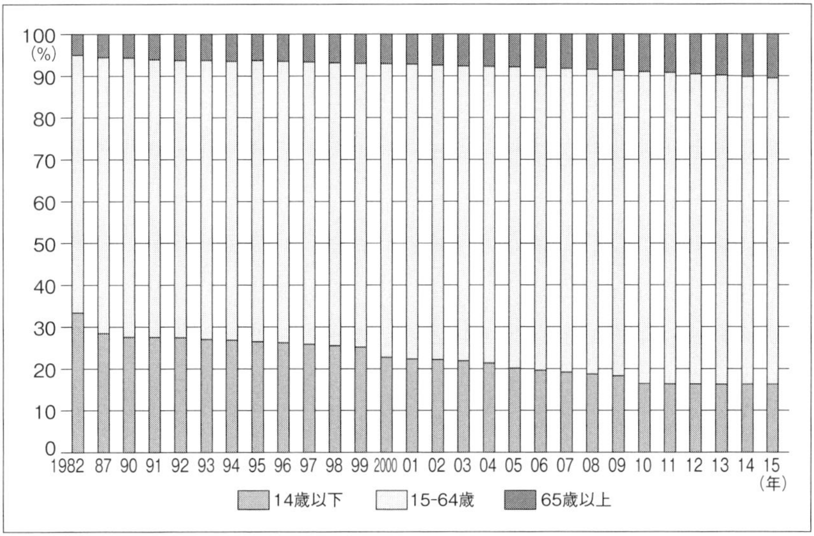

出典:「2016 年中国統計年鑑」に基づき, 著者が作成.

合うほどの効果を上げたとは言い難い. 確かに, 経済体制移行期の当初, 経済成長が優先された反面, 医療の発展が後回しされたことに関しては, 政府は責任を免れることができない. しかし, 2000 年代以来, 国が診療価格や薬価の適正化に真剣に取り組んできたことも否定できない. 低コストをもって, 国民に高質な医療を提供することに挫折したことから, 中国政府も勝者ではなかろう. 他方, 1979 年に一人っ子政策が実施されてから, 1980 年代以来 14 歳以下の人口が急速に減少してきた一方, 65 歳以上の人口も着実に増えつつあった [図 0-6]. この少子高齢化の傾向[22] は, 中国の医療行政に新たな課題を与えたといえる.

このように, 経済体制の移行期の下で, 国民医療費における国民負担や財政支出が増える一方で, 医療をめぐる各利益関係者は, いずれも経済改革の恩恵を実感できていない. この奇妙な現象は, まさに中国の医療が抱える問題と改革の限界を物語っている. この状況を踏まえ, 本書では次の 2 つの問いに取り組む. 第 1 に, 経済体制の移行後, なぜ中国の医療水準は相対的に低下したのか. 第 2 に,

---

[22] 中国の人口問題に関して, 若林敬子・聶海松 (2012) を参照した.

1980年代から打ち出された一連の医療改革は,なぜ成功しなかったのか.現代中国の医療制度と医療行政の変容を解明することによって,本書はこれらの問いの解明を試みたい.

2. 福祉国家論の例外としての中国

中国の医療水準の相対的な後退を説明するに当たり,最初に検討するべきなのは福祉国家の理論であろう.資本主義的市場が,窮乏化の進行や格差の拡大といった弊害をもたらしたことを背景に,福祉国家が登場したのである.今日,福祉国家とは,政府支出のうち,所得保障と社会サービスに関するものが過半を占めるようになり,かつ所得保障や社会サービスを受けることが慈善ではなく国民の権利として認められた,現代国家のあり方を指す.医療保険と医療は,それぞれ所得保障と社会サービスの必要不可欠な一環である.福祉国家の発展に伴い,それを分析対象とする福祉国家論も大きな発展を遂げたが,残念ながら,これは現在の中国が直面する医療問題を説明できない.なぜなら,欧米諸国や東アジア新興工業経済地域と違い,社会主義国家の中国は建国してから30年も計画経済を経験し,1970年代末にようやく市場経済を受け入れた国として,福祉国家論の対象から外されてきたからである.

欧米諸国において,福祉国家の活動領域は,19世紀末から各種の所得保障制度を中心に始まり,次第に社会サービスへと重点を移してきた.また,福祉国家自体も,スウェーデンやデンマークのようにミドルクラスも福祉国家の支持層に組み入れて完全雇用を目指す国々と,アメリカをはじめとする福祉の対象を一部の困窮層に限り,雇用政策も限定された規模に留める国々に分岐した.こうした福祉国家の展開を説明する理論として,1950年代から1960年代にかけて,主流を占めたのは産業主義理論である.この議論の下で,福祉国家は産業化の過程で生み出された新しい必要と新しい富の産物であり[23],また,それが経済発展や人口構造の変化に伴って必然的に形成され拡大していく.代表的論者であるウィレンスキーは,福祉国家は経済成長や人口構造などの社会経済要因によって,自動的に発展していくという結論を導いた[24].今度,産業主義理論の影響を受け

---

23) クリストファー・ピアソン(田中浩・神谷直樹訳)『曲がり角にきた福祉国家——福祉の新政治経済学』未來社,1996年,40頁.

ながら,労使間の権力資源をめぐる政治要因に注目した権力資源動員論が登場した.ここでは,福祉国家は権力資源の投資の最も重要な帰結とされた上で,その拡大は労働運動による権力資源の投資の成否にかかるとされる[25].この権力資源動員論を基礎としながら,1990年にエスピン-アンデルセンは3つの福祉国家モデルを提起し,その後の比較福祉国家研究の方向を付けた.ここでは,「脱商品化」「脱家族化」と「階層化」の3つの基準によって,福祉国家は「社会民主主義モデル」「保守主義モデル」と「自由主義モデル」の3類型に分けられる.これにより,福祉国家の形成において,異なる政治的リーダーシップの役割が解明されたのである.

ところが,経済のグローバル化と脱工業化が進行する中で,福祉国家は市場競争を勝ち抜くために,労働条件や賃金,福祉の水準に関しては「最底辺への競争」が始まるのではないかという議論も現れた.これに対抗する形で,福祉国家の制度の強い耐久力や,福祉国家を支える新たな圧力を指摘した研究が行われたほか,エスピン-アンデルセンも自ら築き上げた福祉国家モデルを踏まえて,福祉国家の「経路依存説」を提起した.すなわち,各国はこれまでの福祉制度の枠組み内で新たな経済情勢に対応し,微修正に基づく新たな均衡に到達しているとされる[26].

こうして,福祉国家論の主な議論は,主に欧米の先進諸国を分析の対象としており,中国を含む発展途上国やアジア諸国は,基本的に分析の射程に入っていない[27].その背景として,1990年代までに東アジア諸国は,社会政策よりも経済成長を重視し,福祉はそれを通じて実現できると捉える「開発志向国家」[28]の色彩が強いことがある.しかしながら,1990年代に入ると,東アジア地域に一連

---

24) ハロルド・L・ウィレンスキー(下平好博訳)『福祉国家と平等——公共支出の構造的・イデオロギー的起源』木鐸社,1984年,55-100頁.
25) 代表的な研究として,Korpi(1978)を挙げることができる.
26) 福祉国家論の展開については,新川敏光他『比較政治経済学』有斐閣アルマ,2004年,166-221頁を参照.
27) 日本も含め,3つの類型にきれいに当てはまらない事例に関しては,エスピン-アンデルセンは1999年にこれらを複数のモデルの中間形態として位置付けた.Esping-Andersen, G., *Social Foundations of Postindustrial Economies*, Oxford University Press, 1999, pp. 73-94.
28) 末廣昭「発展途上国の開発主義」東京大学社会科学研究所編『20世紀システム4 開発主義』東京大学出版会,1998年,13-40頁. White, G., *Developmental States in East Asia*, Macmillan in association with the Institute of Development Studies at the University of Sussex, 1988, pp. 24-26.

の新しい動きが生じた．1980年代後半から民主化運動の高揚，1997年アジア通貨・金融危機の勃発や，少子高齢化社会の急速な進展により，国民と政府が福祉政策への関心が高まった．その結果，東アジアの福祉政策に関する研究が日本，韓国や台湾で進んできたほか，これまでの欧米諸国を中心とした福祉国家論の枠組み内ではなく，東アジア独自の福祉政策を検討する「東アジア福祉国家論」も登場し，活発化した．ここでは，職域福祉[29]と家族の役割は，東アジアの福祉制度の2大特徴として提起された．他方，このような特徴を導く原因でもある儒教文化の影響[30]や，福祉政策の経済開発への従属的な性格[31]も強調された[32]．

しかしながら，東アジア福祉国家論の研究対象は，21世紀まで急速な経済成長を遂げた新興工業経済地域であり，中国は議論の射程から外されることが多い．その原因として，政治・経済体制の相違が考えられよう．すなわち，東アジア諸国の地理的近接性や文化的共通性が認められる一方，中国を取り入れる形で，東アジア共通の福祉国家モデルの提示が躊躇される．例えば，日本，韓国，中国の3ヵ国は，いずれも極めて短期間に多産多死から少産少子へという人口構造の変化を経たほか，高度経済発展を成し遂げたことにも類似性を見せる．しかし，福祉政策に関しては，膨大な人口と広大な地域を抱える中国の場合，都市と農村が分断される二重構造（二元社会）の下で，その福祉制度も選別主義の性格が強いゆえに，普遍主義的な福祉制度を築き上げた日本や韓国とは全く違う様相を呈する．こうして，日本と韓国に関しては，1つの福祉国家モデルを提出することができるにしても，同じモデルを中国に当てはめることが難しいわけである[33]．

---

29) 1958年にティトマスが提起した福祉サービスの形態の1つである．政府が提供する社会福祉と免税措置を通じた財政福祉に対して，企業が従業員に賃金以外に現金，現物で支給する福祉サービスを指す．Titmuss, R. M., *Essays on "The Welfare State"*, George Allen & Unwin, 1958, pp. 42-53.

30) 代表的な議論として，ジョーンズは東アジアNIES（韓国，台湾，香港，シンガポール）を「儒教主義的福祉国家」と呼んだ．Jones, C., "The Pacific Challenge: Confucian Welfare State," in Jones, C. ed., *New Perspectives on the Welfare State in Europe*, Routledge, 1993, pp. 198-215.

31) 例えば，Holliday（2000）が提起した「生産第一主義的福祉国家論」や，Kwon（2002）の検討した「開発志向的福祉国家モデル」が挙げられる．それらはいずれも，エスピン-アンデルセンが提起した3つの福祉国家モデルと並行する形で，東アジアを第4の福祉国家モデルとして積極的に位置付けようとした．

32) 東アジア福祉国家論の発展に関しては，末廣昭『東アジア福祉システムの展望——7カ国・地域の企業福祉と社会保障制度』ミネルヴァ書房，2010年，1-33頁を参照．

33) 袖井孝子・陳立行『転換期中国における社会保障と社会福祉』明石書店，2008年，19-25頁．

ところで，福祉国家の比較研究の中で，中国を位置付けようとする試みも見られるが，中国の独自性が強調される傾向が強い．例えば，広井・駒村は，産業化の度合いと福祉サービス給付の範囲の2つの軸をもって，日本を除くアジア諸国の福祉制度を4類型に当てはめた．中国は，インドとともに「超大国」でありながら他の3類型に収まらないとして，単独に位置付けられた[34]．これに対して，意識的に中国を取り入れる形で，中国が1992年に確立した社会主義市場経済体制は，「資本主義と社会主義の中間形態」という意味で福祉国家と共通していることに着目し，生産段階の資源配分と消費段階の所得再分配の2つの基準による福祉国家の分類も現れたが，中国の独自色を強調する一方で，福祉国家の多様性を説明するのに限界が見られる[35]．こうした議論に見られるように，アジアの福祉制度という特定された枠組みの中でさえ，中国を位置付けることは困難なのである．

以上のように，既存の福祉国家論に従って，中国の福祉制度を説明するのが難しい．欧米諸国に着目した福祉国家論は，資本主義経済における福祉制度の誕生と分岐を解釈したが，中国に起きているような，一党支配体制が維持されたまま計画経済から市場経済への移行が起きた際，その福祉制度に何が生ずるかという問題を説明できない．その後登場した東アジア福祉国家論なども，中国の福祉制度の変容について有力な説明を提示していない．まして，社会サービスの必要不可欠な一環である中国の医療問題は，福祉国家論関連の理論枠組みの中では解明できないのである．

3. 中国の医療に関する研究の展開

他国との比較研究の難しさから，中国の医療に関する研究は，地域研究の一環としてなされてきた．現在，中国の医療問題は，公的医療保険の給付水準の低下，公立病院の運営体制の歪みや，薬価の不合理な高騰などの側面に明白に現れる．その原因を探るには，公的医療保険制度，公立病院と医薬品の3つの領域を同時に視野に入れなければならない．しかし，従来の研究の多くは，1つの領域に着

---

34) 広井良典・駒村康平『アジアの社会保障』東京大学出版会，2003年，11-12頁．
35) 広井良典・沈潔『中国の社会保障改革と日本——アジア福祉ネットワークの構築に向けて』ミネルヴァ書房，2007年，3-6頁．

目する形で行われてきた．以下では，建国から今日に至るまでの間を3つの時期に分けて，先行研究の展開及び成果を概観する上で，その限界を指摘する．

　1990年代までの先行研究の中心は，中国の医療制度に関する記述的な研究である．例えば，建国後の医療機関の整備，愛国衛生運動，公衆衛生の向上，地方病や伝染病の予防，都市と農村の医療保障，伝統的な中国医学（中医）と西洋医学（西医）の融合，そして医学教育などについては，中国の研究者による詳しい説明と分析が残されている[36]．また，海外の研究者も，社会主義国家である中国[37]の医療制度や医学教育に注目するようになった．日本の場合，中国の医療制度に対して強い好奇心を示す研究が多く，社会主義的医療制度に対して肯定的な評価を下すものも少なくなかった[38]．他方，欧米の研究者の関心は，主に中国の医薬品（特に漢方薬）やプライマリーヘルスケア，医療提供の財源調達などに向いていた．例えば，Chen & Bunge (1989)は，辛亥革命まで遡り，中華人民共和国の成立を経て，改革開放期への突入までの間をいくつかの時期に分けて，農村における「中医」と「西医」の衝突と融合に関して丹念に説明した[39]．また，WHOやWorld Bankの報告書も，中国の医療制度の違う部分に着目して詳細な記述を残した[40]．

　こうした医療制度の内容及び構造の把握を試みた研究とは別に，中国の医療をめぐる政策形成に焦点を当てる研究もあった．例えば，Lampton (1974)は，建国から1970年代半ばまでの医療政策の形成過程を取り上げた．ここで，国際環境の緊張や国内の農業問題を背景に，医療関連の利益団体が形成し，医療資源と財源をめぐる競争の展開が繰り広げられた結果，医療提供は都市住民に傾斜する形で選別的に行われた様態が描かれた．また，衛生部を中心とする医療政策形成体制の変容が検討された上で，複雑な利害関係が合意達成の困難さと改革への抵

---

[36] 代表的な研究として，黄樹則・林士笑（1986）や，陳海峰（1993）がある．
[37] 厳密にいうと，1954年憲法で「過渡期の総路線」が明記されるまで，中国は「新民主主義」国家として位置付けるべきである．
[38] いくつか例を挙げると，青山光子・佐々木實（1975），箕田健生（1973），安達勇（1987）などがある．
[39] 類似の研究として，Hillier & Jewell (1983)は，さらに19世紀初の近代中国も分析の射程に入れ，各時期の医療政策や，漢方薬と「西医」が使う現代医薬品の分断と融合について検討した．
[40] WHO (1983)が地域間のプライマリーヘルスケアサービス提供の実態に関心を持ち，World Bank (1997)が医療提供の財源調達に着目して分析を展開した．

抗を生み出したとされた．この研究から，計画経済期の医療行政の一端を窺うことができよう．

次に，1990年代から2000年代半ば頃までの時期になると，地方から全国へと拡大した医療保険制度改革は国内外で広く関心を集めた．当時，中国で出版された学術書のタイトルも，この時期の研究関心を物語っているように思われる[41]．海外でも，改革の胎動に敏感に反応し，公的医療保険制度の現状や問題点について活発な議論が行われた[42]．このうち，公的医療保険の整備をめぐる利害構造の複雑さを指摘したものもあれば，診療価格や財源調達に着目し，医療政策の歪みが改革の停滞を招いたと主張する議論も現れた[43]．また，合作医療の再建を背景に，農村の医療保障も脚光を浴びるようになった．その一例として，農村における医療のアクセス低下やコスト増が招かれた理由として，Bloom & Gu (1997) は，政府は医療提供の財源調達を重視するあまり，医療機関の規制や地方財政の能力に十分な注意を払わなかった問題を指摘した[44]．さらに，1950-1960年代の産業主義理論への反論であるかのように，高度経済成長を成し遂げた中国の医療保険制度の諸問題をもって，経済発展が必ずしも医療水準の向上を導くのではないとの観点[45]も，この時期に現れたのである．こうして，この時期の議論の眼目は，公的医療保険制度改革の限界及びその原因，医療保障の地域格差や，医療提供をめぐる市場と政府のあり方に収斂しているのである．

2000年代半ばに入り，これまでの医療改革の「不成功」が国務院発展研究センターに認められたほか，医療が社会問題の首位に押し上げられた調査結果も発表された．こうした「医療ショック」が連発する中で，医療をめぐる議論が白熱期を迎え，これがさらに新医改の登場を促した．この時期，中国では医療改革の

---

41) 例えば，周海洋（1992），鄒平（1993）や蔡仁華（1998）を挙げることができる．
42) 日本で行われた研究として，塚本隆敏（2002, 2005）や方賜（2005）を挙げることができる．他の地域で展開された研究として，例えば，Grogan (1995) は，1984年以来の経済改革が，都市労働者向けの公的医療保険のカバー率に与える影響を説明した上で，職域保険の下で医療水準の不平等が招かれたと主張した．また，Ho (1995) は，市場経済への移行が医療制度に与える影響や医療行政の分権化が，地方の医療改革方式の多様化を促し，全国規模の医療改革に対して多様な選択肢を提供したことを指摘した．
43) 代表的なものとして，前者に関してはDuckett (2001)，後者に関してはHsiao (1995) が挙げられる．
44) 中国では，王紅漫（2004）や李和森（2005）など，多数の研究が残された．日本でも，塚本隆敏（2003）や畢力格図他（2005）は，農村の医療保障の状況や改革の動きを日本へ伝えようとした．
45) 代表的な研究として，Liu, Hsiao and Eggleston (1999) が挙げられる．

成敗をめぐる議論が百家争鳴の様相を見せ，改革の問題について活発な論争が行われるようになった[46]．最大の論点は，市場メカニズムの導入は改革の失敗をもたらしたのか，という問いである．これに対して，イエスと答え，政府は医療提供の主導権を取り戻すべきと唱える「政府主導派」と，ノーと答え，医療分野において市場メカニズムが十分に機能していない問題こそ，改革の限界を招いたと主張する「市場主導派」の論戦は，現在でも膠着状態が続いている[47]．他方で，2009年以降，都市・農村住民向けの公的医療保険制度の統合に関する議論が現れたほか，医療機関と医薬品も研究の対象として脚光を浴び，中国では医療問題をめぐる研究対象の多様化が現れた[48]．同時に，一般市民向けの書籍も多数出版されるようになった結果[49]，医療研究はもはや学界に閉じこもるものではなく，医療改革をめぐる議論に市民参加も活発化しつつある．

　一方，海外では，医療改革の成否よりも，2009年に発足した新医改のほうに関心が高い．例えば，Yip & Hsiao（2009）は，新医改が打ち出されてわずか4ヵ月後，その効果について初歩的判断を下した．ここで，公衆衛生，プライマリーヘルスケアと公的医療保険カバー率の向上に対する強力な財政投入が肯定された一方で，医療提供の非効率性の根源に触れていないことが指摘された．この上で，診療報酬支払方式が出来高払いから包括払いへの変更，また，被保険者の利益を代表する医療サービス購入機構の設立は，医療提供競争の活性化を図るための処方箋として提示された[50]．今日からみると，これらの提言は，新医改が進

46）　代表的な研究として，顧昕他（2006），李玲（2010）や王虎峰（2009）が挙げられる．
47）　両派の論争は，1990年代からすでに現れたが，2005年以降は一般市民を取り込む形でより活発化したと思われる．政府主導派の代表的な論者として，李玲や葛延風が挙げられるが，市場主導派の代表的な支持者としては，劉国恩や顧昕が当てはまる．
48）　いくつか例を挙げると，仇雨臨・瞿紹果（2012）は，職域保険と並行する形で，戸籍制度の断絶を克服した地域保険の構築について検討した．これに対して，李玲他（2012）は公立病院改革の方向性に関して，政府の役割の強化を強く訴えた．また，王耀忠（2010）は，医薬品市場の混沌に注目し，薬価規制の経済効果について分析した．最近の研究として，公立病院に関しては徐敢（2016）や何子英他（2014），医薬品に関しては高紅梅（2015）や張英男・徐文（2014）が挙げられる．
49）　代表的なものとして，朱幼棣（2011）が挙げられよう．『大国医改』というタイトルの下で，医療改革の論点が幅広く取り上げられ，医療提供と政策決定の現場も生き生きと描かれているため，瞬く間にベストセラーとなった．2015年，その続編『無薬』が医薬品改革の難航に注目し，薬価規制が機能しない上で，低価薬が市場から追い出されていく実態を鋭く分析した．著者は，新華社記者と国務院研究室社会発展研究司長を務めた経験もあり，医療改革の現場からかけ離れない議論を展開することで，市民の関心を引き寄せることに成功したと思われる．

む中で積極的に取り入れられたように思われる．新医改が推進されるにつれて，多くの研究は改革の限定的効果を率直に指摘した一方[51]，近年，公的医療保険の整備により，国民の医療費負担が軽減されたと検証した研究[52]も現れた．他には，新医改の中核とされる公立病院改革や，新医改の政策形成・実施の過程も，新たな研究対象として取り上げられた[53]．

日本では，中国の医療改革全体や医療の地域格差に関して研究が進められたほか，農村出身の出稼ぎ労働者（農民工），低所得者や高齢者など，一部の対象者の医療問題も関心を集めるようになった[54]．また，外国企業及び外資は中国の医療市場への参入が進む背景の下で，ビジネスの視点から，中国医薬品市場の変容を検討するものが現れた[55]．さらに，公的医療保険制度の整備のみならず，医療機関，医薬品に関する改革の動きも視野に入れる形で，中国の医療制度全体を分析する学術書も登場した[56]．近年，新医改の最新動向を追い，これまで「公」が主導してきた医療分野における「私」の拡大を敏感に捉える研究が現れたほか，定量分析手法も積極的に取り入れられ，公的医療保険が家計消費へ与える影響等がより正確に把握された[57]．

以上，中華人民共和国の発足から今日までの間を3つの時期に分けて，中国の医療をめぐる先行研究の発展と蓄積を振り返ってみた．しかし，これらの研究は，今日の医療水準の相対的低下と，医療改革の失敗を説明する上で，3つの限界を抱えている．

---

50) 類似する研究として，Ramesh & Wu（2009）も挙げられる．
51) 一例として，Yip, et al.（2012）は，莫大な財政投入と公的医療保険の高普及率だけでは，医療提供の費用対効果の改善につながらず，医療機関の運営体制を改革した上で，より強力な規制体制を構築する必要性を唱えた．
52) 例えば，Jung & Streeter（2015）を挙げることができる．
53) 関連研究として，Allen, Cao and Wang（2014）や Tang, Brixi and Bekedan（2014）がある．近年，高齢者の医療格差は幅広く関心を集め，Sun et al.（2014）のような研究も見られる．
54) 医療改革全体に関する分析として，王文亮（2008b, c, d）や羅小娟（2011）があるが，農民工，低所得者や高齢者の医療問題については，袁麗暉（2011, 2012），趙永生（2009）や謝海棠（2010）などが挙げられる．
55) いくつかの例を挙げると，正田豊（2008），真野俊樹（2011）や，佐々木岳（2012）などがある．
56) 例えば，吉田治郎兵衛（2010）は，経済体制の移行期の下で，中国の公立病院管理体制の変容，医薬品市場の混乱，また，公的医療保険制度の整備に伴う医療費の個人負担増に関して，政策の変遷を追って緻密な分析を行った．
57) 最新の研究成果として，李蓮花（2014, 2016），久保英也（2014a, b）や，馬欣欣（2015）を参照されたい．

第1は，経済改革前後の医療制度の「断絶」を強調する一方で，その「漸進主義」の性格を十分に認識しないことである．周知のように，一党支配体制の維持を前提に経済改革が推進されたこともあり，中国は旧ソ連及び東欧旧社会主義諸国の採用したショック療法ではなく，漸進的方式によってソフトランディングを遂げた．それがゆえに，中国は未だに市場経済への移行期にあり，市場経済の完全な定着に至っていない．このような経済改革の展開を背景に，1980年代以来の医療改革も，計画経済期の名残を受け継ぎながら，新たな経済体制に嚙み合う方向へ漸進的に推進されてきたのである．従って，現行の医療制度は，改革が完了された「作品」としてではなく，今後も続く漸進的改革の一環として捉えるほうが適切であろう．さらに言えば，中国の医療改革の「漸進主義」の性格を明らかにすることこそ，現在，中国の抱える医療問題の発生と改革の難航の根本原因を摑む鍵であるというのが本書の主張である．

　第2は，多くの研究が医療制度の個別な領域の検討に焦点を当てており，医療の各領域の相互作用を考慮していないことである．経済改革の果実を相殺するかのように，国民の医療費負担の急増，公立病院の経済組織への接近，また，薬価の高騰がほぼ同時に発生した．中国の医療がこのような窮境に陥られた理由を探るために，公的医療保険制度，公立病院及び医薬品の3つの領域を視野に入れ，ある領域で生じた問題が，別の領域で新たな問題を生じさせる構造を明らかにしなければならない．本書では，これらの3つの領域の相互作用が，中国の医療問題及び新医改の限界を説明するには非常に重要であると考える．

　第3は，経済体制の移行期に打ち出された一連の医療改革が，経済発展に見合う成功を遂げるどころか，むしろ一連の深刻な問題を引き起こし，今日でも有効な改善に至っていないことの根本理由を提示できていないことである．これまでの研究の中で，中国の医療政策が整合性を欠くことは，改革の停滞を招く理由と指摘したものがあるが，医療政策に不整合が生じた原因まで説明していない．その結果，今日，社会の安定を脅すほど深刻な医療問題が，各時期に行われた政策決定の失敗に由来するという意味での偶然的な出来事なのか，経済体制の移行に合わせる形で展開された医療改革の生み出す構造的問題なのかという問題に対して，明確な回答を与えることができない．本書では，中国の医療改革が難航する原因を突き止めるために，経済体制の移行に伴い，医療の各分野内に生じた歪み

序章　社会問題化した中国の医療　19

と，分野に跨る構造的問題の発生メカニズムを解明することが，必要不可欠な前提となる．

4. 本書の内容

　なぜ改革開放後の中国では医療水準が経済発展に見合う飛躍を遂げなかったのか．近年，指導部が医療改革に強い意欲を見せながら，期待した効果が達成できていない理由は何なのか．これらの問いに答えるための鍵となるのは，中国の医療制度の歴史的な連続性と医療行政の機能転換である．本書では，中国の医療改革の「漸進主義」の性格を明らかにすると同時に，経済体制の移行に伴い，中国の医療行政が計画経済期の「統制」から，市場経済期の「予期せぬ放任」へと変容する過程を解明する．すなわち，経済改革のソフトランディングに合わせる形で，医療改革も漸進的に進められたが，医療行政の機能転換が失敗したがゆえに，医療の各領域に歪みが生じ，さらに，領域を横断する構造的問題が生み出されたことこそ，医療水準の相対的後退と医療改革の難航を導いた根本的原因だというのが，本書の主張である．

　具体的に，本書は中国の公的医療保険制度，公立病院と医薬品の3つの医療領域を取り上げ，各領域の制度変容及び相互作用を把握することによって，今日の医療問題に対して定性的分析を試みたものである．ここで，経済体制の移行に伴い，医療行政の役割転換の失敗が現在の窮境を作り上げた部分が大きい一方，「医療」自体も絶縁体ではなく，その行方は各時期の社会構造とも敏感に連動している．本書の議論が示すように，経済体制の移行がスムーズに行われたとしても，社会構造の変化に合わせて医療行政も変わらない限り，医療改革のソフトランディングは達成できない．ここでは，医療制度と社会構造の変遷を辿ることを通じて，現代中国の医療問題は，計画経済期の医療制度が残存したことの結果であることを明らかにする[58]．本書の構成は，以下の通りである．

　第1章では，計画経済期の医療行政について説明する．ここでは，計画経済期の政治，経済及び社会の最も鮮明な特徴を指摘する上で，建国から30年も維持された3大医療保険制度の形成，公立病院を中心とする医療機関の整備及び管理，

---

[58] 政治学において，こうした説明は歴史的制度論と呼ばれる．その代表的な研究として，Thelen & Steinmo（1992）や Peters（2005）が挙げられる．

医薬品の製造及び供給について検討する．3つの医療領域において，行政部門は基本的に厳格な計画と管理を徹底したことから，「統制」の強さは計画経済期の医療行政の基本的な性格をなしたと考えられる．

続いて，第2章から第5章は，1978年頃以降，経済体制の移行期における医療改革の展開と医療行政の変容について分析を行う．まず，第2章では，改革開放路線の採用後，医療改革を促した社会構造の劇的な変化を解明するために，都市・農村の経済体制，財政制度，そして人口移動の加速に対応せざるを得なくなった戸籍制度の3つの分野で展開された改革に注目した．ここでは，「漸進主義」がこれらの改革の共通点でありながら，分野を跨る改革手段も計画経済期の名残を見せることが分かる．この上で，当時の経済財政改革が，計画経済期の医療制度との決別を促す要因であると同時に，それ以降の医療改革の内容と性格を規定する前提でもあったことを示す．

第3章では，計画経済期の3大医療保険制度である労保医療，公費医療，農村合作医療が，経済体制の移行に伴い，城鎮職工基本医療保険，城鎮居民基本医療保険制度，新型農村合作医療へと再編される過程を分析する．計画経済期の医療保険制度及び行政体制の延長線上に，1998年以後，新たな公的医療保険制度及びその行政体制が徐々に構築されたことから，新旧制度の連続性が明白である．しかしながら，新たな制度が市場経済との整合性が高まった一方で，国民の医療費負担の大幅増などを招いたことも認めざるを得ない．これらの問題に対して，終章では，指導部の取り組みの最新動向にも触れるとする．

第4章では，文化大革命で「停滞の十年」を経験した公立病院に焦点を移し，「経済管理」の試行と「衛生行政」の統制緩和が，医療の「市場化」を招く過程について検討する．文化大革命後の医療提供の量的不足を改善するために，経済財政改革の「放権譲利」，「増分改革」や「二重制」などの改革手段を援用する形で，公立病院の「経済管理」が図られたとともに，「衛生行政」も公立病院の管理に対して統制緩和に踏み込んだ．問題は，国民の医療へのアクセスを確保するために診療報酬基準が全体として低く抑えられていた一方，公立病院への財政補助の規模が以前より大いに縮小した．そこで，公立病院が薬価差益や検査収入を増やすインセンティブを持つようになり，「以薬補医」[59]と呼ばれる体質が定着した結果，収益を求める経済組織に限りなく近づいたのである．こうした中国の

公立病院の性格は，経済発展や国民平均余命の延長がもたらす医療費の自然増よりも早いペースで国民医療費を急増させ，一般家計を圧迫するという結果をもたらした．この問題の是正が遅れた理由に，医療改革が漸進的に展開される過程で，「衛生行政」の関与は，過去の全般的な「統制」から「予期せぬ放任」へと逆転したことがある．もっとも，1990年代の医療改革はすでに公立病院の問題を意識したが，今日に至っても，公立病院がほぼ医療提供市場を独占する構図が依然として打破されておらず，抜本的な改革が実現できていない．

　第5章では，1978年頃以後の医薬品市場に注目する．計画経済期の医薬品行政の「多元管理」体制が改められた上で，医薬品の製造，供給と価格設定に対しても統制緩和が行われたが，医薬品市場の混乱や薬価の高騰が招かれた．これに対して，1990年代半ば頃から，強制的な薬価引き下げや公立病院の医薬品集中入札購入制度など，一連の改革が次々と実施されたが，結果として，国民は薬価負担の軽減を実感できなかったどころか，一部の低価薬を入手できないなど，新たな問題も生じたのである．こうした医薬品改革の難航を説明すべく，ここでは，1970年代末の医薬品行政の変容と医薬品市場の実態を解明する．改革開放路線の採用に先立ち，医薬品行政の「一元管理」が図られた一方，計画経済期の医薬品行政の名残は経済改革後においても踏襲された．行政の権限が集中した上で，医薬品の製造や流通に対して統制緩和が行われた結果，中国の医薬品市場が「放任」に近い環境に置かれるようになったのである．さらに，公立病院の「変質」を背景に，医薬品をめぐる複雑な利益構造が出来上がり，薬価の高騰がもはや構造的問題として定着してしまった．これこそが，値下げできない中国の医薬品市場の謎を解く鍵である．

　終章では，2009年3月以後の新医改の最新動向を踏まえて，これまでの議論を振り返る形で本書の議論を締め括る．経済体制の移行期に現れた医療問題を解決すべく，8,500億元の予算が裏付けられる大規模な新医改が打ち出された．公的医療保険に関しては，加入率，給付水準の向上や給付手続きの簡便化が図られた上で，城鎮居民基本医療保険と新農合の統合も決定された．また，「暴力傷医」

59）　公立病院は薬価差益をもって，診療収入の赤字を補うことを指す．「以薬養医」ともいう．薬価差益は公立病院の収入の非常に大きな部分を占める一方で，診療収入や財政補助も収入全体の一部をなすことから，「以薬補医」という表現のほうが正確であると思われる．本書では，基本的に「以薬補医」という表現を使うこととする．

の頻発を背景に，公立病院の診療秩序を妨げる行為の取締が強化された一方，公立病院の「以薬補医」体質の是正を狙う改革も県から市へ展開した．他方，国民の薬剤費負担を軽減するために，薬価差率を撤廃する国家基本薬物制度が登場し，医薬品集中購入制度の改善が図られたほか，2015年6月1日より，ごく一部の麻酔と精神類の「特殊」薬物を除き，薬価の自由化が決定された．これらの改革措置は，これまでの医療改革に比べて大胆な一面を見せる一方，本書が検討してきた中国の医療が抱える構造的問題が依然として動揺していない．

　本書の議論を踏まえて，経済体制の移行期に展開されてきた医療改革は，計画経済期の医療制度を土台にしつつ，当時の経済財政改革と多くの共通点を見せることは明白である．政治体制の激変を避けることを前提に，計画経済から市場経済へのソフトランディングが目指された結果，「漸進主義」が1970年代末以来の経済改革の基調となり，「放権譲利」，「増分改革」や「二重制」（双軌制）などの改革手法も生み出された．これらの改革手法が医療分野にも積極的に取り入れられた結果，中国の医療改革も「漸進主義」の性格を形成した．一方で，社会主義市場経済の下で，中国の医療行政に求められる新たな役割は，強力な「統制」でも，市場に任せる「自由放任」でもなく，医療市場に対して適切な「規制」を行うことである．残念ながら，中国の医療行政は，こうした役割の転換に失敗したと言わざるを得ない．これは，現在中国の医療問題の深刻化を招いた根本的原因であり，医療改革の限界を説明する鍵でもあるといえよう．

第1章 「社会主義的」医療行政の形成

　現代中国の抱える医療問題が深刻化する中で，経済体制の移行期に入ってから指導部が医療の発展を軽視したことに，国民から厳しい批判が寄せられている．それでは，こうした指導部の姿勢は，建国から一貫したものだったのだろうか．それとも，当初は医療水準の向上を重視していた指導部の方針が，途中で変化したのだろうか．このどちらの立場をとるかによって，今日の医療状況が生じた理由は大きく異なってくる．本章では，中華人民共和国の建国から 1978 年に至る時期を扱い，「社会主義的」医療行政の形成を検討する．第 1 節では，計画経済期の医療行政を生み出した背景を説明し，第 2 節から第 4 節では，公的医療保険制度，公立病院を主とする医療機関と医薬品の 3 つの領域に分けて，計画経済期の医療制度と医療行政の展開を辿る．小括では，計画経済期の医療行政の全体図を提示する．

第 1 節　計画経済体制の樹立

1. マクロの視点からみる国民経済

　1917 年十月革命の後，ソビエトロシアは戦時共産主義政策を実施し，国民経済の各分野に対して厳格な計画管理を行うようになった．これは，世界で初めての計画経済体制[1]の実践となった一方，深刻な経済・社会の問題を生み出した．その後，商品交換または市場制度を復活させる「新経済政策」への切り替えが行

---

[1] ソ連の計画経済体制と比べると，1978 年までの中国は，計画統制対象に入った財も，強制的な計画指標も，それほど多くなかった．また，中国はソ連のような強固な官僚組織が形成されず，2 度もの行政的分権化が推進されたことから，毛沢東時代の経済体制を「計画経済体制」と呼ぶには不適切だという観点もある．中兼和津次『シリーズ現代中国政治 1　経済発展と体制移行』名古屋大学出版会，2002 年，125-129 頁参照．ただし，本書は比較政治の視角からではなく，医療行政の変容における経済改革の作用に力点を置くため，便宜上では 1978 年末に改革開放路線の採択を分岐点とし，その以前を計画経済期，その以後を市場経済期と位置付けることとする．

われたが，1929年にスターリンが起こした強制的集団化運動により，高度に集中した計画経済体制が樹立された．このスターリン体制は，半世紀以上にわたって，ほぼすべての社会主義諸国を支配した．

1949年10月に発足した中華人民共和国も，1953年8月に過渡期の総路線を採択し，計画経済体制の樹立を決定した．その背景に，社会主義理論と国際環境の影響が考えられよう．伝統的な社会主義理論では，計画と市場はそれぞれ社会主義と資本主義の基本的属性とされたことから，東側陣営に加入した中国の選択肢はそもそも限られていた．また，1929年に始まった世界恐慌は市場経済の脆弱性を示した一方，計画経済体制を採用したソ連は経済や軍事で大きな発展を遂げたという事実も，建国初期の中国がソ連を模範にするのを促した．しかし，自然経済の脱色が不完全な経済状況[2]では，ソ連モデルの完全な模倣は許されず，約3年の社会主義改造を経て，生産手段[3]の公有制が実現し，計画経済体制がようやく中国でも樹立されたのである．

別の視点から計画経済体制の確立をみると，重工業優先発展戦略が確立されたことの意義も大きい．朝鮮戦争の参戦に踏み込んだ後，外交上の孤立や経済制裁といった厳しい国際環境の中で，国民経済の再建が急務とされた．その際に，ソ連や第2次世界大戦後の発展途上国の経済発展を踏まえて，国民経済に占める重工業の比率は経済発展の水準を判断する基準と認識された[4]．他方，9割近くの人口が農村に分布した状況では，軽工業または消費品工業の発展をもって，工業化のための資本蓄積を実現できないため，重工業が脚光を浴びた一面もある．そこで，1950-1952年の経済回復を経て，重工業優先発展戦略は初めて国民経済発展の第1次五ヵ年計画（1953-1957年）に反映されたのである．しかし，重工業は資本密集型産業として，所用時間が長いほか，発展初期は海外から先進設備も導入しなければならず，投資の規模が大きい．当時の経済状況からすれば，生産価格を低水準に抑え，人為的に重工業発展のコストを引き下げる上で，労働力，資

---

[2] 建国当初，国民経済に占める工業の比率はわずか10％で，残りの9割は農業と手工業であった．また，9割近くの人口は農村に居住し，農業生産に従事していた．廖季立「関於中国経済体制改革的問題」，中国経済年鑑編輯委員会『1981年中国経済年鑑』経済管理雑誌社，1981年，III-37頁．

[3] マルクス経済学の概念であり，生産活動の「労働対象」と，道具や機械などの「労働手段」を含む．大西広『マルクス経済学（第2版）』慶應義塾大学出版会，2015年，6頁．中国では，「生産資料」という．

[4] 孫中親『従計画到市場──中国経済転型探析』中国社会出版社，2009年，31頁．

金や原材料など資源の効率的な配置が求められる．こうした文脈の中で，計画経済体制の樹立は必然的な結果とも捉えられよう．

いずれにせよ，1956 年に中国は計画経済体制を樹立し，「銅鑼や太鼓を打ち鳴らして社会主義に入った」．生産手段の計画的な配置と管理が行われたことで[5]，都市の非農業経済全体は大きな 1 つの企業に組織され，都市住民は政府の雇用者に変身した．社会大工場の中で，国が直接に経営する国有企業[6]が国民経済の主体である一方，コスト計算をする基層生産単位にすぎず，経営自主権が完全に奪われた．すなわち，国有企業は政府の付属物として，利潤追求の属性が奪われた代わりに，上級の指示と指令を徹底して執行することが基本的任務とされた．何を，どれだけ，如何なる方法で生産するか，原材料をどこから仕入れ，製品はどこに売るか，すべては政府が計画的指令を通して決定していた．また，国の立場から，国有企業は自己の政治経済の目標を実現するための基層組織でもあり，それに広範な社会的機能も付与した．その結果，国有企業は就業，社会保障，社会救済などの機能も一手に引き受け，その従業員に対して「揺籃から墓場まで」とでも呼ぶべき，充実した社会サービスを提供するようになった．

都市の福祉政策を国有企業が肩代わりした背後には，計画経済期の財政制度も大きく関与している．近代経済学では，公共財政の基本的職能は政府による公共財の提供を支えるのに対し，中国はソ連にならい，行政と企業が分離しない高度集権的な財政体制を徐々に打ち立てた．1950 年 2 月の全国財政会議で，収入は基本的に一律に中央上納する代わりに，支出も一律に中央から支給されることを意味する「統収統支」[7]財政体制が確立された．1953 年に第 1 次五ヵ年計画が実施に移されてから，中央，省，県の三級予算制度が形成されたほか，中央と地方

---

[5] 1952 年に設立された国家計画委員会は，重要な物資を「国家統一分配物資」（統配物資），「中央工業主管部門分配物資」（部管物資）と「地方管理物資」（三類物資）に区分し，第 1 次五ヵ年計画期に全国の物資配置に対して直接な管理を行った．劉国光『中国経済体制改革的模式研究』中国社会科学出版社，1988 年，238 頁．

[6] 1992 年まで国が所有権と経営権の両方を握ったため，「国営企業」と呼ばれていた．1978 年以後の経済改革の中，所有権（国）と経営権（企業）の分離が進められた結果，1993 年 3 月の憲法改正で「国有企業」へと名称が改められた．本書は混乱を避けるために，名称を「国有企業」に統一する．

[7] 本来は，地方は財政収入を直接に国へ上納し，財政支出も国から直接に支給される制度を指す．これは地方財政のイニシアティブを奪ったため，1951 年 3 月より「統一領導，分級管理」方式が採用され，地方財政の収支管理は大行政区と省（市）に分けられた．田一農他『論中国財政管理体制的改革』経済科学出版社，1986 年，5–17 頁．

の収支をめぐって分類作業も行われた．その結果，国の予算収入は固定収入，固定比率割分（固定比例分成）収入と調整（調剤）収入の3種類に区分された上で，予算支出は「隷属関係」に従うとされた．それから1979年までの間，1958年の行政的分権で試行された請負制などを除き，高度集中的な財政体制が維持された．その最大の特徴は，財政と企業財務の合一である．すなわち，各級政府の財政部門は国有企業の現金流量と収支を管理したほか，税，費用や利潤も徴収していた．1956年に社会主義改造が一段落つくと，国有企業と集団経済の上納は財政収入の94.4％に達した[8]．一方，国有企業が市場の需給を考える必要がなく，また市場競争に臨む必要もなく，任務達成のために行政部門との交渉に力を注いだ[9]．他方，すべての財を提供する権力は政府に集中したこともあり，都市住民により近い存在である国有企業が福祉政策の担い手となったのである．

他方，当時の財政体制の下で，政府は農産物などの価格を低く抑え，非国有部門が創り出した余剰を国有商工業に移転してから，今度は国有商工業の利潤，税収などを通して，国民経済のほぼすべての余剰を国の予算に組み入れた．しかも，産業発展の計画を徹底すべく，部門や製品ごとに格差の大きい税率が設けられたため，部門間と企業間で財政負担の格差は，医療を含む福祉水準の格差を生み出した一因でもある．

さて，計画経済体制の樹立により，農村ではいかなる変化が生じたのか．1950年代初期土地改革の完了後，食糧の商品化率低下[10]の対策と農業生産の方式をめぐって，指導部の穏健派と急進派は対立的な主張を示した．この論争は決着がつく前，工業の発展に十分な食糧や原材料を確保するために，食糧の「統一買付・統一販売」（統購統銷）制度が1953年10月に宣言された．翌月より，すべての余剰食糧が国の定める買付価格に従い，国に販売されることが強制された一方，綿花や食用油などの農産物も次第に「統購統銷」の対象に取り入れられた．しか

---

[8] このうち，国有企業が占める割合は73.5％であった．周太和他『当代中国的経済体制改革』中国社会科学出版社，1984年，439頁．
[9] 呉敬璉『当代中国経済改革』上海遠東出版社，2004年，136頁．本書では，日本語の訳文は呉敬璉（青木昌彦監訳，日野正子訳）『現代中国の経済改革』NTT出版，2007年参照．
[10] 土地が配分された農民は，まず自家用の食糧を確保してから，残りを市場で売却したため，国の調達できる食糧が逆に減った．石田浩『中国農村の開発戦略——農民は「豊か」になったのか』関西大学経済・政治研究所，2000年，25頁．国務院発展研究中心農村経済研究部『従城郷二元到城郷一体——我国城郷二元体制的突出矛盾与未来』中国発展出版社，2014年，3頁．

し，買付価格が市場価格よりはるかに低い水準に抑えられたこともあり，この制度は農民の強い抵抗に遭い，1954年に食糧騒動まで現れた．そこで，農民を組織することにより，彼らに対する管理を強める必要性が生まれた．その前後，過渡期の総路線と重工業優先発展戦略の採択も，農業の集団化を促したと考えられる．資本蓄積が不十分な状況の中で，短期間で重工業の発展を達するには，農業生産も国の計画下に組み入れるほうが確実であろう．

　1955年に入ると，毛沢東が党の農村工作責任者であった鄧子恢などに対して右翼日和見主義の批判を始めたことにより，農業発展をめぐる論争が沈静化し，農村で農業合作化運動が巻き起こった．わずか1年前後で，農業の家庭経営方式が撤廃された代わりに，農業生産の「高級合作化」がほぼ実現された．結果として誕生した農業協同組合（農業生産合作社）は，1955年以前農民の自発的意思によって成立した小規模のものと区別するために，「高級社」と名付けられた．その規模は約100-200の農家からなるが，農民の財産はすでに分割不可能な集団財産となり，自由な退社も許されなかった．さらに，管理の効率化を図るために高級社の合併が進み，大躍進運動の発動に伴い，1958年秋頃に「一大二公」（大規模，公有制），「政社合一」（行政機関と人民公社管理機構の一体化）を特徴とする人民公社が全国で普及した．人民公社は最初に単一の公社所有制（一級核算）を実行し，高級社がもつ土地などの生産手段は無償で公社の所有に帰したが，「3年の困難な時期」と呼ばれる大飢饉を乗り越えるために，農業政策に何度も調整[11]が加えられたほか，1962年2月，約20-30戸からなり，初級農業生産合作社に相当する生産隊が基本的な採算単位と改められ，所有権や分配権は公社，生産大隊，生産隊が独立して行う「三級所有制」が確立された．文化大革命が収束してからも，「三級所有制」が農村の基本的経済制度としてしばらく維持された．

　しかし，農村の人民公社も，都市の国有企業と同様に根本的矛盾を抱えていた．何を，どれだけ生産するかから，いくらで誰に売るかまで，すべては政府の計画に従わなければならず，生産者としての農民は受動的な立場に置かれ，平均主義が蔓延してしまったからである．結局，農業生産性がむしろ低下し，1978年ま

---

11) 例えば，農村の自由市場が1959年秋に復活したほか，1961年以後，公社社員は少量の自留地や小規模な家庭副業を経営するのも認められた．国家経済体制改革委員会『中国経済体制改革十年』経済管理出版社，改革出版社，1988年，156-157頁．

での 20 年間で，農民 1 人当たりの年収はわずか 60 元しか伸びなかった[12]．人民公社の「優越性」に疲弊した農民は，指導部の批判対象となるリスクを冒しても，家庭請負経営に近づく農業生産責任制を様々な形をもって何度も試みたが，それが毎回「資本主義復活」の兆しとして厳しく否定された．文化大革命が終息した後，各地が荒廃した農村経済を復興させる方法を模索する中で，生産量の実績を見せた「包産到戸」[13]は，ようやく 1970 年代末に復活したのである．

以上，都市と農村の経済概況から分かるように，物資が極めて欠乏した状況の中，計画経済体制は限られた生産手段の効率的な配置に成功したが，国有企業や農業の生産活動が活気を失った問題は常につきまとっていた．これに関して，毛沢東が 1956 年 4 月の中央政治局会議で行った「論十大関係」と題する講話の中で，「権力が中央に集中しすぎる」ことが問題とされた．これに基づいて，第 1 次五ヵ年計画期の直後，「権限[14]委譲と利益譲渡」（放権譲利）を中心に，初めての経済改革が 1958 年に実施された．1978 年まで，中国の経済改革は行政的分権，すなわち，中央（政府）から地方（各級政府）への権限の「下放」とそれに伴う利益の譲渡を中心に展開した．国有企業の場合，基本制度の維持を前提に，1958 年にその 88％ が地方に移管された上で，従来の「企業奨励基金」制度が「全額利潤留保」制度[15]に変えられた．しかし，これが人民公社化とともに，「大躍進」の制度的基礎をなし，地方政府，行政部門や国有企業が資源の奪い合う競争に陥った．問題を是正する機会があったとはいえ，1959 年の廬山会議後

---

12) 国家統計局農業統計司編『我国農民生活的巨大変化』中国統計出版社，1984 年，4-10 頁．
13) 各地で現れた農業生産責任制には，主に「包工到組」，「包産到戸」と「包幹到戸」の 3 つの主な形式があった．三者の主な違いは，請負対象と分配方式にある．「包工到組」は作業量を作業組に請け負わせるのであり，「包産到戸」は農家が生産隊に対して土地に基づく生産任務を請け負うものであるとされ，「包幹到戸」は生産隊に基づく分配方式を撤廃し，集団経営から家庭経営への復帰を図るものである．すなわち，農家は請負契約に従い国の任務を達成する上で，生産隊の積立金や公益金として使われる分の生産物を上納すれば，残りはすべて農家の所有とされる．1978 年以後各地で現れた「包産到戸」と呼ばれる動きは，ここでいう「包幹到戸」に相当するものである．周太和他，前掲書，269-270 頁．
14) 1958 年経済改革で地方に移管された権限は，計画権，企業管轄権，物資分配権，基本建設プロジェクトの審査・許可権，財政権及び税収権や労働管理権が含まれる．呉敬璉，前掲書，47-48 頁．
15) 前者は，1952 年初に発足した制度である．ここで，国有企業が生産高や利潤を達成した後，生産部門ごとに規定された比率で，計画利潤及び超過計画利潤の中から賃金総額の 4-10％ を企業奨励金として取り出す．奨励金を取り出す条件や計算基数については，陶省隅（1956）を参照されたい．これに対して，後者はより柔軟性が高く，国有企業の主管部門が各企業の状況に基づき利潤留保の比率を決める制度である．

に発動された反右傾運動は3年も続いた大飢饉につながり国有企業の経営権などが再び地方から中央へ集中された．1950年よりも厳格な引き締め体制が確立された結果，1963年前後に経済がほぼ回復した一方で，計画経済のあらゆる弊害が勢いを盛り返して再び現れた．こうした悪循環の中，1970年代まで行政的分権と権限の回収が何度も繰り返された[16]．全体として，行政的分権の限界が何度も確認された上で，1978年以後の経済改革は従来の改革手法を踏襲しつつ，新たな性格を生み出したのである．

2. ミクロの視点からみる国民生活

それでは，計画経済体制の樹立に伴い，一般国民の日常生活はいかなる展開を見せたのか．まず，国民の生活水準を決める賃金制度は，早くも「平均主義」の性格を現した．重工業発展のための資本蓄積を短期間で実現するために，相当長い間，労働者の賃金や生産手段の価格は極めて低い水準に抑えられていた．都市では，第1次五ヵ年計画時期までに，国の定めた賃金総額及び平均賃金計画に従い，全国で統一した「社会主義」的賃金制度が徐々に確立された．1950年代初，国有企業の従業員に「八級賃金制」（八級工資制）が適用された一方，行政機関や事業単位[17]の職員は供給制と賃金制が並存していた．1956年賃金制度改革により，都市労働者の賃金水準が統一された上で，行政機関や事業単位の職員向けの職務等級賃金制（職務等級工資制）も定着した．すなわち，賃金水準，賃金等級や昇級方法はすべて国によって一律に定められ，地方や企業は調整を加える権限がなかった．その後，計画経済期の賃金制度は基本的に「労働に応じる分配」（按労分配）を原則としたが，大躍進と文化大革命の中でそれが2回否定され，「需要に応じる分配」（按需分配）も試行された[18]．共産主義への邁進を急いだ結果，

---

16) 典型的なものとして，1970年に戦争準備のために，地方の「自己武装」を目指した大規模な権限下放が挙げられる．周太和他，前掲書，134-147頁．
17) 事業単位とは，社会公益を目的とし，国家機関またはその他の組織が国有資産をもって設立する，教育，科学技術，文化，衛生などの社会サービスを提供する組織である．国務院「事業単位登記管理暫行条例」2004年6月27日．その歴史は1930年代のソビエト根拠地時代に遡ることができるが，「事業単位」が初めて公文書で現れたのは，1952年公費医療の成立を規定した「関於全国各級人民政府，党派，団体及所属事業単位的国家工作人員実行公費医療預防的指示」であるという．金志峰『事業単位職員制研究』人民日報出版社，2015年，9頁参照．
18) 庄啓東他『新中国工資史稿』中国財政経済出版社，1986年，2-24頁．

労働は多くやろうと少なくやろうと賃金の待遇が同じなので，都市労働者は勤労意欲を失い，その平均年収も 1978 年まで基本的に 600 元以下に抑えられていた[19]．これに対し，農村の人民公社でも全く同じ問題を抱えていたといえよう．

　低水準の賃金制度は工業化のコスト削減に寄与したほか，当時の価格制度を決定した側面もある．建国以降，「高度集中，分級管理」を特徴する価格管理体制が確立された結果，9 割以上の商品とサービスは「国家定価」の対象となり，生産から販売まで各段階の価格は中央・地方政府の直接な管理下に置かれていた．また，日需品や医療，教育など社会サービスの価格水準も，一律に低く設定されていた[20]．この計画経済期の価格制度は，生産手段のコスト圧縮の一環に位置付けることができるが，低賃金水準が国民の購買力を抑制した結果として捉えることもできよう．さらに，食糧をはじめとする物資の供給が需要についていけない時に，生活必需品が一定の所得階層に集中するのを避けるべく，「国家定価」と合わせて配給制度も都市住民を対象に実施された．この出発点は，1953 年に一部の農産物を対象とする「統購統銷」制度の実施に遡ることができるが，1955 年 8 月に都市の食糧配給が正式に決定されてから[21]，1960 年前後の食糧危機を経て物資の供給不足が悪化した結果，配給制度の対象は都市のほぼすべての生活日需品をカバーするようになった．この配給切符に基づく都市生活の構図は，1980 年代の経済・価格改革の展開につれて大いに緩められ，1993 年になってようやく撤廃されたのである．

　ところが，都市で長年実施された配給制度は，都市住民の生活形態を変えたのみならず，1950 年代に形成した中国独特な戸籍制度とともに，都市と農村の断絶を強めてしまった．中国の都市と農村は社会文化や経済制度において明白な相違を見せることは，「二重構造」[22]と表現されることが多い．郭書田・劉純彬

---

19) 当時の為替レートにより，約 200 米ドルに相当するという．孫中親，前掲書，38 頁参照．
20) 汪洋『価格改革二十年——回顧与前瞻』中国計劃出版社，2002 年，1-4 頁．
21) 国務院「市鎮糧食定量供應暫行弁法」1955 年 8 月 25 日．
22) 二重経済論は，開発経済学の分析アプローチの一つとして，最初はオランダ経済学者ブーケによって提唱されたが，それが 1954 年にイギリス経済学者ルイスによって発展を遂げた．ブーケは，戦後インドネシアにおける資本主義と農業社会の共存を分析し，インドネシアを典型的な二重社会と主張した．この議論を踏まえて，ルイスは農村から都市への労働力の遷移に注目し，それによって発展途上国の経済成長を説明しようとした．この議論の流れから，現代中国は二重経済構造を見

(1990)が主張したように，戸籍制度，食糧等の配給制度や社会保障制度は，中国の二重社会構造が二重経済構造の定着を促し，その解消を難しくしているのである．もっとも，1953年頃までの戸籍制度は主に反革命鎮圧を目的とし，治安維持の性格が強かった．その後，農産物の「統購統銷」の強制が農民の勤労意欲を奪った一方，第1次五ヵ年計画の実施によって，都市労働力の需要が急速に高まった．結果として，農村から都市へ大規模の労働力遷移が自然に起こった．しかし，人口の急増はやがて都市の食糧供給の緊張を引き起こしたほか，農業生産にもしわ寄せが及んだため，1953年春に政府は介入に踏み込んだ[23]．それでも，急進的な農業生産合作化運動や食糧不作の発生を背景に，農村労働力の都市への移動が絶えず刺激され，説得に基づく政府の介入も限界を見せた．

そこで，現在の戸籍制度の原点とされる「戸口登記条例」が1958年1月に公布された．これにより，農村住民は都市の国有企業や行政機関に雇用され，または，都市の学校に合格する場合を除き，都市への戸籍転入が不可能となった．当時，食糧などの日常必需品はすでに配給制度の対象に納められており，配給切符の入手も都市戸籍の所有を前提とするがゆえに，農村住民の都市移住は事実上阻止された．こうして，強制力を伴う戸籍制度と排他的配給制度の総合作用の結果，農村と都市の元々分断された経済構造の上に，社会構造の断絶も強化されたのである．1954年憲法90条で規定された「公民の居住および移住の自由」も，4年も経たないまま早くも空洞化してしまい，1975年憲法で削除されたのである．その後，「戸口登記条例」の厳格な施行が強調される中，1963年に国の計画的に供給する食糧を入手できる否かは，都市と農村の戸籍を区分する基準とされた．それ以来，「農業戸籍」と「非農業戸籍」という区分方法は次第に定着したのである[24]．

ここで，農村住民の移住の自由を奪った1958年以来の戸籍制度は，1950年代に都市人口急増と物資供給の不足に対応する形で制定されたが，その誕生を導い

せるのみならず，都市と農村の福祉水準の格差により，二重社会構造の存在も指摘された．中国の二重社会構造を最初に提起したのは，農業部政策研究中心　農村工業化城市化課題組（1988b）であるが，それを生み出した理由は郭書田・劉純彬（1990）で検討された．
23）1953年4月17日に「関於勧止農民盲目流入城市的指示」の公表により，農村から都市への盲目的な人口流入を指す言葉として，「盲流」という表現が誕生した．
24）別紅暄『城郷公平視域下的当代中国戸籍制度研究』中国社会科学出版社，2013年，76-86頁．

た根本的原因は，やはり当時の経済体制に潜んでいる．重工業優先発展戦略の下で，工業部門の従業員の食糧などを確保するほか，農業生産の余剰を最大限に吸い上げ，工業部門へ投入するのも求められるが，農業生産の労働力確保がまず前提であろう．さらに一歩進み，農業生産のより効率的な管理を実現するために誕生したのは，大規模の人民公社なのである．この意味で，計画経済期の経済発展戦略は都市と農村に異なる役割を付与したが，この役割分担の構図を固める手段として，中国独特な戸籍制度が登場したのである．

このように，計画経済体制の樹立後，国民経済の回復を目指す経済改革が実施されたとともに，国民生活に関わる制度も次々と打ち出された．これらの制度を土台にしながら，相互作用のダイナミクスを見せる形で，計画経済期の社会保障制度[25]も徐々に形が整うようになった．建国初期の社会保障制度の構築に対して，レーニンの社会保障論は決定的な影響を与えた[26]．「労働者保険綱領」(1912)の中で，レーニンは国営労働者保険が労働者に最適な保険方式と唱えた上で，保険給付の内容，被保険者，保険料の調達及び管理組織について論じた．ここで，労働者の扶養親族も労働者本人とともに被保険者とされるほか，保険料は本人ではなく，雇用者である企業または国が納付するとされる．また，各地で

---

[25] 計画経済期の社会保障制度は，都市労働者及びその扶養親族を対象とする「労働保険条例」が中心となり，農村住民は基本的に排除されていたが1990年代に入って初めて，中国の社会保障制度が本格的な発展を遂げたと考えられる．例えば，1993年11月，第14期3中全会で採択された「関於建立社会主義市場経済若干問題的決定」は，社会保障制度は社会保険，社会救済，社会福利，軍人等への優遇・補償（優撫安置）と社会互助，個人儲蓄累積保障の6つの部分からからなる一方，都市住民と農村住民の社会保障は区別すべきであるとした．2004年憲法改正では，「国は経済発展水準にみあった社会保障制度を整備，健全化させる」との規定を追加した．社会保険制度の整備に伴い，2007年10月に胡錦濤が第17回党大会で行った報告では，社会保障制度は社会保険，社会救助と社会福利を基礎とし，基本年金，基本医療と最低生活保障制度を重点とし，慈善事業，商業保険を補完とすると規定された．ここから，社会主義市場経済の樹立後，社会保障制度の内容の変化を窺える．

[26] 資本主義国家の場合，1935年8月に成立したアメリカ「社会保障法」の中で，「社会保障」という表現が初めて登場したが，1942年のベヴァリッジ報告「社会保険及び関連サービス」によって，社会保障は理論から現実への飛躍を見せた．社会主義国家の社会保障制度について，マルクスとエンゲルスはその設立原則に言及したが，体系的な議論を展開していない．その主張は主に2点に集約できる．第1，現代社会において，社会保障は労働力再生産の必要条件であり，これにより労働者は将来の生活に対して安心感が高まる．第2，労働者へ賃金を支給する前に，そこから一部を控除して社会保険基金を設立すべきである．馬克思（マルクス）『資本論』第3巻，人民出版社，1975年，990頁参照．マルクスとエンゲルスの観点の体系化を実現したのは，レーニンである．レーニンの提起した社会保障論は，ソ連の1936年憲法120条に盛り込まれたほか，東欧社会主義諸国や中国にも深刻な影響を与えた．

被保険者の完全な自治の原則に基づき，統一した保険管理組織の設立も論じられた[27]．これらの規定は，建国直後に築き上げられた中国の社会保障制度にそのまま反映されたと言えよう[28]．全体として，レーニンの提起した社会保険制度は，資本主義国家のそれと多くの共通点を示しつつ，被保険者は保険料納付の義務がないことはその最大の特徴であると考えられる．

建国以前の労働運動や地方政権期の経験を踏まえて，1951年2月，中央人民政府が「労働保険条例」を公布し，労働保険制度の成立を宣言した．これによって，企業が従業員及び扶養親族に対して，労働災害，医療・生育や退職後の待遇を主とする労働保険の実施が義務付けられた．とはいえ，これはまず100人以上の工場，鉱山と鉄道・航運・郵政電信の3領域で実施され，1953年1月以降は3領域の基本建設部門と国有建築会社へ拡大した．次節ではまた詳しく述べるが，文化大革命の勃発後，労働保険の管理方式に大きな変化が生じたにもかかわらず，職場（単位）は1980年代半ば頃まで一貫して財源調達と管理の主体であった．これに対して，国家機関[29]職員向けの社会保険の場合，その内容も主に労働災害，医療・生育と退職後の待遇の3つからなる．しかしながら，労働保険と違い，3つの部分がまとまった社会保険制度として打ち出されたのではなく，単独な制度として徐々に実施された．1955年末，国家機関職員をカバーする社会保険もようやく形が整い，労働保険とともに，計画経済期の社会保険制度のメイン部分をなした．

しかしながら，建国以降，ほとんどの都市住民が社会保険にカバーされたのに対して，農村では伝統社会のやり方が依然として踏襲された．ここで，家庭は基本的な生活単位でありながら，生活保障の基本的主体でもあった．また，土地は，

---

27) 芝田英昭『社会保障の基本原理と将来像』法律文化社，2004年，2-3頁．
28) もっとも，1921年8月に中国労働組合書記部の発足より，雇用主または国の負担する労働保険の設立は，労働運動の一環でもあった．1931年11月に誕生した中華ソビエト共和国の下では，雇用主の負担に基づく社会保険制度も試行されたが，ここですでにレーニンの社会保障論の影響を窺えよう．さらに，第2次国共内戦の中で，1948年12月に「東北公営企業戦時暫行労働保険条例」の公布によって，社会保険の大規模な実施が初めて実現された．1951年初に「労働保険条例」が公布されるまで，これは各地の社会保険制度の手本とされた．巖忠勤・龐自『当代中国的職工工資福利和社会保険』中国社会科学出版社，1987年，288-301頁参照．
29) 政策文書でよく現れる「国家機関」は，行政機関の他に，民主党派，人民団体（詳細は，国務院「社会団体登記条例」1989年10月25日を参照されたい）と事業単位も含まれる．本書でも，行政機関や事業単位を一括して「国家機関」と呼ぶ．また，国家機関職員向けの社会保険について，巖忠勤・龐自，前掲書，310-313頁参照．

農村住民の基本的生活を保障する手段と見なされた[30]ほか，家庭の中で解決できない問題が生じる際，同族は救済の主体であった．このような認識と伝統を背景に，新政権が発足すると土地改革が早急に実施されたが，農村住民向けの社会保険制度が構築されなかった．一方で，ごく一部の対象者に限るとはいえ，農業生産合作化運動の展開に伴い，保護者や後見人のいない老人，孤児や身障者の基本生活を保障する「五保」制度[31]や災害後の救済措置が生み出されたほか，人民公社に基づく合作医療制度も9割以上の農村地域で確立された．それでも，労働保険の内容と比べて分かるように，1950年代以降，社会サービスのほとんどが都市住民に提供され，巨大な福祉水準の地域格差を作り上げたのである．これは，1950年代に農村から都市への大規模な人口移動を促した効果があり，また，中国の二重社会構造を強めた要因の1つでもある．

第2節　計画経済期の3大医療保険制度

　計画経済期の経済・社会制度が徐々に確立される中で，都市から農村へという順番で，公的医療保険制度も紆余曲折な発展を見せた．建国初期，重工業などの経済分野で従事する労働力の再生産を保つべく，国有企業[32]の労働者は最初に公的医療保険に取り入れられた．ただし，この制度は独立した公的医療保険として設立されたのではなく，1951年2月に公布された「労働保険条例」の一部をなしたことから，一般に「労保医療」と呼ばれる．レーニンの社会保障論に沿う形で，労保医療の被保険者は保険料の負担がないほか，1969年から医療給付と財源調達が企業内で完結するようになった．通常でいう公的医療保険に比べると，労保医療は明白な異質性を見せる一方，これを「社会主義」的「社会保険」の典

---

30)　土地を入手した農村住民は，農業生産で自給自足が可能となったのに対して，都市住民は生産手段を所有せず，より不利な立場に置かれていたとの認識が，建国前にすでに指導部にあった．その一例として，毛沢東は，「我々は農村地域で土地改革を通して，農民に土地を与えた．今度は都市に入ったが，短期間で都市労働者の賃上げが難しいならば，彼らに労働保険を与えよう」という発言を残した．郝雨「労働保険条例制定修改二三事」『中国社会保障』第10巻，1999年，18頁参照．

31)　1956年に公布された「高級農業生産合作社示範章程」により，「五保」は最初に食糧，衣服，燃料，教育及び葬儀の保障を指すが，1964年10月以後，住宅と医療も保障の対象に追加された．石宏偉『中国城郷二元化社会保障制度的改革和創新』中国社会科学出版社，2008年，134-135頁参照．

32)　1956年末に生産手段の公有制を目指す「社会主義改造」が完了するまで，公私合営企業や民間企業も含まれていた．

型とみなすことができよう．1952年7月に発足した公費医療にも，同じことが言えると思われる．他方で，1955年に始まった農業合作化運動の中で，農村住民が自発的に立ち上げた合作医療は，集団公益金の一部が主な財源であるとはいえ，個人も小額な保険料負担が伴うことから，むしろ公的医療保険の色彩が鮮明である．本書では，あえて社会主義理論に据えて，合作医療のみならず，労保医療と公費医療も「社会保険」と位置付ける．以下では，計画経済期の3大医療保険制度の内容，管理方式や発展を中心に説明していく．

1. 都市労働者向けの労保医療

建国前夜の1949年9月，臨時憲法とされた「中国人民政治協商会議共同綱領」が採択され，その32条は「企業で徐々に労働保険制度を施行する」と規定した．これを踏まえて，1951年2月26日に「労働保険条例」が公布し，同年3月1日に労働保険制度が成立した．当初，労働保険制度の実施対象は，従業員100人以上の国営，公私合営，私営及び合作社経営の工場，鉱山及びその付属組織，また，鉄道，航運と郵政電信に従事する企業及びその付属組織と規定されたが，約2年後に実施対象の拡大も行われた．その第3章の一部は企業従業員の医療待遇を規定するものであり，いわゆる「労保医療」の内容となる．正確にいうと，労保医療は医療給付のほかに，労働災害，傷病休業，従業員及び扶養親族の死亡と出産育児の給付も含まれるが，ここでは主に医療給付を中心に[33]説明する．

その要点として，労保医療を施行する企業等の従業員（以下，被保険者という）は疾患に罹患する場合，企業の診療所，病院または提携病院で診療を受ける．上記の医療機関で治療できない場合，その他の病院へ転院し，場合によって入院治療を受ける．そこで発生する診察料，入院料及び薬剤費は企業負担となるが，貴重薬剤費，通・転院交通費及び入院食費は，本人負担とされる．また，被保険者の扶養親族[34]が当該企業の診療所，病院または提携病院で受診する場合，診察費が全額免除され，薬剤費の半分は労保医療から支給されるが，貴重薬剤費，通・転院交通費及び食費を含む入院料は，自己負担とされる．当時，企業所属の

---

33) 労保医療の詳しい内容について，燕秋梅（2003）や朱珉（2005）を参照されたい．
34) 扶養親族の範囲は，労働部が1953年1月26日に公布した「労働保険条例実施細則修正草案」45条で画定された．

「職工病院」は全国医療機関数の半分ほど占めていた[35]が，労保医療からゲートキーパーの機能も付与されていたことから，建国初期から医療資源の合理的配分にすでに注意が払われたと思われる．医療費の給付は，償還払い方式が多い一方，高額な入院料の一時立替払いをすることが難しいと想定されるため，現物給付方式も併用される[36]．

　労保医療の費用は，企業の負担とされる．毎月，企業が賃金総額の3％を労働保険金として拠出するが，労働保険金は被保険者の賃金から控除し，または被保険者に別途徴収してはならない．労働保険制度を施行して2ヵ月後，労働保険金の3割は中華全国総工会に上納し，労働保険総基金とされるが，残りの7割は企業の労働組合が保管し，労働保険基金とされる．被保険者及びその扶養親族の医療費は，まさに企業ごとの労働保険基金から給付される．企業の労働保険基金は月ごとに決算するが，余剰があれば省・市労働組合または産業の労働組合全国委員会に上納し，労働保険調節金（調剤金）として積み立てられる．今度，企業の労働保険基金に赤字が生じる場合，労働保険調節金から補助金を受けることが可能である．1969年まで，このリスク分担の仕組みは省・市または産業の労働組合と中華全国総工会の間にも成り立っていた．

　労保医療の財源調達から分かるように，労働保険の実施は行政組織ではなく，各級労働組合に委ねられていた．これは，通常の公的医療保険と一線を画す労保医療独自の特徴である．その原因として，1920年代以来，労働保険の設立を求める活動は労働組合の指導下に展開されたことや，国共内戦期に，労働組合が一部の地域で労働保険条例を試行した経験があることが考えられる．建国以降でも，中華全国総工会は，全国の労働保険業務を統一的に計画し，管理する「最高指導機関」と規定され，企業の労働組合委員会は，労働保険の実施を担う末端組織となり，相当の裁量が与えられた．これに対して，各級政府の労働部門には，主に労保医療の実施を監督する権限しか与えられなかった[37]．

---

35) 「2015年中国衛生和計画生育統計年鑑」によると，1983年当時，全国の病院数は10,901であったが，同年「職工病院」の数は5,061であったことから，その規模が病院全体の約半分を占めることが分かる．黄樹則・林士笑『当代中国的衛生事業（上）』中国社会科学出版社，1986年，45頁．
36) 燕秋梅「中国の計画経済期の医療保険制度に関する研究」『流通経済大学大学院経済学研究科論集』第11巻，2003年，30頁．
37) 政務院「労働保険条例」1951年2月26日．

以上は，1951年3月に発足した当時の労保医療の内容と管理方式であるが，朝鮮戦争の戦況が安定し，土地改革も一段落つくと，国民経済が回復の兆しを見せたほか，労保医療も充実の契機を迎えた．1953年に1月，労保医療の適用対象が工場，鉱山及び交通事業の「基本建設単位」と国有建築会社に拡大したほか，被保険者は経済的困難を抱える場合，貴重薬剤費，入院食費及び通・転院交通費に対する適宜な補助も規定された[38]．その後，労保医療の被保険者が急増し，1951年末の269万人から1953年3月の420万人に伸びた．社会主義改造の完了が宣言された1956年に，労保医療の実施範囲はさらに拡大し，商業，国際貿易や金融などの業種も労保医療を実施することとなった．この結果，労保医療の被保険者は1956年に1,600万人に達し，1953年の約4倍増となったほか，都市労働者の94％をカバーするに至った[39]．

　しかしながら，労保医療の実施範囲の拡大と給付水準の改善が，やがて医療資源浪費の深刻化を招いた．第8期3中全会の会期中，1957年9月26日に周恩来が労働賃金及び労働保険福祉政策の問題について報告を行い，労保医療と公費医療の診察料，入院料と薬剤費に少額の本人負担を導入し，経費支出の節約を唱えた[40]．その翌年に発動した大躍進運動が国民経済の悪化を招いたのを背景に，文化大革命前夜の1966年4月，労働部と全国総工会は労保医療被保険者の本人負担について詳細な規定を行った．結果として，被保険者が企業の「職工病院」または提携病院で受診する際に発生する診察料は，本人負担とされたほか，貴重薬剤は企業が負担するが，栄養剤は本人負担の対象となった．また，被保険者の扶養親族が受診する場合，手術料と薬剤費の半分は依然として労保医療から給付されるが，診察料や検査料は全額本人負担に切り替えられた[41]．残念ながら，その翌月に文化大革命が勃発し，今回の制度修正はやがて形骸化してしまった．

　1966年5月から，民衆動員に基づく階級闘争が全国各地へ蔓延するにつれて，労保医療は衰退期に入った．造反派がすべての打倒を叫ぶ中で，労働部門を含む全国の行政機関は正常な業務を遂行できなくなり，全国総工会をはじめとする各級の労働組合も活動停止にまで追い込まれた．1969年，労働部のほとんどの職

38）　政務院「労働保険条例」（改正）1953年1月2日．
39）　厳忠勤・龐自，前掲書，307頁．
40）　中共中央文献研究室編『周恩来経済文選』中央文献出版社，1993年，389-390頁．
41）　労働部・全国総工会「関於改進企業職工労保医療制度幾個問題的通知」1966年4月15日．

員は農村へ「下放」された上で，翌年に労働部が国家計画委員会，国家経済委員会や国家物価委員会など8つの中央行政部門とともに，定員数が610名しかない国家計画革命委員会へ再編された．こうして，労保医療は実施主体と監督機関をともに失い，業務は混乱に陥った．例えば，企業が全国総工会の労働保険総基金への拠出も中止し，労保医療は企業間のリスク分担の機能を喪失してしまった．この労保医療のアナーキーを改善すべく，1969年2月，財政部が労保医療の財源調達方式の修正を決定した．そこで，企業が賃金総額の3％を労働保険金として拠出する方式が撤廃された代わりに，労保医療の給付金などは営業外支出から支給されることとなった．新たな財源調達方式について，同年11月により明確な規定が行われた．具体的に，これまで企業が賃金総額の2.5％を福利費，3％を奨励基金，5.5％を医療衛生費として拠出した方式を踏まえ，今度は，3つの項目を合併して賃金総額の11％を職工福利基金として拠出し，医療給付とその他の福祉サービスの支出に充てる．しかも，職工福利基金は直接に生産コストに計上することとなり，赤字が生じる場合，納税後の利潤によって賄われることとなった[42]．その結果，労保医療は社会保険としての性質が剥離し，「単位」（中国では，職場を指す）保険へと後退してしまった．それ以来，都市労働者の医療を含む福祉水準は，完全に所属企業に依存するという福祉体制が定着した一方，企業間の労保医療の給付格差も生み出されたのである．

2. 国家機関職員向けの公費医療

公費医療の歴史は，1930年代の戦時供給制に遡ることができる．中華ソビエト政権をはじめとする中国共産党の支配地域では，軍人，中央・地方政府の職員や学生を対象に，生活日需品の現物給付を主とする供給制が実施されていたが，無料医療は戦時供給制の重要な一環をなした．他方，1932年2月に赤軍軍医学校の設立や，1933年3月に「蘇維埃区域暫行防疫条例」及び「蘇区衛生運動綱要」の公布[43]から，医療従事者の育成や医療政策の制定が進められていたことも窺える．建国以降，都市労働者向けの労保医療が1951年に発足すると，国家機関職員の医療給付の制度化が求められた．その財源は各級政府の財政支出に賄

---

[42] 張琪『中国医療保障理論，制度与運行』中国労働社会保障出版社，2003年，3頁．
[43] 舒龍・凌歩機『中華蘇維埃共和国史』江蘇人民出版社，1999年，460-473頁．

われることから，国家機関職員向けの医療保険制度は，公費医療と名付けられたと思われる．一方で，建国当初の経済状況，医療資源の制約や朝鮮戦争の参戦を背景に，公費医療はまず一部の地域，対象者や疾患の治療に限って実施された[44]．具体的に，公費医療が1951年に陝北解放区及び少数民族地区で試行されてから，1952年初に第1次国共内戦期の根拠地へ拡大した[45]．これら試行の経験を踏まえて，1952年6月27日，政務院が「関於全国各級人民政府，党派，団体及所属事業単位的国家工作人員実行公費医療預防的指示」を公布し，同年7月から公費医療は中央から地方へ徐々に実施されていくこととなった．

上記の「指示」によると，公費医療の被保険者は，各級政府，党派，労働組合・共産主義青年団・婦女連合会などの団体，各種工作隊及び文化，教育，（医療）衛生，経済建設などに従事する事業単位の職員と革命傷痍軍人である．各地は，医療施設や予算手続きを踏まえて，外来と入院に対して公費医療の実施時期を決めるとされた．

公費医療の管理は，各級衛生部門の業務と規定された．具体的な管理組織として，中央では，衛生部，政務院機関事務管理局，人事部，労働部や財務部などの行政部門が参加する形で，公費医療予防実施管理委員会を設立し，衛生部は主な責任を担う．同様に，大行政区[46]と省（市等）でも，衛生部門及び関連行政部門からなる公費医療予防実施管理委員会の設立が指示された．この管理体制の下で，公費医療の経費は，各級政府の衛生部門が国家機関の定員によって調達し，収支管理を統一に行うとされたが，経費を国家機関職員へ均等に配分してはならない．また，公費医療の給付内容は，外来・入院に伴う診察料，手術料，入院料，処方薬剤費を全額支給する一方，入院食費，通・転院交通費が被保険者の本人負担とするものである．ただし，被保険者の経済状況が許さない場合，行政経費の中から補助金を支給する対策も用意された．

同年8月末，公費医療の被保険者，各級公費医療予防実施管理委員会の設立や

---

44) 傳連暲「新中国衛生保健事業的一大発展」新華月報，1952年第7期，159頁．
45) 政務院「関於全国各級人民政府，党派，団体及所属事業単位的国家工作人員実行公費医療預防的指示」1952年6月27日．
46) 1949–1954年に存在した行政区画である．建国以降，全国は5–6つの大行政区に分けられ，その下に省が位置付けられた．1952年11月から，各大行政区の最高指導者が相次いで中央政府に転任した上で，1954年2月に高崗・饒漱石が指導部内で批判された結果，4月に大行政区の撤廃が決定された．張則振「新中国大行政区制的歴史演変」『百年潮』第12巻，2001年，46–49頁参照．

業務，公費医療経費の使用及び管理について，衛生部がより詳細な規定を行った．ここで，大行政区と省（市等）の公費医療予防実施管理委員会の構成として，各行政部門から1名の公費医療責任者が参加し，衛生部門の代表が主任委員，人事及び財政部門の代表が副主任委員とされた．また，中央，大行政区，省（市等）の政府が所在する都市は，1つ（またはそれ以上）の病院が公費医療の提携病院に指定されるほか，衛生部門の下で，当該都市の公費医療の業務を一括して管理する公費医療予防処（科）の設立も定められた．公費医療予防処（科）は被保険者に公費診療証を発行するが，被保険者はその持参の上，指定医療機関で受診しなければならない．最後に，各級政府は公費医療経費を財政予算に組み込み，衛生部門がこれを使用することも明確に規定された．このうち，公費医療の給付金は，3割が外来，7割が入院へ配分するとされた[47]．それ以降，公費医療の対象者が拡大の機運を迎え，1953年1月に大学及び専科[48]の学生と郷幹部[49]を取り入れてから[50]，1956年より国家機関職員は退職の後[51]でも，公費医療を享受することが可能となった．

公費医療の整備が進んだ結果，その被保険者数が着実に伸びた．公費医療の発足した1952年時点の被保険者数は400万人であったが，1953年にそれが529万人へ，1957年にさらに740万人に達した[52]．一方，賃金制度改革との関連で，公費医療の内包する1つの問題が徐々に露呈した．それは，被保険者の子女の医療問題である．労保医療と違い，公費医療の被保険者の扶養親族は疾患に罹患する場合，その医療費は公費医療の給付対象外となる．それでも，この問題は1955年7月まで表面化しなかった．建国初期，国家機関職員の賃金に供給制と賃金制の2種類が並存しており，扶養親族の医療は供給制の一部をなしたからで

---

47) 衛生部「国家工作人員公費医療預防実施弁法」1952年8月30日．
48) その歴史は1860年代の洋務運動に遡ることができるが，現在は高等教育の一部で，主に高等職業技術学院と高等専科学校によって行われる．大学と違い，主な目標は技術者の育成である．李均「中国高等専科教育発展史略」『汕頭大学学報（人文科学版）』第2巻第14号，1998年，51-58頁参照．
49) 国家機関，軍隊や人民団体において，一定以上の役職につく公職者を指す．
50) 衛生部「関於公費医療的幾項規定」1953年1月23日．
51) 国家機関職員の退職は，退休と離休の2種類がある．退休は定年退職を指すのに対して，離休は，離休休養の略語で，建国以前の革命参加者が該当する．医療，年金など福祉水準に関しては，離休は退休より優遇される．以下，両者を併せて「離退職者」という場合がある．国務院「関於発布老幹部離職休養制度的幾項規定的通知」1982年4月10日参照．
52) 鄭功成他『中国社会保障制度変遷与評估』中国人民大学出版社，2002年，123頁．

ある．建国以前の革命参加者を中心に，供給制がしばらく維持されたが，1955年7月よりそれが撤廃され，職務等級賃金制に統一された[53]．その結果，国家機関職員の子女の医療は，完全に放出されてしまったのである．この問題を改善すべく，1955年9月に2つの解決案が打ち出された．1つは，国家機関職員は公費医療の定める基準に従い，子女人数分の医療保険料を職場に納付することによって，その子女の医療費を公費医療の給付対象に加える方法である．その実施が難しい場合，国家機関職員の子女の医療費は原則自己負担とするが，経済状況が許さない場合，国家機関の福利費から補助金を支給するというのは，もう1つの解決方法とされた[54]．

しかしながら，公費医療の充実に伴い，労保医療以上に深刻な医療資源浪費の問題が現れ，財政を圧迫するようになった．公費医療の資源が過度に消費される現象は『人民日報』の投書欄に掲載されたほか，公費医療の赤字問題も指摘された[55]．1957年9月，周恩来が第8期3中全会で行った報告では，公費医療の経費及び医療資源の浪費を指摘した上で，少額の本人負担の導入を呼びかけてから，一部の診療項目は公費医療の給付対象から外されたほか，医薬品の使用や所在地以外の地域での治療にも制限が加えられた．さらに，1965年に毛沢東が農村の医療について「六・二六」指示を下したのをきっかけに[56]，公費医療にも診察料と往診料の本人負担が導入された．また，一部の地域で試行された栄養剤の本人負担制も，全国へ普及するようになった．しかしながら，翌年に始まった文化大革命により，公費医療の管理がまた緩められた．そこで，1970年代半ば頃より，公費医療の本人負担に該当する医薬品について，その範囲が2回にわたって再画定された[57]．それでも，計画経済期の公費医療は，全体として高給付水準を保っていたと思われる．

---

53) 職務等級賃金制とは，職務を幾つかの等級に分け，等級ごとの賃金水準を設ける方式である．李唯一『中国工資制度』中国労働出版社，1991年，144-150頁．
54) 財政部，衛生部，国務院人事局「関於国家機関工作人員子女医療問題」1955年9月17日．
55) 当時，年間1人当たりの公費医療の財源調達基準は24元前後だったが，多くの地域は赤字が発生したという．例えば，1953年，天津の公費医療は26億元あまりの赤字を出した．尹毅「克服公費医療中的浪費現象」『人民日報』1955年1月8日付，3面参照．
56) 衛生部・財政部「関於改進公費医療管理問題的通知」1965年10月27日．
57) 衛生部，財政部，国家労働総局「関於検発享受公費医療，労保医療人員自費薬品範囲的規定的通知」1977年10月18日．

3. 互助共済に基づく農村合作医療

1950年6月，農村の医療問題を解決するために，全国農村衛生座談会が開催された．ここで，「今後の衛生[58]建設の重点は農村にある」ことが確認された．その直後に開催された第1回全国衛生工作会議でも，今後数年の医療行政の重点は大都市ではなく，中小都市や農村にあることが再強調された．その後，農村で医療機関の整備が進み，9割以上の県に医療機関が設立された．

ところが，建国以降の医療保険制度の整備は，都市を中心に展開した．農村住民が公的医療保険の外に放置されたまま，農民の互助共済に任せきりであった．1950年前後，東北各省では農民の共同出資に基づく形で，聯合診所（連合診療所）や衛生所が多数立ち上げられた．この方法が各地へ普及した結果，連合診療所や衛生所の数は1950年に803であったが，1956年に5.1万を超えた．しかしながら，農村住民の医療費負担は，相変わらず改善されないままであった．

そこで，1955年に農業合作化運動が急展開を見せる中で，山西，河南など一部の農村地域で，「集団保健医療」と呼ばれる合作医療制度の原型が現れた．その典型は，山西省高平県米山郷の「聯合保健站」（連合保健所）であるという．1953年，3軒の薬屋と10名の開業医は，高平県最初の聯合診所を立ち上げた．これを土台に，1955年5月1日に米山聯合保健站が正式に発足した．しかも，これは単なる保健所ではなく，医療保険の機能も兼ねていた．すなわち，合作社と農民の共同出資で保健所を設立する上で，農民は自由意思で毎年0.2元の保健費を納付すると，無料の予防保健サービスを享受できるほか，診察料及び往診料も免除され，薬剤費のみを支払えばよいという仕組みである．また，保健所の財源は，主に合作社公益金の15-20%の拠出金，農民の納付する保健費と薬価差益によって調達される．医師の報酬は，「工分」[59]と現金を併用する形で支給される．ここでは，薬剤費が本人負担とされるため，この制度は「合医合防不合薬」

---

[58] 中国では20世紀初頭より医療や公衆衛生は一括して「衛生」と呼ばれ，その管理を担う行政部門も「衛生」部門と名付けられてきた．この点について，次節でまた述べるとする．

[59] 社員の労働量等を測る単位である．毎日，社員が生産隊の規定した農業生産を行った後，担当者に当日の点数をつけてもらう．年末になると，1年の生産高と全社員の総点数に基づき，1点当たりの平均価値が精算される．これに各社員の年間総点数をかけて，年間報酬を決める仕組みである．支給の際，現金と現物が併用される．呉敬璉，前掲書，94頁．

とも呼ばれる[60]．

　米山郷の聯合保健站は，まもなく指導部の注目を引き，合作社が集団保健医療保険を行う方法が各地へ普及することとなった．1957年になると，全国の聯合保健站の数は1万も突破した[61]．この勢いを背景に，前年6月30日に開かれた第1期全人代第3回会議は「高級農業生産合作社示範章程」を採択し，農村住民の医療は初めて合作社の責任に納められた．その後，農村住民の医療を支える制度が各地で模索されたが，河南省正陽県王店郷団結農荘は1956年9月に「合作医療」と名付ける制度を作り出した．これは，まさに合作医療制度の名称の由来とされる．

　1958年5月に始まった大躍進運動の中で，合作医療の発展は初回のクライマックスを迎えた．運動の開始が宣言された直後，「一大二公」が特徴とされる人民公社が極めて短期間に全国の農村地域へ普及し，1983年10月まで農村住民の基本的な生活単位であった．しかも，人民公社は農業集団化を担う経済組織だけではなく，末端の行政組織でもあった．共産主義の実現を目指す狂熱な雰囲気の中で，人民公社は統一採算・分配を徹底した上で，社員となった農村住民の基本生活に対して供給制を実施していた．供給制の内容は各地で異なるが，医療が含まれることが多く，その給付方法も多様性を見せた．このうち，山西省稷山県の医療制度は，先進事例とされた．その最大な特徴は，集団保健医療を土台にしながら，県内の分散した医療資源を整合し，体系的な医療提供ネットワークを築き上げたことである．財源に関しては，病院の経費は財政支出と農村住民の納める保健費の一部からなるが，保健所は保健費，診療収入と合作社の公益金補助によって運営される．稷山県の経験が全国へ普及した上で，衛生部が指導部へ送る報告書では，地方で「保健費」または「合作医療」と呼ばれる集団保健医療は，人民公社に適する医療保障制度と位置付けられた[62]．1960年に入ってから，その報告は2回も地方へ転送され，内容の実施が求められたが，ここで「合作医療」が初めて指導部の文書に現れた．その後，衛生部門の管理下，合作医療の発展は初回のピークを迎え，そのカバー率は1960年に32％に，1962年に46％に達し

---

60) 張琪，前掲書，148頁．
61) 徐傑「対我国衛生経済政策的歴史回顧和思考（上）」『中国衛生経済』第10巻第16号，1997年，7頁．
62) 衛生部「関於人民公社衛生工作幾個問題的意見」1960年2月2日．

た[63]．

　しかしながら，大躍進運動で全国を席巻した「共産風」は，合作医療の展開にも影響が及んだ．一部の地域は，個人または複数の開業医が立ち上げた診療所の公有化を急ぎ，財政の圧迫を招いた．そこで，3年も続く食糧危機を背景に，合作医療は一時的に停滞状態に陥ったのである．この問題を改善すべく，1962年8月，複数の開業医が行う「集団医療」は，やはり農村の医療提供の主な形式と規定された．その後，合作医療の財政問題がある程度緩和され，公社の衛生院を中心に，農村でも三級医療提供ネットワークが徐々に形成した．

　こうして，合作医療は農業合作化運動の中で芽生え，農村住民の医療費負担の軽減に大いに寄与した．それでも，都市の労保医療と公費医療に比べると，合作医療の給付水準は相当低いと言わざるを得ない．ここでは，医療費の本人負担率の相違より，医療資源配分の地域格差が主な原因であると考えられる．例えば，建国以降，都市と農村の医療従事者数や病床数は，全体として大きな格差を維持していた[64]．1964年当時，医療従事者の69％は都市，31％が農村に配置されており，県以下の農村地域の医療従事者はわずか10％しか占めなかった．同年の医療予算からみても，その3割が公費医療に当てられたのに対して，農村医療への投入は27％に留まった．言い換えると，830万の国家機関職員をカバーする公費医療の経費は，5億の農民の医療へ投入された財政支出より多い[65]．その裏に，重工業優先発展戦略が国民経済発展第1次五ヵ年計画に盛り込まれた後，医療行政の重心が農村から都市や鉱山に移されたことが重要である[66]．その結果，欠乏な医療資源は，工業化に取り組む都市労働者に優先的に配分された．その他，労保医療と公費医療の浪費問題も，合作医療との給付格差を広げたように思われる．こうした医療給付の地域格差は，都市と農村の二重社会構造の形成を促したほか，1965年ベトナム戦争がエスカレートする中，三戦建設または戦時医療に対応できないため，国防の弱点にもなり得るといえよう．

---

63) 羅力他「中国農村合作医療制度50年歴史回顧和思考」『中国衛生資源』第12巻第5号，207頁．
64) 『2015年中国衛生和計画生育統計年鑑』によると，1,000人当たりの医療従事者数の場合，建国した1949年当時，都市は1.87，農村が0.73であったが，1965年に都市が5.37，農村が1.46となり，格差が広がったことが明白である．
65) 衛生部「関於把衛生工作重点放到農村的報告」1965年9月3日．
66) 新華社「第三屆全国衛生行政会議在北京挙行，確定今後衛生工作的方針和任務」『人民日報』1953年12月31日付，3面．

これらの問題に察した毛沢東は，1965年6月26日に個人保健医師と話す時，医療行政を担う衛生部に対して不満を漏らした．毛沢東は，衛生部が全国人口のわずか15％の都市住民，さらに一握りの幹部のために働いていると批判し，人口の大多数の農民は医薬サービスを得られない問題を指摘した上で，医療衛生行政の重点を農村におくよう指示した．当日の日付をもって，この毛沢東の指示は「六・二六」指示と名付けられた．これを受けた衛生部は，都市の医療従事者が山間地帯や僻地へ向かい，巡回診察を行うのを企画したとともに，農村の医療従事者の育成にも力を注ぎ始めた．他方，開業医が行う「集団医療」の問題を是正すべく，人民公社と生産大隊を医療施設運営の主体と規定したほか，農村の医薬品欠乏の問題についても早急に対策を打ち出した．結果として医療資源の配分も農村へ傾くようになった．例えば，1965年当時，農村の病床数は全国の4割しか占めなかったが，10年後にその割合は60％に伸びた[67]．

　このように，毛沢東の「六・二六」指示は農村医療の改善を促したが，その翌年に文化大革命が勃発した．「十年の動乱」の中で，中国社会は長い停滞期に陥ったのに対して，合作医療は発展のピークを迎え，海外でも注目を集めた．その出発点は，湖北省長陽土家族自治県楽園公社の合作医療の評価である．1966年8月，地元出身の若年医師覃祥官は，村で衛生室を立ち上げた上で，村の住民が納付する保健費と集団公益金の拠出金をもって合作医療を実施した．その結果，農村住民は小額の診察料の負担を除き，薬剤費もだいぶ免除され，ほぼ無料医療が実現した．この楽園公社合作医療の経験がやがて衛生部門の注目を引き，全国で一定の反響を呼んだ．しかも，楽園公社合作医療の報道資料を読んだ毛沢東は，合作医療が素晴らしいと評価し，報道資料の公表を指示した．1968年12月，中央人民放送局と『人民日報』は楽園公社の合作医療を報道し，毛沢東のプロレタリア衛生路線の徹底的執行を目指すべく，農村医療制度をめぐる議論を呼びかけた．合作医療も，「プロレタリア文化大革命の中で新しく生まれた事物」と捉えられ，その利点がまとめられた．

　その後，楽園公社は合作医療の先進事例とされ，その経験を学び取りに来る人があとを絶たなかった．また，『人民日報』が呼びかけた農村医療をめぐる議論

---

[67] 国家統計局『2003年中国統計年鑑』中国統計出版社，2003年，806頁．

は，1968年12月8日から1976年8月31日まで合計107回にも及び，他のマスメディアも頻繁に合作医療を取り上げた．こうした合作医療の宣伝は，政治運動の色彩が非常に強いことは言うまでもない．地方では，合作医療の実施が行政命令の一環となり，これに熱心に取り組むか否かは毛沢東の革命路線執行の判断基準にさえなった．政治運動が生活の基調でもあった時代では，合作医療は1969年に2回目の発展ブームを迎え，その勢いは大躍進期のそれ以上となった．しかも，このブームは毛沢東の没後も続き，1978年3月に合作医療が憲法に盛り込まれた上で，1979年12月に「農村合作医療章程（試行草案）」まで制定された．これによって，農村住民向けの合作医療は，労保医療と公費医療とともに，計画経済期の3大医療保険制度の構図をなしたのである．

問題は，政治運動の中で全国へ普及した合作医療は，安定性が悪いものであった．合作医療制度の原型を作り上げた山西省高平県米山公社でさえ，1969年春頃に合作医療が各生産大隊に導入されたが，1970年末にそのほとんどが中止した[68]．その原因は当時の政治闘争に帰されたが，財政投入の不足や管理の不備が根本的原因であると考えられる．一方で，この問題はやはり政治運動の手段によって改善された．当時，指導部と衛生部門は何度も合作医療の復興を呼びかけた結果，1976年時点で，合作医療は90％以上の生産隊で定着した．同年，楽園公社で合作医療を立ち上げた覃祥官も，WHO主催の会議で合作医療の経験を紹介し，各国から賞賛を浴びた．

各地での合作医療の定着につれて，制度の中身も徐々に収斂することとなった．例えば，合作医療の実施主体は，基本的に生産大隊となった人民公社と生産大隊が共同に財源を管理し（前者が3割，後者が7割），「二級管理」を行う場合もある．1人当たりの財源調達の基準は，一般に1-2元であり，農村住民が50-80％，生産隊公益金が残りを負担する．ここでは，農村住民に保健費納付の義務があることから，合作医療は労保医療と公費医療よりも，公的医療保険に近い性格を窺えよう．医療給付の内容は，生産大隊の衛生所で受診する場合の医療費は全額免除となるが，人民公社の衛生院で発生する医療費は，20-60％が合作医療から給付されることが多い[69]．一方で，地方には大きな裁量が与えられたため，診察料

---

[68] 『人民日報』通信員，「積極支持，具体幇助，共同前進──米山公社衛生院幇助大隊鞏固合作医療的調査」『人民日報』1973年4月29日付，3面．

や薬剤費の給付水準に地域格差も生じた[70]．もっとも，合作医療の財源調達の規模が小さいため，その給付水準は低く設定せざるを得なかった一面がある．それにもかかわらず，合作医療は極めて低いコストで，農村住民の死亡率の低下，平均余命の向上や伝染病，地方病の撲滅に大いに貢献した[71]．1980年代，World Bank も合作医療を成功した「医療革命」と評価した．

また，10年のうち，合作医療の主な担い手である「裸足の医者」（赤脚医生）も大いに増え，辺鄙な山間地帯や島でも保健所が設立された．「裸足の医者」とは，人民公社の下で農業生産に従事しながら，基本的な医療サービスを提供する「半農・半医」の医療従事者を指す．水田で労働する際，裸足にしなければならないことから，農業生産も行う医療従事者は，「裸足の医者」と呼ばれた由来である．この呼び方は文化大革命の中で現れたが，その姿が建国以前からすでにあったという．毛沢東の「六・二六指示」を背景に，1968年9月，上海市川沙県江鎮人民公社の「裸足の医者」を育成した経験に関する報道は，毛沢東の指示によって雑誌「紅旗」で公表された．ここで，「裸足の医者」という表現は初めて公式に登場したという．その後，「裸足の医者」は合作医療を支える重要な存在として，その育成と研修に力が注がれた．育成の対象として，出身が重視されたほか，都市の失業問題を解決するために農村へ「下放」された知識青年も選抜された[72]．結果として，「裸足の医者」は広大な農村地域で大量に育成され，1970年代半ばに180万人の規模に達した．彼らは，病気の予防，衛生知識の普及をはじめ，ワクチンの接種，軽症の治療や鍼灸などを行うことによって，農村住民の基本的な医療需要を満たしていた．また，「裸足の医者」が薬草を採集し，自ら薬剤を作ることによって，農村の医薬品不足がある程度改善されたほか，医療の

---

69) 姚力『当代中国医療保障制度史論』中国社会科学出版社，2012年，92頁．
70) 診察費と薬剤費のどちらが給付対象に収められるかによって，当時は3つの方式が存在した．呉紅敏「中国の社会保障制度における医療保障（2）」『大阪府立大学経済研究』第48巻第4号，2003年，100-101頁参照．
71) 農村住民の平均余命は，建国当初の35歳から1981年の67.8歳へとほぼ倍に延び，ペスト等の伝染病もほぼ撲滅された．熊大艶「中国農村医療保険制度の現状と問題点」『地域公共政策研究』第19巻，2011年，81頁参照．
72) 文化大革命の中で，都市の失業問題も解決するために，「知識青年」と呼ばれる中学校や高校の学生に「上山下郷」が呼びかけられ，大規模な政治運動に発展した．この結果，約1,700万の都市学生が農村に送り込まれたが，彼らの一部は「裸足の医者」となり，農村の医療従事者不足を緩和することに寄与した．張瑞賢・張衛「中国『赤脚医生』始末」『中華医史雑誌』第39巻第6号，2009年，328頁．

コストも低く抑えられたのである．

このように，合作医療，「裸足の医者」と保健所は，農村住民の医療状況の改善に大いに寄与したことから，現代中国の農村医療の「三大宝物」と喩えられ，WHOに極めて低いコストで輝かしい成果を収めたと評価された．

4.3 大医療保険制度の性格

以上，社会主義論の議論に据えて，計画経済期の三大医療保険制度である労保医療，公費医療と合作医療の発展と概要について述べた．建国以前，一部の地域では医療保険の実践がすでに見られるが，このような歴史的背景もあり，労保医療が一番先に確立し，その次に公費医療と合作医療が徐々に定着したのである．結果として，計画経済期の下で，国民の健康水準が著しく改善された[73]．3大医療保険制度の共通点として，「高普及」[74]と「低負担」の両立が挙げられるが，これは計画経済期の医療保険制度の最大の特徴でもある．その他に，計画経済期の医療保険制度は，下記のような性格も見せる．

第1に，ソ連では，国が国民の医療保障に対して包括的な役割を果たした[75]のに対して，計画経済期の中国の場合，国の役割が比較的に限定的なものに留まったと考えられる．合作医療と労保医療の財源調達を見れば，両国の相違が一目瞭然である．合作医療の財源構成に，集団公益金がわずか一部を占めるほか，地方財政から補助金の投入が基本的に行われなかった．また，労保医療の財源調達の主体も最初から企業と規定されており，1969年以後，労保医療はさらに「単位保障」[76]に後退した．先行研究は，計画経済期の中国の医療保障の性格を検討する際，「国家保障」と「単位保障」を同一視する研究もあるが[77]，ここでは，

---

[73] 『2004年中国衛生統計年鑑』によると，人口死亡率が1952年の17‰から1978年の6.25‰へと激落したほか，伝染病の発病率や死亡率も著しく低下した．

[74] 1975年時点で，9割近くの国民（ほとんどすべての都市住民と85%の農村住民）は，いずれかの公的医療保険制度によってカバーされていたという．World Bank, China 2020, *Financing Health Care: Issues and Options for China*, World Bank, 1997, p. 1 参照．

[75] 汪寧「蘇聯社会保障基金的来源及其使用方法」『外国経済与管理』第10巻，1989年，22-24頁．

[76] ホワイトは，中国の「単位保障」の性格を意識した上で，中国を「マイクロ福祉国家」と名付けた．White, G. G., "Social Security Reform in China: Towards an East Asian Model?" in Goodman, R., White, G. and Kwon, H., eds., *The East Asian Welfare Model: Welfare Orientalism and the State*, Routledge, 1998, p. 177.

[77] 例えば，朱珉「中国における医療保険制度の形成過程」『経済学論叢』第45巻第3・4号，2005年，284頁．

両者は根本的に異なる性格を持つと捉える．

　第2は，計画経済期の3大医療保険制度に，「2つの二重構造」が内包されている．まず，都市の医療保険からみると，労保医療と公費医療はいずれも建国直後に確立され，医療費の本人負担が極めて低く抑えられた上で，高い給付水準を設定しているが，両者はいくつかの相違も見せる．例えば，労保医療が先に確立された代わりに，その給付水準が公費医療のそれよりやや劣る．一方で，公費医療は被保険者の子女まで給付対象に取り入れていないのに対して，労保医療の扶養親族には「半」労保給付が用意されている．ここでは，労保医療と公費医療の給付水準に格差が見られる一方，それが生活水準の格差を招かない程度に抑えられる形で，制度設計上の工夫がなされたように思われる．これらに対して，農村住民向けの合作医療は，職域保険にはみ出された国民をカバーするために作り出されたものではなく，農村住民が自力で作り上げたものである．また，財源調達は農村住民の保険費納付と集団経済の公益金に依存し，財政支出を伴わないこともあり，医療給付の水準が比較的に低い．「3年の困難な時期」の下で，その財源調達が難くになったが，保険費の納付は農村住民の所得の「工分」から天引きされることが多いため，合作医療の崩壊がある程度避けられたのである．この意味で，農業合作化運動は合作医療の制度的基盤をなしと捉えられよう．こうして，計画経済期の3大医療保険制度の給付水準を踏まえて，都市と農村の地域格差は1つの「二重構造」をなした上で，都市の中でも，国家機関職員と企業従業員の職域格差はもう1つの「二重構造」を形成したと考えられる．この「2つの二重構造」は，ある程度，計画経済期の医療保険制度の全貌を現したのである．

　第3は，医療保険行政が分断されたことである．労保医療は1969年2月より（それまでは労働組合）労働部門が，運営を担ってきたのに対して，公費医療と合作医療の管理を担当したのは，いずれも衛生部門である．これは，計画経済期の医療保険行政の「二重構造」をなしたといえよう．ここでは，中央の労働部と衛生部を頂点として，いずれも上意下達の形で，地方の労働部門と衛生部門を通して3大医療保険に対する統制を実現したことから，縦割り行政の特徴を確認することができる．一方で，医療給付の内容などは地方の裁量に委ねられたことから，当時の医療保険行政は，政策決定の強い統制と政策実施の大きな裁量を融合したユニークな性格も見せるのである．

第3節　計画経済期の「衛生行政」

　医療機関は，医療提供の担い手として，国民の健康状況に決定的な影響を与えることは言うまでもない．建国直後，医療機関の整備が新政権にとって急務となった．本節では，建国以降，医療機関を管理する衛生部門[78]の発展と，医療機関の整備について説明する上で，公立病院の診療報酬制度と財政補助制度を分析し，計画経済期の「衛生行政」の性格を検討する[79]．

1. 衛生部門の設立

　中国では，医療機関等の管理を担う行政は，「衛生行政」と呼ばれる．その歴史は，光緒新政に遡ることができる．1905年に設立された警政部警保司の下で，衛生科が設けられた．翌年，警政部警保司が民政部に再編し，その下で衛生司が設立され，官営病院であった「京城官医院」の管理を始めた．それ以来，医療機関等の管理を担う行政組織の名称に「衛生」という用語が定着し，その業務も「衛生行政」と呼ばれるようになったと考えられる．1912年に成立した中華民国政府の下でも，全国の医療行政を司る衛生司が内務部の下で設けられたが，1928年11月にそれが衛生部に昇格した．その後，それは内政部と行政院の間に幾度も組織再編を経験し，1947年にようやく衛生部として定着し，組織内部の充実も図られた[80]．

　2年後中国では政権交代が起こったが，新たに発足した中央人民政府の下で，建国式典の翌月11月1日に衛生部が早くも設立された．大行政区が存在していた時，華東，西南など4大行政区軍政委員会東北，華北人民政府の下でも衛生部が置かれていたが，1954年に大行政区の撤廃により，衛生部が全国の「衛生行政」の頂点となった．一方で，衛生部の地方出先機関として，省，地，県でも衛生庁（局）が設置されたほか，県レベル以下の郷，鎮政府または県政府の出先機

---

[78] 医療提供の管理を担う行政部門として，公立病院をはじめとする医療機関の人事から診療活動までを全般的に管理する衛生部門のほかに，財政部門や価格管理部門も，公立病院の予算編成や診療報酬基準の設定に関与することがある．ここでは，衛生部門を中心に，「衛生行政」の形成と発展を説明していく．

[79] 計画経済期の「衛生行政」に関する研究の蓄積が非常に限られるため，本節は，黄樹則・林士笑（1986）を踏まえて分析を展開する．

[80] 劉栄倫・顧玉潜『中国衛生行政史略』広東科技出版社，2007年，198-202，215頁．

関「公所」にも担当の職員が配置された．さらに，1950年代半ば頃より，衛生部門の組織内部の整備も進み，衛生部を頂点とする中央集権的な「衛生行政」体制が徐々に整ったのである．

建国直後，長年の戦乱で国民の健康水準が低く，伝染病や地方風土病も流行していた．これを背景に，成立した当初の「衛生行政」に求められたのは，国民の健康状況を改善し，国力回復のための生産活動を支えることである．他方，医療機関数の不足も，医療提供の不足の深刻さに拍車をかけた．そこで，根拠地の経験を踏まえて，「労働者，農民と軍人（工農兵）に向けること」，「予防を主とすること」，「伝統的な『中医』と『西医』をともに重視すること」，また，「『衛生工作』と民衆運動を結び付けること」は，「衛生行政」の4大方針として確立された．しかし，文化大革命の勃発により，それまでの「衛生行政」は大いに破壊された．当時，衛生部門の組織構造が完全に乱れ，各業務司，局が撤廃された代わりに，その業務を一括して引き受ける「業務組」が立ち上げられた．この結果，業務区分と管理の混乱が招かれた．この混沌とした状態が10年も続き，「衛生行政」は衰退期を迎えた．1976年10月になると，文化大革命の終息に伴い，衛生部の業務活動はようやく再び軌道に乗った[81]．

計画経済期の「衛生行政」は，主に2つの政策分野に取り組んだ．第1は，都市と農村における医療機関の整備である．すなわち，各地で医療機関の数と分布が整った上で，医療提供水準の改善が図られたのである．第2は，伝統的な「中医」と「西医」ごとの医療人材の育成である[82]．以下では，建国後の医療機関の整備に注目し，公立病院が医療提供市場を独占するようになった経緯を解明する．

2. 医療機関の整備

建国直後，全国の医療機関の数は極めて少なく，約5.4億の国民の医療需要に応えるにはとても手に負えない状況であった．1949年時点の医療機関の数と分布についてみると，全国で各種類の医療機関は合計で3,670しかなく，このうち，

---

81) 黄樹則・林士笑，前掲書，33-42頁．
82) 計画経済期の約30年間，約400万人の医療従事者が養成された．黄樹則・林士笑『当代中国的衛生事業（下）』中国社会科学出版社，1986年，5-6頁．

病院は 2,600，外来診療所（門診部・所）は 769 であり，他に療養院，専門病院，婦幼保健院，医学研究所などの数も数十に限られていた．しかも，これらのわずかな医療機関は基本的に大都市と沿海地域に分布し，農村では医療機関と医薬品は極めて乏しかった．この医療資源の極度の不足を背景に，都市と農村の医療機関の整備が急務とされたのである．

しかしながら，医療機関の整備は，医療機関の新設ではなく，既存の医療機関の統合と改造から始まった．当時の病院の多くは，国民政府時代に建てられた公立病院や教会病院であった．また，医学校を修了した医療従事者がわずか 38,875 人に過ぎず，そのほとんどが大都市で働き，8 割が個人開業医であった．そこで，衛生部門が最初に取り組んだのは，これらの医療資源の活用である．すなわち，既存の病院の経営を引き受け，それを公立病院に改組するとともに，国有企業所属の「職工病院」を含めて公立病院の新設も進めたのである．例えば，北京の協和病院や杭州の広済病院は，建国後まもなく診療，教育と研究の主な担い手となり，国または地域の医療提供の中核と位置付けられた．一方で，医療機関の新設が行われた結果，1957 年当時，県以上の公立病院は 4,179 施設に増えた．

ここでは，国が経営する公立病院は医療提供の技術的中核とされるが，総合病院，専門病院，大学病院，企業病院，中医病院及び中西医結合病院の 5 つの種類がある．このうち，総合病院が最も基本的なものであり，その数，病床数及び，医療従事者数が他の公立病院より多い．これは，国，省，市（地）と県の 4 つのレベルで設立されるが，各級総合病院の診療科，医療設備や病床数が，病院の規模にあわせて設定される．一般的に，病院の規模が大きいほど，その診療科目数や病床数も多く設置される[83]．また，医療水準からみても，国の総合病院が指導的立場にあり，すべての診療科が揃っているほか，先進的な医療設備が備わり，最も優秀な医師が集まる．地方の総合病院で手に負えない病症が現れた場合，国の総合病院へ患者の紹介が行われる．

その他の公立病院として，専門病院が結核や精神疾患など特定の疾患の治療を行うために設立されたが，大学病院には，医学生の臨床教育，診療と医学研究の役割が与えられており，毎日の外来患者数も非常に多い．一方，国が設立した公

---

83) 総合病院の病床数は，一般的に 100–1,000 の間に収まる．黄樹則・林士笑，前掲『当代中国的衛生事業（下）』，19 頁．

立病院に対して，計画経済期の下で，国有企業も生産性を改善するために自分の病院を立ち上げた．一般的に「職工病院」と呼ばれる企業病院は，労保医療を支える上で，公立病院の重要な一部をなした．その病床数は，100-800の間にあり，大規模な企業病院は省級総合病院に相当するものであった．ただし，その患者は各国有企業の従業員及びその扶養親族に限られるため，企業病院は「単位」ごとに分断された構造をなした．最後に残る中医病院及び中西医結合病院については，前者は伝統的中国医学の保存を図るために設立され，後者は中国医学と西洋医学の併用が特徴とされる．

医療機関の数が一定に達すると，今度，公立病院管理の強化が唱えられた．1957年12月に開催された全国医院工作会議で，衛生部が公立病院管理制度の改革を提起したが，これをきっかけに，医療提供の地域分担が検討されるようになった．同時に，公立病院も自主改革を行い，外来診療の時間帯を増やすことや，病院運営規程を打ち立てるなどの動きが見られた．1つの到達点として，医療提供の地域分担と上級病院の下級病院に対する指導的関係が，1959年に衛生部が制定した「総合医院制度和工作人員職責」に盛り込まれた[84]．

他方，医療提供の深刻な不足を背景に，医師の大多数を占める開業医に対して，政治思想教育と業務研修を行う前提の下で，彼らの個人開業または薬屋での診察が容認，奨励されていた．

こうして，計画経済期の「衛生行政」は，まず，医療機関の整備と個人開業医の動員から着手したが，医療資源が都市に偏っていたことから，農村の医療機関の欠如がとりわけ深刻な問題であった．1950年に開催された第1回全国衛生工作会議でも，末端医療機関の整備が強調された上で，すべての街道[85]と郷は，少なくとも1つの医療機関を確保する目標が打ち出された．その後，県，区では公立衛生院（所），街道，郷では個人開業医からなる連合診療所が立ち上げられた．1951年から1956年にかけて，都市と農村の連合診療所数は5.1万に，県衛生院あるいは県病院の数も2,102に達した．また，既述のように，農業合作化運動の中でも，農村住民が自ら資金を拠出し，合作社の保健所を立ち上げる動きも見られた．保健所の登場は，新政権のイデオロギーと合致するだけでなく，農村

---

84) 「病院工作三十条」とも呼ばれる．
85) 末端行政区画である郷，鎮に相当する都市の準行政区画である．

住民の医療問題の改善にもつながるため，指導部に好意的に受け止められた．その後，連合診療所が保健所に立て直される動きが多く現れ，1956 年末に合作社の保健所数が 2 万を超え，連合診療所とともに農村の医療機関の 82.4% を占めるに至った[86]．

しかしながら，農村における医療機関の整備は，一貫して順調だったわけではなく，大躍進の発動で挫折を味わうこともあった．当時，多くの人民公社は医療提供を集団福祉の一環として捉えたため，いくつかの連合診療所を合併する形で公社衛生院を立ち上げ，医療費の大幅な免除も実施した．限られた財源の中で，衛生院の赤字問題が深刻なものとなり，合作医療の展開にもしわ寄せが及んだ．また，ほとんどの開業医が公社衛生院の勤務医になったが，末端では農村住民は再び受診難の状況に陥った．1962 年春頃，人民公社の医療問題を意識した衛生部は，当面，農村の末端医療機関は，やはり何人かの開業医からなる連合診療所を主とする内容の通達を下した．また，第 8 期 9 中全会の開催をきっかけとして，医療機関の整備は，「都市と農村を共に重視し，多様な形をもって医療機関の合理的な分布を図る」という指針の下で展開されるようになった．

こうして，建国初期，医療機関の量を増やすことが最優先されたことから，国だけではなく，集団と個人も医療機関を立ち上げることが許されていた．この結果，計画経済期の医療機関に，3 種類の所有制が併存していた．すなわち，国が設立する公立病院の他に，郷，街道が設立する集団所有制病院等と，個人開業医が立ち上げる診療所等である．このうち，県及びそれ以上の病院，工鉱企業病院は公立病院に該当するが，郷衛生院の 2/3 は集団所有制病院であった．全体として，公立病院の整備とともに，集団所有制病院や（連合）診療所も一定の発展を遂げた結果，1963 年末までに都市と農村では「三級医療衛生網」と呼ばれる医療提供ネットワークが基本的に形成し，「社会主義的」医療提供体制整備は一段落したのである．

三級医療衛生網とは，医療提供の機能によって，医療機関を 3 つのカテゴリーに分け，医療資源の合理的配分を図る医療提供ネットワークを指す．本来，これは中国独自の発想ではなく，1957 年に WHO の医療機関専門家委員会の報告書

---

86) 黄樹則・林士笑，前掲『当代中国的衛生事業（下）』，7-8 頁．

で初めて提起されたものである[87]．それ以降，この発想は徐々に各国に定着した一方，中国も 1950 年代以来，都市と農村の医療機関の機能分担に注意を払い，三級医療衛生網の構築に取り組んできた．

具体的に，都市では，街道衛生院と工場等の保健所は，初級医療機関として疾病の予防とプライマリーヘルスケアを担うほか，上級の医療機関へ患者の紹介も行う．この上で，区級総合病院，専門病院，保健所と企業病院は，二級医療機関として，初級医療機関から紹介される患者を引き受け，対応できない場合は三級医療機関へ紹介する．頂点にある三級医療機関は，省，市級総合病院，大学病院と大規模な企業病院（中心医院）が該当し，高度な医療提供を行うほか，医療技術の開発と医学教育の推進も期待される．また，二級医療機関と初級医療機関に対して，三級医療機関は指導的立場に置かれる．都市の「三級医療衛生網」との関連で述べておくが，1984 年より，各種の所有制や規模の医療機関が多様な方式をもって，医療協働連合体を立ち上げた動きも現れた．1997 年医療改革では病院と社医など末端医療機関の協働が提起されてから，2009 年の新医改の後で，「医療連合体」が改革措置の一環に盛り込まれた[88]［図 1-1］．

農村においても，1960 年代半ばまで，県，郷（人民公社）と村（生産大隊）の「三級医療衛生網」は基本的に整備された．ここでは，村（生産大隊）衛生所が初級医療機関，郷（人民公社）衛生院が二級医療機関，県の公立病院や婦幼保健所が三級医療機関として，それぞれに都市の「三級医療衛生網」と同じ役割が与えられた．また，真ん中にある衛生院は，農村の医療提供の中枢に位置付けられた［図 1-2］．しかしながら，医療資源が都市に偏在する中，農村「三級医療衛生網」の医療水準の限界も認めざるを得ない．この問題は，1965 年に毛沢東の「六・二六」指示が下されてからも度々取り上げられた．その対策として，都市の医療従事者からなる巡回医療隊が定期的に農村へ派遣され，「裸足の医者」の育成と高度な医療提供の空白を埋める役割が当てられたわけである[89]．

こうして，計画経済期の「衛生行政」は，全国の医療機関を「三級医療衛生

---

87) 王明暁「医院管理三十年改革回顧与思考」『中華医院管理雑誌』第 25 巻第 7 号，2009 年，452 頁．
88) 方鵬騫他，『2015 年中国医療衛生事業発展報告――中国公立病院改革与発展専題』人民出版社，2016 年，254-255 頁．
89) 黄樹則・林士笑，前掲『当代中国的衛生事業（下）』，16-45 頁．

56　第1章　「社会主義的」医療行政の形成

[図 1-1]　計画経済期の総合病院

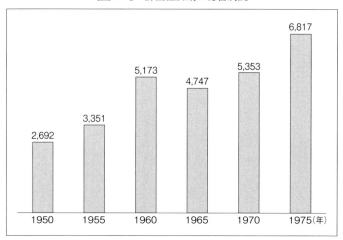

出典：「2015年中国衛生和計画生育統計年鑑」に基づき，著者が作成．

[図 1-2]　計画経済期の郷鎮衛生院

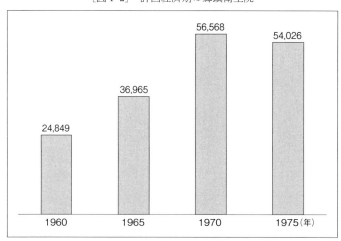

出典：[図 1-1] に同じ．

網」に組み込むことによって，限られた医療資源の合理的な配分を図った．ここから，計画経済期の下で，医療機関の機能分担と提携にすでに注意が払われたことが窺える．一方で，建国してから30年間，医療機関と医療従事者の全体的な量が増えたが［図1-3］，都市と農村の間の医療資源の地域格差が解消されなかったことも認めざるを得ない．［図1-4］が示すように，1,000人当たりの医師数からみると，都市と農村の格差がむしろ拡大してしまったことが明白である．

　ところが，1960年代半ば頃まで，医療機関の整備が着実に進められたが，その直後に文化大革命が勃発し，全国の医療機関は一斉に混乱期に突入した．都市の場合，1950年代に制定された病院運営が否定されたほか，各診療科の境界，医師同士の上下関係，また，医師と看護師の境界の打破も唱えられた．また，毛沢東の「六・二六」指示により，公立病院の管理者や医療従事者の中核が農村に「下放」され，「改造」の対象となった．この結果，病院の環境や医療提供の水準が後退し，公立病院をはじめとする医療機関の撤廃または合併も起こった．農村でも，左寄りの風潮の下で，多くの地域では合作医療が無料医療を実施した結果，生産大隊衛生所が破産に追い込まれた[90]．こうして，都市と農村の「三級医療衛生網」は，文化大革命の中で大きな損失を被ったのである．幸いなことに，ネットワークの枠組み自体は残され，1989年に打ち出された「病院分級管理制度」の土台となった．全体として，計画経済期の医療機関の整備は，再建と破壊を繰り返す過程であったと言えよう．

3. 公立病院の診療報酬制度と財政補助制度

　それでは，計画経済期の医療のコストまたは価格は，如何なるものであるか．医療のコストは，診療報酬制度と財政補助制度によって決まる部分が大きいが，計画経済期の下では，両制度も主に県及びそれ以上の公立病院を対象に制定された．その背景に，公立病院が医療提供の中核であるほか，郷（公社）衛生院と村（大隊）衛生所のほとんどが，集団所有制のものであったということがある．計画経済期の診療報酬制度に関する研究の蓄積は多くないが，一般論として，社会主義の優越性を具現するために，医療の「公益性」が強調された結果，診療価格

---

[90] 同上，11-12頁．

58　第1章 「社会主義的」医療行政の形成

[図1-3]　計画経済期の病床分布（単位：百万）

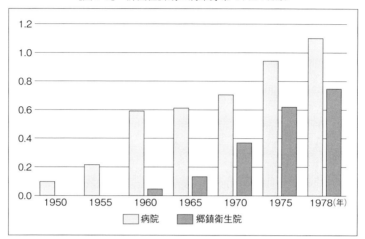

出典：[図1-1] に同じ．

[図1-4]　計画経済期の1,000人当たりの医師数

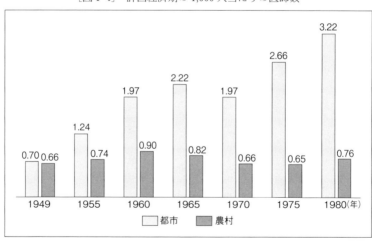

出典：[図1-1] に同じ．

はコスト以下の水準に抑えられ，医療従事者の報酬も「人民への奉仕」という名の下に低い水準に設定されたとする[91]．しかし，「公益性」の強調だけでは，低水準の診療報酬制度の形成と変容の経緯を説明できない．なぜなら，計画経済期の下で，診療報酬制度は一貫したものではなく，いくつかの段階を経たからである．また，公立病院の診療収入がその財政補助制度によって決定される一面があることから，計画経済期の診療報酬制度を把握するには，公立病院の財政補助制度も理解しなければならない．以下では，1953年と1958年を分岐点とする3つの段階に分けて，公立病院の診療報酬制度と財政管理制度の変遷を検討する．

まず，建国から1952年にかけて，国民政府の前制度に対して批判と修正が行われた．建国以前，診察料や薬剤費が高かったため，医療費は国民にとって負担であった．例えば，北京市の場合，外来の診察料は1元であり，公務員平均月給の3％に達した[92]．そこで，新政権は社会主義の優越性をアピールするために，医療衛生を純粋な福祉事業として捉え，公立病院の「公益性」を強調した．それを実現するには，公立病院の経営を全般的に管理する必要性が生まれたことから，1951年に公立病院に対しても「統収統支」体制が適用された．すなわち，公立病院が収入をすべて上納する一方，支出も一律に財政によって賄われる方式である[93]．公立病院側にとっては，財務手続きが煩雑であるほか，財源の取得と医療提供の結果が連動しないため，業務改善のインセンティブも薄いと考えられる．一方で，建国直後の厳しい財政状況の中，国は医療機関の整備に精一杯であったため，公立病院に割り当てる財源も非常に限られていた．また，「低賃金・低物価」の経済状況の中で，国民の医療へのアクセスを保障するには，医療の価格を低く設定する以外に方法はなかった．

結果として，公立病院の診療価格は，全体としてコスト維持の水準に設定されたが，各診療項目の具体的な価格は，教育と同じくサービス価格と位置付けられた上で，省級価格管理部門が衛生部門とともに決定するとされた[94]．他方で，

---

91) 吉田治郎兵衛『中国新医療衛生体制の形成——移行期の市場と社会』東方書店，2010年，38-39頁．
92) 劉殷鑑「医院掛号費史話」『北京物価』第5巻，1997年，42頁．
93) 衛生部「関於健全和発展全国衛生基層組織的決定」1951年4月4日．
94) 汪洋，前掲書，9-11頁．

診療価格が低水準に設定された代わりに，公立病院は税制優遇の対象とされ，収入余剰と税金の上納が完全に免除されたのである．

次に，1953年から1957年までの第1次五ヵ年計画期に入ると，公立病院の診療報酬の決定方法が制度化された．1954年10月より，医療従事者等[95]の賃金と医療資材の消耗度合いによって，診療価格が算定されるようになった[96]．1956年当時，公立病院の平均的診療価格として，診察料は0.4-0.5元であり，1日の病床料は1.5-2.5元であった[97]．また，診療報酬制度の改善とともに，公立病院の財政補助制度も，1955年に「統収統支」方式から「全額管理，差額補助」方式へと変更された．すなわち，公立病院に対する税制優遇を維持するまま，財政が公立病院の赤字に対してのみ補助し，年末に余剰があれば全額上納するという方式である[98]．当時，物価水準が低く抑えられたこともあり，公立病院の赤字は財政補助がカバーできる規模に留まっていた．さらに，経済の回復につれて，公立病院に対する財政補助が徐々に増えた．「統収統支」方式に比べて，「全額管理，差額補助」方式の財務手続きは簡潔になったが，公立病院の経営が衛生行政の厳格な管理下に置かれることには変わりなかった．

ここでは，低水準の診療価格が招く公立病院の赤字問題に対して，国はすでに危機感を抱いていた．1954年に，公立病院の薬局開設が許可された上で，その薬価の設定は，医薬品の仕入れ価格より一定の上乗せ率（以下，「薬価差率」という）を加えて患者に販売することも認められた[99]．具体的に，西洋医学用医薬品（西薬）は15％を，漢方製剤（中成薬）は16％を，漢方薬（中薬）は29％を超えてはいけないという上限が設けられた[100]．しかも，薬価差益も税制優遇の対象とされたことから，公立病院に15-29％の薬価差益を与えることによって，

---

95) 公立病院の職員は4種類の「編制」に分けられる．つまり，病院の管理者としての行政職，医療従事者としての衛生技術職の他，工事技術職と庶務担当の工勤職がある．陳亜光・張英英『国有医院薪酬改革与実践』科技技術文献出版社，2009年，19-20頁．
96) 杜楽勲・鄭先栄「我国医療収費価格政策的演変与発展趨勢」『中国衛生経済』第14巻第3号，1995年，5頁．
97) 張黙・卞鷹「我国医院薬品価格加成政策的歴史回顧及其影響」『中国衛生事業管理』第23巻第7号，2007年，465頁．
98) 衛生部・財政部「関於改進医療財務管理的連合通知」1955年9月．
99) 袁克倹「取消加価只是治標」『当代医学雑誌』第7巻，2005年，88頁．
100) 孫昌友他「利用新的薬品加成率計算公式控制薬房的薬品管理」『武警医学』第12巻第2号，2001年，101頁．

その赤字問題の改善がめざされたのである．これが，まさに公立病院の「以薬補医」体質，つまり，公立病院の経営が薬価差益に依存する問題の発端である．

　また，この時期に，公立病院の医療従事者は初回の賃金制度改革を経験した．1956年の賃金制度改革により，事業単位である公立病院が行政機関とともに「職務等級賃金制」の対象と規定された．そこで，公立病院の医療従事者は，その職務が幾つかの賃金等級に分けられ，等級ごとに賃金水準が決まるようになったが，国の集中管理の下で平均主義の色彩が濃厚であった[101]．また，公立病院に余剰が発生しても，それを上納しなければならず，職員の賞与として配分することが基本的に許されなかった．結果として，医療従事者が勤労意欲を失い，医療提供の量的不足や医療水準の停滞も招かれた．

　最後に，大躍進運動が始まった1958年から1980年にかけて，公立病院の診療報酬と財政補助の両制度にさらに修正が加えられた．まず，1960年より，公立病院に「全額管理，定項補助，予算包幹」という財政補助方式が適用された．「定項補助」の対象は，公立病院職員の賃金をはじめとする福祉費用，基本建設投資や医療設備の購入・修理費用が該当する．それまでと同じように，公立病院の赤字部分は財政が丸抱えしたため，公立病院の責任者は経営上の責任を問われることがなかった．また，公立病院の医療従事者も，「職務等級賃金制」によって賃金が保障された上で，個人の所得と病院の財政状況が切り離されていたことから，過剰診療を行うことによって所得増を求めるインセンティブが薄かったと考えられる．しかし，財政補助額が公立病院の職員数によって決まることから，公立病院に職員数を増やすインセンティブが埋め込まれ，経営効率の低下が招かれた[102]．

　一方で，この財政補助方式の変更は，当時の診療報酬制度にも影響を及ぼした．医療従事者等の賃金が財政補助で確保されたことから，診療価格は，医療提供のコストから職員の賃金総額と減価償却費を除く後の水準以下に調整された[103]．それでも，左寄りの風潮の中で，診療価格が高く，国民が医療費を負担できない意見が提起された．そこで，公立病院の診療価格が1958年，1960年と1972年

---

101) 段磊・劉金笛，前掲書，215-226頁．
102) 鄭大喜「我国公立医院財政補償機制的歴史演進与発展趨勢研究」『医学与社会』第25巻第3号，2012年，2頁．
103) 杜楽勲・鄭先栄，前掲論文，5頁．

に3回にわたって大幅に引き下げられ,しかも,その平均的な引き下げ幅は30%を上回った[104].1972年当時,公立病院の平均的な診察料が0.1元までに引き下げられた.しかし,物価が上昇する中で,診療価格がそのコストの1/3以下の水準に低落し,やがて財政補助と薬価差益を合わせても,公立病院の赤字填補が困難となってきた.当時,財政補助は公立病院の支出総額のわずか20%に留まっていたという[105].結果として,公立病院の経営困難が目立ち,建物の修繕や医薬品の購入に十分な資金は調達できず,医療提供水準の明らかな改善も確認できなかった.

以上の説明から,計画経済期の下で,公立病院の診療報酬が過度に低い水準に設定されたとともに,財政補助がますます公立病院の赤字規模に追いつかなくなった過程が明白である.このような公立病院の診療報酬制度と財政補助制度こそ,1980年代以降の公立病院の経営体制の歪みと,「公益性」からの逸脱の伏線を張ったと考えられる.

本節の議論を踏まえると,計画経済期の「衛生行政」は,全国で医療機関を整備した上で,都市と農村で「三級医療衛生網」と呼ばれる医療提供ネットワークを構築した.同時に,公立病院の診療価格と収支管理に直接に介入し,公立病院の経営全般に対して強くコントロールを働かせていた.言い換えると,計画経済期の「衛生行政」は,公立病院の整備と経営に対して強い「統制」という手段をとることによって,医療の「公益性」を実現しようとしたのである.ここで,診療価格が低く抑えられたからこそ,国民は低いコストで医療へのアクセスが保障されたことは評価すべきであろう.一方,衛生部門と公立病院の業務範囲が明確に画定されたわけではなく,両者が曖昧な関係を維持していた一面もある.この意味で,計画経済期の「衛生行政」は,行政活動と医療提供が一体化した性格を見せる.もっとも,これは医療分野のみならず,国有企業と行政部門の関係にも

---

104) 1958年に初・再診料が30%,手術料が60%も引き下げられた.1960年2月,2回目の診療価格引き下げが実施された.ここで,入院料と手術料が大幅に引き下げられたと同時に,初・再診料も小幅に引き下げられ,全体として診療価格が30%も引き下げられた.文化大革命が始まると,1972年に第3回の診療価格引き下げが打ち出された.今回は,引き下げ幅が完全に地方の裁量に委ねられたため,診療報酬制度の混乱が招かれたのである.周麗『我国公立医院行為績効分析——価格管制下的実証研究』経済科学出版社,2011年,76頁参照.

105) 許秀菊「公立病院補償機制演変的研究」『中国病院』第13巻第6号,2009年,27頁.

見られる現象であり，「政事不分」（国有企業の場合は，「政企不分」），「管弁不分」と呼ばれることが多い．これが「衛生行政」にもたらす問題点として，公立病院の経営効率の低さや，医療提供の量的不足が挙げられる．他方，1950年代後半から，医療の「公益性」が過度に強調されるようになった結果，診療価格が医療提供のコスト以下に引き下げられたことは，「衛生行政」の構造的問題の土台を築いた．というのも，社会主義の優越性を過度に追求する中で，公立病院の「以薬補医」体質が次第に定着したからである．これは，まさに現在の医薬品市場の混乱と医療費高騰の種を蒔いたのである．

第4節　計画経済期の医薬品管理

本節では，計画経済期の医薬品管理体制の性格を示すことを試みたい．ただし，中国で「医薬品」というと，西洋医学用医薬品（西薬），漢方製剤（中成薬）と漢方薬（中薬），医療器械まで含まれる場合もある．ここでは，建国当初，医薬品行政の形成を把握した上で，主に「西薬」に焦点を絞り，その製造と供給，また，薬価の設定について分析していく[106]．最後に，計画経済期の医薬品行政の特徴を検討することとする．

1. 医薬品行政の発足

中国の医薬品というと，伝統中国医学が最初に思い浮かぶように，アヘン戦争までは「中薬」が医薬品市場を独占していた．1850年代より，外国の薬商が沿岸都市で薬局を開設し，「西薬」を販売するようになり，その売れ行きも好調であった．1882年に，中国人が経営する西薬薬局も広州で登場し，1936年時点で，上海，北京（当時は北平），天津などの14の都市では1,300軒あまりが開設されていた．薬局の開設とともに，製薬工場も相次いで建てられ，1930年代に上海だけで90軒以上，広州で30軒以上の規模まで発展していた．しかし，1937年に日中戦争の勃発によって，医薬品の製造と販売は共に深刻な打撃を受け，製薬工場と薬局の数は一気に減少した．一方，戦時に医薬品の需要が高まったことから，医薬品の投機取引も現れた．第2次世界大戦の終了後，海外医薬品が中国に

---

[106]　計画経済期の医薬品行政に関する研究の蓄積が非常に少ないため，以下は，主に斉謀甲他『当代中国的医薬事業』中国社会科学出版社，1988年を踏まえて述べる．

大量に流入すると，国内の製薬工場は競争力を失い，その多くが倒産した．上海の場合，1945年8月に200棟があった製薬工場は，1949年に107棟までほぼ半減した．結局，建国当初，全国の製薬工場は370棟散在し，従業員は1.3万人程度であった．当時約5.4億の人口に比べてみると，製薬工業の衰退は明らかである．他方で，国民政府の下で貨幣価値の激落が進む中で，医薬品の買い占めや売り惜しみがより深刻な問題となった．

　第2次国共内戦の下で，医薬品の製造と販売の窮境に対して，中国共産党が対策の検討を始めた．1948年12月，中央軍事委員会（以下，中央軍委という）衛生部が河北省平山県で第1回医薬品工作会議を開き，建国後の医薬品行政の方向性を定めた．また，その支配地域では，製薬工場等を再編し，新華製薬工場，東北化学製薬工場，新建化学製薬工場などを立ち上げた．1949年9月，北京で第2回薬品工作会議が開かれ，医療材料，生物製剤，医療器械，医薬品と一般製剤の5つの分野の需要と供給について議論がなされた．ここで，製薬の「自力更生」と「質改善，コスト削減」という目標に達するために，計画的製薬体制の構築が決まったほか，医薬品の供給を担う貿易会社の設立も決定された．この2回の会議は，計画経済期の医薬品行政の方針を立てたと捉えられる．

　建国直後，中央人民政府の下で衛生部が設立されると，医療機関の他に，医薬品や医療器械の生産と供給もその管理の下に置かれた．当時，医療と医薬品の一括した管理が理想とされたことが窺えよう．また，医薬品の製造と供給を一刻も早く再建することは喫緊の課題であったため，一連の政策が早急に打ち出された．1950年8月，中央人民政府衛生部と中央軍委衛生部が北京で第1回全国衛生工作会議を開き，「工農兵に向け，予防を主とし，中国医学と西洋医学に携わる医療従事者を団結する」などの方針を提示した上で，輸入薬に依存するのではなく，国内製薬工業の発展を強調した．同時に，中央人民政府衛生部と軽工業部が北京で全国製薬工業会議を開催し，医薬品有効成分（原料薬）の製造を主とし，製剤を次とするという製薬工業の発展方針を打ち出した．1951年に入ってから，医薬品の製造と販売の「公私合営」についても，衛生部が詳細な規定を制定した．このように，建国初期，衛生部が主導する形で医薬品行政が発足したのである．

　しかし，しばらく時間が経つと，医薬品行政の膨大な業務量に対して，衛生部による一括管理は徐々に限界を見せ始めた．そこで，医薬品の製造と供給が切り

離され，複数の行政部門の管理下に置かれることとなった．その供給を担当したのは，1950年8月1日に設立された中国医薬会社である．これは，当初衛生部の下に置かれていたが，1952年3月に貿易部（後に商業部）の管理下に移された．また，医薬品の製造を管理する行政部門も二転三転し，1952年9月に衛生部から軽工業部への移管が決定し，同年11月に軽工業部医薬工業管理局が発足したが，1956年5月にそれが新設の化学工業部へ編入された．それから，医薬品行政をめぐる担当組織の分離に伴い，行政部門間の協働が求められるようになった．1954年4月，医薬工作委員会が成立し，医薬品行政活動の調整が行われた．一方，医薬品行政をめぐる中央行政部門の再編が，そのまま地方にもつながったのである．

建国初期の医薬品行政活動についてみると，1950年代では，医薬品行政はいくつかの分野に重点的に取り組んだ．例えば，地方病や結核，伝染病の予防と治療に関する医薬品の開発と製造が優先されたほか，全国の医薬品供給が統一的な計画の下で行われることとなった．また，建国直後の製薬水準が低く，設備も古かったことから，第1次五ヵ年計画期では，ソ連の技術支援を受け，先進的な技術と設備を導入する形で，製薬企業の改造と新設も進められた．現在，大手製薬会社「華北製薬集団有限責任公司」の前身「華北製薬廠」は，まさに第1次五ヵ年計画の156個の重点プロジェクトの一環として，1953年に新設されたものである．結果として，国内の製薬能力が大いに向上した．例えば，1955年の製薬生産総額は1949年のそれより13倍増となった．また，これまで輸入に依存していた抗生物質，スルフォンアミド，解熱剤，ビタミン，地方病治療薬，抗結核薬の6大医薬品の有効成分が，国内でも製造できるようになった．例えば，1953年時点で，国内製薬工場は18品目の有効成分と中間体のみを生産しており，生産高が1,570トンしかなかったが，1957年に生産可能な品目は65に達し，生産高も1.95万トンを超えたのである．一方，1960年代に入ると，工業と交通の分野でトラストの設立が試行された．医薬品分野でも，製薬工業の生産性向上を図るべく，1964年9月，中国医薬工業会社が全国12のトラストの1つとして成立した．中国医薬工業会社は，製薬企業の整頓と医薬品の品質改善に大いに寄与したが，文化大革命の中で中国医薬会社とともに解体した．

ところが，計画経済期の医薬品行政は，いくつかの停滞期も経験した．最初は，

大躍進運動の下である．当時，医薬品の需要が無視され，生産・買付量の増加がひたすら追求された結果，医薬品の質の低下が招かれた．1961年1月に調整期に入ってから，この問題がある程度是正されたが，文化大革命の勃発により，医薬品行政はまもなく第2の停滞期を迎えた．アナーキストの中で，関連の行政部門の幹部や専門家が一斉に批判された上で，それまで制定した規程も一律に否定された結果，医薬品行政の機能が形骸化し，全国の医薬品市場が無秩序状態に陥った．また，多くの製薬工場が行政手続きを踏まえないまま乱立し，市場では粗悪な医薬品が現れた．結局，中国医薬会社や中国医薬工業会社も相次いで撤廃され，行政部門の萎縮を招いた．この混乱からの回復は，1978年3月，衛生部の下で医薬工作委員会が再建し，各行政部門間の協働が再開してからのことである[107]．

2. 製薬工業の発展

　製薬工業が発展する背景は，近代中国の幕開けにまで遡ることができる．アヘン戦争をきっかけとして，外国の薬商が沿海都市で薬局を開設することとなり，「西薬」が大量に輸入された．当初，外商薬局が「合薬間」を設け，「西薬」の販売とともに製薬も行っていたが，日清戦争以来，外国人が中国で工場を開設することが認められたので，外商薬局の「合薬間」が製薬工場へと拡大した．これ以降，医薬品の製造と販売の分離が進んだのである．その後，外貨抵抗運動の展開に伴い，中国人が開設する製薬工場が続々と現れたが，日中戦争が勃発してから，小規模の製薬工場のほとんどが生産停止に追い詰められた．戦争が終了してからも，海外医薬品が大量に中国にダンピングされたため，医薬品市場の8割が洋物に占められるようになり，国内民間製薬工場が競争力を失い，小規模のものがほとんど倒産した．第二次国共内戦の中で，共産党が支配地域（解放区）で製薬工場の開設も試み，生産可能な医薬品と医用材料が200種類あまりあったという．1948年以後，共産党の優位が確立してから，「解放区」の製薬工場も次第に都市に移された上で，合併または再編が行われた．既述のように，当時，共産党側の製薬工業は主に中央軍委衛生部によって担われていた．

---

107) 斉謀甲他『当代中国的医薬事業』中国社会科学出版社，1988年，5-16頁．

政権交代以後，中央人民政府の下で衛生部が成立すると，製薬工業もその管理下に置かれることになったが，1950年8月，全国製薬工業会議は開き，製薬工業の発展方針を定めた．1952年9月，製薬工業が衛生部から軽工業部の移管が決定されたが，同年11月に軽工業部の下で医薬工業管理局が発足し，山東新華製薬工場や上海薬品第一工場もその直属企業となった．一方で，建国初期，国有製薬工場の発展とともに，民間製薬工場の回復も早く，その生産高は1952年末に全国の半分以上を占めるほどであった．このうち上海科発製薬工場や四川大新製薬工場の経営に国も参入し，「公私合営」が実現された．

国民経済の第1次五ヵ年計画期に入ると，抗生物質，化学合成特効薬と各種の化学中間体の生産は，製薬工業の重点とされた．その後，国は大型製薬工場の建設に積極的に取り組み，抗生物質が大量に生産された結果，その輸入依存は解消された．また，過渡期の総路線の採択後，製薬工業の社会主義改造も推進され，1956年1月，すべての民間製薬工場が「公私合営」体制に取り入れられた．一方，製薬工場の経営規程もこの期間中に制定された．1956年軽工業部の医薬工業管理局が化学工業部に移管されたことは，すでに説明した通りである．

1958年からの第2次五ヵ年計画期に入ると，内陸と少数民族地域でも新しい製薬工場が立ち上げられた．同時に，生産技術の改善につれて，機械化生産も広がった．しかし，大躍進運動の中で，製薬工場設立と医薬品生産が計画から逸脱した結果，医薬品の品質低下と原材料の浪費などの問題が生じた．1960年より，化学工業部が大躍進期にむやみに設立された製薬工場を整頓するとともに，医薬品の品質管理も強めた．これらの調整策により，中国医薬工業会社の成立基盤が整ったのである．

1964年8月，工業，交通分野でトラストの試行を背景に，化学工業部も製薬工業のトラストとして中国医薬工業会社の設立に着手し，1964年9月1日にそれが発足した．中国医薬工業会社は全国の製薬工業に対して集中的かつ統一した管理を行う独立採算の経済組織である一方，その党委員会書記が化学工業部副部長であった張亮が兼任したことから，当時の国有企業管理体制を窺えよう．その後，全国187の製薬企業，上海，北京，天津と武漢にある4つの医薬工業研究所と上海医薬工業設計院も，中国医薬工業会社の管理下に置かれることとなり，従業員数は8.8万人に達した．この結果，製薬工業の一体化した管理が実現し，生

産能力の向上とコストの削減もある程度実現された．例えば，1965 年，製薬工業の生産高は前年のそれより 32% 増となり，利潤増は 30% に達した．また，コストの平均引き下げ幅は 15% で，新開発の医薬品は 39 種類もあり，前 4 年の総和を超えた[108]．一方，「統一採算」体制の下で，製薬工場の利潤をすべて国に上納しなければならないので，経営自主権が制限されたなど負の効果も認めざるを得ない．

しかしながら，文化大革命運動が始まると，中国医薬工業会社は資本主義を復活させる道具と批判され，1969 年 9 月に撤廃された．翌年には，化学工業，石油，石炭の 3 つの行政部門が燃料化学工業部に再編され，わずか 8 人からなる医薬組が製薬工業を管理することとなった．結果として，西薬の生産高は毎年 10% のペースで逓減したほか，製薬工場の乱立や医薬品の品質低下などの問題が再現した．この混乱を是正すべく，国家計画委員会の提案により，1974 年 4 月，燃料化学工業部の下で，医薬品の製造，品質管理，研究や計画作成を担当する医薬局が設立され，地方の省（自治区，直轄市）でも担当職員が配置されるようになった．さらに，1975 年に全面整頓の方針が提起されてから，製薬工業も生産秩序の回復が図られたが，残念ながら，「反撃右傾翻案風」の中でその生産秩序がまた乱されてしまった[109]．この混乱からの回復は，1978 年の国家医薬管理総局の成立以降のこととなる．

3. 医薬品供給体制の形成

中華人民共和国が成立するまでの「西薬」販売は，外商の独占経営の中で着実に発展してきた．第 1 次世界大戦から日中戦争が始まるまでの間，沿海都市から内陸地域まで薬局の開設が盛んになり，医薬品の販売が好況期を迎えた．日中戦争の勃発後，沿海都市の薬局の多くが内陸に移設されたが，インフレと原材料欠乏の中で破産に追い込まれたものが多く，医薬品の発展が停滞期に入った．第 2 次国共内戦に入ってから，共産党の支配地域では公営医薬会社の設立も試みられた．

建国以降，計画経済体制の確立につれて，医薬品販売は国の計画に納められる

---

[108] 周太和他，前掲書，113 頁．
[109] 斉謀甲他，前掲書，169–186 頁．

こととなった．つまり，医薬品は市場で自由に販売されるのではなく，国の計画に従い各地へ供給されることとなった．1950年8月1日，中国医薬会社本社が天津で成立し，大行政区と省（自治区，直轄市）でもその支社が設立された．これより，衛生部の管理下で，中国医薬会社が全国の医薬品供給を担うようになった．ここで，計画経済期の医薬品供給の基盤は，全国の医薬品販売拠点からなる「三級供給制」である．すなわち，まず，天津，上海，広州，瀋陽，北京，西安と重慶の7ヵ所で一級医薬買付供給ステーション及び上海化学試薬買付供給ステーション[110]が設立された．次に，29の省級医薬会社支社が，地，市で218の二級医薬買付卸売ステーションを，さらに，2,300あまりの県級医薬会社支社が，県以下で2.6万あまりの末端販売拠点を順に立ち上げた．しかも，農村の「基層供銷社」と人民公社衛生院でも，医薬品の代理販売の拠点が設けられた．もっとも，これは計画経済期の「国営商業」の「統一領導，分級管理」体制の一環でもあるが[111]，当時の医薬品供給は，この「三級供給制」に基づいて厳格に管理されていた．

1952年2月，中国医薬会社が衛生部から貿易部の管理下に移されたが，衛生部が業務上の指導関係を留保したため，当時の医薬品供給が実際に貿易部と衛生部の共同管理の下に置かれることとなった．同年8月，貿易部が撤廃された代わりに，商業部が発足し，医薬品供給を管理することとなった．さらに，1954年2月，中国医薬会社本社が天津から北京へ移されたことによって，中央集権的な医薬品供給体制が一旦定着した．しかしながら，全体からみると，計画経済期の医薬品供給体制は一貫したものではなく，少なくとも3回の変更が行われた．

第1段階は，中国医薬会社の成立から1956年までの間であり，縦割り行政と中央集権的な性格が非常に強かった．1952年6月，中国医薬会社が北京で第1回全国大行政区支社社長会議を開き，医薬品供給は市場ではなく，医療機関を優先する方針を打ち出した．これより，「三級供給制」の下で，大行政区ごとに医薬品の供給が「上から下へ」と行われたほか，計画作成と財務収支に対する統一した管理が強調された一方，社会主義改造が進む中で，医薬品供給体制に民間業者を取り入れる作業も進められた．この結果，医薬品卸売市場や医薬品有効成分

---

110) 西安と重慶の一級医薬買付供給ステーションは1957年までに相次いで撤廃された．
111) 周太和他，前掲書，474–476頁．

の調達が国に独占されるようになり，医薬品供給における国の支配が確立されたのである．

1957年に入ると，医薬品供給体制の発展は新たな段階に入った．その背景に行政的分権の実施が重要である．ここで，ごく少数の重要な国有企業を除き，8割以上の国有企業の管理権が地方へ「下放」されたほか，物資配分権限のほとんども地方へ委譲された．医薬品供給体制も，今回の行政的分権の中に組み込まれた．中国医薬会社の場合，その地方支社の管理権が地方に「下放」された一方，1957年11月，本社が商業部医薬貿易局（のちに医薬局）に改組され，その権限も直属の買付卸売ステーションの管理と，各省（自治区，直轄市）商業庁（局）医薬局（処）に対する業務上の指導に限定されることとなった．こうして，医薬品供給も行政的分権化の下で，国または中央の役割が大いに縮小し，地方に相当大きな裁量が与えられたが，重大な政策決定の集中管理が維持された．

しかしながら，大躍進運動の中で，当時の医薬品供給に深刻な問題が現れた．例えば，実際の需要が無視され，各地の医薬品販売拠点がひたすら買付量を増やしたため，大量なストックが生まれたほか，保管の不備で大きな損失も招いた．この損失を止めるべく，1961年に医薬品の在庫点検が行われたが，この作業は4年も続いたという．結局，1959年から3年も続いた食糧危機や経済危機を背景に，行政的分権の中止も余儀なくされ，地方へ「下放」された権限のほとんどは1962年に再び中央に回収された．その一環として，同年5月に中国医薬会社も再建し，1957年以前の中央集権的な医薬品供給体制が取り戻されたのである．

最後に，1966年から10年も続いた文化大革命運動の中で，医薬品供給体制は衰退期に突入した．医薬品供給の秩序が乱れた中で，一部の地域へ医薬品が計画通りに供給できず，地域間の連携も弱まった．また，1968年9月，中国医薬会社と中国薬材会社が合併し，商業部医薬組に一旦再編されたが，その職員が13名しかおらず，それまで医薬品供給に取り組んできた9割の幹部が農村に「下放」された．この医薬組は，1972年1月にさらに医薬局に改組された．こうした行政部門の大幅な再編と規模縮小が行われた結果，それまで全国の医薬品供給を一括して管理していた行政の機能が実質的に形骸化してしまったと考えられる[112]．

4. 医薬品行政における協働

　以上の分析から，製薬工業と医薬品供給を管理する行政部門の分離は，計画経済期の医薬品行政の最大の特徴であるといえよう．ここでは，医薬品行政活動の展開方式として，2つの行政部門が単独に行政活動を行うか，協力関係が存在するかの2つの可能性がある．結果からいうと，計画経済期の医薬品行政は，後者を選んだのである．

　建国当初，医薬品の製造と供給に占める国有企業の割合は，非常に限られたものであった．1952年まで，医薬品市場がほとんど民間業者に占められたほか，海外医薬品が大量に輸入されたため，薬価の不安定が生じ，国有製薬工業も圧迫されていた．この状況の中で，行政部門間の連携が生まれ，医薬品市場の管理が強められたと同時に，民間製薬工場に対して医薬品有効成分の加工発注も増えた．建国から5年が経つと，すべての輸入薬と国産医薬品有効成分が国の管理下に置かれることとなった．また，国有製薬工業も大きな発展を遂げ，1953年にその生産高が医薬品買付量全体の38%しか占めなかったのに対して，1955年にその割合が64%に達した．

　それから，すでに述べた通り，1954年4月に衛生部など複数の行政部門にまたがる医薬工作委員会が成立し，行政部門間の協働が図られた．その10年後にトラストとしての中国医薬工業会社が成立してから海外から医薬品有効成分の直接輸入が可能になり，医薬品の製造と供給をめぐる行政部門の業務分担が大いに修正された．それまで，製薬工業部門が有効成分の加工に限り，医薬品供給部門が有効成分の調達と加工発注を行ってきたが，中国医薬工業会社の成立後，両者の関係は計画の整合と買付の確保に切り替わることとなった．

　全体として，計画経済期の医薬品行政の協働方式には，主に次の3つがある．第1に，建国直後，国産医薬品の製造と供給の円滑化が図られていた．1953年，国際医薬品市場の相場下落を背景に，大量な輸入医薬品が民間製薬工場を圧迫した．この問題に対して，製薬工業部門が一部の製薬活動を民間製薬工場へ譲るとともに，医薬品供給部門も医薬品有効成分と製造設備を確保したほか，民間製薬工場への買付量を増やすことによって，その経営維持を図った．

112）　斉謀甲他，前掲書，383-395頁．

第2に，医薬品供給部門が，価格補助を通じて製薬工業部門の経営赤字を補塡した．その背景にあったのは，医薬品の製造と供給をめぐる利潤分配は，製薬工業に傾くという国の規定であり，その意図として，製薬工業の発展を優先させることが考えられる．そこで，医薬品供給部門が買付価格を高めに設定する形で，製薬工業部門の赤字補塡を図った．それまで輸入薬に依存した品目が最初に国内で生産された場合，生産技術が立ち遅れたほか，生産規模も比較的に小さかったため，生産コストは輸入薬のそれよりはるかに高かった．それでも，薬価の安定を保つべく，公定価格が変わらない前提の下で，医薬品供給部門が高い買付価格を設定し，製薬工業部門とともに一部の損失を分担した．例えば，1958年当時，（国有）上海第一製薬工場がスルファジアジンの生産を始めた時，1キログラムの生産コストは輸入薬の2倍以上高かった．そこで，医薬品供給部門は1958年から1962年にかけて，上海第一製薬工場に対して97.13万元の価格補助を与えた．また，供給が需要に追いつかない品目の場合も，医薬品供給部門が薬価を高めに設定することによって，充足な供給を保障することに成功した．例えば，重慶医薬買付供給ステーションが体温計を買い付ける際，1本ごとに0.1元の価格補助を設け，1971年から1984年までの価格補助額が合計で93万元に達したのである．

　第3に，両部門が医薬品の製造と買付について緻密な計画を立てた上で，半年ごとにこれを調整し，全国医薬品の需給バランスを図った．このうち，国の管理する計画内の品目は，中央行政部門が統一した計画を立ててから，地方の製薬，医薬品供給部門が計画通りに契約を結び，これを実施していくという上意下達の性格を見せる．計画外の品目の場合，市場の需給変化と製薬工業の生産能力を踏まえて，医薬品供給部門が買付計画を作成し，製薬工業部門と契約を締結することとなる[113]．

　このように，計画経済期の下で，医薬品行政における協働は様々な方式をもって巧みに展開された．これは，製薬能力の向上や各地へ医薬品供給の確保に大いに貢献したように思われる．

---

[113] 同上，458-463頁．

5. 薬価管理

　計画経済期の下で，「高度集中，分級管理」と呼ばれる価格管理体制が形成され，ほとんどの商品とサービスは「国家定価」の対象とされた．その一環として，薬価も基本的に低水準に維持されていた．その趣旨として，国民の医薬品へのアクセスを保障するほか，医薬品有効成分等のコスト圧縮によって，製薬工業の資本累積率の向上を図ることも考えられる．しかも，製薬技術の改善につれて，生産コストが徐々に下がった結果，薬価の引き下げは何度も実施された．以下では，計画経済期の薬価管理をめぐる行政体制について説明する上で，薬価管理の内容を2段階に分けて検討したい．

　計画経済期の薬価管理の出発点は，1952年に中国医薬会社の下で薬価管理部門が設立されたことに遡ることができる．1953年8月，商業部が薬価の算定方法，地域価格差や卸売小売価格差などについて規定した．このうち，民間業者の投機取引を取り締まるべく，地域価格差と卸売小売価格差が縮められたほか，医薬品の品目ごとに，薬価管理の権限配分も行われていた．具体的に，北京や武漢など9つの医薬品市場の薬価と，13種の主要な品目[114]及びその主な規格の価格が，商業部の直接な管理下に置かれていた．これに対して，中国医薬会社がスルファジアジン粉剤，クロラムフェニコール錠剤，サントニン粉剤など14品目の価格を管理するとされた．上記以外の品目の薬価は，省（自治区，直轄市）の商業部門の裁量に委ねられた．

　ところで，計画経済期の下では，薬価算定の方法も幾度の修正を経験した．1952年当初，医薬品の調達（買付，卸売，小売など各流通プロセスの）価格は，仕入価格に平均費用を加える形で算定されたが，これは長く続かなかった．1953年前半から，調達価格の算定は，出荷先の公定価格からバックオフ率（倒扣率）を引く方法へ改められた．バックオフ率は，入荷先が出荷先と同じ地域なら8%，その他の地域なら5%とされたが，同年6月より入荷先の地域を問わず一律に8%に統一された[115]．これは，薬価管理の簡素化にある程度貢献したと考えられる．

---

114) 例えば，常用薬のペニシリン注射薬，ストレプトマイシン注射薬，ブドウ糖粉剤などが該当する．
115) その後，バックオフ率が2回も調整されたが，最終的に8%に定着した．

一方，医薬品の包装価格差と地域価格差の算定方法に対しても，中国医薬会社が何度か修正を加えた．建国当初，包装価格差算定の基準や方法が規定されなかったため，各地の薬価にばらつきが大きかったが，1954 年に算定方法の統一が実現された．しかしながら，1960 年代より，医薬品の品目，包装と剤型の増加，更新につれて，薬価の地域価格差が拡大した．そこで，1963 年に薬価の総合地域差率が固定されたことによって，問題の改善が図られた．それでも，沿岸都市より，内陸地域の薬価が高くなるのが避けられない．特に，交通が不便で経済発展も立ち遅れる僻地では，薬価が一般的に原産地より 10–15％ 高くなっていた．農村住民の薬剤費負担を軽減すべく，1965 年 8 月，農村へ供給する 26 品目の医薬品の価格を引き下げ，このうち，8 品目の医薬品に全国統一価（格）を適用することが決定された．4 ヵ月後，該当する 26 品目の医薬品と比価の関係をもつ 126 品目の医薬品の価格も，一斉に引き下げられた．

　翌年，計画経済期の薬価管理は 1 つの到達点についた．1966 年 9 月，沿岸と内陸，都市と農村，また，原産地と販売地の間の価格差の取り消しが決定され，すべての医薬品に全国統一価（格）が適用された．また，商業部は薬価管理を一括して行うとされた．その後，全国医薬品売上高の 7–8 割を占める 275 品目と 797 規格の医薬品は全国統一価（格）を実施してから，1969 年に 2,000 あまりの品目，規格の医薬品の生産者価格と販売価格に全国統一価（格）が適用された．ここで，薬価算定の方法として，卸売価格が生産者価格より 14％ を上乗せ，小売価格が卸売価格よりさらに 15％ を上乗せると規定された．また，中国医薬会社系列の調達価格として，一級医薬買付供給ステーションから二級買付卸売ステーションへの調達価格が，卸売価格から 10％ を引くとされ[116]，二級買付卸売ステーションから県（市）卸売会社への調達価格が，卸売価格から 5％ を引くと規定された[117]．しかも，送料等は，出荷側の負担とされた．こうした医薬品の全国統一価（格）が実施された結果，国民の薬剤費負担が確実に軽減された一方，中央集権的な薬価管理体制の下で，市場の法則が無視され，医薬品のコストと価格の間に大きな歪みが生じた．結局，医薬品の需給バランスが崩れたほか，製薬

---

116) ただし，チベット，新疆と内モンゴル自治区の調達価格は，卸売価格から 12％ を引くと優遇された．
117) 1978 年に，バックオフ率が 5％ から 6％ へ改められた．

工業も技術と品質を改善する動機が弱まった．また，出荷側が送料を負担する規定によって，医薬品の運輸コストの大幅増も招かれたのである[118]．

以上，計画経済期の薬価管理をめぐる行政体制について検討したが，建国以後の医薬品市場の頻繁な変動に対して，いかなる薬価管理の手段が打ち出されたのか．全体として，これらは薬価の安定化と大幅な引き下げの2段階に分けて把握することができる．

まず，第1段階の薬価の安定化は，建国当初の薬価高騰[119]の対策として打ち出された．適切な薬価水準は，国民の医療へのアクセスを保障する前提でもあるが，朝鮮戦争参戦後の経済封鎖が引き金となり，輸入薬が一気に減り，民間業者の買い占めや売り惜しみなど投機取引が随所に見られた[120]．そこで，税率の調整が行われたとともに，所得税の徴収も始まり，医薬品投機取引の取り締まりが図られた．同時に，市場の需給に基づいて，薬価の安定化を目指す2つの対策が考案された．すなわち，供給が甚だしく不足し，かつ価格の変化が激しい品目[121]に対しては，仕入れ先を増やし，統一した計画に基づいて全国の供給を確保したほか，その公定価格は毎日，新聞で公示されていた．これに対して，民間業者の投機取引対象とされた抗生物質やサルファ剤については，計画的に供給を確保することにより，薬価の値上げが抑えられた．結果として，1952年末の薬価は，ようやく1950年の水準まで低下したのである．

しかしながら，当時の薬価管理には問題も伴った．1953年頃から，国際医薬品市場の相場下落の影響で，国内市場の薬価も下がり始めた．問題は，公定価格が直ちに調整されなかったため，それが市場価格より高い状況がしばしば見られたことである．例えば，天津，上海と広州の3つの貿易港では，抗生物質やサルファ剤など8品目の主要な医薬品の市場価格が，公定価格より平均的に25-30％ほど低かった．また，国有医薬品供給体制の下で，薬価の地域差率が適宜に調整されなかったこともあり，取り締まられたはずの投機取引が息を吹き返すことも

---

118) 斉謀甲他，前掲書，471-474頁．
119) 1つの例を挙げると，ペニシリンなどの抗生物質の価格は，一日中に変動し，その価格が黄金によって図られるほどであった．1948年末，上海の医薬品市場で1本の20万単位のペニシリンの価格は，約2.5グラムの黄金に相当した．
120) 同じ20万単位のペニシリンの価格を例に挙げると，1950年初その価格は1本1.28元であったが，わずか4ヵ月後に1本3.30元に値上がりした．
121) ペニシリン注射薬，ストレプトマイシン注射薬，ブドウ糖粉剤などが該当する．

あった．この結果，国有医薬品供給の取引額が下がり，民間に対抗する局面に至った．この窮境を打開するために，物価管理の一環として，薬価が初回の大幅な引き下げを迎えた．1953年4月，「城城微利，城郷合理」，つまり，都市間ではわずかな利潤を，都市と農村の間に合理的な価格差を設けることは，物価管理の原則として決定された．そこで，同年8月にかけて，医薬品の地域価格差が縮められたほか，8大都市の27品目主要な医薬品の卸売価格が1–2回の大幅な引き下げを経験した．この結果，薬価の安定が再び取り戻され，国有医薬品供給の取引額が市場全体に占める割合も，1953年前半の30%から同年末の60%に回復した．

また，すでに述べたように，建国当初，医薬品の量的不足を緩和するために，民間業者の存続がしばらく認められていた．民間製薬工場の場合，価格管理部門がその医薬品の仕入れ価格を設定する際，年間10–30%の利潤が保証された上で，製造の難易度などによって，一定の利潤差率も設定された．同時に，医薬品市場の活性化を保つために，一定の卸売小売価格差が設けられ，民間小売業者にも商売の余地が残された．しかし，過渡期の総路線の採択後，1954年に医薬品の小売価格が全体として国の管理下に納められてから，民間薬局も次第に国有医薬品供給体制に取り込まれることとなった．

上記の第1段階の薬価管理を通して，薬価の安定化がほぼ実現されたが，1958年に大躍進運動の展開を背景に，薬価は度重なる大幅な引き下げを経験する第2段階に突入した．1958年物価管理の一環として，製薬の発展，コスト削減と供給の保障を前提に，医薬品の小売価格を徐々に引き下げる方針が決定された．特に，国内医薬品市場では供給が充足な品目は，薬価引き下げの主な対象とされた．そこで，抗生物質，解熱剤，ビタミン剤や地方病治療薬の価格が次々と引き下げられた．それから30年の間に，全国の薬価引き下げ金額が1億元を超えるのが7回もあり，売上高を計算すると21億元に達したが，これは1966年の年間売上高を上回るほどの規模であった．とりわけ，1969年に薬価引き下げの対象とされた医薬品は1,200品目を超え，全体の7割以上を占めたほか，引き下げ金額も12億元以上であった．結果として，医薬品の小売物価指数が大幅に下落し，1950年を100とすると，1969年にそれが20.85に急落した[122]．

---

122) 斉謀甲他，前掲書，464–471頁．

こうして，計画経済期の下で，薬価の安定化と大幅な引き下げは，いずれも高度に中央集権的な薬価管理体制の下に置かれ，統制の色彩が強かった．医薬品の供給が全体的に不足な状況の中で，薬価の迅速な安定化と国民の医薬品へのアクセスを保障するには，これは非常に効率的な管理体制でもあるといえよう．
　総じて，建国から30年間の医薬品行政は，主に衛生部，商業部，化学工業部などの行政部門によって担われていた．しかも，その行政体制は医療保険行政と「衛生行政」の場合と違い，建国以降一貫したものではなく，幾度かの変更と再編を経験したのである．それにもかかわらず，医薬品の製造，供給と価格設定は，いずれも行政の強い管理下に置かれていたことから，当時の医薬品行政は強い統制の性格も見せる．1978年以後の市場経済期の医薬品行政と比べると，これは計画経済期の医薬品行政の重要な特徴であると捉えられよう．

小　括

　本章では，中華人民共和国の成立後の医療保険制度，医療機関と医薬品の3つの分野を取り上げ，計画経済期の医療行政の全体図を描くことを試みた．
　まず，計画経済期の医療保険行政は，分断された構造を有していた．すなわち，労保医療は労働部門（1969年2月以前，労働組合は主な実施主体）が管理していたのに対して，衛生部が公費医療と合作医療を担当していた．一方，計画経済期の医療保険行政は完全な中央集権体制をなしたのではなく，政策決定や監督において強い統制を堅持する一方で，政策実施については末端の管理組織にも大きな裁量を与えていたことも，その特徴の1つである．この結果，労保医療は文化大革命の下で企業間の給付格差が拡大し，合作医療も最初から給付水準の地域格差を抱えていた．全体として，医療資源が都市住民へ優先的に配分されたがゆえに，都市と農村の医療格差が大きいままであった．
　医療保険行政に対して，計画経済期の「衛生行政」と医薬品行政は，統制の色彩がより鮮明である．「衛生行政」の場合，衛生部門が医療機関を整備した上で，都市と農村で「三級医療衛生網」を構築した．また，医療の「公益性」が最優先される中で，公立病院の経営赤字は財政補助によって丸抱えされたほか，その診療価格も終始コストまたはそれ以下の水準に抑えられていた．また，公立病院の収支経営のほか，その幹部人事や職員の報酬も行政の厳しい管理に置かれていた

のである．他方，医薬品行政は頻繁な体制変更を経験したにもかかわらず，医薬品の製造から供給まですべての経済活動が，行政部門の厳格な計画の下で展開された．文化大革命の勃発後，すべての医薬品が全国統一価格に取り入れられたことからも，当時の医薬品行政の性格を窺えよう．

一方で，地方の医療政策に関して，地方政府は大きな裁量が与えられていたことから，計画経済期の医療行政は，いわゆる「条塊関係」[123]の中で議論することもできる．「条塊関係」とは，中国の行政学で頻繁に取り上げられる研究対象である．ここでは，「条」は中央行政部門を頂点とする垂直的な行政体制の喩えであり，「塊」は地方党政機関を指す．建国以後，地方における行政活動の展開は，この「条塊関係」に左右されてきた[124]．もっとも，中国のような世界一の人口を抱える中央集権国家では，国が地方行政の隅々へ目を配るのが不可能である．とりわけ，医療を含む社会保障分野では，国の計画や方針から逸脱しない範囲で，地方政府の裁量が相当大きい．これは，政策文書にも盛り込まれており，いわば「統一領導，分級管理」と呼ばれることが多い．医療の場合，各地の医療水準が，当該地域の経済・社会状況によって決定されることとなる．しかも，経済体制の移行期に入ってからも，「統一領導，分級管理」の原則が踏襲された．計画経済期の高度集中的な財政体制の下で，3大医療保険ごとの地域格差は目立つほどではなかったと思われるが，経済改革が始まってから，財政制度にも請負制が浸透した末，新たに成立した3大公的医療保険の地域格差は拡大の一途を辿った．

総じて，計画経済期の医療行政の最大な特徴は，強い「統制」である．社会主義の優越性の一環として，医療の「公益性」を最大限に実現するには，医療提供と医薬品供給等の細部まで厳しく統制する行政体制のほうが確実であるといえよう．

こうした点は，現在の医療問題を考える上で示唆的である．1990年代以来，国民の医療費負担増などの問題を議論する際，指導部の軽視と医療行政の失敗が原因とされることが多い．しかし，本章の分析から分かるように，計画経済期の

---

123) 日本の研究では，これは「横割り行政」と訳される場合がある．その含意等については，中兼和津次（2002）第4章を参照されたい．
124) 周振超『当代中国政府「条塊関係」研究』天津人民出版社，2009年，163-175頁．周太和他，前掲書，494頁．

下で，指導部が医療分野に十分な注意を払い，高い成果を収めた．従って，仮に現在の医療行政の失敗が医療問題の深刻化を招いたとしても，それは建国から一貫したものではなく，指導部の姿勢と医療行政の機能が途中で根本的な変化が生じたと考えられる．それでは，計画経済期の下でほとんど問題視されなかった医療が，いかなる変化を経験して，深刻な社会問題まで発展したのであろうか．以下の各章では，「改革開放」路線の採択後，医療行政の機能転換を促した経済財政改革の作用を把握する上で，本章の構成と対応する形で，3大医療保険制度の再編，公立病院の経済組織への接近と医薬品市場の開放及び混乱について検討し，経済体制の移行期における中国の医療行政の変容を辿る．

第2章　経済体制移行の始動

　1976年に文化大革命が終息すると，指導部が政治思想と経済政策の正常化（撥乱反正）を主要な課題とし，中国の経済発展に転機が訪れた．1978年12月に開催された第11期3中全会では，長年堅持された「以階級闘争為綱」というスローガンは放棄され，「2つのすべて」も否定された．それに代わる目標として確立されたのは「4つの現代化」の実現であり，その手段として打ち出されたのは，対内改革と対外開放を意味する「改革開放」政策であった．この「改革開放」政策の採択は，新たな経済財政改革の幕開けでもあり，計画経済から市場経済への移行を促した．また，経済体制の移行期の下で，経済財政改革の手法が医療分野に浸透するようになった結果，医療制度と医療行政も大きな変容を遂げたのである．本章では，医療改革を生み出した社会構造として，1970年代末以後の経済財政改革[1]に着目し，その「漸進主義」の性格と改革手段の共通点を示す上で，経済体制の移行期における国民生活の変容について検討する．本章の議論を踏まえて，第3章から第5章で述べる医療改革の展開をみると，経済財政改革と医療改革の少なからぬ共通点に気付くはずである．

第1節　農村経済改革の先行

　1978年12月の第11期3中全会以後，指導部が「改革開放」を中核とする経済改革に取り組み始めた．改革の進め方として，まず農村で経済改革が普及し，1980年代半ば頃から改革の重心が都市へ移されたという捉え方が一般的である．農村経済改革の嚆矢とされるのは，1978年12月に安徽省鳳陽県小崗村（当時は小崗生産隊）の農家請負契約である．その背景に，安徽省は100年に1回の大旱

1）　この部分の説明は，主に呉敬璉（2004），周太和他（1984）を踏まえて検討する．

魃に見舞われ，地方責任者は農民に土地を貸して飢饉を切り抜けることを決意した．これをきっかけに，「包産到戸」は干害を食い止める「最後の手段」としてもう一度持ち出された．すなわち，農業は家庭単位で行い，国や集団への供出任務を達成した残りをすべて農家の所有とする生産方式である．これまで，「包産到戸」が地方で現れる度，社会主義集団経済の原則に合致しないものとして厳しい批判を浴び，農村で階級闘争が出現したシンボルと捉えられていた．それにもかかわらず，農業生産の苦境を脱するために，小崗村20戸の農家は「包産到戸」の実施を敢行する農家請負契約を内密に結んだ．その結果，小崗村の食糧生産量が13万斤を突破し，地方責任者の支持も得た．ほぼ同時に，四川省や内モンゴル自治区など一部の地域でも「包産到戸」の復活が現れたが，小崗村の農家請負契約は後に改革開放の対内改革の突破口とされた[2]．

「四人組」が粉砕された後で，農村では農業集団生産からの決別が密かに始まったと同時に，都市の国有企業改革も日程に上がったのである．経済学界でも活発な議論が行われたが，経営管理に関する企業自主権の拡大を改革の中心的位置に据えるべきとの観点が優位に立った．これは，第11期3中全会の決定にも採択され[3]，国有企業改革の方針となった．一方で，学界の議論を背景に，一部の地域は早急に企業自主権の拡大に着手した．1978年10月，四川省はまず6つの国有工場を対象に企業自主権の拡大を試行したが，それはまもなく明らかな成果を得たため，改革が省内の国有企業100社に広がった．四川省の経験を踏まえて，1979年7月より，全国の各地と各経済分野でも企業自主権の拡大が試験的に導入された．1979年末に改革の試行に参加した工業企業は4,200社であり，1980年にこれが6,600社に広がった上で，その生産高が全国予算内の工業生産高の6割を占め，利潤が全国の7割を占めた．しかし，市場の秩序が構築されないまま，国有企業が以前より大きい自主権を与えられると，社会的資源の奪い合いと投資項目の乱立が生じ，工業生産の需要が制御不可能な状態に陥り，財政赤字も激増した．こうした状況は，いかにも計画経済期の行政的分権が引き起こした悪循環を再現したかのように思われる．その後，計画と市場の役割をめぐって新たな論

---

2) 楊継縄『鄧小平時代：中国改革開放二十年紀実（上巻）』中央編訳出版社，1998年，178頁．
3) 第11期3中全会のコミュニケは経済改革の方向性について，毛沢東が1956年に「論十大関係」で指摘した権限集中の問題を再確認し，「国の統一した計画と指導の下で，地方と農工業企業により多くの経済管理自主権を持たせるべきである」と説明した．

争が起こったが，今度，計画経済の堅持を唱える観点が勝利を収めたため，国有企業改革も一時的に方向を失い，企業自主権の拡大も停滞に陥った．1982年9月に開かれた第12回党大会でも，「計画経済を主とし，市場調節を補完とする」のが経済改革の方針として確立された．

ところで，1980年8月の中共中央政治局拡大会議で，鄧小平が実際の指導権を握ると，経済改革の方向転換を断行した．それまでの経済改革の悪循環を打破すべく，行政的分権の手法が踏襲されつつ，新たな改革方法が模索されたのである．すなわち，国有経済改革が頓挫して進まない状況の中で，修繕的方法をもって国有経済の運営を維持しながら，改革の重点を非国有経済へ移し，経済発展の突破口を探るという戦略である．この「体制外先行」の改革手法は，「増分改革」（増量改革）とも呼ばれる．これを受けて，農村の非国有経済に抜本的な改革のメスが入れられた．

代表的な出来事として，「包産到戸」または家庭生産請負制（家庭聯産承包責任制）は1980年9月にようやく解禁された．もっとも，第11期3中全会議の開催前後，「包産到戸」は安徽省や四川省わずか一部の地域で復活し，即時に効果を見せたにもかかわらず，限定的な影響力しか持たなかった．また，「2つのすべて」がまだ撤廃されていない政治環境の中で，地方と中央はともに「包産到戸」に対して慎重な姿勢を示した．1979年9月に開催された第11期4中全会では，副業生産の特別な必要や僻地を除き，「包産到戸」をしてはならないとした．その代わりに，財政補助の増加や農作物買付価格の引き上げは，農業生産の刺激策として打ち出された[4]．これに対して，翌年9月指導権を掌握した鄧小平は，農業生産方式の思い切った改革を決意した．彼が各省第一責任者宛てに，大衆が集団に対して自信を失っているので「包産到戸」を求めているとし，農業の生産責任制はその土地の事情に適した形で，多様な方式をもって実施してもよいと伝えた．その後，各地では様々な形で農業の生産請負制が大きな発展を遂げ，集団，家庭と個人はいずれも請負の対象となり得た．一方で，その推進過程が漸進的なものでもあり，集団単位の請負生産も温存しながら，家庭生産請負制の試行が進められた．この結果，家庭生産請負制が最も広く普及し，1982年6月に全国生

---

4) 中共中央「関於加快農業発展若干問題的決定」1979年9月28日.

産隊の 86.7％ を占め，1983 年初にその比例がさらに 93％ に達した[5]．これをもって，農業生産方式は，従来の集団経済から家庭生産請負制への移行がほぼ完了したとされる．1991 年 11 月，家庭単位（家庭聯産承包）を主とする農業生産の請負制は，農村経済の基本的制度と位置付けられたのである[6]．

こうした農業の家庭生産請負制の急展開は，1962 年 2 月に決定された生産隊を基礎とする「三級所有」の分配制度を形骸化したことで，約 20 年にわたって「政社合一」の組織として機能してきた人民公社の崩壊への糸口を作った．1982 年憲法では人民公社の撤廃が規定された上で，翌年 10 月に「政社分開」に基づき，郷政府の設立を求める通達が下された[7]．結果として，1984 年末までに 98％ 以上の人民公社と生産大隊が郷・村への移転を完成した[8]．それ以来，農業生産はこれまでにない発展を遂げた．1978 年から 1984 年にかけて，食糧生産量は約 4.95％ の年平均増加率を実現し，1984 年の綿花，植物油原料や砂糖原料の生産量は，いずれも 1978 年のそれより倍増以上の水準に達した[9]．1980 年代の実績を踏まえて，［図 2-1］が示すように，1990 年代に農業生産はさらに急速な増産を見せた．一方で，農業生産の進歩に伴い，農村住民の収入も 1980 年代に大幅に増加した．1957–1978 年の 21 年間で，農村住民 1 人当たりの純収入は 73 元から 133.6 元に伸びたが，年平均では 2.9 元しか伸びず，物価上昇要因を除くと，実際の純収入は年平均 1 元の増加しかなかったが[10]，1985 年にそれが 397.6 元に達し，都市住民と農村住民の所得格差縮小ももたらした[11]．

また，1980 年代前後に実施された農産物買付販売制度改革も，農民収入の大幅増に寄与した．1980 年代初期に農業の家庭生産請負制が急速に普及した後，食糧をはじめとする農産物の「統購統銷」制度が維持されたままであり，農業の生産体制と流通体制の間に深刻な矛盾が生じた．もっとも，農業生産増を図るた

5） 国家経済体制改革委員会『中国経済体制改革十年』経済管理出版社，改革出版社，1988 年，157 頁．
6） 中共中央「関於進一步加強農業和農村工作的決定」1991 年 11 月 29 日．
7） 中共中央・国務院「関於実行政社分開建立郷政府的通知」1983 年 10 月 12 日．
8） 羅平漢『農村人民公社史』人民出版社，2016 年，486–487 頁．現在，わずか一部の地域（河北省晋州市周家庄郷）では人民公社がまだ存在していることから，人民公社が完全に姿を消したとは言えない．
9） 朱栄他『当代中国的農業』当代中国出版社，1992 年，375 頁．
10） 陳元吉『中国農村社会経済変遷 1949–1989』山西経済出版社，1993 年，585–586 頁．
11） 国家統計局『2016 年中国統計年鑑』中国統計出版社，2016 年，177 頁．

[図 2-1] 1980 年代以来の農業生産高（単位：兆元）

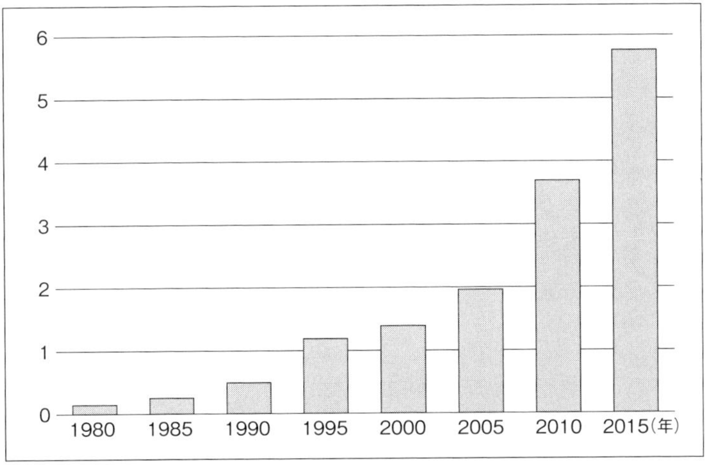

出典：「2016 年中国統計年鑑」に基づき，著者が作成．

めに，1979 年に小麦をはじめとする 6 種の食糧の買付価格が 20％ 引き上げられ，計画超過分の買付価格がさらに 50％ 引き上げられた．しかし，その効果が限定的なもので，1982 年に国が毎年 1,500 万トンの食糧輸入を行ったにもかかわらず，750 トンほどの食糧不足分が残されたのである．当時，「計画を主とする」方針の下で，「統購統銷」制度が存続しながら，食糧の買付・販売・調達の計画は基本的に国と省（自治区，直轄市）の協議によって決定されることとなり，買付任務を達成した後の余剰食糧については自由市場での販売も可能となった．しかしながら，食糧の小売価格が全体として低水準に維持されたまま，買付価格が大いに引き上げられた結果，財政負担が重くなる一途を辿った．また，農村自由市場の規模が非常に限られていた中で，余剰食糧の販売も滞っていた．

そこで，食糧，棉花の「統購統銷」が 1985 年初に撤廃され，契約買付（合同定購）制度へ移行することとなった．すなわち，農民は食糧の販売先を自由に選べるようになり，契約買付価格は，元買付価格と超過買付価格にそれぞれ 0.3 と 0.7 のウェイトを掛ける形で算出された．それから，契約買付分以外の余剰食糧は市場で自由に販売できるほか，価格保護の措置も設けられた．これをもって，食糧の価格には，計画内の買付価格と計画外の市場価格を内包する「二重制」（双軌制）が制度上で確立された[12]．しかし，改革の結果，2 種の食糧価格とも下

がり，食糧の生産量が大いに低下してしまったほか，国の買付食糧の確保が困難となり，買付契約は1985年末に再び国の買付指令に後戻りした[13]．それでも，農産物買付販売制度改革が打ち出されてから，農村自由市場は徐々に規模が拡大した．1985年以降，農村自由市場の取引額は年々伸び，食糧の自給自足分は市場取引分を下回るようになった[14]．また，食糧の供給が着実に増えた末，1990年代初頭に各地で食糧の過剰在庫が現れた．これらの事情を背景に，1992年4月に食糧の買付価格と配給販売価格の上方修正と統合が決定され，翌年末に全国98％以上の県（市）の食糧価格が自由化を実現した[15]．

　こうして，農業の家庭生産請負制の普及と農産物買付販売制度改革が相まって，農業生産に大きな刺激を与えた．他方で，農業生産の「包産到戸」の解禁によって，農村の余剰労働力が従来の人民公社体制下の隠蔽状態から放出され，非農業部門への流動が加速した．これは，さらに郷鎮企業の発展を促したといえる．その前身は，人民公社の「社隊企業」であるが，人民公社体制の撤廃後，1984年に「郷鎮企業」へと改称された[16]．1958年「大躍進」と1970年行政的分権の下で，各地の人民公社はいくつかの農業機械の修理製造を中心とする機械加工・修理企業を興し，社隊企業が生まれたのである．しかし，農村「小」工業が都市「大」工業に圧力をもたらさないよう，社隊企業がいわゆる「三当地」原則に拘束されることとなった．すなわち，社隊企業は当地での材料取得，加工と販売しか認められず，その発展が農村の自給的経営の範囲内に制限されたのである[17]．1980年代に入ってから，「包産到戸」の容認はそれまで人民公社の中に閉じこめられていた農村労働力を解き放ったが，厳格な戸籍制度と都市住民を対象とする

---

12) 価格「二軌制」（双軌制）現象は1950年代にすでに現れたが，1978年以後の価格改革の中で，「双軌制」という名称が誕生したという．楊聖明・李軍『価格双軌制的歴史運命』中国社会科学出版社，1993年，4，139-142頁参照．
13) 趙徳余「从国家統購到合同定購——1985年糧食市場化改革的初次嘗試及其価値」『中国市場』第29巻，2011年，12-16頁．また，1990年に「契約買付」は「国家買付」（国家定購）へと改められ，その達成が農民の義務と規定された．
14) 例えば，農村自由市場の取引額が，1985年は511.6億元であったが，1990年に1,330.4億元へと倍増し，10年後にさらに10,479.2億元へと急速に伸びた．中国国家統計局『2002年中国統計年鑑』中国統計出版社，577頁．
15) 唐仁健・呉越「中国糧食流通体制改革——現状，目標与思路」，肖雲『中国糧食生産与流通体制改革』経済科学出版社，1998年，283-292頁．
16) 幸元源「改革開放以来我国郷鎮企業的発展歴程与展望」『改革与開放』第11巻，2009年，99頁．
17) 陳錫文『中国農村改革——回顧与展望』天津人民出版社，1993年，76-77頁．

生活必需品の配給制度が維持された中で，数億規模の農村余剰労働力の都市への流出が滞った．また，農業生産にも一定の余剰が生じたため，農村工業発展のための資本蓄積もある程度整った．ちょうどその時，国有企業の自主権拡大が限界を示したこともあり，経済改革の重点が「体制内」から「体制外」への転化が決断された上で，農業が一定の成功を収めた後，指導部がその他の非国有経済の成長にも好意的な姿勢をとった．しかしながら，計画に基づく資源配分が存続する中で，「体制外」の非国有企業には存続するための資源調達と製品販売のルートがなかった．その対策として打ち出されたのは，経済の「二重制」（双軌制）である．すなわち，非国有企業に対して市場の機能を容認し，これらの企業が市場で原材料などを調達し，自己の製品を販売できるようにした．もっとも，改革開放初期には様々な非標準的な形式が流用されたが，1979年国有企業の自主権拡大試行の中で，企業の計画超過達成の製品に自前販売が許可された結果，物資流通の「計画」の外に「市場」の機能が正式に容認された．

そこで，経済の「二重制」で生存環境を確保した郷鎮企業は，充足な労働力とある程度の資本蓄積をもって，1980年代に雨後の筍のように高度成長を遂げ，1990年代では経済成長を支える重要な勢力となった．1992年に郷鎮企業の総生産は1.6兆元あまりであり，1985年の国内総生産GDPに等しかったほか，農村の余剰労働力を吸収する大量の働き口も創出し，その従業員数は1億人を超え，同年国有企業の従業員数と同じ規模に達した［図2-2］．しかも，［図2-3］で分かるように，農村住民の消費水準も都市住民のそれとともに上昇し続け，1985-1990年に両者の消費水準比が低下したことも，農村住民の収入増を物語るものである．一方で，その後の5年間で都市・農村住民の消費水準比が急上昇したことから，農村住民の所得増が1980年代末に頭打ちになったことも窺える[18]．

このように，農業改革の次に，集団所有を主とする郷鎮企業も著しい発展を遂げ，「体制外先行」を断行した「増分改革」の効果を示した．その後，都市の民間企業[19]も発展を始め，農村の郷鎮企業とともに国民経済を左右するほどの地

---

18) 陳乃醒他『中国郷鎮工業発展的政策導向研究』経済管理出版社，1994年，262頁．
19) 改革開放期の初頭，農村に「下放」された1,000万以上の知識青年の就職対策として，「個人経済」が容認されたが，経営規模を拡大するために労働者を雇うことがマルクス『資本論』の中で「搾取」に当たるので厳禁された．この原則を破ることなく民間経済の発展を実現するために，『資本論』の計算に基づき，個人商工業者が8人以下の労働者を雇用しても，他人の労働の占有を主な

[図 2-2]　1978 年以降就労先の変化

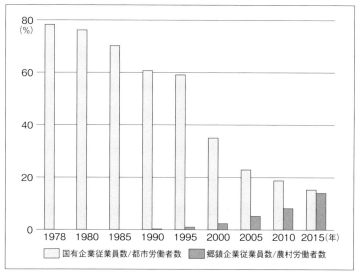

注：農村の私営企業を郷鎮企業と見なす．
出典：[図 2-1] に同じ．

[図 2-3]　1978 年以降の国民消費水準

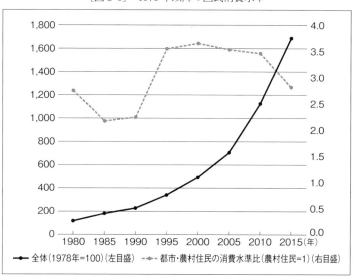

出典：[図 2-1] に同じ．

位を占めた．さらに，非国有経済の発展につれて，局部的市場が徐々に形成し，市場の力が資源配分においてますます重要な役割を果たし始めたのである．同時に，国有企業の「計画外」の経済活動も活発化したがゆえに，1985年1月より国有企業が市場価格に従い「計画外」製品を売買することが正式に認められ，中国経済の「二重制」が正式に確立されたのである．

　このように，1970年代末に国有企業改革がつまずいた状況の中で，経済改革の重心が「体制外」の農村に移転されることとなった．ここで，農業の生産方式が漸進的な形で集団経済と決別し，農産物買付販売制度改革などと合わせて郷鎮企業の発展と成功を導いた．その土台となったのは，中国経済改革の「漸進主義」の性格と「増分改革」の戦略である．ソ連及び東欧旧社会主義諸国が価格の自由化や国有企業の民営化などの「ショック療法」をもって，市場経済への移転を図ったのに対して，改革開放期の中国は「漸進主義」を経済改革の基調としながら，非国有経済に注目し「増分改革」を先行させる形で，経済改革全体の突破点を探った．また，物資が全体的に不足する中で，経済体制の円滑な移行を実現するには，「計画」と「市場」の並存を可能とする経済の「二重制」が最適解でもあり，非国有経済の生存環境を整えたのみならず，経済全体の速やかな発展に対しても積極的な役割を果たしたのである．この意味で，改革開放初期の農村改革においては，農村の政治・経済体制は根本的な変革をもたらしたのみならず，中国経済改革の独自性も最もよく表したといえる．その成功が確認された上で，国有企業改革も本格的に展開することとなった．

第2節　国有企業改革の展開

　改革開放期の国有経済改革は，国有企業の自主権拡大から始まった．国有企業の自主権欠如が企業の活力と効率を奪ったという認識の下で，権限「下放」と利益譲渡を意味する「放権譲利」が改革の主な手段とされ，改革開放期の国有企業改革の中核となった．もっとも，計画経済期の下でも，国有企業の経営管理に対

生活源とすることにならないという理論が組み立てられた．これは指導部に採択された結果，1981年に雇用労働者が8人以上は「私営企業」，それ以下は「個人企業」という判断基準が打ち出されたが，1987年第13回党大会では，雇用労働者数が8人までという限度額も突破され，「私営経済」が社会主義公有制経済の補完として，その発展が奨励された．国務院「関於城鎮非農個体経済若干政策性規定」1981年7月7日．

して「放権譲利」が行われたが（企業の「下放」），権限「下放」の対象が主に地方政府であったがゆえに，行政的分権が主な改革手段であった．これに対して，1978年以後の経済改革は，「放権譲利」の対象が国有企業となり，従来の経済改革と一線を画した．この意味で，1970年代末前後の国有企業改革は異質性を抱えながら，継承と発展の関係を見せる．

「放権譲利」は1990年代中頃までの国有企業改革を貫いた一方，その内容も多様性をもっていた．このうち，利潤留保は，「利益譲渡」の最初の形態である[20]．すなわち，国有企業に利潤の一定部分を留保して自主的に支配することを許すことで，以前のようにほぼすべてを国の財政に上納する必要がなくなる．1978年10月，四川省で重慶製鉄所など6社を対象に，自主権の拡大が試験的に導入された際，企業が国の計画を達成するという前提の下に，利潤留保の一部を従業員の賞与として配分することが認められたほか，余剰物資を市場で販売することも容認された．四川省の経験を踏まえて，1979年7月，全国一部の大中規模企業でも自主権拡大と利潤留保が試行されるようになった．このうち，企業の利潤留保が生産発展基金，従業員福祉基金（職工福利基金）と従業員奨励基金（職工奨励基金）の3つに分けられ，後に「三金」と呼ばれた．ただし，従業員福祉施設と従業員賞与に用いる部分が，超過利潤から取り出す利潤留保資金の40％を超えてはならないとの制限も設けられた[21]ことから，改革の重点は従業員労働意欲の改善よりも，国有企業生産性の向上におかれたと思われる．この段階の改革は，国有企業の増産増収意欲の刺激に成功し，1981年より全国導入が決定された[22]ものの，経済秩序の混乱や財政赤字の激増も招いたため，改革の有効性について動揺が走った．そこで，経済改革の重心が非国有経済へ移された一方，国民経済調整の一環として，国有企業改革の重心は自主権拡大から国家計画達成に対する企業責任の強調に転じたのである．

1981年4月，国有企業経営と従業員報酬の平均主義の弊害を打破し，国有企業の経営責任を明確にすべく，工業分野で国有企業及びその従業員の責任，権限と利益の三位一体に基づく経済責任制の実施が決定された．国有企業の利潤分配

---

20) 計画経済期の国有企業利潤留保制度の発展は，陶省隅「国営企業純収入分配体制改革的回顧与展望」，財政部教育司『中国的財政改革』北京大学出版社，1986年，94-95頁を参照されたい．
21) 国務院「国営工業企業利潤留成試行弁法」1980年1月22日．
22) 国務院「関於拡大企業自主権試点工作情況和今後意見的報告」1980年9月2日．

方法について，利潤留保，損益請負，それから，利潤上納から納税へ切り替える上での損益の自己負担の3つが規定された[23]．もっとも，この経済責任制は山東省が自主的に試行した制度であるが，指導部に採択された結果，1982年から全国へ普及し，その後の改革の土台を築いたと捉えられる．一方で，経済責任制の狙いは，国有企業の利潤増加分の大半を国の財政に上納させ，財政収入の逐年増加を実現することであったが，増産が税負担の過重につながったため，大中規模国有企業の生産意欲の低下が招かれた．また，財政上納の任務が国有企業と行政部門の交渉によって決定されたことから，政策実施の恣意性が問題とされた[24]．1983年初，経済責任制は中止された．その代わりに，指導部が「都市でも請負制をやれば，効果がすぐ現れる」と呼びかけ，都市商工業に企業請負制（企業承包制）の実施を求めた．その背景に，農村では農業生産と郷鎮企業の請負制が成功を収めたことがあり，国有企業改革が方向性を見つけ出せない中で，請負制に期待が寄せられたように思われる．

　企業請負制の普及はわずか2-3ヵ月の間に完了し，1980年代国有企業改革の主な手段をなした．その要は，行政部門と企業管理者は契約を結び，「放権譲利」の内容と企業の義務を規定することである．この意味で，企業請負制は「放権譲利」の一形態と捉えられよう．しかし，企業請負制の実施後，経済秩序の混乱やインフレが深刻化したため，企業請負制の実施が一旦中止され，1983年6月と1984年10月の2段階に分けて，国有企業を対象に利改税改革が行われた．利改税とは，国と国有企業の利潤分配方式の調整を図り，計画経済期の利潤上納方式から納税方式への移行を目指すものであるが，その推進過程は「漸進主義」の色彩が鮮明である．1979年に湖北や広西など一部の地域での試行を踏まえて，1983年6月に第1段階の利改税が行われたが，「税利併存」がその核心である．一般的に，国有企業がまず所得税を納付するが，納税後の利潤が国との間に配分される方式である．この結果，国有企業への所得税の導入が成功したものの，価格改革の影響もあり，経済責任制の問題が克服されなかった．

　ところで，約1年後，1984年5月，国有企業に付与する自主権が10項目に拡

---

23) 国家経済委員会・国務院体制改革弁公室「関於実行工業生産経済責任制若干問題的意見」1981年9月24日．
24) 張文魁・袁東明『中国経済改革30年——国有企業巻（1978-2008）』重慶大学出版社，2008年，25-26頁．

大もされた[25]．ここでは，国有企業の自主販売製品の品目が増えたほか，その価格も公定価格の20％上下の範囲内に自由に設定できるようになった．これをもって，国有企業の製品価格にも，計画内の公定価格と計画外の市場価格が並存する，いわゆる価格「二重制」（双軌制）の構造が現れたのである．もっとも，価格「二重制」は，1970年代末より進められてきた価格改革の中核であり，1979年に電子・機械分野で，1983年に石油や石炭などエネルギー分野では，市場価格がすでに導入された．1984年に入ると，国有企業の自主権拡大の一環として，価格「二重制」が国有企業全体に浸透し始めたが，1985年1月，国有企業の自主販売製品の価格設定に加えられた「公定価格の20％上下」という制限も撤廃された[26]．この結果，ほぼすべての生産財に価格「二重制」が適用されたのである．問題は，国有企業が自主販売製品の生産により熱心のため，物価水準が間接的に押し上げられた［図2-4］．また，全体として生産財の供給が需要に追いつかない状況の中で，国有企業製品の2つの価格の間には大きな開きが生じた．そこで，公定価格で仕入れた製品を自由市場へ転売する，いわゆる「官倒」，「私倒」行為が現れた[27]．他方，これらの投機取引が国有経済と非国有経済の交流を促したため，市場価格が価格全体に占める割合が増えつつあった．結局，1992年より生産財の「二重」価格の統合が始まり，1996年当時，市場価格が社会商品小売総額の93％を，農産物買付総額の79％を，生産財販売総額の81％を占めた．こうした中国の価格改革は，「二重制」をもって「二重制」から脱出したとも言われる[28]．

　第1段階の利改税と自主権拡大のさらなる推進を踏まえて，1984年10月，国有企業改革は新たな展開を迎えた．まず，第2段階の利改税改革が予定通りに実施された．その眼目は，「以税代利」，すなわち，国と国有企業の利潤分配方式を納税方式に完全に切り替えることである．具体的に，工商税制の再編が行われたほか，国有企業間の納税負担の不公平を是正すべく，大中規模企業の場合，所得税納付後の利潤は「調節税」の形で国に納付することとなった．その狙いは，国への国有企業の利潤上納を納税に一本化することによって，財政収入の安定増加

25）　国務院「関於進一歩拡大国営工業企業自主権的暫行規定」1984年5月10日．
26）　国家物価局・国家物資局「関於放開工業生産資料超産自銷産品価格的通知」1985年1月24日．
27）　楊聖明・李軍，前掲書，34-35頁．
28）　孫中親『従計画到市場――中国経済転型探析』中国社会出版社，2009年，125-126頁．

[図2-4] 2000年代までの消費者物価指数（1978年＝100）

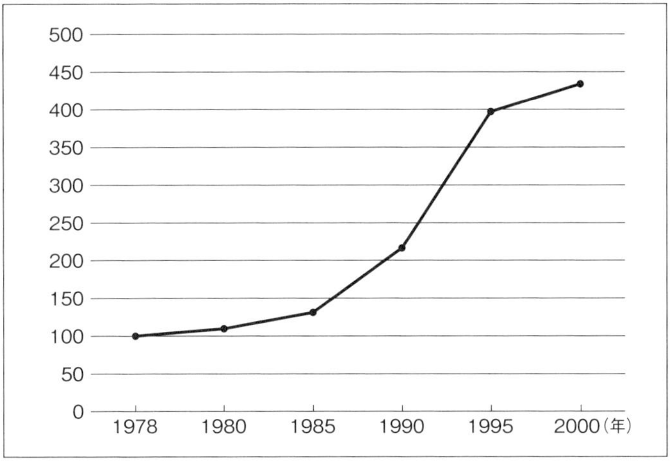

出典：［図2-1］に同じ．

を確保すると同時に，国有企業の経営効率を改善することである．結果として，1994年の税財政改革以後，国有企業は統一された税率に従い企業所得税を納める以外，基本的に財政に利潤を上納しなくなった．この意味で，第2段階の利改税は，税収に基づく国と国有企業の利潤分配方式，中央と地方の財政収入範囲を固定したため，1990年代の財政改革の土台を作ったことは評価できる．一方，「調節税」の税率は企業ごとに決定されることとなったが，これまでの改革と同様に，行政部門と国有企業の間に残された交渉の余地が新たな不公平を孕んだほか，財政収入も予期通りに伸びなかった．このように，企業請負制の窮境を打開するために，国と国有企業の利潤分配方式が改革の突破口とされ，利潤上納から納税への方式移行が2段階に分けて漸進的に進められたが，結果的に国有企業の自主経営，損益自己負担と平等競争が実現できなかった．

　同じく1984年10月に召集された第12期3中全会では，農村経済改革の成果が確認された上で，経済改革の重心を農村から都市へ転じることが決定された．また，計画経済と商品経済を対立な関係にあると捉える従来の観念を打破し，公有制に基づく社会主義商品経済[29]の確立と発展が経済改革の新たな目標として確立された．この戦略転換を受けて，国有企業の活力増強が経済改革の要とされた上で，国有企業の所有権と経営権の「両権分離」と，行政部門と国有企業の職

能を切り離す「政企分離」が国有企業改革の原則として提起された．これに基づき，国有企業改革は成果と限界を踏まえて，経済改革の中心を据えて新たな段階に突入した．具体的に，1983 年に一度挫折した企業請負制が 1986 年末に再び指導部に取り上げられ，1987 年中頃に 2 回目のブームが起こった．ここでは，財政収入を確保すべく，請負の基数を固定し，上納を保証する一方，超過収益は自己留保し，欠損は自己補塡することが改革の原則とされた．1987 年末に，全国予算内国有工業企業の 78%，そのうち大中型企業の 82% には，「承包経営責任制」と呼ばれる企業請負制が導入された．国有企業の経営責任がより強調された結果，22 ヵ月も続いた全国工業企業の利潤減少が止まった一方[30]，財政収入の「2 つの比重」，つまり，財政収入が国内総生産に占める比重と，中央財政収入が財政収入全体に占める比重は，明らかな回復が遂げなかった．その理由に，企業請負制は「両権分離」と「政企分離」を徹底するものではなく，企業財産所有権の曖昧さを解消するものでもないため，企業の損益自己負担を実現できなかったほか，国と国有企業の間の利害衝突を激化させた一面もあった．

　もっとも，1986 年中頃まで，計画経済の抜本的改革を目指し，価格，税制，財政を中心に包括的な経済改革が提起され，しかも同年 9 月に鄧小平の支持を得た．しかしながら，10 月になるとそれが国務院に否定されたがゆえに，改革の主軸が国有企業改革に転換したという．この結果，経済改革の基調として「漸進主義」が踏襲され，市場経済と計画経済の並存を維持しながら，部分的修正によって国有経済の状況改善を図る形で，1987-1988 年の間に請負制が国有企業のみならず，行政部門，財政，国際貿易と信用貸付の分野にも導入された．この意味で，1986 年に徹底的な経済改革を実行する好機を失ったことは，1988 年の経済危機，1989 年の政治的動乱及びそれに続く保守思潮の一時的復活をもたらしたとも捉えられる[31]．

　1980 年代末，経済危機と政治的動乱が連発した中で，それまで市場志向の経

---

29) 計画に基づく商品経済を指すが，「計画を主とし，市場を従とする」1980 年代以来の経済改革より一歩進み，「計画と市場の共存と調和」を図るものである．その後，計画は「指令性」と「指導性」の 2 種に分かれ，前者の縮小と後者の拡大が次第に推進された．中共中央「関於経済体制改革的決定」1984 年 10 月 20 日．
30) 邵寧他『国有企業改革実録（1998-2008）』経済科学出版社，2014 年，21-22 頁．
31) 呉敬璉『構築市場経済的基礎結構』中国経済出版社，1997 年，53-56 頁．

済改革に原因を求める保守思潮が一時的に優位を占めたが，1992年初に鄧小平が「南巡講話」を行い，計画経済と市場経済がそれぞれ社会主義と資本主義の必要条件とされるそれまでの論調を一掃した．鄧小平の後押しを踏まえて，改革開放の方向が再確認された上で，経済改革も新たな発展期を迎えた．1992年10月に召集された第14回党大会では，生産力のさらなる開放と発展を目指し，社会主義市場経済体制の確立が経済改革の目標として確立された．これは，40年近く中国の経済を支配した計画経済体制との決別を宣言するもので，画期的な意味を持つ．さらに，翌年11月に開催された第14期3中全会では，経済体制の移行を実現する手段として，「全体推進，重点突破」という改革戦略が提起された上で，財政，金融，為替，国有企業や社会保障などが改革の重点と決定された．1986年に実施されたはずの包括的経済改革が，7年後にようやく決定されたのである．これをもって，1994年初から，国有企業や社会保障など重点分野において本格的な改革が始まり，中国の経済改革が「増分改革」から「全体推進」の段階に突入した．

　国有企業改革の場合，第14期3中全会の開催前から改革の準備がすでに行われていた．「両権分離」を徹底すべく，1993年3月の憲法改正で国有企業の名称は従来の「国営企業」から「国有企業」へと改められた．それに続いて，第14期3中全会では，国有企業改革の中核が「放権譲利」から「企業制度の革新」へ転換すると示された上で，それを実現する手段として，「現代企業制度」の樹立が決定された．「現代企業制度」は基本的に現代的会社を指すが，その含意として，「財産所有権が明晰，権限と責任が明確，行政と企業が分離，管理が科学的」の4つが規定された．さらに，「現代企業制度」に法的根拠を与えるべく，1993年12月に「会社法」が成立し，翌年7月1日より施行することとなった．その後，国有企業改革は「現代企業制度」の樹立を目標に，試験的導入を踏まえて進むこととなった．

　一方で，1995年前後，国有企業改革の理念に大きな変化が現れた．当時，全国の独立採算の国有工業企業は合計8.79万社あり，このうち大中規模企業が1.5万社で，その他の7.22万社は小規模企業であった．同時に，郷及びそれ以上の政府に所属する郷鎮企業が50万社を超えた．郷鎮企業は1980年代に大きな発展を遂げたが，その規模が大きくなるにつれて，国有企業と似た問題に遭遇し，

1990 年代に入ってから成長率が落ち始めた．そこで，郷鎮企業を含む 60 万社ほどの中小企業の活路を見出すことが要請されたのである．それまで，企業の規模を問わず，各国有企業の活性化が図られてきたが，1995 年 9 月の第 15 期 4 中全会では，改革の戦略が「大を摑み，小を放つ」（抓大放小）方向へ切り替わった．すなわち，経営状況のよい 1,000 社の大中規模中堅国有企業の管理に対して力を入れるとともに，合併，リース，請負，売却や破産などの方式をもって，中小規模国有企業を市場に押し，その活性化を図ることである．ここでは，改革の重点が「小を放つ」方にあり，結果的に中小規模国有企業と郷鎮企業の民営化が加速された．さらに，1997 年 9 月に開かれた第 15 回党大会では，ソ連式の国有経済崇拝がようやく克服された．その代わりに，公有制を主体とし，多様な所有制がともに発展することが，少なくとも 100 年続く社会主義初級段階の「基本的経済制度」と規定された．これは，1998 年の憲法改正にも盛り込まれることとなり，経済改革のもう 1 つの歴史的突破と見なしてよい．こうして，民営経済がイデオロギーの束縛から完全に解き放たれ，国民経済の重要な構成部分として本格的な発展が始まった．

ところが，1990 年代半ばになると，国有経済が国内総生産に占める割合が半分以下に減少したとはいえ，国と国有企業が依然として希少な経済資源の支配者であった．その背後に，長年の計画経済期が複雑な利益構造を作り上げたが，経済体制の移行期に入ると，既得権益を持っていた者が様々な理由をもって，国有企業改革を阻む手強い反対勢力となった．当時，アジア金融危機の影響もあり，民営経済の活性化と対照的に，大中規模国有企業がこれまでにない発展の窮境に陥ってしまった．その対策として打ち出されたのは，第 15 回党大会で提起された国有企業改革の「3 年 2 大目標」である．すなわち，20 世紀末までの 3 年のうち，大多数の大中規模国有企業が経営欠損から脱出し，一部の中堅大中規模国有企業で現代企業制度を樹立するものである．これは，1998 年に登場した新たな指導部の重点課題の 1 つと位置付けられ，大規模な行政組織改革（政府機構改革）にもつながった．さらに，1999 年 9 月の第 15 期 4 中全会で国有企業改革の目標をより明確化したのを踏まえて，国有大中規模企業改革は「両権分離」の徹底に基づき，独占的企業を競争的企業に再編することや，内外の証券市場への上場に取り組むこととなり，現代企業制度の充実が図られた．

[図 2-5] 1978 年以降の国民可処分所得

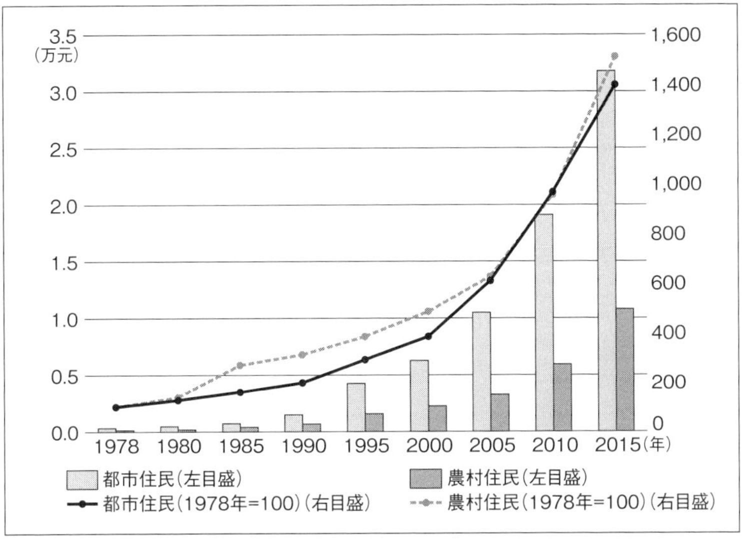

注：農村住民の純収入を可処分所得と見なす．
出典：[図 2-1] に同じ．

　以上，1978 年から 1990 年代までの国有企業改革をめぐって，自主権拡大の試行から現代企業制度の樹立に至るまで，改革の全体的な流れを検討した．農村経済改革や非国有経済の発展など「増分改革」の経験を踏まえて，国有企業改革は従来の「放権譲利」を土台にしながら，請負制や経済の「二重制」などの改革手段を積極的に取り入れ，漸進的な形で計画経済体制との決別を果たした．それから，「増分改革」の成果が確認されてから，経済改革の重心移転が決まり，第 14 期 3 中全会より中国の経済改革が「全体推進」の新段階に踏み込んだ．全体として，農村経済改革と国有企業改革は改革手段において多くの共通点を見せながら，計画経済から市場経済へのソフトランディングを実現した上で，高度経済成長と都市・農村住民の所得上昇を導いた [図 2-5]．一方，1990 年代後半に現れた国有企業の経営困難が示すように，国有企業改革で従来の問題がすべて解消されたわけではない．この意味で，「漸進主義」に基づく国有企業改革は，経済体制移行の摩擦コストを緩和する長所を見出せる一方，改革に後遺症が残る限界も抱えるといえよう．

第3節　財政制度の修正

　経済改革が進むにつれて，従来の高度集権的な財政制度も改革を余儀なくされた．計画経済期の下で，工業発展を優先する経済戦略に従い，経済部門と企業の間で納税負担の格差が極めて大きかった．このような巨大な格差を抱える財政体制は，企業間の平等な競争を阻む要因の1つとなった．また，文化大革命の収束後，社会秩序の回復が財政支出の増加を招いたと同時に，国有企業の自主権拡大が財政収入の減少をもたらし，やがて1979年に巨額の予算赤字が現れた．そこで，財政赤字を解消するとともに，経済改革の推進に有利な環境を作り上げるために，財政改革が早くも1978年末から発足したのである．また，計画経済期の財政体制は「中央―地方」と「国―国有企業」の二重構造を内包することから，改革開放期の財政改革もこの2つの関係を中心に展開した．

　1993年までの財政改革は，国有企業改革と類似する形で，計画経済期の行政的分権の延長として「放権譲利」を出発点とした上で，改革の手段は主に請負制の導入であった．まず，中央と地方の財政関係からみると，1980年に従来の「単一制」から「請負制」への転換が決定された．ここでは，請負制の財政改革への適用が国有企業改革よりも早いことが分かる．その意図は，中央財政の収入低減を止めると同時に，地方財政に収入増加と支出削減の動機を与えることにある．そこで，北京，天津，上海の3つの直轄市は従来の財政制度を維持するのを除き，他の地域（省・自治区）は，国との間で予め定めた方式に従い，「分灶吃飯」体制を実施することとなった．すなわち，従来の財政体制は「1つのかまどで飯をシェアする」のに対して，「かまどを分けて飯を食う」と喩えられるような財政体制である．その本質は，財政請負制（財政包幹）にほかならない．当時，合計で25の省・自治区は「分灶吃飯」制度を実施したが，地域ごとの財政状況に対応する形で，固定比率請負，「収支区分，定額上納または定額補助」，「収支区分，分級請負」の3種類の方法が適用されたほか，民族自治地域の財政制度の改善も図られた．ここで，地方から上納する財政収入を一定額に固定し，それ以上の部分が地方に傾斜する形で配分する傾向を確認できる．結果として，財政収支の重心は徐々に国から地方へと逆転することとなった．また，従来の財政収入配分が行政分野（条）ごとに垂直的に行われていたのに対して，1980年代よりそ

れが地方（塊）ごとに行われることとなった[32]．

　もっとも，1980年に「分灶吃飯」制度が考案された際，これを一種の過渡的な財政体制として5年だけ実施し，1985年に税種に基づく中央と地方の財政収入の区分と，各級財政の支出範囲の画定を行う予定であった．1986年に提起された包括的な経済改革の中でも，「分灶吃飯」から「分税制」への移行も盛り込まれたが，この改革案が却下されたため，「分灶吃飯」が1988年に「財政全面請負制」（財政大包幹）へと発展し，正式な財政制度として定着してしまった．「税制全面請負制」は，「分灶吃飯」を発展させた制度として，全国37の省（自治区，直轄市）と計画単列市を完全に「請負」体制に取り入れた上で，「収入逓増請負」，「総額割分」，「総額割分＋増加割分」，「上納額逓増請負」，「定額上納」，「定額補助」の6つの方法を実施した．

　次に，国と国有企業の財務関係は，国有企業の自主権拡大の試行に合わせる形で，中央と地方の財政関係より約1年前に修正が加えられた．改革の主な手段は，やはり請負制の導入である．すなわち，それまでの利潤と税金をともに財政上納し，投資等の支出がすべて財政によって賄われる制度から，様々な形式を持つ請負制に切り替わったのである．改革の流れとして，1978年末から1983年にかけて，国有企業を対象に企業基金制度，各種の利潤留保制度と損益請負制度が試行された．このうち，もっとも多くの企業が実施したのは利潤留保制度であり，1982年までの5年間で工業・交通企業が留保した利潤は420億元に達した[33]．1980年代に入ると，市場の開放により外資が参入し，経済組織にも多様な所有制が現れたが[34]，これは新たな財政税制の確立を要請した．そこで，国有企業の経営改善と財政収入の増加の一石二鳥の効果を狙い，1983年から国有企業の利改税が2段階に分けて推進された．既述のように，国有企業の上納すべき利潤は，今度，企業所得税（大中型企業は調節税も納付）などの形で財政へ上納することとなった．しかしながら，1987年に企業請負制の2回目の導入の中で，各級財政収入が相当の損失を生み出した．制度上では，国有企業に納税基数を固定して請負わせ，超過収入は企業が留保，欠損も企業の自己責任とされるはずであっ

32）　閻坤他『中国的市場化改革与公共財政職能転換』社会科学文献出版社，2016年，4–10頁．
33）　周太和他『当代中国的経済体制改革』中国社会科学出版社，1984年，457頁．
34）　楊志勇・楊之剛『中国財政制度改革30年』格致出版社，上海人民出版社，2008年，49–53頁．

たが，国有企業の所有権と経営権の分離が徹底されなかったため，経営赤字に対する企業の責任が形骸化してしまい，「利潤は請負うが損失は請負わない」ことが一般化した．そこで，国有企業の経営赤字の解消は財政補助に依存した結果，各級財政は多大な負担を抱えるようになったのである．

このように，改革開放期に入ってから，従来の財政制度にも請負制が導入され，経済改革に合致する形で財政制度の改善が図られた．この意味で，1993年までの財政改革は，当時の経済改革と「漸進主義」の性格を共有する．改革の評価として，短期間で地方財政収入増が実現したことは評価できる一方，全国の資源配分と統一市場の形成に消極的な効果を与えたと認めざるを得ない．中央と地方の財政関係の場合，従来の納税実績を踏まえて，納税請負額が中央と地方の単独交渉によって決定されたが，これはレントシーキング行為を助長したほか，経済成長の経路により新たな納税負担の格差も現れた．国と国有企業の財務関係においても，地方所属の国有企業の納付する所得税等は地方財政の固定収入と定められたことから，地方保護主義の「諸侯経済」と市場割拠の形成が助長された．視点を変えてみれば，改革は結果的に行政分権へ向かって一歩を踏み出したものの，地方ごとに新たな利益構造を生み出したことがより大きな懸念材料である．

より深刻な問題として，1993年までの財政改革は財政収入の「2つの比重」の低下を招いた．本来，国有企業への「放権譲利」が財政収入の減少を招くほか，非国有経済の拡大につれて，国有企業の利潤率低下も財政収入全体にマイナスな効果を与えることが考えられよう．この上で，健全な管理体制がないまま財政請負制が実施されたことは，さらに財政収入の規模縮小に拍車をかけた．結局，第2段階の「利改税」が実施されてから，中央財政収入が財政収入全体に占める比重と，国家財政収入が国内総生産GDPに占める比重の「2つの比重」[35]がともに下落し続けた．［図2-6］が示すように，中央と地方の財政収入比率は1984年の4：6から1993年の約2：8へと変わったが，1990年代初になると，中央政府の支出は半分近くを借金に頼って維持しなくてはならなかった．他方，財政規律の緩みも現れ，本来は地方財政が負担すべき事業単位の一部は，自ら収入増を図って財源を調達しなくてはならなかった．このうち，義務教育を行う中小学校が

---

35) 劉積斌『我国財政体制改革研究』中国民主法制出版社，2008年，4頁．

[図 2-6] 1978年以降「2つの比重」の推移

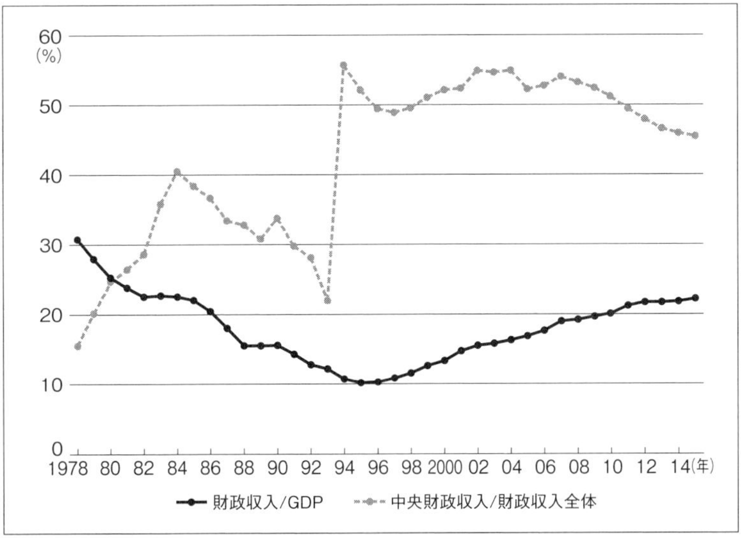

出典：[図 2-1] に同じ．

その典型とされるが，そのしわ寄せが医療提供の最大な担い手である公立病院にも及んだと考えられる．結果として，社会サービス（社会公益事業）の市場化を引き起こし，医療分野にも深刻な影響を与えたのである．

さらに，財政請負制の導入は，1978年より各級財政の予算外収入の拡大を深刻化させた一面も指摘したい．予算外収入は，計画経済期の高度集権的な財政制度の産物である．建国初期，地方財政が「統収統支」体制に従属する一方，農業税の付加と国家機関の生産収入を「予算外収入」として留保し，その自由支配が認められていた．1957年当時，予算外収入は当年予算内収入の8.5％にすぎなかったが，大躍進運動の下で行政的分権が実施された結果，予算外収入の規模が拡大した．1970年代末に財政請負制が実施されてから，予算内収入が萎縮し始めた一方，予算外収入が拡大しつつあった．その背景に，経済改革の推進に伴い財政収入が減少したにもかかわらず，行政ニーズの増加が行政組織の膨張を導いたことがある．予算内収入は行政活動を支えることができない以上，予算の外に新たな収入を獲得せざるを得ない．そこで，中央と地方がともに予算外資金の徴収に着手したが，財政請負制で大きな権限を入手した地方が，様々な名目を立てて

予算外収入増に熱心に取り組んだ[36]．1990年代初期には，予算外収入の規模拡大は中央から地方に至る普遍的現象でもあった．

　これらの財政問題に対して，1993年11月に開催された第14期3中全会は抜本的な財政税制改革を提起した．これを受けて，1994年1月1日より分税制[37]が全国で導入された．分税制は「財政連邦主義」を実行する市場経済国家が通常採用する予算制度であるが，中国も諸外国の経験を参考に，各級政府の職権と支出範囲を画定する上で，中央税，地方税と中央・地方共有税の3種類の税目を設け，中央と地方の間で税種収入の合理的区分を図った．1980年代の財政改革に比べて，今回はその反対の方向へ，つまり，中央に傾斜する形で財政収入の区分がなされた．しかも，この方向は2000年代以降の財政改革にも受け継がれた．その一方で，地方の不満を抑えるために，地方財政の規模を維持しながら徐々に中央財政収入を増やしていく形で，漸進的な制度設計も行われた．代表的なものとして，中央対地方の税収還付制度[38]を挙げることができる．その狙いは，地方財政収入が1993年の規模（1993年基数）を維持しつつ，経済成長に伴う財政収入の増加分は，中央財政に傾く形で配分されることである．この財政収入調整方式は，「現状維持，増分調整」（存量不動，増量調整）[39]と要約することもできるが，「増分改革」の手段が分税制にも適用されたことが明白である．また，財政規模の地域格差を縮めるために，計算公式に基づく中央対地方の財政移転支出制度も徐々に確立された．他方，税制の簡素化と標準化を目指すべく，市場経済に合致した税制の整理も行われていた．その一環として，所有制別の内資企業ごとに設けられた多種の所得税率や個人所得税の統一が実現された．

　分税制が実施された結果，財政請負制の下で多様な請負方式が並存した状況が改められ，各級政府の責任及び権限に基づく財政関係の整理がある程度実現され

---

36) 実際，予算外資金のほとんどが経済建設に投入されたという．1993年にその範囲の調整を踏まえて，2004年から「非税収入」という概念が新たに提起された．張昭立『財政支出改革研究』経済科学出版社，2001年，80頁．
37) 厳密にいうと，分税制は中央と地方の財政関係を規定する各制度の総称であり，財政体制のカテゴリーに該当しない．ここでは，各級政府の財政収入が再調整されたという意味で，分税制を中心に1990年代の財政改革について検討する．
38) 中央対地方の税収還付制度をはじめとする分税制の詳細について，鍾暁敏・葉寧『中国地方財政体制改革研究』中国財政経済出版社，2010年，71-73頁を参照されたい．
39) 馬静『財政分権与中国財政体制改革』上海三聯書店，2009年，72頁．

た．財政移転支出の制度化も，地方の財力格差の縮小と福祉水準の均等化に積極的な効果を与えた．さらに，工業製品の付加価値税の大部分と消費税の全部を中央に，第 3 次産業と農業の関係税種を地方に帰属させることは，経済発展における地方保護と市場封鎖に歯止めをかけることにも寄与した．結果として，財政収入の「2 つの比重」も，財政収入が国内総生産 GDP に占める割合が 1996 年より徐々に上昇したほか，中央財政収入が財政収入全体に占める割合も 1993 年の 22% から翌年の 55.7% に伸びた．このうち，後者が 60% に達するという当初の目標が達成できなかったものの，中央から地方への財政移転支出能力が大いに改善されたのである[40]．

しかし，「増分改革」の色彩が鮮明な分税制は，すべての財政問題を解消したわけではなく，いくつかの限界を見せた．まず，［図 2-6］で分かるように，財政収入が国内総生産 GDP に占める割合は，1990 年代半ばにかけて全体として低下したままであり，1990 年の水準に戻ったのは 2003 年以降のことであった．また，税収還付制度は改革の摩擦を減らすことに成功した一方，1993 年まで財力が豊かな地域ほど，1994 年以後もより多くの税収還付を受けられることから，財政規模の地域格差を激化させた一面も認めざるを得ない．さらに，ほぼすべての税種の徴税権が中央に集中したため[41]，地方の徴税能力が低下し，その予算外収入の拡大が拓かれた 1995 年末，省以上の政府の許可を得て徴収した予算外資金の総額が 3,843 億元で，当年財政収入の 61.6% に相当する規模であった[42]．

また，医療水準の地域格差を広げた要因の 1 つとして，分税制が省以下の地方財政の規模縮小と負担過重を招いた問題を指摘したい．省以下の地方政府の財政収入と職権の不一致は，その根本的原因である．まず，中央と省の職権と財源について規定したのに対して，省以下各級地方政府の財政体制について触れなかった．実際に，分税制の方法は省以下の各級地方財政関係にも適用され，中央もこれを黙認したのである．結果として，省の財政収入が徐々に中央に吸い上げられたと同様に，省以下の各級地方財政収入も末端から 1 つずつ上の地方政府に集中することとなった[43]．この意味で，分税制の求める地方財政規模縮小の「つけ」

---

40) 1994-1996 年『中国財政年鑑』によると，中央から地方への財政移転支出が国内総生産 GDP に占める割合は，1993 年の 1.4% から 1995 年の 3.5% に大きく伸びた．
41) 鍾暁敏・葉寧，前掲書，83 頁．
42) 呉敬璉『当代中国経済改革』上海遠東出版社，2004 年，263 頁．

が，ほとんど県及びそれ以下の末端政府に転嫁されたといえる．また，各級地方政府の職権と行政活動の範囲は曖昧である問題に，分税制も手をつけなかった．計画経済期の下では，各級政府の職権は1つ上の上級政府の授権に基づいて決まったことから，職権と財源を画定する必要性がそもそも薄かったが，経済改革に合わせるために，1979年7月に「地方各級人民代表大会和地方各級人民政府組織法」が制定された．ここでは，県以上の地方政府と（民族）郷・鎮政府の職権と行政活動が規定されたが，両者の内容がほぼ重なる上で，上級政府または行政機関から与えられる事項の執行が職権の最重要な部分と位置付けられた．そこで，地方政府の間で行政活動の押し被せや，下級地方政府へ行政活動の押し付けが常態化した[44]．分税制の下で，中央と省の財政収入区分の根拠として，両者の職権が計画経済期の体制を踏襲する形で規定された一方，省以下の財政体制が改革の射程外にあったこともあり，分税制が市，県，郷・鎮政府の職権画定の問題に触れなかった．これら2つの問題を踏まえて，分税制以降の財政体制は，「支出分権，収入集権」の構図に変容したのである．最もしわ寄せが及んだのは，全国半分以上の人口をカバーする県と郷・鎮の2つの末端政府（基層政府）である．義務教育や医療など社会サービスへの財政支出の60-70％は県，郷・鎮政府によって負担されるにもかかわらず，膨大な行政活動に相応の財源が与えられていない[45]．財政移転支出の限界に合わせて，医療提供を含む福祉水準の地域格差もますます広がることとなった．

　これらの分税制の限界を克服すべく，1990年代中頃以後も一連の財政改革が行われたが，現在の財政体制は基本的に分税制の枠組みを維持している．以下では，医療制度に影響を及んだ部分として，予算外資金及び農村税費の整理，財政移転支出制度の改善と財政支出構造の調整を取り上げ，その概要を述べておく．
　まず，1,000項目を超えた地方の予算外資金の徹底的な整理を図り，1998年に着任した朱鎔基首相は「費改税」を断行し，2000年に入ってから明らかな成果を遂げた．2001年，各予算単位に対する「収支両条線」方式，すなわち，財政収支を切り離し，分別管理する方式も実施され[46]，2003年に予算外収入が制度上

43）　劉積斌『我国財政体制改革研究』民主法制出版社，2008年，10-14頁．
44）　鍾暁敏・葉寧，前掲書，113-116頁．
45）　童偉『中国基層財政改革与制度建設』経済科学出版社，2014年，3-4頁．
46）　「収支両条線」方式は，1990年より試験的導入が始まり，1990年代中頃に導入対象の拡大を踏

では姿を消したのである．これに対して，農民の負担を軽減すべく，農村税費改革も2000年から試験的導入を進め，2003年に全国で実施された．農村税費の中核は，農村住民から徴収する「三提五統」[47]と呼ばれる8項目の費用であり，最初は農業合作社の中で誕生したと考えられる．重工業優先発展の経済戦略の下で，本来は財政支出によって賄われるべき農村社会サービス提供の費用は，「三提五統」の形で農村住民に転嫁されたのである．「三提」のうちの「公益金」は，1950年代より合作医療の集団拠出金でもあった．しかしながら，1970年代末に経済改革が始まると，「三提五統」が地方財政の不足を補った一方，農村住民にとって多大な負担となった．2000年代に入ってから，指導部が農村税費改革に着手した結果，農民負担の3割減が実現されたが[48]，末端財政収入の不足が根本から解決できなかった．2000年3月から，一部の地域で「五統」が撤廃された上で，「三提」の積立金と管理費が農業付加税に統合し，公益金の徴収が村民大会で決定されることとなったが，これが合作医療の再建と政策上の衝突も引き起こした．結局，2006年に農業税の撤廃によって，「三提五統」が基本的に廃止された．

次に，中央財政収入の回復につれて，2000年から財政移転支出制度の改善も進められた．中央財政収入の増加分は，基本的に地方への財政移転に注がれた結果，財政移転支出の種類が増えたほか，その金額も飛躍的に増大した．現在，中央対地方の財政移転支出は，従来の財政体制を維持する税収還付及び財政体制補助，特定の政策課題を遂行するための「専項」移転支出と，社会サービス水準の均等化を狙う一般的移転支出の3つの部分からなる．このうち，一般的移転支出は分税制の中で生まれたのに対して，税収還付や「専項」移転支出は旧体制の色彩が強い．そこで，「漸進主義」の後遺症であるかのように，地方財政に対する中央財政の調整機能が弱められ，1人当たり財政支出水準の地域格差が依然として大きい[49]．その原因として，制度上の不備[50]のほかに，財政力の地域格差を

まえて，2001年にその制度化が図られた．「収支両条線」の発展と評価に関しては，財政部総合司他『財政管理体制改革』中国方正出版社，2004年，10-39頁を参照されたい．
47)　「三提」は積立金，公益金と管理費の3項目であり，「五統」は学校経営，計画出産，民兵訓練，軍人及びその扶養親族向けの優撫安置，道路整備の5項目である．国務院「農民承担費用和労務管理条例」1991年12月7日．
48)　馬暁河他『我国農村税費改革研究』中国計画出版社，2002年，49，156頁．
49)　馬静，前掲書，73-75頁．

解消できない「専項」移転支出が全体に占める割合が大きい上で，その受給条件として相当の地方財政拠出が求められることの影響も大きい[51]．これは，分税制で規模が縮小した地方財政を圧迫するのみならず，受給条件を満たさない地域が受給対象から排除されるため，財政力の地域格差がより広がる可能性を生み出した．2000年代中頃より，財政移転支出に占める税収還付の割合が大幅に下がり，一般的移転支出の規模も相当拡大したが[52]，「専項」移転支出の優位が依然として動揺していない．

最後に，財政移転支出制度の限界との関連で，財政支出の歪みが是正されなかったことを指摘したい．計画経済期の高度集権的な財政体制の下で，中央財政支出が全体の半分以上を占めていた．財政支出の構造として，建国初期は国防費と行政管理費用が大半を占めていたが，第1次五ヵ年計画期以後，経済開発支出が半分を超えた一方，国防費用は徐々に下がった．1970年代末に経済財政改革の展開に伴い，地方財政支出が増えつつあり，財政支出全体の7割に達したが［図2-7］，地方政府は経済開発に熱心である一方，社会保障，教育や医療分野への財政支出を控えていた．その背後に，経済成長が地方責任者の業績評価基準とされることの影響が大きい．同時に，行政ニーズの膨張を背景に行政組織の規模も拡大し，これは行政管理費用の増加を導いた．しかし，分税制の下で，地方財政収入が徐々に上級政府に吸い上げられ，とりわけ，県と郷・鎮の末端政府は社会サービス提供の主な担い手であるにもかかわらず，その財政収入は地方財政全体の半分にも達せず，地方公務員の賃金支給も保証できない窮境に陥った[53]．残念ながら，中央対地方の財政移転支出は1970年代末以来の財政支出の硬直化した構造を是正できず，地方福祉政策の充実に活かされるよりも，経済開発と行政管理費用の補塡に充られるのが一般的である[54]．2003年に勃発したSARS（重症急性呼吸器症候群）危機は，まさに中国の公衆衛生体制の脆弱さと公共財政体系の歪みを露呈した．近年，県と郷・鎮の財政規模は拡大の傾向を見せるようになっ

---

50) 例えば，財政移転支出額の算定に人的要素が反映されるほか，その使途の監督と評価も行われていない．張昭立『財政支出改革研究』経済科学出版社，2001年，142-145頁．
51) 童偉，前掲書，11-12頁．
52) 鍾暁敏・葉寧，前掲書，147-149頁．
53) この地方財政の性格は，「吃飯」財政，つまり，地方公務員の賃金しか負担できない財政と揶揄されることが多い．張昭立，前掲書，96頁．
54) 劉積斌，前掲書，21-23頁．

[図 2-7] 1978 年以降財政支出構造の変化

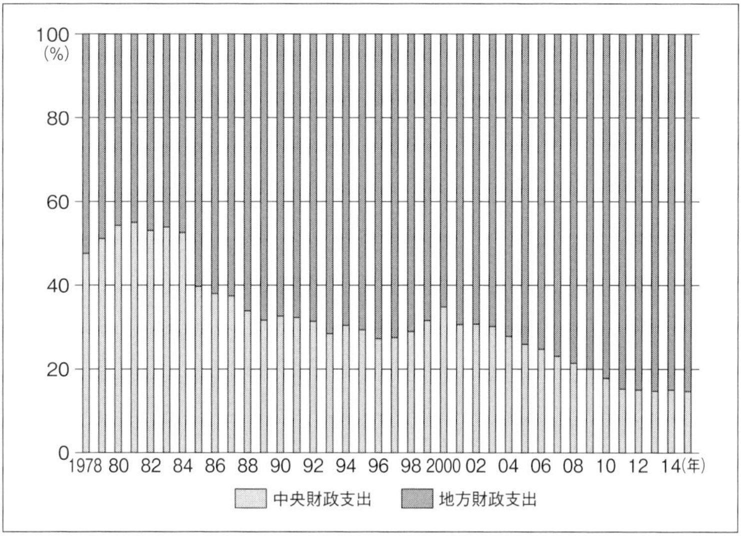

出典：［図 2-1］に同じ．

たが，社会保障財政支出の不十分が依然として目立ち[55]，結局，教育や医療の福祉水準は地域経済の発展と連動する構造は定着したわけである．

　以上の説明を踏まえて，1978 年以後の財政改革は経済改革の影響を強く受けながら展開されたことが明白である．「漸進主義」の性格や請負制など改革手段の共通点の他に，改革開放初期の経済改革は，計画経済を否定するためではなく，その改善を目指したことは，1980 年代の財政改革の性格を決めた部分が大きい．1980 年代に築き上げた「分灶吃飯」体制は，まさに従来の行政的分権を踏まえて，財政収入分配の「条」と「塊」の関係の再調整を図ったものである．それから，1990 年代まで，財政収入が国民総生産 GNP に占める割合は，1979-1982 年と 1986-1988 年の 2 回にわたって 8％ 前後の下落を経験したが，この 2 つの時期は，農産物買付価格の大幅な引き上げと国有企業の自主権拡大の普及，また，国有企業に「承包経営責任制」が導入された時期と重なる[56]．一方，1990 年代に入ってから，計画経済の撤廃が実現されたのに対して，分税制はそれまでの財政

---
55) 吉潔『中国県郷財政体制改革研究』中国農業出版社，2008 年，111 頁．
56) 何振一・閻坤『中国財政支出結構改革』社会科学文献出版社，2000 年，24-28 頁．

体制を維持しながら,「増分改革」の手段をもって中央財政収入の回復を目指した. この意味で, 1978 年以来, 経済改革よりも財政改革のほうが「漸進主義」の性格がより強い. 結局, 中央と地方の間の垂直的な財政収入配分は末端財政の衰退を招いたとともに, 地域間の水平的な財政移転も財政規模の均等化を遂げなかったことから, 医療をはじめとする福祉水準の地域格差が拡大する環境が整ったのである.

第 4 節　国民生活の変化

1978 年より経済改革と財政改革が推進される中で, 国民生活にも大きな変化が生じた. その象徴として, 計画経済期の社会保障制度が新たな経済体制に対応し切れなくなった末,「単位」保障から「社会」保障への転換を余儀なくされた. 建国以後, 重工業優先発展の経済戦略に従う形で, 社会保障資源の大部分は, 行政機関・事業単位や国有企業など職場（単位）を通して都市労働者及びその扶養親族に配分され, それ以外の都市住民と人口の大多数を占める農村住民は, 計画経済期の社会保障制度から排除された. 一方で, 社会保障制度にカバーされる都市住民といっても, その福祉水準は「単位」の計画資源を獲得する能力によって決まる[57]ため, 社会保障水準の「単位」格差が形成された. したがって, 計画経済期の社会保障制度は, 職域と地域の二重格差を抱えると捉えられる.

しかしながら, 経済体制の移行が始まると, 計画経済期の社会保障制度の限界はますます際立っていった. 地域格差からみると, 人民公社の解体により合作医療も一旦形骸化してしまい, 数億の農民は集団保障さえない状態に置かれることとなった. 同時に,「増分改革」の一環として, 非国有経済は大きな発展を遂げたが, 増えつつある民間企業や外資系企業の従業員も従来の社会保障制度から放出されてしまった. このように, 計画経済期の社会保障制度の二重格差は, 経済改革の展開につれてますます拡大し, 膨大な社会保障制度の「対象外」人口を作り出した. 一方, 従来の社会保障制度の主な担い手は「単位」, つまり, 国有企業と国家機関であったが, 経済改革の中で激しい市場競争に晒された国有企業にとって, 退職した従業員の年金や増え続ける医療費の給付はますます競争力の向

---

[57]　呉敬璉, 前掲『当代中国経済改革』325–326 頁.

上を妨げる足枷となった．企業請負制が2回目のブームに向かう中で，企業破産法（試行）が1986年に制定されたが，国有企業が一旦破産すると，その従業員がそれまで享受してきた社会保障待遇を失うこととなり，彼らの不満も社会の安定に対して大きな脅威となりかねない．このような状況を踏まえて，1986-1990年国民経済・社会発展の第7次五カ年計画の中で，「社会保障」の計画が初めて盛り込まれた．

　国有企業改革が労働市場に与えた影響も，社会保障制度の改革に拍車をかけた．国有企業改革の推進につれて，計画経済期の終身雇用制度が崩れるとともに，統一的な労働市場の構築が求められるようになったが，これは企業から独立した真の「社会保障制度」なしには実現できないことでもある．1982年からの労働契約制の試行を踏まえて，その4年後に国有企業は新入従業員を対象に労働契約制の実施を始めた．これは，過去の国有企業に対する従業員の従属的な立場を改め，労働力の活動を促したほか，従業員の社会保障と企業の分離問題が初めて浮かび上がった．ほぼ同じ時期，従来の計画に基づく「社会主義的」賃金制度の「平均主義」（大鍋飯）の弊害を打破すべく，国有企業の従業員と国家機関職員を対象とする賃金制度改革が1985年に発足した．国有企業の場合，第2段階の「利改税」の実施を踏まえて，従業員賃金総額が企業の経営収益と連動する「工効掛鉤」方式がまず大中規模国有企業に導入された．しかしながら，終身雇用制度と計画に基づく「固定」賃金制度が徐々に放棄されるにつれて，国有企業が企業本来のあり方に戻りつつある一方，従来の「低賃金・高福祉」の社会保障制度も土台が崩れ始めた．この上で，1992年7月に国有企業がより多くの経営自主権が与えられる前に，「破三鉄」，すなわち，終身雇用を指す「鉄飯碗」，固定賃金を指す「鉄工資」と，硬直化した人事制度を指す「鉄交椅」の打破が試行され，国有企業従業員全体の1/3（主に新入従業員）がその対象となったが，強力な抵抗に遭い全国への普及に至らなかった[58]．それでも，企業破産法の試行に合わせて，都市では相当の失業者が生まれたとともに，労働契約制の登場と「鉄飯碗」の打破が労働力の流動を速めたことは，社会保障制度の変容を促したと捉えられる．

　国有企業改革のみならず，1958年に発足した戸籍制度の緩和も，農村から都

58）邵寧他『国有企業改革実録——1998-2008』経済科学出版社，2014年，32-37頁．

市への労働力の流動化に大いに寄与した．既述のように，農村経済改革で大量な農村余剰労働力が放出されたが，都市と農村の二重構造を強化した戸籍制度が撤廃されない中で，これらの労働力が郷鎮企業の主力となった．問題は，郷鎮企業の労働力を吸収する能力は，数億規模の農村人口の前で限界を見せるほか，農村余剰労働力の非農業部門への移転は工業化発展の基本的一環であり，農民の所得水準を改善する根本的道筋でもある．そこで，文化大革命の終息に伴い，戸籍制度も改革の機運を迎えた．

　まず，大学入試の復活を受けて，1960–1970年代に「上山下郷」の対象とされた知識青年の帰郷が始まったが，政治運動の中で農村へ「下放」された国家機関職員の復職も順調に進められた．これに伴い，彼らの戸籍は「農業戸籍」から「非農業戸籍」へと変更されることとなった．一方で，戸籍制度の安定を維持するために，戸籍変更の割合に対して厳格な上限も設けられ，1979年に1.5‰であったそれが，1980年に2‰に引き上げられた．同時に，農業の家庭生産請負制の普及と郷鎮企業の発展に伴い，一部の農村余剰労働力が工業，商業やサービス業へ流入し，その居住地も農村経済中心である「集鎮」に移転することとなったが，戸籍制度と都市住民向けの生活必需品の配給制度は彼らの基本生活に支障をきたした．そこで，「自理口糧」戸籍と呼ばれる戸籍の種類が1984年10月に登場した[59]．自ら食糧を調達することを前提に「集鎮」で居住する農村住民はこれに当てはまり，人口統計では「非農業人口」に分類されるが，彼らは依然として「非農業戸籍」の所持者と同様な福祉サービスを享受できない．さらに，農村余剰労働力の吸収における郷鎮企業の限界が明らかになると，1985年に都市へ流入した農村出稼ぎ労働者を管理するために，1985年7月から9月にかけて「暫住」戸籍と「居民身分証」制度が相次いで打ち出された．これにより，戸籍管理は家庭に配布する「戸籍簿」や職場発行の紹介状に依存しなくなり，個人所持の「居民身分証」に基づくこととなった．こうして，1980年代の戸籍制度改革は戸籍種類の新設や管理方法の変更を中心に展開されたが，1980年代末に一部の地域では「非農業戸籍」を販売する動きも現れた[60]．

　これに対して，1990年代以降の戸籍制度改革は，都市への戸籍転入の緩和を

59）国務院「関於農民進入集鎮落戸問題的通知」1984年10月13日．
60）王峰『戸籍制度的発展与改革』中国政法大学出版社，2013年，116頁．

[図 2-8] 都市・農村の人口推移（単位：億人）

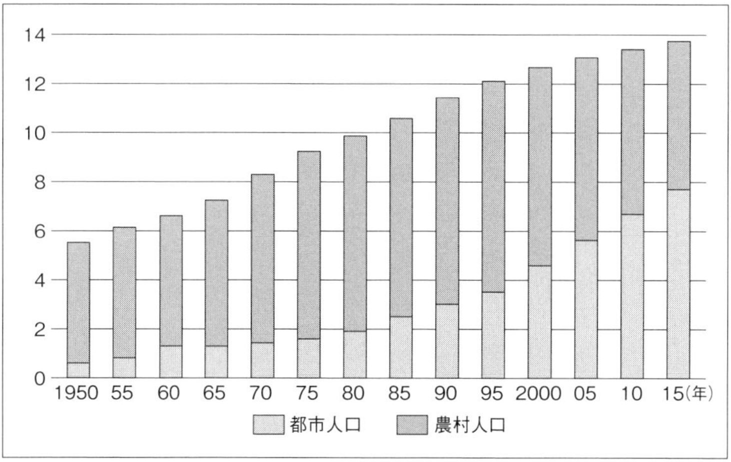

注：都市人口とは城鎮に居住する常住人口であり，それ以外は農村人口に該当する．
出典：[図 2-1] に同じ．

中心に推進された．その背景として，1970 年代末以後，各種の商品の市場取引が活発になった結果，生活日需品の配給制度が徐々に崩れたことが重要である．1983 年に配給対象は食糧と食用油に限られることとなったが，1993 年に食糧，食用油価格自由化の決定をもって，同年末に 40 年も続いた配給制度が基本的に歴史の舞台から退場した[61]．それ以来，「非農業戸籍」を取得するための障壁も徐々に下げられることとなった．1992 年 8 月，移住先の都市限定の「当地有効」戸籍（藍印戸口）が打ち出され，「自理口糧」戸籍の所持者もその管理範囲に収められたが，戸籍を転入する者に対して一定の「都市建設費用」を徴収することが認められたため，戸籍の「貨幣化」は実質上に黙認されたといえる．一方で，これをきっかけに，都市へ戸籍を転入する条件も次第に緩められることとなった．1990 年代後半から県以下の小城鎮への戸籍転入が徐々に自由化された上で，2011 年 2 月に県級市をはじめとする中規模都市への戸籍転入も一定の条件を前提に解禁された[62]．この結果，城鎮で居住する「常住人口」が大幅増を遂げ，農村人口を上回る規模に至った [図 2-8]．

---

61) 陳明遠『歴史的見証――四十年票証和人民幣史』鳳凰出版社，2009 年，162-163 頁．
62) 国務院弁公庁「関於積極穏妥推進戸籍制度改革的通知」2011 年 2 月 26 日．

無論，財政改革で地方財政規模が縮小する中で，戸籍が地域経済開発を支える資金調達の手段となったほか，戸籍転入の対象が中小都市に限定し，転入条件も基本的に地方の裁量に委ねられている事実を認めざるを得ない．それでも，従来の戸籍制度に比べて，「非農業戸籍」の取得制限が相当緩和されたことは，全国労働市場の形成と社会保障制度の再構築に積極的の大きな後押しとなったといえよう．1つの到達点として，2014年7月，50年以上続いた「農業戸籍」と「非農業戸籍」の区分，また，その延長として登場した「藍印戸口」等の戸籍類型が撤廃され，「居住証」制度への移行が決定された[63]．これが医療制度に与える影響については，終章でまた述べるとする．

　以上の国有企業改革と戸籍制度改革の展開を背景に，また社会主義市場経済体制が健全な労働市場を求める中で，1993年11月第14期3中全会では，新たな重層的な社会保障制度の樹立が決定された．このうち，国有企業改革が産み出した大量の失業者の社会保障問題を解決すると同時に，国有企業の負担を軽減し，その競争力を高めるために，年金保険と失業保険の整備は重点とされた．一方，この後立ち上げられる都市労働者を対象とする医療保険制度の財源調達及び管理方式について，社会基金と個人口座の併用（統帳結合）という原則が規定され，農村合作医療の発展も唱えられた．1990年代後半，国有企業の大規模なリストラの断行がもたらした都市失業者の激増や，アジア金融危機の勃発は，社会保障制度の構築に一層拍車をかけたと考えられる．結果として，労保医療と公費医療は1998年に制度上では「城鎮職工基本医療保険」に一本化されることとなり，合作医療の再建も本格的に進められたのである．

小　括

　本章では，医療改革の土壌を作り上げた社会構造の変容を示すために，1970年代末以後，都市と農村で実施された経済財政改革に注目し，3大改革の要点と性格について検討した．改革開放初期，市場経済への移行ではなく，計画経済体制の改善が目指されたことは，3大改革の「漸進主義」の基調を定めたと考えられる．農業集団生産方式との決別，国有企業の自主権拡大と財政請負制の導

63）　国務院「関於進一歩推進戸籍制度改革的意見」2014年7月24日．

入は，いずれも計画経済期の「包産到戸」と行政的分権の名残を確認できる．また，徹底的な改革が意図されなかったがゆえに，「放権譲利」，「増分改革」や「二重制」（双軌制）が改革の核心をなし，請負制が積極的に導入された一方，大中規模国有企業の経営欠損や末端財政の衰退が示すように，改革の後遺症も招いた．同時に，経済体制の移行に伴い，都市労働者の「単位」人から「社会」人への転換も余儀なくされ，社会保障制度の整備がますます要請される中で，社会主義市場経済体制に相応しい社会保障制度の整備が決定されたが，東ドイツの体制移行と違い，中国では経済改革の「つけ」は約 2,700 万の国有企業従業員に回った [64]．

　各時期の経済・財政改革の推進を踏まえて，1970 年代末以来，中国の医療改革も漸進的な形で展開された．この意味で，医療改革の性格と内容は，社会構造の変動によって決定される部分が非常に大きい．一方で，「計画経済」から「市場経済」へ移行する中で，医療行政の役割は計画経済期の「統制」から逸脱し，一時的に正反対の「放任」へと逆転し，深刻な医療問題を招いてしまった．以下では，公的医療保険，公立病院と医薬品の順番で，現代中国の医療制度と医療行政の変容を辿っていく．

64）邵寧他，前掲書，216 頁．

第3章　公的医療保険制度の再編

　社会主義市場経済体制の確立が経済改革の目標とされてから，中国では社会保険をはじめとする社会保障制度の整備も進められることとなった．公的医療保険もその重要な構成部分であるものの，失業保険や年金保険に比べて制度の確立時間がやや遅く，2000年代中頃にようやく制度上の国民皆保険が実現した．その理由に，財源調達や給付水準の変化に適応時間がかかることが考えられよう．計画経済期の医療水準に比べると，現在は医療提供のクオリティは大いに改善された一方で，医療費の高騰と本人負担増によって，国民の医療水準は相対的に低下したと思われる．この問題について，従来の議論の多くは公的医療保険制度に着目して答えを探してきた．本書では，医療水準の変化を公的医療保険制度だけに求めるのではなく，これと医療提供の中核である公立病院，膨大な薬剤費を生み出す医薬品市場との三者の相互作用の結果として捉える．本章では，計画経済期の三大医療保険制度が，改革開放後に漸進的な形で三大公的医療保険制度に再編成される過程を解明していく[1]．

第1節　労保医療と公費医療の統合

　1978年12月の第11期3中全会で改革開放路線が採択されたことは，計画経済体制を土台にしてきた労保医療と公費医療に多大な挑戦を課した．国有企業が市場競争に晒される中で，その社会サービス提供の担い手という非生産的な機能の剝離が要請されたほか，民間企業や外資系企業の従業員が急速に増えたことも，労保医療のカバー率の低下を招いた．しかも，労保医療の給付水準が国有企業の経営状況に左右されるため，経営収益の悪い企業では労保医療が形骸化してしま

---

1) 以下は，姚力（2012）の説明を参照して議論を展開する．

った．他方，公立病院管理に経済改革の手段が適用されたと同時に，医薬品市場の権限集中と統制緩和が同時に進められた結果，医療費の膨張もいっそう進み，労保医療と公費医療を圧迫することとなった．1980 年代の労保医療と公費医療の費用増加率が，財政支出全体や，文化・教育・医療衛生分野に対する財政支出の増加率をはるかに上回った[2]．

一方，労保医療と公費医療の制度自体も少なからぬ問題を抱えていた．その給付内容の設定には戦時供給制の名残が強く，医療費の本人負担が極めて低く抑えられていたがゆえに，計画経済期から医療資源の浪費が深刻なものであった．特に，経済改革が始まると，被保険者が疾患に見合わない高水準の治療を求める[3]ことは，医療機関の「薬漬け・検査漬け」行為や診療報酬の不正請求を刺激する効果もあった．一時期，必要以上に処方された医薬品の浪費や転売が深刻な問題となった．当時，公立病院や医薬品市場の統制緩和とともに，労保医療と公費医療の制度上の問題が招いた「不合理な医療費」が医療費全体の 2-3 割を占めるようになり[4]，被保険者 1 人当たり医療費も 1978 年の 37.5 元から，1982 年の 52.3 元へ，1985 年にさらに 71.9 元に伸びた．また，労保医療と公費医療を管理する行政部門が分断された構図を作り上げたことも，2 大医療保険のリスク分担機能や行政効率の低下などの問題を引き起こした．

そこで，都市労働者及びその扶養親族向けの労保医療と公費医療は，機能衰退と医療資源の浪費が共存する現象を改善すべく，医療費の一部本人負担の導入を出発点として，1980 年代初に制度の修正が始まった．その後，地方の改革試行を踏まえて，1998 年に両制度が城鎮職工[5]基本医療保険制度に統合されることとなった．以下は，1978 年以降の労保医療と公費医療の再編過程について説明する．

---

2) 例えば，1979-1985 年の 7 年間で，財政支出の年平均増加率が 8% であったのに対して，公費医療費用の年平均増加率が 17.9% であった．さらに，1985-1989 年の 4 年間で，公費医療費用の年平均増加率が 25.3% に達したが，財政支出の年平均増加率は 10.6% に留まっていた．葛延風・貢森『中国医改──問題・根源・出路』中国発展出版社，2007 年，100 頁．
3) 代表的な現象として，軽症にもかかわらず重症扱いの治療を受けること（小病大養）や，一人に処方される医薬品は家族分ほどの量となること（一人看病，全家吃薬）が挙げられる．姚力『当代中国医療保障制度史論』中国社会科学出版社，2012 年，117 頁．
4) 王東進「関於建立有中国特色的医療保険制度的若干思考」『馬克思主義与現実』第 2 巻，1999 年，4 頁．
5) 企業従業員や国家機関職員など都市労働者の総称である．

1. 医療費請負の試行

　改革の出発点は，改革開放初期の不正な保険給付への対策である．改革開放政策は経済活動の活発化をもたらした反面，医療機関と医薬品，日用品の生産販売業者の癒着も招いてしまった．癒着の媒介は，まさに労保医療と公費医療である．不正な保険給付の形式も，最初は日用品が医薬品の包装として使われたが，栄養剤や化粧品も徐々に医薬品扱いされるようになり，さらに保険給付項目の偽造も始まり，公立病院等の薬局が百貨店のようなものとなった．1980年末から，財政部，衛生部や国家労働総局が一連の通知を下し，不正な保険給付の取り締まりを強化した．同時に，労保医療と公費医療の修正も，医療費の一部本人負担の導入を中心に各地で進められた．

　労保医療からみると，国有企業改革の展開と市場競争の激化につれて，国有企業は自ら労保医療費用の負担を軽減する方法を模索し始めた．当時，医療費の定額請負（包幹）と企業病院請負の2つの方法が一般的であったが，その共通点は請負制の導入である[6]．医療費の定額請負とは，年間1人当たりの労保医療費を従業員に支給し，実際に発生する医療費に対して不足分が自己負担となり，余剰も本人の所得に帰する方式，あるいは，年間労保医療費の外来部分を従業員に均等に配分し，外来医療費の被保険者請負を行う一方，入院医療費の給付水準を維持する方式を指す．これに対して，医療費の企業病院請負とは，国有企業が予め1年の労保医療費を企業病院に支給し，企業病院がこれをもって従業員への医療提供を請け負う方式である．2つの方法とも，労保医療費の膨張に歯止めをかける効果があった一方，医療費負担を被保険者と医療機関に転嫁したがゆえに，医療水準の低下を招いた．結果として，これらの改革措置が企業従業員の不満を募らせて中止したものの，労保医療改革の要請が指導部の注意を引きつけることに成功した．

　同時に，各地では公費医療改革の動きも現れ，改革の方法も労保医療改革と高い類似性を見せる．例えば，年間1人当たりの公費医療費全体または外来医療費の定額請負は，一部の地域で試行された．その他，公費医療の被保険者に外来・

---

6) 鄭功成『論中国特色的社会保障道路』中国労働社会保障出版社，2009年，262-264頁．

入院医療費の一部負担を求める上で，本人負担の年間上限を所属国家機関の職員平均年間賃金の5％または本人の1ヵ月分の賃金に設定し，超過部分は公費医療から給付されるという方法も打ち出され，被保険者のコスト意識の養成が図られた．各地の模索を踏まえて，1984年4月，衛生部と財政部が公費医療の問題点を指摘した上で，多様な方法をもって公費医療改革を進める必要性を訴えた一方，給付水準の低下を防ぐために，医療費の定額請負を明確に禁止した[7]．

こうして，膨張しつつある医療費負担に対応すべく，労保医療と公費医療の修正は請負制の導入を出発点として進められた．ここでは，経済改革が都市公的医療保険制度改革に与えた決定的な影響を確認できる．1985年に，医療費の一部本人負担の定着と医療費の社会調達体制の構築は，労保医療と公費医療の改革目標と確立された．これを受けて，医療費の一部本人負担が次第に全国で普及し，1993年末までにすべての国家機関と8割以上の国有企業に浸透した．この段階では，労保医療と公費医療は社会主義の優越性を前提にしながら，医療費の本人負担を求めるようになったことから，計画経済期の医療保険制度はその一角が崩れ始めたと考えられる．

2. 医療費の社会調達の普及

医療費負担を軽減する手段として，医療費の一部本人負担とともに考案されたのは，医療費の社会調達である．医療費の定額請負は単純に医療費負担を被保険者に転嫁するのに対して，医療費の社会調達は医療保険のリスク分担機能を高める方法として，大きな期待が寄せられた．1980年代中頃，河北や山東など一部の地域では，離退職者の労保医療費の社会調達が試行されたが，1989年からこの方法が次第に全国で展開した．離退職者の医療費は，計画経済期の高度集権的な財政制度の下ではさほど問題ではなかったが，国有企業が民間企業や外資系企業との競争に晒される中で，これが多数の離退職者を抱える大中規模国有企業の競争力を弱める要因の1つとなった．1990年11月に労働部が開催した初回の労保医療制度改革座談会では，国，雇用者と被用者の合理的負担を実現し，多様な形式をもって医療保険制度を確立することは改革の方向と決定された．これをも

[7) 衛生部・財政部「関於進一歩加強公費医療管理的通知」1984年4月28日．

って，労保医療改革が国有企業の自主改革から，行政部門が主導する改革試行の新たな段階に突入した．その後，国有企業改革の推進につれて，離退職者の医療費の社会調達を実行する地域が増えつつあり，1994年当時，その対象者数がすでに25.7万に，給付金額が7,331万元に達した[8]．ここでは，医療費の社会調達は対象者と規模が限られていたものの，公的医療保険制度再建の突破口を開いたといえる．

同じく国有企業の経営を圧迫する要素として，従業員の高額な重症医療費も一部の地域で統一調達の対象とされた．1987年5月，北京市東城区野菜会社が最初にこの方法を実践した．この会社が毎月従業員人数分の福利基金を拠出し，会社の管理を担当する行政部門に納付したが，2年で18万の重症統筹基金を調達し，176件の重症医療費に対して合計16万元の給付金を支給した[9]．その成果を踏まえて，各地も業界ごとに重症医療費の統一調達を試行した．すなわち，行政部門が管轄する企業の経営状況を踏まえて，一部の重症疾患を指定し，一定の範囲内でその医療費の統一調達を行い，「大病統筹基金」を立ち上げる方法である．医療費調達の範囲からいうと，これは重症医療費の「社会」調達ではないが，重症医療費の発生リスクが企業内に閉じ込まれるのではなく，企業間で分担されるようになったことの意義が大きい．ただし，被保険者に保険料を納付する義務がないため，この方法は依然として「社会主義」的医療保険の名残が強く，一種の不完全な公的医療保険と捉えられよう．

1980年代末になると，指導部が改革の試行都市を指定する上で，主に都市労働者向けの公的医療保険制度改革に本格的に取り組むこととなった．1988年3月，衛生部をはじめとする8つの中央行政部門からなる医療保険改革研究検討グループが発足し，労保医療と公費医療の改革案作成と改革試行の指導がその課題とされた．同年7月末，当該グループが「職工医療保険制度改革設想（草案）」を作成し，医療費の国，雇用者と被用者の三者分担に基づき，多形式かつ重層的な職工医療保険制度を立ち上げることが改革の目標とされた．これは，労保医療と公費医療を公的医療保険に統合する方向性を示したほか，企業補充医療保険や城郷医療救助制度の設立にもつながったと考えられる．改革目標の確立を踏まえ

---

[8] 労働部社会保険事業管理局『1997年中国社会保険年鑑』中国人事出版社，1997年，136頁．
[9] 顔建軍「看病貴，怎麼弁？」『人民日報』1991年5月8日付，2面．

て，1989年3月，重症医療費の統一調達の試行を推進するために，遼寧省丹東市，吉林省四平市，湖北省黄石市と湖南省株洲市が医療保険制度改革の試行都市に指定された．同時に，深圳市と海南省では社会保障制度全体の改革が試行された．結果として，労保医療と公費医療の統合が強い抵抗に遭い，4都市の改革試行が明らかな成果を出せなかった一方，深圳と海南の医療保険制度改革は著しい進展を遂げ，労保医療と公費医療の統合が初めて実現された[10]．

1992年3月，労保医療改革の方向性として，カバー率の向上や，国，雇用者と被用者の3者負担に基づく医療保険基金の設立は労働部にも確認された．これを受けて，同年9月，企業従業員の重症医療費社会調達（大病医療費用社会統筹）は全国で試行することとなった．しかも，その対象者は，国有企業，県以上の城鎮集団所有制企業の従業員及び離退職者だけではなく，民間企業や外資系企業の中国人従業員も試行の対象に取り入れられた[11]．具体的な試行内容は各地で異なるが，一般的な方法として，企業が従業員賃金総額の11％をもって「大病医療費用統筹基金」を立ち上げる．このうち，5％が従業員の個人医療口座へ預け入れられ，3％が企業調節金とされ，2つとも企業が管理するのに対して，残りの3％が「大病統筹基金」として「社会統筹機構」に拠出される[12]．1996年にかけて，重症医療費社会調達に加入する企業従業員数と医療給付金の規模が急速に拡大していった[13]．

一方，労保医療改革の展開に対して，1990年代初までの公費医療改革は従来の制度の維持と改善に留まるものであった．1980年代後半，衛生部と財政部が公費医療改革の推進を検討した上で，1988年3月に全国公費医療の管理状況に対して初回の検査を実施した．同年7月に職工医療保険制度改革の目標が示された上で，翌年8月に衛生部と財政部が公費医療の給付範囲，提携医療機関の管理，管理組織や予算編成について詳細な規定を行った．とりわけ，公費医療費の急増

---

10) 深圳市の場合，1992年末，948の国家機関に所属する4万あまりの職員と，3,000あまりの企業の30万以上の従業員は，統一な公的医療保険の対象者に取り入れられた．武国友『共和国年輪（1992）』河北人民出版社，2001年，257頁．
11) 労働部「関於試行職工大病医療費用社会統筹的意見的通知」1992年9月7日．
12) 鄭功成『中国社会保障30年』人民出版社，2008年，103頁．
13) 『1997年中国社会保険年鑑』によると，1993年に重症医療費社会調達に加入した企業従業員数が267.6万，基金収入が10,569万元，医療給付支出が9,049万元であったのに対して，3年後に加入者数が791.2万を超え，基金収入も177,029万元に達し，医療給付支出が137,374万元に伸びた．

を抑制すべく，被保険者の本人負担に該当する診療項目が明示された[14]．1952年8月に公費医療が確立して以来，制度の全体的調整が37年後にようやく行われたのである．無論，公費医療の実施細則が省（自治区，直轄市）の裁量に委ねられることから，各地では被保険者の整理や経費管理の強化をめぐって様々な方法が模索された．このうち，公費医療費の病院請負が医療費増加の抑制に最も有効な方法として，21の省（自治区，直轄市）と8の計画単列市に採用された．ちょうど1990年代初から，経営自主権が与えられた公立病院は高額な検査設備の購入に熱心になり，「検査漬け」現象が一般化したことは，国民の医療費負担増を招いた．この問題を背景に，公費医療改革の重点は被保険者から医療提供側の公立病院に転じたのである．1992年，衛生部の下で公費医療制度改革指導グループ（領導小組）と，その事務局である全国公費医療管理改革弁公室が立ち上がり，全国の公費医療の実施状況を監督するようになった．

1990年代初期までの改革の1つの到達点として，1992年5月，国務院の下で，国家経済体制改革委員会（略称，国家体改委）[15]，衛生部，財政部，労働部などからなる医療制度改革グループが結成された．ここでは，国家体改委が改革の統括を担っていたのに対して，労働部と衛生部がそれぞれ労保医療と公費医療の改革案を設計した．翌年，今後立ち上げる予定の職工医療保険制度の財源調達及び医療費給付の原則が決定された上で，その実行可能性を確認するために，一部の地域で改革の試行が行われた．これをもって，中国の公的医療保険制度改革が改革の準備段階を迎えたのである．

3.「統帳結合」方式の選定

1992年春，鄧小平の南巡講話が中国の経済改革を新たな段階へ導いたが，社会主義市場経済に相応しい職工医療保険制度の確立も，公的医療保険制度改革の目標として正式に決定された[16]．次の課題は，職工医療保険制度の骨子を決めることである．1993年に入ると，国家体改委が主導し，労働部，財政部や衛生

---

14)　衛生部・財政部「公費医療管理弁法」1989年8月9日．
15)　1998年政府機構改革により，国家体改委が国務院経済体制改革弁公室に再編されたが，2003年政府機構改革では，国務院経済体制改革弁公室が国家発展計画委員会と合併し，国家発展和改革委員会として再発足した．
16)　衛生部「関於深化衛生改革的幾点意見」1992年9月23日．

部など11の中央行政部門が社会保障制度調査研究グループを結成し，半年をもって社会保障の現状及び問題について報告書をまとめた．ここでは，国と「単位」が社会保障費用を一手に引き受けてきた一方，被用者の負担が欠如，また，社会保障に多数の行政部門が携わってきたがゆえに，行政効率が低い，社会共済の機能も弱いなどの問題を指摘した上で，一体化した社会保障行政体制の確立を唱えた．公的医療保険制度改革に関しては，医療資源の浪費を可能な限り減らすべく，個人口座と社会基金の結合（統帳結合）に基づく財源調達及び医療費給付が提案された．ここで，社会共済と本人責任を結びつけることによって，都市労働者の基本的な医療サービスへのアクセスの保障と医療資源浪費の抑制に大きな期待が寄せられた．一方，「統帳結合」の有効性を検証するために，先に一部の地域で試行し，1995年末までに経験を積み上げてから，国民経済・社会発展の第9次五ヵ年計画期間中（1996-2000年）にこれを普及させる計画も考案された．この報告書の主張は，1993年11月に召集された第14期3中全会でも追認され，公的医療保険を含む社会保障制度改革の方向を示した．

　第14期3中全会の後で，「統帳結合」に基づく公的医療保険制度改革の試行作業がすぐ始まった[17]．まず，長江中下流地域中規模都市である江蘇省鎮江市と江西省九江市が，これまで重症医療費の社会調達において優れた成果を収めたため，「統帳結合」の試行都市に指定された．1994年4月，国務院が両都市に対して，医療費の急増を抑制し，国有企業改革の推進と現代企業制度の樹立に有利な環境を作るという前提の下で，重症医療費の社会調達を土台にしながら，「統帳結合」をもって被保険者の節約意識を喚起し，また，医療給付の水準が被保険者の社会貢献と適切に連動するなど改革の原則を提示した[18]．その後，両都市が半年の準備を経て，国務院へ「統帳結合」の試行案を提出した．国務院の承認を得た上で，同年12月に鎮江市と九江市では「統帳結合」の試行が一斉に始まった．両都市の試行案はわずかな相違点を抱えながらも，共通点のほうが多く，また，地名はともに「江」の文字が入ることから，その改革試行の内容は「両江モデル」と呼ばれ，公的医療保険制度改革の歴史に刻まれることとなった．

---

17) 第14期3中全会の開催前，労働部も職工医療保険制度の試行について詳細な計画を立てたが，「統帳結合」の中核をなす個人口座と社会基金のほかに，雇用者も医療保険調節金を設けることが想定されていた．労働部「関於職工医療保険制度改革試行意見的通知」1993年10月8日．

18) 国家体改委，財政部他「関於職工医療制度改革的試点意見」1994年4月14日．

「両江モデル」の要点[19]についてみると，まず，国有企業の従業員と国家機関の職員がともに被保険者に取り入れられた一方，民間企業や郷鎮企業の従業員が依然として排除されたままである．保険料の納付について，雇用者と被用者がともに保険料を拠出し，社会基金と個人口座の2つの部分からなる医療保険基金を立ち上げる．このうち，被用者が納付する保険料全額と雇用者の拠出する保険料の約50％が個人口座に預かり入れるのに対して，残りの保険料が社会基金として積み立てる．雇用者が拠出する保険料は，当該都市前年度に実際に支出した医療費が労働者賃金総額に占める割合によって算定されるが，一般に被用者賃金総額の10％を超えないとする．これに対して，被用者が納付する保険料は，賃金の1％から始まる．その管理に関して，社会基金は社会医療保険機構によって管理され，その増価も図られるが，個人口座の元金及び利子が被保険者の所有となり，繰入と継承が可能である一方，現金として引き出すことができない．また，被保険者が市内で転職する場合，個人口座は移転手続きを踏まえて継続して使用できるが，市外へ転職する場合，個人口座の移転または現金として本人に支給することが想定される．

「両江モデル」の最大な特徴として，保険給付は，個人口座，本人負担と社会基金給付からなる「3段階」方式に従う．すなわち，被保険者がまず個人口座から医療費を支払うが，不足分が生じる場合，本人年間賃金の5％までの医療費も本人負担とされる．これ以上の部分は，社会基金給付の対象となるが，本人も一部を負担しなければならない．しかも，この部分の医療費はいくつかの段階に分けられ，費用が高いほど本人負担割合が低くなるように設定される．他方，退職者の本人負担割合が在職者のそれの半分に抑えられることが多い．

また，医療機関管理の強化も図られた．例えば，医療機関の競争意識を高めるために，医療保険の提携医療機関を指定することや，医療費の総額を制限し，その構成を調整する（総額控制，結構調整）上で，これまで低く抑えられてきた診療報酬基準の引き上げも行われた．その他，1980年代の企業自主改革で現れた医療費の病院請負も鎮江市に取り上げられ，医療費のコントロールに明らかな効果

---

[19] 「両江モデル」の詳細について，王延中他「医療保険制度改革中的『両江』模式」『中国工業経済』第7巻，1999年，44-46頁．また，国務院「関於江蘇省鎮江市，江西省九江市職工医療保障制度改革試点方案的批復」1994年11月18日を参照されたい．

を見せた．

　最後に，医療費の急増を抑えるために，「両江モデル」は保険給付の対象となる診療項目と医薬品を指定した上で，対象外の医療費はすべて本人負担となることを徹底した．ただし，臨床の需要を満たすために，給付対象となる医薬品の補足が半年ごとに行い，全体の評価及び調整が毎年行うことも規定された．

　このように，労保医療と公費医療の統合，労使双方による保険料の負担，社会基金と個人口座の併設，「3段階」方式に基づく保険給付が「両江モデル」の中核をなした．1年の試行を踏まえて，「両江モデル」の成果が確認された．労保医療に比べて，「両江モデル」は社会共済の機能が強く，財源調達の安定性も改善された結果，被保険者の医療費負担と受診率が改善されたほか，医療費の膨張もある程度抑制された[20]．一方，「両江モデル」の試行過程では，幾つかの問題点も露呈した．一例として，保険給付の「3段階」方式の下で，個人口座に預かり入れる保険料の金額が少ないほか，保険給付の対象となる医療費の本人負担割合も低く抑えられており，保険給付の上限も設けられていない．そこで，多くの給付金を受給するために，個人口座の使用を早める受診行動が現れ，社会基金の赤字が招かれた．

　「両江モデル」の試行経験を踏まえて，1996年4月，約3年前に社会保障制度調査研究グループが国務院へ提案した通り，改革試行の規模拡大が決まり，職工医療保険制度の十大原則もまとめられた．ここでは，労保医療と公費医療を統合し，都市労働者全員をカバーする基本医療保障制度の確立や，国と労使双方の3者負担に基づく財源調達が確認されたほか，企業と国家機関の医療費負担の軽減や保険管理の属地原則など，新たな改革の方向性も示された[21]．その後，改革試行の範囲を広げるための準備作業が着実に進められ，58都市が試行都市に指定されたが，1997年6月当時，わずか32都市が改革の試行案を作成した．しかも，改革試行に参加した企業や国家機関も非常に限られたものであり，当該地域

---

20) 鎮江市の場合，被保険者が疾患に罹った場合，2週以内の受診率が1994年の69.65%から1997年の81.70%へと大きく伸びた．また，医療費負担が原因である未受診率も，工場労働者が13.1%から3.9%へ，教師が15.9%から5.0%へと減少した．宋暁梧『中国社会保障体制改革与発展報告』中国人民大学出版社，2001年，94頁．

21) 国家体改委，財政部，労働部，衛生部「関於職工医療保障制度改革拡大試点的意見」1996年4月22日．

全体の 10% 前後に止まっていた[22]．

　ところで，「両江モデル」の適応篇として，改革の試行が一部の都市へ拡大したと同時に，他の地域でも「統帳結合」の方法をめぐって様々な模索が進められた．代表的なものとして，海南・深圳モデルと青島・塘沽モデルを挙げることができる．前者とは，被保険者の個人口座の使用を外来及び軽症の医療費に限定し，社会基金の給付対象を入院または重症医療費（指定慢性疾患医療費の一部も含む）に指定するものである．この方式は，「両江モデル」の「3段階」方式が不正な受診行動を誘発した問題を克服し，社会基金の赤字問題を避けた一方，過剰診療を防げない問題も残された．これに対して，後者の最大な特徴は，個人口座と社会基金の他に，企業調節金（調剤金）も設けることである．これは，労働部が1993年10月に打ち出した改革の方針に沿うものである．具体的に，被保険者がまず個人口座から医療費を負担するが，不足分が生じる場合，社会基金から保険給付を受ける前に企業調節金が一定の医療費補助を与える．この企業調節金は，医療費の本人負担の急増を防ぐためのバファーと捉えられる一方，「単位」保障に基づく労保医療から，社会共済に基づく職工医療保険へ移行する過渡的措置として，改革の不徹底さも指摘できる[23]．

　また，保険給付方式ではなく，医療費膨張の抑制に力を入れる地域もあった．その典型は，上海市の医療費に対する「総量控制，結構調整」である．1994年，上海市は市と県の医療費管理を切り離し，その総額に上限を加えるとともに，医療従事者の賃金水準を引き上げた．これが一定の効果を見せてから，職工の入院医療費に対して給付を行う公的医療保険が1996年に発足したが，翌年に外来と救急の医療費もその給付対象に取り入れられた．また，上海市の「総量控制，結構調整」が1997年7月中旬からに北京市にも適用されたが，医療費抑制の効果が再び確認された[24]．

　他方，この時期，労保医療が「統帳結合」の試行や医療費のコントロールに力を入れたのに対して，公費医療は給付対象となる医薬品の範囲を画定したが[25]，

22）　王東進『跨世紀工程――中国医療保障制度改革探索』中国言実出版社，2002年，58頁．
23）　鄭功成，前掲『論中国特色的社会保障道路』，271-273頁．
24）　『1998年中国衛生年鑑』によると，1997年後半，北京市の医療費総額と薬剤費総額の対前年増加率がいずれも「総量控制」の設定した20%と15%の目標を突破せず，半年だけで6.85億元の医療費削減を遂げた．

より大胆な改革措置を打ち出さなかった．

　全体として，1990年代に「統帳結合」をめぐる改革試行が普及した結果，一部の地域では個人口座と社会基金に基づく財源調達と保険給付の方式が定着し，都市労働者にも医療費の一部を負担しなければならないという意識が浸透した．もっとも重要なのは，医療費膨張の抑制や企業など雇用者の負担軽減に対して，「統帳結合」の有効性が確認されたのである．一方，この段階の改革の限界として，非国有経済の規模が増えつつある中で，民間企業などの従業員が基本的に被保険者から外されたことや，企業の保険料拠出水準が高く設定されたこともあり，保険料滞納の現象が生じたことが挙げられる[26]．こうした成果と限界は，新たな公的医療保険制度の確立に貴重な経験を提供し，新制度の基本的な枠組みを決定したと考えられる．1996年末，建国以来初回の指導部（中共中央）と国務院が合同で開催した全国衛生工作会議では，「統帳結合」に基づく新たな公的医療保険制度の確立が今後改革の方向と決定された上で，社会主義市場経済体制の下の医療行政の目標，原則や管理体制も1997年1月に提起された．都市労働者向けの公的医療保険制度改革に関しては，経済発展にみあう給付水準の設定や，医療費急増の抑制に有効な診療報酬支払方式の模索も求められた．改革の目標は，国民経済・社会発展の第9次五ヵ年計画期間中に，都市労働者をカバーする公的医療保険制度を基本的に立ち上げるとともに，多様な形式の補充医療保険を発展させることとされた[27]．これは，城鎮職工基本医療保険が発足する前夜と位置付けられよう．

4. 城鎮職工基本医療保険の発足

　1997年後半より，都市労働者向けの新たな公的医療保険制度の内容，名称や実施をめぐって制度設計が進められた結果，新制度の名称が「城鎮職工基本医療保険」と決定された．1998年3月に開催された第9期全人代第1回会議では，指導部の交代が行われた上で，新たな指導部が重点的に取り組む5つの制度改革が決定されたが，その1つはまさに医療制度改革である．また，同会議では，建

25）衛生部・財政部「関於加強公費医療用薬管理的意見」1993年10月28日．
26）王延中他，前掲論文，46-47頁．
27）中共中央・国務院「関於衛生改革与発展的決定」1997年1月15日．

国以来最大規模の政府機構改革の実施も採択されたが，それまで医療保険行政の分割管理体制を改善するために，「労働和社会保障部」（略称，労働保障部門）が成立した．同年11月に新制度の確立草案をめぐる議論を踏まえて，1998年12月14日，国務院が城鎮職工基本医療保険制度の成立を決定した上で，制度の原則や内容について規定し，各地へ1999年1月から1年をもって制度の基本的な確立を完了させることを求めた．これをもって，50年近くの歴史をもつ労保医療と公費医療が制度上では撤廃されることとなった．経済体制の移行が宣言されてから6年後，中国の独自色を伴う「単位保障」型の「社会主義」的医療保険が，社会主義市場経済体制に相応しいとされる「社会共済」型の公的医療保険へ向かい，移行の第一歩を踏み出したのである．

　城鎮職工基本医療保険制度の原則として，経済発展の水準に相応しい給付水準を設定するほか，都市すべての雇用者及び被用者が強制加入の対象となることや，保険の「属地管理」が定められた．また，それまでの「統帳結合」をめぐる地方の試行経験を踏まえて，労使双方による保険料の負担と，社会基金と個人口座の併設も踏襲された．これらの原則を踏まえて，この都市労働者向けの新たな公的医療保険制度の被保険者及び保険者，財源の調達及び管理，また，給付内容の概要は，以下の通りである．

　まず，被保険者は都市のすべての雇用者，すなわち，企業（国有企業，集団企業，外資系企業，私営企業など），行政機関，事業単位，社会団体，「民弁非企業単位」[28]及びその被用者とされる．それまでの試行段階に比べて，被保険者の範囲拡大は明白である一方，郷鎮企業，個人事業主及びその被用者の保険加入は省（自治区，直轄市）の裁量に委ねられたため，彼らは依然として保険の強制加入の対象とされていない．これに対して，国有企業のリストラが生み出した大量な失業者は被保険者に取り入れられ，再就職サービスセンター（再就業服務中心）[29]が当該地域前年度の労働者平均賃金総額の60%を基数として，保険料の企業負担

---

28) 企業，事業単位，社会団体とその他の非国有資産が立ち上げる社会サービスを提供する非営利組織を指す．国務院「民弁非企業単位登記管理暫行条例」1998年10月25日．

29) 国有企業改革の中でレイオフされた従業員の再就職を支援するために，地方政府が設立する仲介組織である．レイオフ従業員の基本生活を保障すべく，再就職のための技術訓練，再就職の斡旋，社会保険料の納付などが主な業務とされる．韓玉臣・孫黎明「什麼是『再就業服務中心』？」『共産党員』第9巻，1997年，30-31頁．

分と本人負担分を拠出するとされた．また，城鎮職工基本医療保険は職域保険として打ち出された一方，これまで労保医療（場合によっては，公費医療も）にカバーされてきた都市労働者の扶養親族は，その被保険者から外されることとなった．

こうして，新たな被保険者の範囲画定により，従来の労保医療と公費医療の一部の被保険者がはみ出されることとなったが，一部の対象者に特別な措置も用意された．例えば，離休者及び「老紅軍」[30]，二等乙級以上の革命傷痍軍人の医療水準と財源調達の方法は，公費医療の内容を維持するとされた．ここでも，公費医療は実質上の存続を確認できる．それから，計画経済期の経済建設の主な担い手であった都市労働者は，1990年代に入ってから徐々に退職を迎えるが，彼らも城鎮職工基本医療保険の被保険者に取り入れられた．一方，彼らが長い間に労保医療の恩恵を預かってきたこともあり，その医療水準の急低下を緩和する措置として，本人の保険料納付の義務が免除された上で，個人口座に預け入れられる保険料の金額と医療費の本人負担に関しても，優遇措置を設けることが規定された．

ところで，公費医療の被保険者であった国家機関の職員は，制度上では城鎮職工基本医療保険に加入することとなったが，行政機関の公務員に対して医療補助を実施することも規定された．これを受けて，2000年4月に公務員（退職者も含む）を対象とする医療補助制度が発足したが，公費医療水準の維持がその趣旨とされた．補助の対象は主に城鎮職工基本医療保険の給付対象となる医療費の本人負担分であるが，必要な財源は地方財政支出によって賄われるとされた．一方，事業単位の職員には医療補助の実施が明言されなかったため，彼らの医療水準が相対的に低下したように思われる．結果として，計画経済期の労保医療と公費医療に見られる給付水準の格差は，城鎮職工基本医療保険の下でも基本的に踏襲されることとなった．しかも，被用者の扶養親族が新たな保険制度の被保険者から除外されたことにより，労保医療の相対的優位も失われ，企業補充医療保険が設けられない場合，保険給付水準の公務員対企業労働者の絶対的優位が作り上げられたと考えられる．実際に，城鎮職工基本医療保険が発足してから，「公費医療

---

30)「中国工農紅軍」の略称であり，中国人民解放軍の前身である．1927年南昌蜂起の後で成立したが，日中戦争の中で国民革命軍に再編された．「紅軍」成立の経緯に関して，白寿彝他『中国通史 第十二巻近代後編（1919-1949）上冊』上海人民出版社，2013年，155-160頁を参照されたい．

の待遇を下げない」ことを約束する公務員医療補助制度が打ち出されたにもかかわらず，公費医療が一部の地域では相当長い間に維持された．北京市の場合，市行政機関等の公費医療が撤廃されたのは 2012 年以後のことであり，2015 年 3 月当時，公費医療が依然として 3 つの省の省行政機関等と北京にある中央行政機関等で維持されていた[31]．城鎮職工基本医療保険の下でも公費医療の名残が強いことから，労保医療と公費医療の統合は実質上では不徹底的なものであると言わざるを得ない．また，新たな医療保険制度の確立において，地方には相当の裁量が与えられたことも推察できる．

城鎮職工医療保険の保険者は，原則として地級以上の行政区画（地区，地級市，自治州，盟を含む）であるが，県（市）が保険者となることも認められたほか，北京，天津と上海の 3 大直轄市の場合，市が保険者となることも規定された．

財源の調達と管理について，労使とも保険料を納付する上で，社会基金と個人口座に配分して使用するという「統帳結合」方式が基本的に踏襲された．したがって，個人口座に預け入れられる保険料の金額が，被用者の賃金水準と連動することが引き続き容認されることとなった．一方，「両江モデル」に比べて，雇用者の負担減を図る形で，保険料率と個人口座への配分率の調整が行われた．具体的に，雇用者の保険料率の目安が被用者年間賃金総額の 6% に引き下げられ，被用者の保険料率が本人賃金の 2% に引き上げられたが，経済発展に合わせる形で，保険料率を修正する可能性も示された．同様に，企業が拠出する保険料のうち，個人口座への配分率の目安も 50% から 30% に引き下げられたが，具体的な配分率は，保険者が個人口座の給付範囲と被用者の年齢を踏まえて決定する．結果として，「統帳結合」の試行段階よりも，被用者の保険料及び医療費の負担が増えることとなった．

城鎮職工基本医療保険の給付内容も，医療費における被用者の負担増に傾く形で制度設定がなされたと考えられる．まず，「両江モデル」の給付スタートラインの他に，今度は給付金額の上限（以下，給付上限という）も設けられた．しかも，給付スタートラインが当該地域の労働者の平均年間賃金の約 10%，給付上限がその約 4 倍に設定された．給付スタートライン以下の医療費はまず個人口座から

---

31) 中国青年網「人社部回応『結束機関公費医療是否有時間表』」（2015 年 3 月 10 日）
　　［http://news.youth.cn/gn/201503/t20150310_6516314.htm］（最終検索日：2016 年 12 月 30 日）．

支払われるが，不足分が生じる場合，それも本人負担となる．給付スタートライン以上，給付上限未満の医療費は，社会基金からその一部が還付されるが，残りが被保険者の本人負担とされる．「両江モデル」と同じく，この部分の医療費を何段階かに分け，各自の保険給付率に格差を設ける方法が一般的である．また，被保険者の大病院志向を抑えるために，病院の規模が大きいほど，保険給付率が低く設定されることが多い．最後に，給付上限を超える部分の医療費は，全額本人負担となるが，その分のリスクを減らすために，民間医療保険への加入が推奨された．また，特定の産業に限って，従業員の医療水準を維持する暫定措置として，企業が従業員を対象に補充医療保険を立ち上げることも認められた上で，税制優遇の措置も設けられた．すなわち，保険料のうち，従業員賃金総額の4%以内の部分が職工福利費から支出されるが，不足分が生じる場合，当該地域の財政部門の許可を得る上で生産費用に計上できる．

　一方，給付スタートライン，給付上限とその間の医療費の本人負担率の詳細は，保険者が「収入により支出を定め，収支の均衡を保つ」(以収定支，収支平衡)原則を踏まえて決定するとされた．すなわち，城鎮職工基本医療保険の給付水準も，各保険者の裁量に委ねられたのである．この結果，労保医療と「統帳結合」方式より，城鎮職工基本医療保険の給付水準が大いに低下したのみならず，その地域格差も正式に作り上げられたといえる．

　それから，城鎮職工基本医療保険の給付対象については，1998年12月当時，給付対象となる診療項目や医薬品の範囲，給付水準などを確定し，保険提携の医療機関と薬局を指定するという方向性が示されたほか，1997年1月に打ち出された医療改革の方針も再確認された．これを踏まえて，1999年4月から6月にかけて，城鎮職工基本医療保険の提携医療機関と提携薬局の管理，給付対象となる医薬品及びその給付水準，保険診療報酬支払方法，給付対象となる診療項目及びその給付水準について規定する政策文書が相次いで制定された．保険の提携医療機関に関しては，まず，社会保険管理機構が被保険者の受診選好を踏まえて，提携医療機関を指定する．今度，提携医療機関のうち，専門病院と中医・中西医結合病院にすべての被保険者が受診できるのに対して，被保険者が3-5施設の規模が異なる受診医療機関を指定する必要がある．そのうち，1-2の末端医療機関(一級病院，各種衛生院，外来部，診療所，医務室，社区衛生サービス機構)が含まれる

必要があるが，1年ごとに変更することもできる．そこで，救急（外来も含む）の場合を除き，被保険者が指定した医療機関以外で発生する医療費は，保険給付の対象外となる．この規定により，被保険者の医療へのフリーアクセスが大幅に制限された．また，末端医療機関への受診を誘導すべく，医療機関の規模に応じて，医療費の本人負担率に格差を設けることも認められた[32]．

　給付対象とされる医薬品は，労働和社会保障部や衛生部が「基本医療保険薬品目録」を制定することによって管理されるが，この「薬品目録」はさらに甲類目録と乙類目録の2類に分け，2年ごとに調整される．このうち，甲類目録は臨床治療に必要で，かつ同類医薬品の中で価格の安いものを収録しており，地方がその内容を調整できない．これに対して，乙類目録の収録する医薬品は臨床治療の選択肢として，同類の甲類医薬品の価格よりやや高い一方，その内容に対して，省（自治区，直轄市）が品目全体の15％上下の範囲内で変更を加えることが認められる．また，2つの目録の給付率にも格差が設けられており，甲類目録の薬剤費はすべて社会基金の給付対象となるのに対して，乙類目録の医薬品を使用する場合，保険給付を受ける前に一部の本人負担が必要である．具体的な給付水準は，保険者が決定するとされた[33]．その狙いは，膨張しつつある薬剤費の保険給付を抑制することにあると考えられる．実際に，「国家基本医療保険薬品目録」（以下，「薬品目録」という）が2000年5月に制定された上で，同年末に省（自治区，直轄市）が乙類目録の調整を完了させることが求められた[34]．

　保険給付医療費の支払方法については，城鎮職工基本医療保険制度の発足当初，医療費の急増を抑制するために，従来の出来高払い方式の他に，医療費総額前払いや疾患別包括支払など多様な方式の試行が認められた．しかも，各支払方式の長所のみならず，その限界についてもある程度の認識が示された．例えば，出来高払い方式は過剰診療を招く可能性があるのに対して，医療費総額前払い方式や疾患別包括支払方式は過少診療，患者の選別を招くリスクを伴うことが指摘された．一方，保険給付の方法は保険者の裁量に委ねられるが，保険加入地域で発生

---

32)　労働和社会保障部，衛生部他「城鎮職工基本医療保険定点医療機構管理暫行弁法」1999年5月11日．
33)　労働和社会保障部，国家発展計画委員会他「城鎮職工基本医療保険用薬範囲管理暫行弁法」1999年5月12日．
34)　労働和社会保障部「関於印発国家基本医療保険薬品目録的通知」2000年5月25日．

する保険給付の対象となる医療費は，原則として現物給付の方式をとる．これに対して，保険者の紹介を受けて，保険加入地域以外で発生する医療費は，本人または雇用者が一旦立替え払いしてから，社会保険管理機構の再審査を経て，医療費の一部還付を受給することとなる[35]．

保険給付の対象となる診療項目も，労働和社会保障部の制定する「国家基本医療保険診療項目範囲」によって指定される．「診療項目範囲」の編成は，主に消去法に基づき，保険給付対象外の診療項目と，医療費の一部に対して保険給付を行う診療項目について規定した．前者に関しては，医療費膨張の抑制措置の一環として，省（自治区，直轄市）は診療項目を増やすことができるが，それを削減してはならない．後者に対して，省（自治区，直轄市）は調整することができるが，調整の範囲と幅を厳格にコントロールすることが求められ，被保険者の本人負担率の設定は保険者の権限に属する[36]．給付対象となる医薬品と診療項目の範囲及び給付水準に関する制度設計から，城鎮職工基本医療保険の下で混合診療が認められることが分かる．

最後に，保険料の徴収，管理や保険給付は，各保険者の下の社会保険管理機構が一括して管理すると規定された[37]．その業務活動についても，労働和社会保障部が詳細な規定を行った[38]．衛生部門の業務とされてきた公費医療は制度上では撤廃された結果，労働保障部門が都市労働者向けの公的医療保険制度を管理する唯一の行政部門となった．これは，公的医療保険制度の再編が医療保険行政にもたらした大きな変化の1つである．

このように，2000年末までに，都市労働者全体をカバーする城鎮職工基本医療保険制度の基本的な枠組みが一旦整ったのである．計画経済期の労保医療と公費医療に比べると，経済体制の移行期で立ち上げられた城鎮職工基本医療保険は，以下のような特徴を見せる．

まず，計画経済期の「無料医療」に近い医療保障より，保険給付の水準が大幅

---

35) 労働和社会保障部，国家経済貿易委員会他「関於加強城鎮職工基本医療保険費用結算管理的意見」1999年6月29日．
36) 労働和社会保障部，国家発展計画委員会他「関於印発城鎮職工基本医療保険診療項目管理，医療服務設施範囲和支付標準意見的通知」1999年6月30日．
37) 国務院「関於建立城鎮職工基本医療保険制度的決定」1998年12月14日．
38) 労働和社会保障部「関於印発城鎮職工基本医療保険業務管理規定的通知」2000年1月5日．

[図3-1] 無医療保険者数の推移

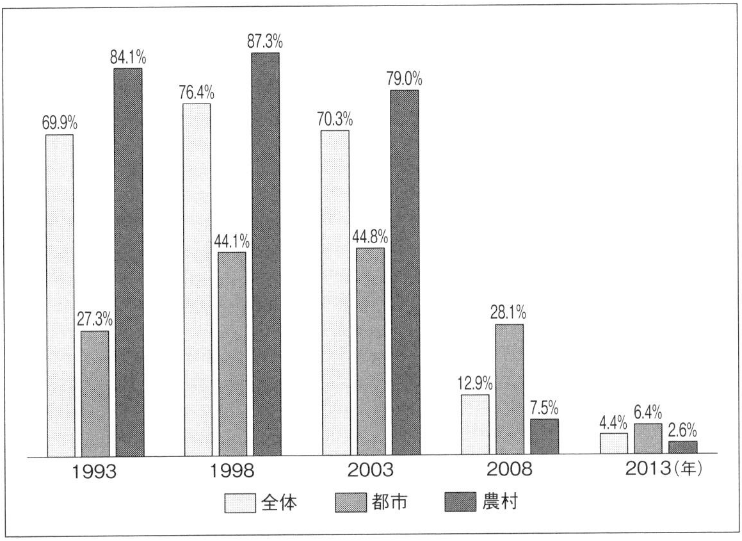

出典：1993, 1998, 2003, 2008, 2013年「国家衛生服務調査分析報告」に基づき，著者が作成．

に後退したことが明白である．1997年9月に開かれた第15回党大会では，朱鎔基が新たに築き上げていく公的医療保険制度について，「低水準・広普及」の方針を提示したことから，経済発展を優先させ，それに有利な環境を整えるために，保険給付水準の引き下げが余儀なくされた一面があると考えられる．最初に打ち出された都市労働者向けの公的医療保険は，まさに「低水準」の方針に従い，被保険者の「基本的」な医療需要を満たす程度に保険給付の内容が定められた．例えば，医療費の本人負担率が引き上げられたほか，保険給付の対象となる診療項目や医薬品の範囲にも厳しい制限が加えられ，給付率の格差が設けられた．新たな公的医療保険制度の名称に「基本」の二文字が含まれたのも，その性格を物語っている．また，経済体制が移行する中で，公的医療保険のリスク分担機能が後退したことの対策として，第14期3中全会では重層的な社会保障制度の確立が提起された．医療保険制度の「重層」とは，公的医療保険を土台にしながら，企業が独自の補充医療保険を立ち上げることや，被保険者が民間医療保険に加入することが期待された．ここから，医療保障の責任から国が大幅に後退したのに対して，医療費負担が労使双方に，とりわけ，被保険者本人に転嫁したことが窺え

る.一方,医療給付が「低水準」から始まることは,財政への圧迫を避け,経済発展に伴い給付率を引き上げる余地も残される長所を伴うことも否定できない.

一方,「広普及」というのは,経済組織の所有制が多様化するにつれて,外資系企業や私営企業の従業員も城鎮職工基本医療保険にカバーされるようになった.大数の法則からしては,保険のカバー率が高いほどリスク分担の機能が優れるはずである.一方,これは国有企業の労働力が非国有経済セクターへ移動した結果でもあり,郷鎮企業の従業員や農村出身の出稼ぎ労働者(農民工)も強制加入の対象から外されたため,労保医療ほど城鎮職工基本医療保険のカバー率は必ずしも高くない.さらに,被保険者となっても,その扶養親族の医療費が保険給付の対象外に放出されたことは,当時の公的医療保険制度の盲点を一時的に作り上げた.[図3-1]が示すように,城鎮職工基本医療保険が発足した1998年に無医療保険者数がピークに達し,都市住民の44.1%と農村住民の87.3%が公的医療保険から放出される状態であった.したがって,新たな公的医療保険制度が目指す「広普及」は,城鎮職工基本医療保険だけにしては実現できず,公的医療保険制度の補完が求められるわけである.それでも,城鎮職工基本医療保険の下で,被保険者の範囲画定及び給付水準は,基本的に経済組織の所有制から切り離されたことは評価すべきである.

次に,財源調達の変化として,被用者にも保険料負担の義務を負うようになったことで,城鎮職工基本医療保険は計画経済期の医療保険制度と一線を画した.「社会主義」的医療保険制度の最大の特徴として,財源調達が雇用者である企業または国の責任とされたが,経済体制の移行に伴いこの方式がついに放棄され,労使双方負担の方式へ切り替わった.結果として,財源調達における国の役割が大幅に後退した上で,保険給付水準の引き下げと合わせて,医療費負担における都市労働者の役割が前面に押し出されたのである.この医療保障の責任転換に対して,新たな公的医療保険が財政難と国有企業の救済措置に過ぎないという観点や,国の責任の不明確さに対する批判[39]が見られる.本書では,経済改革の始動に伴い,社会保障認識の変容の一環としてこの責任転換を位置付ける.すなわち,社会保障は計画経済期の下では「国と社会の責任」と見なされたのに対して,

---

39) 例えば,前者に関しては于洋(2002),李連花(2003)を,後者に関しては朱珉(2005)を参照されたい.

経済財政改革が展開するにつれて,「自己責任」と「互助共済」の原則を受け入れざるを得なくなった.また,労働雇用制度が従来の「低賃金・高福祉型」から「高賃金・低福祉型」へと転換したことも,医療費負担の構造再編に決定的な影響を与えた.計画経済期の下で,医療費は生産費用として所得分配前に控除されたため,被用者は保険料拠出の必要がなかったが,市場競争意識と労働契約制が国有企業に浸透されると,従業員の賃金制度改革が打ち出されたと同時に,国有企業が提供する福祉サービスの形式も,現物給付から現金給付へと切り替わった.このような社会構造の変化を経験する中で,雇用者が負担する医療保険料の一部を現金の形で個人口座へ預け入れられる方法も含めて,医療における本人責任を強調する城鎮職工基本医療保険が誕生したのである.

これとの関連で,社会基金と個人口座の併用または「統帳結合」方式は,城鎮職工基本医療保険のもう1つの特徴として指摘したい.この貯蓄,保険と所得再分配の機能を融合する財源調達方式は,1990年代に実施された公的医療保険改革の試行を踏襲したものである一方,シンガポールの中央積立基金口座制度も参考にされた[40].シンガポールの中央積立基金口座は国民の「自助努力」に基づき,医療費や(準)公的医療保険料の支払いが完全に個人口座に依存するのに対して,中国の城鎮職工基本医療保険は「互助共済」も強調し,個人口座の他に社会基金を併設することにした,これも,経済体制の移行に伴う「統帳結合」方式は社会構造の変化が産み出したものと捉えられる.1990年代以来,国有企業の福祉負担軽減がますます求められると同時に,分税制が実施された結果,地方財政もその分を丸抱えすることができなくなったが,非国有経済組織も取り入れる城鎮職工基本医療保険は,まさにその対策として打ち出された.一方,国有企業従業員の立場から,公的医療保険制度の再編は利益再分配の過程でもある.真の医療保険に馴染まない都市労働者の不満を緩和するために,被保険者の保険料率が低い水準から発足したほか,本人の納付する保険料を全額個人口座に繰り入れる方式が採用されたと考えられる.ただし,充足な財政支出が期待できない中で,個人口座の機能が非常に限られることから,社会基金の併設も必要となる.こうして,医療に対する「自己責任」の感覚が薄かった中国では,「自己責任」を示

---

[40] 中田健夫「シンガポールの医療政策――国家戦略の一環としての医療」『医療と社会』第18巻第1号,2008年,125-133頁.

す個人口座と「互助共済」の機能を持つ社会基金の併設は，公的医療保険再編の円滑化に寄与したといえる．他方，「統帳結合」方式が採用された背後に，World Bank など国際機関の関与もあったという[41]．全体として，城鎮職工基本医療保険の制度設計では，制度移行の摩擦を減らす措置が十分に用意されたことが明白である．これは，公的医療保険制度改革の漸進主義の性格を物語っているといえよう．

最後に，城鎮職工基本医療保険の被保険者や給付内容の決定が基本的に地方または被保険者の裁量に委ねられた結果，保険給付の地域格差が制度上では正当化されたことに留意してほしい．もっとも，巨大な国土と人口を抱え，経済発展のばらつきも大きい国では，充足でかつ安定な財政支出が期待できない限り，公的医療保険の給付水準の統一は決して容易ではない．この意味で，医療保険行政は地方へ一定の裁量を与え，分権化の色彩を伴うことが避けられない．しかし，各地の保険給付水準などに対して国がミニマムを規定しなかったこともあり，城鎮職工基本医療保険の内容は地方の経済発展と財政状況に左右されることとなり，地域格差の定着と拡大が招かれたのである．これは，市場経済期の医療保険行政の限界の1つと捉えられる．

5. 城鎮職工基本医療保険の発展

1998年末に城鎮職工基本医療保険が正式に確立すると，1999年初から各地は制度の導入に着手した．全体として，24の省（自治区，直轄市）が早急に実施計画を作成した上で，315の保険者（県から直轄市）が詳細な実施日程を練り，このうち68の保険者がすぐに制度の実施に踏み込んだ．同年末になると，城鎮職工基本医療保険に加入した都市労働者は全国で470万人に，退職者も124万人に達した．また，23の省（自治区，直轄市）は城鎮職工医療保険を導入した上で，重症医療費と離退職者の医療費の「社会統籌」も実施し，1,471万人の都市住民をカバーした[42]．こうして，城鎮職工基本医療保険は良好な滑り出しを遂げ，ほとんどの地域へ導入された［図3-2］．

---

41) 李蓮花「中国の医療保険制度改革――経済体制改革との関連を中心に」『アジア経済』第44巻第4号，2003年，14頁．
42) 鄭功成他『中国社会保障制度変遷与評估』中国人民大学出版社，2002年，144-145頁．

第 3 章　公的医療保険制度の再編　137

[図 3-2]　城鎮職工基本医療保険の加入者数（単位：億人）

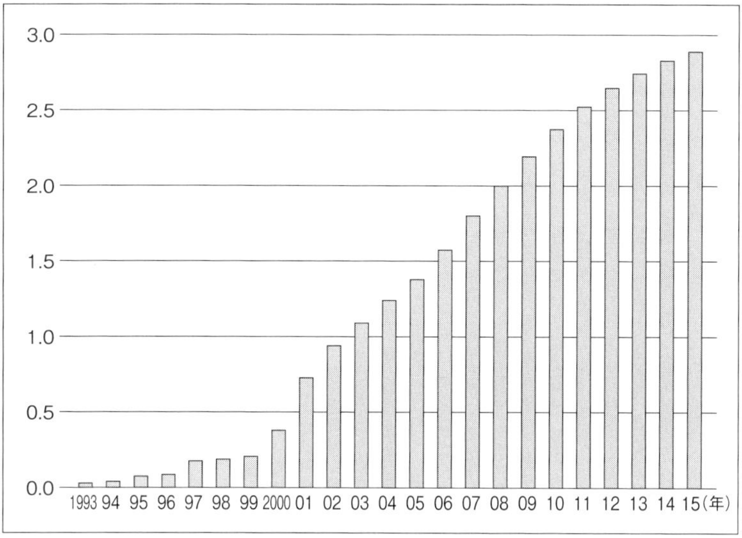

出典：「2015 年中国衛生和計画生育統計年鑑」，「2016 年中国統計年鑑」に基づき，著者が作成．

同時に，労働和社会保障部を中心に，各地の実施で現れた問題を踏まえて，制度内容の改善も進められていた．2000 年代に入ってから 2009 年に新医改が打ち出されるまで，個人口座の管理強化，被保険者範囲の拡大や医療費のコントロールをめぐって，城鎮職工医療保険は一連の制度修正を経験した．最初に，被保険者の個人口座の問題が労働和社会保障部の注意を引きつけた．城鎮職工基本医療保険が発足した当初，一部の地域では個人口座の管理が被保険者の本人責任と認識されたため，口座資金が現金として引き出される現象が現れた．そこで，個人口座の設立趣旨は被保険者の外来または少額の医療費の給付と，退職後の医療費の積み立てであることが明示された上で，個人口座の管理強化が図られた[43]．

被保険者の対象に関しては，経営状況が悪く，保険料の拠出が困難な企業の従業員や，国有企業改革が作り出した失業者を被保険者に取り入れるために，多様な方法が考案された．さらに，労働契約制に基づく勤務形態以外の都市労働者も，2003 年 5 月より正式に被保険者となった[44]．2002 年末までに，城鎮職工基本医

---

43)　労働和社会保障部「関於加強城鎮職工基本医療保険個人帳戸管理的通知」2002 年 8 月 12 日．
44)　労働和社会保障部「関於城鎮灵活就業人員参加基本医療保険的指導意見」2003 年 5 月 26 日．

療保険の保険加入者数がすでに 9,400 万に達したが，2003 年に大中規模都市の加入率が 60% を，その他の都市も 50% を突破することが求められた[45]．一方で，保険のカバー率が上がったとしても，医療費の本人負担が重くなった事実も否定できない．これに対応するために，公費医療の水準を維持するための公務員医療補助と企業補充医療保険の他に，職工高額医療費補助（大額医療費用補助）の実施も推奨された．また，一部の慢性疾患の外来医療費が高額で，患者負担が重い問題に対して，これを社会基金の給付対象に取り入れることも認められた[46]．

さらに，医療費規模のコントロールは常に医療保険行政の重要な課題の 1 つであるが，末端医療機関との提携強化が提起されたほか，各級の社会保険管理機構が保険提携医療機関と契約を結ぶ際，医療提供の内容とともに，医療費コントロールの具体的な指標を盛り込むことも規定された．場合によっては，その指標を診療科と医療従事者に課することも認められた．同様に，「薬漬け・検査漬け」問題を改善すべく，保険提携医療機関は「薬品目録」に収載された医薬品の準備率，使用率及び被保険者本人が負担する薬剤費が被保険者全体の薬剤費に占める割合から，新たな診療項目，大型設備検査及び医療材料の使用，さらに，1 人当たりの入院費用や入院日数についても，社会保険管理機構と契約を結ぶ形で，医療保険行政の管理を受けることとなった[47]．この上で，2000 年 5 月に制定された「薬品目録」の調整も進められ，2004 年 9 月に新たな「国家基本医療保険和工傷保険薬品目録」が制定された．以前の目録に比べると，その適用対象が城鎮職工基本医療保険から労災保険に拡大し[48]，収載医薬品の種類も増えた．

以上，労保医療と公費医療の統合過程を踏まえて，都市部労働者向けの公的医療保険制度として確立された城鎮職工基本医療保険の内容，特徴と発展について

また，新農合の発足を背景に，2000 年代半ばから，農民工の公的医療保険加入率の向上も図られた．労働和社会保障部弁公庁「関於開展農民工参加医療保険専項拡面行動的通知」2006 年 5 月 16 日．

45) 労働和社会保障部「関於進一歩做好扩大城鎮職工基本医療保険覆盖範囲工作的通知」2003 年 4 月 7 日．

46) 労働和社会保障部「関於妥善解決医療保険制度改革有関問題的指導意見」2002 年 9 月 16 日．

47) 労働和社会保障部「関於実善城鎮職工基本医療保険定点医療機構協議管理的通知」2003 年 5 月 14 日．

48) ただし，労災保険に適応する際，甲類と乙類の区別をつけず，すべての薬剤費は保険給付の対象となる．労働和社会保障部「関於印発国家基本医療保険和工傷保険薬品目録的通知」2004 年 9 月 13 日．

[図3-3] 1990年以降総合病院の平均入院医療費（単位：万元）

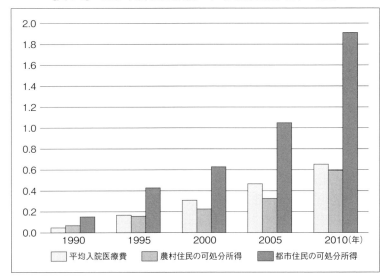

注：農村住民の純収入を可処分所得と見なす．
出典：2011年「中国衛生統計年鑑」，「2016年中国統計年鑑」に基づき，著者が作成．

検討した．計画経済期の二大医療保険制度の再編が完了すると，公的医療保険制度改革の次の課題は，農村合作医療の再建に置かれることとなった．

第2節　農村合作医療の崩壊と再建

1980年代に入ってから，農村経済改革の急展開と対照的になったのは，農村住民の医療保障を担ってきた合作医療が解体寸前まで崩壊した事実である．その普及率は1970年代後半に90％に達したのに対して，1985年に5.0％まで急低下し，1989年にわずか4.8％の行政村でしか合作医療が維持されなかった[49]．1994年以降，合作医療の普及率が10％近くへとわずかに回復したが，1990年代半ばにかけて合作医療を維持したのは，上海の郊県や江蘇省南部の農村地域に限られていた[50]．そこで，医療費が上昇しつつあり，[図3-3]が示すように，

---

[49] 楊善発『中国農村合作医療制度変遷研究』南京大学出版社，2012年，149頁．
[50] 羅力他「中国農村合作医療制度50年歴史回顧和思考」『中国衛生資源』第12巻第5号，2009年，208-209頁．

[図 3-4] 2 週以内未受診の原因のうち,「医療費負担」が占める割合

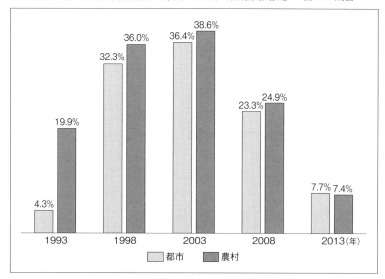

注：2013年の数値は，2週以内に発症した場合の調査結果である．
出典：1993, 1998, 2003, 2008, 2013 年「国家衛生服務調査分析報告」に基づき，著者が作成．

1990 年代半ばから平均入院医療費が農村住民の平均可処分所得を上回るようになった一方，農村住民の約 9 割が公的医療保険制度から放出されることとなり，大量な無医療保険者が農村住民の医療へのアクセスを制限し［図 3-4］，農村の貧困問題にも拍車をかけた．

1. 合作医療が崩壊した原因

World Bank と WHO に「発展途上国が医療財源を解決した唯一の範例」と賞賛された合作医療が，なぜ 1980 年代に入ってから一気に衰退したのか．まず，合作医療の発展経路と 1970 年代の政治状況を合わせて考えると，合作医療の安定性が政治運動に左右される傾向が強いことに気づくはずである．合作医療は文化大革命の中で発展のピークを迎えたことは，その急速な衰退の伏線も張った．10 年の動乱が収束すると，合作医療は法的根拠を与えられた上で，制度の充実も図られた．1977 年に WHO が提起した「2000 年にすべての人が医療保健を享受できる」という目標に応じるために，1980 年に農村「初級衛生保健」が重視

され，農村「医療衛生網」の整備が進められた．しかし，文化大革命の中で急展開を遂げた合作医療が「裸足の医者」とともに「左」の産物または「大鍋飯」の象徴と見なされ，地方責任者の強烈な抵抗に遭った．この結果，農業の家庭生産請負制が大いに歓迎されたのに対して，合作医療は存続するための政治的環境を失い，急速に崩れ始めた．湖北省の場合，1978年にその合作医療の普及率が98.8%に達したにもかかわらず，1981年にそれが86.2%に，1989年にさらに4.7%に下落した[51]．合作医療が衰退しつつある中で，1977年に180万以上の規模に達した「裸足の医者」も活躍の舞台を失い，その個人開業を支持する観点までマスメディアで現れた[52]．

一方，政治的環境の変化以上に合作医療の衰退をもたらしたのは，農村経済改革の急展開である．1970年代末から1980年代初にかけて，「包産到戸」の容認と普及が集団経済の解体，さらに，人民公社の撤廃を導いた結果，集団公益金の拠出に支えられてきた合作医療も財源調達と多数加入の基盤を失うこととなった．1980年代半ばに農村住民の収入増が頭打ちになったことも，その財源調達の困難さを増したと考えられる．また，人民公社が郷へ，生産大隊が行政村へと行政区画が変わり，権限の調整も行われたため，医療提供の担い手であった大隊衛生室と「裸足の医者」も管理主体が不在の状態に陥った．

その救済措置として，十分かつ安定な財政支出をもって，合作医療の強制加入を規定することも考えられよう．残念ながら，1970年代末より中央と地方の財政関係に請負制が導入された結果，膨張しつつある地方財政が経済開発への支出に熱心になり，中央財政収入も急速に減少した．また，1984年に郷級財政の実施により，郷鎮衛生院の管理が県衛生局から郷鎮政府に移管された結果，それが獲得できる財政補助も相当減った．こうした財政体制の変化は，全体として合作医療への財政的支持に深刻なしわ寄せが及んだ．「農村合作医療章程（試行草案）」が制定された1979年当時，合作医療への財政支出が1億元であったのに対して，分税制が打ち出される前夜の1992年，その規模が3,500万元に縮小し（農村住民1人当たりは0.04元），当年の衛生事業費の0.36%しか占めなかった．同じ目に遭

---

51) 周朗・張効武「解決農民看病難的有効途──従武穴市的経験看恢復和発展農村合作医療的必要性」『人民日報』1991年10月29日付，5面．
52) 張自寛『論合作医療』山西人民出版社，1993年，68頁．

ったのは，農村の「医療衛生網」である．1980-1990年代では，郷鎮衛生院の運営にも請負制が適応された結果，8,000施設の衛生院，24万の病床と12.9万の医療従事者の減少が招かれた[53]．このような農村医療資源の萎縮は，合作医療の崩壊にも拍車をかけたのである．

最後に，合作医療自体の制度上と管理上の限界も，その急速な衰退を促した原因の1つである．大躍進と文化大革命の中で，国が合作医療の普及を呼びかけたが，保険料の拠出水準や給付内容に一律の規定を設けず，これらを完全に各地の裁量に委ねた．そこで，政治命令として下された合作医療は，高い普及率を維持していた一方，形式主義の色彩が強い．1978年当時，全国農村住民の1人当たりの集団拠出金が12.82元で，1人当たりの公益金がわずか2.26元であったことから，合作医療の給付水準の低さは想像に難くない．実際に，1970年代においても，合作医療は運営方法や給付内容の硬直化により，財政破綻に陥る地域があった[54]．また，その管理監督体制にも不備があり，資金の不正流用や幹部と民衆の給付格差がしばしば起きたことも，合作医療への信頼を弱めた[55]．政治運動に呼応する需要がいざなくなると，合作医療の形骸化が当然の帰結であろう．

結局，1970年代末より農業の家庭生産請負制が普及する中で，財源調達と組織基盤がなくなってから，財政的支持も不在のまま，農村医療の「三大宝物」と喩えられた合作医療，「裸足の医者」と保健所はいずれも形骸化してしまった．合作医療が徐々に崩れるにつれて，「裸足の医者」が個人開業医となり，保健所も民間クリニックとなるのが一般化したからである．これらの変化は，さらに農村医療状況の急速な悪化を招いた．1981年2月より，「裸足の医者」の育成を強化する上で，その名称を「郷村医師」（郷村医生）へと変更し，その賃金水準を引き上げることによって，農村医療従事者の規模維持が図られたが[56]，「郷村医師」が個人開業医になってから，プライマリーヘルスケアをはじめとする公衆衛生サービスを担うのを敬遠しがちであった．この結果，もともと撲滅された伝染

---

[53] 蔡仁華『中国医療保障制度改革実用全書』中国人事出版社，1997年，356頁．また，1982年1年間の農村医療資源の変化として，郷鎮衛生院が16％，その病床が38％，医療従事者が15％減となった．銭信忠『中国衛生事業発展与決策』中国医薬科技出版社，1992年，98頁．

[54] 衛興華・魏傑『中国社会保障制度研究』中国人民大学出版社，1994年，152頁．

[55] 馮学山他「中国農村医療保健制度的実践与展望」『衛生経済研究』第5巻，1994年，10頁．

[56] 国務院「批転衛生部関於合理解決赤脚医生補助問題的報告的通知」1981年2月27日．

病や地方病が再発した[57] ほか，1980 年代以後，農村住民の健康状況が低下した．とりわけ，中西部貧困地域の農村住民と東部沿岸部の都市住民の平均余命の格差がますます広がり，一部の西部農村住民の平均余命が 65 歳にも達せず，沿岸部都市住民のそれと 10 歳の隔たりを作り上げた[58]．しかも，1990 年代に入ってから，医療費の増加率が農村住民の所得増加率をはるかに上回ってしまった結果[59]，1998 年入院が必要と判断されたにもかかわらず，入院しなかった農村住民の割合が 35.5％ で，医療費負担がその原因の 65％ を占めた[60]．2003 年になっても，79％ の農村住民は無医療保険者であり，医療へのアクセスの低減が農村貧困人口の 2/3 を作り上げた．この状況を踏まえて，WHO の作成した 2000 年世界保健報告書では，医療費負担の公平性に関して，191 ヵ国のうち中国は 188 位に位置付けられた[61]．

　1980 年代に合作医療の衰退や，農村医療水準の後退などの問題に対して，指導部の軽視に原因を求める観点がある[62]．確かに，1998 年当時，590.1 億元の医療財政支出のうち，農村の医療衛生に対する財政支出が 92.5 億元で，全体のわずか 15.6％ しか占めなかった．しかしながら，加入者の保険料と集団公益金が主な財源であった合作医療は，そもそも財政支出に依存する体質ではない．この意味で，経済体制の移行前後，国の財政的支持は劇的な変化を見せなかった一方，制度上の支持のみを強化したという捉え方が妥当である．また，指導部の控え目な支持とともに，合作医療を取り巻く社会構造の複雑な変化も，その維持と再建を妨げる要因であるといえよう．

---

57) 張自寛『論医改導向——不能走全面推向市場之路』中国協和医科大学出版社，2006 年，127 頁．
58) 王列軍「対中国農村医療保障制度建設的反思和建議」『中国発展評論』A01 巻，2005 年，85 頁．
59) 1990-1999 年，農村住民の平均可処分所得は 686.31 元から 2210.34 元へ，2.2 倍増を遂げたが，同時期の 1 人当たり外来医療費が 10.9 元から 79 元へ，入院医療費が 473.3 元から 2891 元へと，それぞれ 6.2 倍と 5.1 倍の増加をなした．ここから，農村住民の医療費負担が家計を圧迫したことは自明である．丁暁波『農村衛生改革与新型農村合作医療工作手冊（上冊）』中国財政経済出版社，2005 年，26 頁．
60) 衛生部「国家衛生服務研究——1998 年第二次国家衛生服務調査分析報告」1999 年，127 頁．
61) 石光・貢森「改革開放以来中国衛生投入及其績効分析」『中国発展評論』A01 巻，2005 年，35 頁．
62) 例えば，塚本隆敏（2003）や羅暁娟（2011）が挙げられる．

2. 合作医療の再建と挫折

合作医療の窮境を打開すべく，1990年代に入ってから指導部が合作医療の再建に着手した．1990年3月，WHOの提起した「2000年にすべての人が医療保健を享受できる」という目標が農村でも達成するために，農業部や衛生部が3段階に分けた計画を作成した[63]．これを踏まえて，合作医療の再建も政策課題に乗せられた．

1991年1月，衛生部をはじめとする一部の中央行政部門が合作医療の再建について国務院の許可を得たのをきっかけに，郷鎮衛生院など農村医療機関の整備が強化された[64]とともに，1992年に各地では合作医療を再建する短いブームが起こった．1993年『中国衛生年鑑』によると，陝西省商洛地区の場合，1992年9月末当時，合作医療の普及率が75.91％に回復した．一部の地域での合作医療再建の勢いに乗り，1993年11月第14期3中全会では合作医療の発展と整備が国の方針として提示された．これを受けて，翌年に国務院研究室，衛生部，農業部がWHOと提携する形で，7つの省の14の県（市）において合作医療の改革試行と研究を実施した上で，合作医療の再建は1つの到達点を迎えた．1997年1月に打ち出された医療改革の一環として，「民弁公助」と「任意加入」の2つ原則の下で，2000年までに多数の農村地域で合作医療を再建する目標が立てられた．ここでは，合作医療の財源は，農村住民の納付する保険料を主とし，集団経済も援助を与え，最後に政府が適切に支持する形で調達されることが規定されたほか，農村住民の経済負担とならないように，「任意加入」の原則も確定された．医療給付の保険料率や給付水準は，依然として地方が決定するとされた[65]．2ヵ月後，衛生部や国家計画委員会が合作医療再建の原則や方法について詳細な計画を作成し，国務院に提出してから[66]，同年11月に地方へ合作医療の再建を進めるよう呼びかけた[67]．この結果，1997年に合作医療の再建は各地で再びブームを起こし，24の省（自治区，直轄市）が合作医療再建に取り組み，917の県で合作

---

63) 衛生部，農業部他「我国農村実現『2000年人人享有衛生保健』的規劃目標（試行）」1990年3月15日．
64) 国家計画委員会・衛生部「関於印発『農村郷鎮衛生，衛生防疫，婦幼保健設施建設項目管理試行弁法』通知」1991年11月15日．
65) 中共中央・国務院「関於衛生改革与発展的決定」1997年1月15日．
66) 国務院「批転衛生部等部門関於発展和完善農村合作医療若干意見的通知」1997年5月28日．
67) 衛生部「関於進一歩推動合作医療工作的通知」1997年11月7日．

医療再建の試行が行われた[68]．しかしながら，1997年末まで，合作医療の普及率が行政村のわずか17%に留まり，加入する農村住民も全体の10%を超えなかった[69]ことから，今回のブームも合作医療の全国規模の再建につながらなかった．

このように，1990年代では合作医療は2回も再建のブームを経験したにもかかわらず，全国での再建を遂げなかった．その最大な理由は，指導部の支持の欠如である．「民弁公助」原則の下で，合作医療に対する中央財政支出がそもそも想定されなかった上で，ほとんどの地域では合作医療が集団経済の支持を得られず，地方財政の補助も非常に限られるものであった．農村住民の納付する少額の保険料だけでは，合作医療がリスク分担の機能を果たせないことが言うまでもない．結局，給付水準の低さが加入率の低下を招く悪循環が出来上がったのである．ここから，充足な財政支出が合作医療再建の前提条件であることが明らかになった．

一方，1990年代に入ってから，「三提五統」を主とする農村税費が農村住民の経済負担になったことが注目を浴びるようになり，1990年代半ばに農業，農村，農民をめぐる「三農問題」が提起された．その一環として，農村住民の税費負担の軽減が唱えられたが，一部の地域は合作医療の保険料もその「負担」と捉え，合作医療の再建に躊躇した[70]．これに対して，指導部は合作医療が農村住民の経済負担ではないと強調した一方，中央財政からの補助金支出を控えていた結果，1997年に合作医療の「任意加入」原則が維持されたと考えられる．この意味で，合作医療の財源調達をめぐる衛生部と農業部の認識と政策の衝突も，合作医療の再建が挫折した要因の1つとして捉えられよう．

3. 新型農村合作医療の確立

1997年の失敗を踏まえて，1998年10月に開催された第15期3中全会では，合作医療再建の重要性が再び提起された上で，農村医療機関の整備と合作医療の

---

68) 中国衛生年鑑編輯委員会『1998年中国衛生年鑑』人民衛生出版社，1998年，31頁．各地の合作医療再建の試みに関して，呉紅敏，前掲論文，2003年，66-70頁を参照されたい．
69) 王列軍，前掲論文，88頁．
70) 関連政策文書として，例えば，国務院が1990年2月に「関於切実減軽農民負担的通知」を下してから，1996年12月に「関於切実做好減軽農民負担工作的決定」を公表した．

再建が農村医療行政の2大課題と位置付けられた．これを踏まえて，2001年に国務院経済体制改革弁公室（略称，体改弁）や国家発展計画委員会が農村医療改革の内容を固めたが，合作医療に関しては，「民弁公助」と「任意加入」の2大原則が踏襲された一方，県（市）が保険者として重症医療費の給付に力点を入れるという方向性も示された[71]．ここから，2001年当時，合作医療に対する財政支出の制度化がまだ想定されなかったことが窺える．2002年10月に開かれた全国農村衛生工作会議では，指導部が合作医療の本格的な再建に向けてようやく決定的な一歩を踏み出した．今後農村医療行政の重点課題の1つとして，2010年までに全国で重症医療費の給付を主とする合作医療を徐々に再建し，貧困家庭を対象に医療救助制度を確立するという目標が掲げられた．合作医療再建の原則として，「任意加入」が堅持された一方，過去の教訓が汲み取られた形で，財政補助の実施が明確に規定された．具体的に，省から県までの地方財政が合作医療の加入者数に応じて，年間1人当たり10元以上の財政補助を行うことが制度化されたほか，中央財政が中西部地域の市区以外の加入者に対して，年間1人当たり10元の補助金を支給するとされた．また，地方財政の補助水準は，省（自治区，直轄市）の裁量に委ねられた．この財政補助の公約により，今回の合作医療はそれまでの制度と一線を画することとなった．また，新旧制度の相違を示すかのように，2002年10月以後立ち上げる合作医療制度は，「新型農村合作医療」（略称，「新農合」）という新たな名称も与えられた[72]．

　上記の農村医療改革の方針に基づき，2002年末から翌年1月にかけて，農村における医療機関の整備と医療従事者の育成に関しても，管理の強化を唱える政策文書が相次いで打ち出された[73]．同時に，合作医療の発展が2002年末に改定された農業法84条にも盛り込まれた結果，新農合は法的根拠が与えられた．これらの準備作業を踏まえて，2003年1月，指導部が新農合の確立を正式に宣言した．これをもって，計画経済期の合作医療から市場経済期の新農合への移行は，制度上では完了したのである．

---

71) 国務院体改弁，国家発展計画委員会他「関於農村衛生改革与発展的指導意見」2001年5月24日．
72) 中共中央・国務院「関於進一歩加強農村衛生工作的決定」2002年10月19日．
73) 衛生部，国家発展計画委員会他「関於農村衛生機構改革与管理的意見」2002年12月18日．衛生部，教育部他「関於加強農村衛生人材培養和隊伍建設的意見」2003年1月7日．

ところで，新農合の確立とほぼ同じ時期，SARS危機が勃発した．しかし，城鎮職工基本医療保険にカバーされない都市住民の中には，医療費を負担できないため受診を控えた人がいた一方，医療機関が無保険者の診療を拒否した現象も現れた[74]．万が一SARSが巨大な無医療保険者を抱える農村地域へ蔓延すると，事態が制御不可能な状態に発展しかねない．この意味で，農村住民向けの公的医療保険の不在が，SARS感染のコントロールに非常に不利な状況を作り出した．このような切迫した情勢も，新農合の確立と普及に拍車をかけたと考えられる．2003年より，各省（自治区，直轄市）が2-3の県（市）で新農合の試行を踏まえてから，2010年までに全国の農村地域へ新農合を普及させる目標が打ち出された．

　新農合の概要について述べると，まず，制度確立の原則として，2003年農村税費改革試行の推進を背景に，「任意加入」が踏襲された上で，農村住民は家庭単位で新農合に加入することが決定された．一方，財源調達の原則に新たな動きが生じ，「民弁公助」が「多方による財源調達」（多方筹資）へ改められた．ここでは，「民」を主とし，「公」を従とした従来の方式が撤廃された代わりに，「民」と「公」の責任に偏りのない「多方」という用語が使われたことに注目すべきである．その他，城鎮職工基本医療保険の「収入により支出を定め，適度な給付水準を設定する」（以収定支，保障適度）という原則も新農合へ援用された上で，最も基本的な医療サービスが給付水準設定の目安とされた．

　新農合の保険者は，原則として県（市）とされたが，条件が整っていない地域はまず郷（鎮）から始まることも認められた．また，制度の管理を担う行政部門として，省，地級政府が，衛生や財政など行政部門からなる農村合作医療協調グループを設置するが，各級衛生部門の下でも，定員内で農村合作医療管理機構を設立することが求められた．すなわち，新農合の管理を担当する行政部門は，計画経済期と同様に衛生部門である．一方，保険者である県（市）政府の下で，新農合の組織や管理について政策決定を行う組織として，関連行政部門と新農合の加入者代表からなる農村合作医療管理委員会が立ち上げられる．具体的な業務は，委員会の下で設置される新農合管理機構によって行われるが，場合によっては，郷（鎮）で管理機構の出先機関を設けることや，新農合業務の委任を行うことも

---

74) 加藤洋子「SARS事件から見た中国の危機管理に関する一考察」『21世紀社会デザイン研究』第7巻，2008年，46頁．

認められる．

　「多方」による財源調達についてみると，2002年10月に提示された財政調達方式が基本的に踏襲された．具体的に，被保険者の納付する保険料が10元を下回ってはならないとされた一方，新農合の被保険者は農村住民であるが，郷鎮企業の従業員は新農合と城鎮職工基本医療保険のどちらに加入するかは，県が判断することとなった．また，条件の整う郷村集団経済組織も新農合への資金拠出が求められたが，具体的な拠出水準は県が制定するとされた．この上で，加入者1人当たりの地方財政の年間補助水準は，依然として10元以上とされたが，各級財政間の分担は省（自治区，直轄市）が決定することとなった．他方，中西部地域の一部の加入者に対する中央財政の補助基準も，2002年10月の規定を維持した．ただし，新農合加入者の保険料納付は，中央と地方が財政補助を交付する前提とされた．この財源調達方式の下で，農村住民とともに，地方も財源調達主体の1つと位置付けられることとなった．

　新農合の給付対象は，主に重症医療費または入院医療費とされたが，条件の整った地域では小額医療費の給付も実施できる．年中保険給付を受けなかった加入者に，健康診断を実施することも求められた．また，省（自治区，直轄市）が新農合の「薬品目録」を作成することによって，給付対象となる医薬品の範囲を画定するが，城鎮職工基本医療保険と同じように，保険給付の対象，スタートライン，給付率と給付上限は，健康診断の内容とともに保険者である県（市）が財源調達の水準に基づき決定するとされた．実際に，城鎮職工基本医療保険の経験を踏まえて，給付対象となる医療費をいくつかの区間に分けて，給付率の格差を設けることや，病院の規模が大きいほど給付率が低くなるような制度設計が一般的である．

　最後に，新農合の収支と使用に対して，保険者である県級政府の下で，関連行政部門と新農合の加入者代表からなる農村合作医療監督委員会が定期的に検査すると定められた[75]．

　以上の制度内容を踏まえて，国が新農合の基本的原則を制定した上で，保険給付の内容や実施方法は基本的に省（自治区，直轄市）と県（市）の裁量に委ねられ

75）衛生部，財政部他「関於建立新型農村合作医療制度的意見」2003年1月10日．

たことが明白である．これは，新農合と城鎮職工基本医療保険との共通点として挙げられる．非常に限られた財政補助の下で，国が給付水準等のミニマムも規定しなかったことは，制度導入の円滑化に寄与する一方，保険給付の地域格差の定着と拡大も避けられない．しかも，城鎮職工基本医療保険が「強制加入」を原則とするのと違い，新農合は「任意加入」の原則を維持したため，低い給付水準が普及率の低下を招く可能性も決して低くなく，新農合の普及も実際にこの問題に遭遇したのである．

ところで，新農合は計画経済期の農村合作医療を土台にして発足した制度である一方，従来の合作医療と比べて，新農合の「新しさ」はどこにあるのか．まず，給付重点の置き方について，新旧合作医療は対照的な関係を見せる．計画経済期の下で，合作医療の給付内容は主に人民公社または生産大隊が決定し，全国一律な基準もないが，基本的にプライマリーヘルスケアに力が入れられた．経済改革が加速すると，その給付水準が医療費の急騰に追いつけなくなったこともあり，制度の崩壊と再建の挫折を経験することとなった．今度，これまでの教訓を踏まえて新たに発足した新農合は，重症医療費や入院医療費の還付に重点をおき，給付水準の向上を図ったわけである．

次に，新農合の「新しさ」を示すもう1つの側面は，財源調達における中央・地方からの財政補助を制度化したことである．計画経済期の合作医療は，主に人民公社や生産大隊の集団公益金と社員の納付する保健費に依存していたが，1970年代後半に発展がピークを迎えた時でも，制度の普及が唱えられた一方，財政補助が控えられていた．この意味で，従来の合作医療にとって，国は制度の運営に直接に介入することなく，単なる秩序維持者に過ぎなかった．この状況は1990年代の制度再建期にも受け継がれ，復興の挫折をもたらした．これに対して，新農合の財源調達において，中央と地方の財政補助が制度化され，両者の補助基準も明確に定められた．実際に，制度発足の当初は個人，集団経済と政府の三者による財源調達が想定されたが，集団経済から安定な拠出を期待できないことが判明した結果，加入者が納付する保険料と財政補助は新農合の主な財源となった．2003年当時，財政補助が極めて低い水準から発足したが，2006年より制度普及の加速につれて，財政補助の伸びも著しい[76]．しかも，財政補助の増加分は，主に省級財政が拠出すると定められた．これは分税制の実施後，末端財政の規模

がより縮小したことを踏まえた制度設計として捉えられる．財政補助が制度化された意図として，財源調達の安定性を保つことの他に，農村住民の不信感を払拭することも考えられる．また，農村税費改革が進む中で，農村住民の経済負担を配慮する形で，加入者の保険料率が全体として低く抑えられたままであった．他方，財政補助の強化とともに，新農合の管理や監督をめぐる行政体制の整備も行われたため，従来の合作医療よりも政府の役割が強化されたのである．

しかしながら，財政補助が制度化されたことの意義は大きい一方，給付水準の設定からみると，財政補助の規模は限定的なものであると言わざるを得ない．その背景に，分税制が招いた末端財政の弱体化の他に，1998年に指導部が交代してから，中央財政が国有企業，金融や行政組織の改革に力を入れた上で，公的医療保険制度改革への支出も都市に傾いた配分構造の定着も，新農合に対する中央財政支出の限界を作り上げたと考えられる[77]．結果として，低水準の保険料率と財政補助の下で，新農合の給付水準も低く抑えざるを得ないため，農村住民が新農合に加入しても，医療費負担の大幅な軽減を期待できない．

この議論との関連で，保険者規模の差異も，新旧合作医療の相違点の1つとして指摘したい．従来の合作医療は基本的に生産大隊が管理していたのに対して，新農合の保険者が原則として県（市）となり，財源調達の規模が拡大した．この制度的調整は新農合のリスク分担機能の改善に有益である一方，保険給付水準を改善するには，財政補助のさらなる充実が今後の課題として残されている．

最後に，新旧合作医療の加入原則に関しても，大きな変化を見出すことができる．計画経済期の下では，合作医療の加入原則が明示されていなかった一方，狂熱な政治運動の中で，人民公社の社員となった農村住民は本人の意思に関係なく合作医療にカバーされてた．この意味で，従来の合作医療は実質的に強制加入の性格が強い．人民公社の解体につれて，合作医療は一旦崩壊し，その後の再建期では農村税費改革の展開や財政補助の欠如により，「任意加入」の原則が確立さ

---

76) 財政補助の基準が2008年に80元に引き上げられてから，2010年に120元に，2011年に200元に，2014年に320元に伸びた．これに対して，加入者の保険料率も徐々に90元に引き上げられたが，伸び率が財政補助ほどではないことが分かる．

77) すでに触れたように，1998年国民医療費の3,678.7億元のうち，財政支出が590.1億元であったが，農村へ当てられたのはわずか92.5億元で，全体の15.6％に留まった．農村人口の規模を考えると，医療に対する財政支出が明らかに都市へ偏っていたことが分かる．

れた．新農合が発足してからも，限定的な財政補助と農村住民の所得水準及び経済負担を踏まえて，「任意加入」の原則が踏襲された．ここでは，農村住民の意思が尊重されることが肯定すべきであるが，「逆選択」を排除できない問題も生じた．

4. 新型農村合作医療の普及

　新農合の制度的枠組みが出来上がると，次の課題は全国の農村地域への普及である．その試行は，2003年3月から早急に始まった[78]．同年6月，新農合がすでに304の県（市，区）へ導入し，9,300万人をカバーした．同時に，SARS危機の中で，農村での伝染予防や治療の強化も進められた．特に，受診回避と診療拒否を防ぐために，地方と中央の財政補助をもって疑似症患者も含めて無料医療が実施された[79]．2003年9月，浙江，湖北，雲南と吉林の4省が新農合試行の重点地域と指定された上で，新農合行政に携わる11の行政部門の連携を図るべく，行政部門に跨る会議（部際聯席会議）を半年ごとに開催することが決定された[80]．一方，新農合の試行過程では，いくつかの問題が早くも露呈した．例えば，湖南省桂陽県は，新農合の加入者数について水増し報告を行い，財政補助を詐取したほか，「任意加入」原則を違反し，農村住民に新農合の加入を強制した問題は，省衛生庁の実施した検査で発覚されてから全国へ通報され[81]た．地方がひたすら新農合の普及率拡大を求める問題に対して，新農合の試行が進められた上で，2004年は原則として試行地域を増やさず，「任意加入」原則の徹底が呼びかけられた．その後，重症医療費を主とし，少額医療費を従とする給付方式の下で，加入者が納付する保険料の一部を預かり入れる形で，外来医療費の給付に使う家庭口座を設け，残りの部分をもって重症社会基金を立ち上げる方法も提示された．ただし，保険者の間に，給付水準の格差を一定範囲に抑えることが求められた．さらに，保険給付手続きの簡便化を図るべく，県（市）以下の提携医療機関で受

---

[78]　衛生部弁公庁「関於做好新型農村合作医療試点工作的通知」2003年3月24日．
[79]　衛生部，国家発展改革委員会他「関於加強農村伝染性非典型肺炎防治工作指導意見」2003年5月20日．
[80]　国務院「関於同意建立新型農村合作医療部際聯席会議制度的批復」2003年9月3日．
[81]　衛生部「転発湖南省人民政府弁公庁関於桂陽県新型農村合作医療試点工作有関問題通報的通知」2003年11月14日．

診する場合，医療費の立替え払いを必要とせず，医療の現物給付を行う方針も強調された[82]．

2004年に入ってから，新農合の試行を支える指導グループが衛生部の下で結成した[83]ほか，中央財政補助支給の制度化も図られた[84]．その翌年，農村医療提供の水準を改善するために，農村への都市医師の派遣と支援も進められた[85]．結果として，2004年に新農合を実施した県（市，区）は333に伸びた上で，2005年には各地（市）は少なくとも1つの県に新農合が導入され，同年6月末にカバー人数が2.25億であった．このうち，新農合の加入者数は1.63億で，加入率が72.6％に達した．

3年ほどの地方試行を踏まえて，2006年1月に新農合導入の加速が決定された．その普及率が2006年に40％に，2007年に60％に達してから，2010年に基本的にすべての農村住民をカバーする目標が打ち出された一方，家庭単位に基づく「任意加入」の原則も再強調された[86]．結果として，2006年9月末に新農合を導入した地域はすでに全体の半数を超え，加入者数も4.06億に達し，加入率が80％を超えた[87]．この計画通りに，2007年より新農合は試行段階から全面的推進段階へ突入し，地方財政補助基準の引き上げが行われたほか，農業人口が半分以上を占める市轄区も中央財政補助の対象に取り入れられた[88]．同年に，新農合の給付方式の統一や統計調査の実施がなされたほか，農民工が保険者以外の地域で受診できる提携医療機関の指定も求められた．その結果，2007年末まで，2,448の県（市，区）では新農合が基本的に導入し，カバー人数が7.26億に増え，加入率が86.2％に達した．これを踏まえて，新農合の全国普及の目標が2年繰り上げられ，2008年に設定されることとなった．また，新農合のリスク分担機

---

82) 衛生部，民政部他「関於進一歩做好新型農村合作医療試点工作的指導意見」2003年12月15日．
83) 衛生部弁公庁「関於成立衛生部新型農村合作医療技術指導組的通知」2004年4月1日．
84) 財政部・衛生部「関於完善中央財政新型農村合作医療救助撥付弁法有関問題的通知」2004年6月21日．
85) 衛生部「関於実施『万名医師支援農村衛生工程』的通知」2005年4月20日．
86) 衛生部，国家発展改革委員会他「関於加快推進新型農村合作医療試点工作的通知」2006年1月10日．
87) ただし，東部地域の普及率は中西部地域のそれよりやや高い．高広穎「鞏国和発展具有中国特色的新型農村合作医療保障制度」，杜楽勲他『中国医療衛生発展報告 No.4』社会科学文献出版社，2008年，119-120頁．
88) 衛生部・財政部「関於做好2007年新型農村合作医療工作的通知」2007年3月2日．

能を改善すべく，資金の繰越率が 15% を超えてはならないと定められた上で，財政補助基準と加入者保険料率がともに引き上げられ，外来医療費の給付方式の模索も始まった[89]．他方，新農合加入者向けの健康診断の制度化も，同年 10 月より進められた[90]．2008 年 6 月末，新農合が基本的にすべての県（市，区）に導入し[91]，2 年繰り上げた目標も無事に達成された［図 3-5，図 3-6］．

こうして，新農合は確立から全国普及までわずか 5 年ほどしかかからなかった．「任意加入」原則の下で，これだけ短い時間の中でほとんどすべての農村住民を被保険者に取り入れたのは驚くべきことである．しかしながら，政策実施の現場では，実態は「強制加入」に近く，試行初期で露呈した問題は基本的に解決されていない．その背景に，新農合も含む政策目標の達成状況は地方責任者の業績を評価する重要な基準とされたことがあり，加入率のノルマは逐次に 1 つ下の政府に与えるのが一般的である．そこで，末端政府は，場合によっては情報公開や賞罰制度などの手段も使い，新農合の加入率を増やそうとする．それでも，強制的行政手段を取れない以上，ノルマをクリアできない可能性も十分にあるが，その対策として保険料の立て替えや加入者名簿の偽造が現れたわけである[92]．したがって，「任意加入」原則と行政現場の厳しいノルマに挟まれる中で，新農合が迅速に全国へ展開した可能性も否定できないことから，新農合の高い加入率に対して冷静な視線で判断する必要もある．

以上，計画経済期に誕生した農村合作医療は，改革開放政策の採択後，1980 年代に急速に崩壊してから，1990 年代にも 2 回も再建の挫折を経験し，2003 年にようやく新型農村合作医療として再発足した過程について検討した．前節の議論も踏まえて，1998 年から 2003 年にかけて，都市労働者と農村住民を対象とする公的医療保険が相次いで確立されたが，都市住民のうち，高齢者と未成年者は依然として公的医療保険制度から放り出されたままであった．そこで，2000 年代半ばより，この空白を埋める試みが一部の地域で現れた．

---

89) 衛生部・財政部「関於做好 2008 年新型農村合作医療工作的通知」2008 年 3 月 13 日．
90) 衛生部「関於規範新型農村合作医療健康体検工作的意見」2008 年 10 月 24 日．
91) 曹政「新農合制度提前実現全覆蓋」『健康報』2008 年 7 月 11 日付，1 面．
92) 王文亮「中国の農村部における公的医療保険制度の展開に関する考察」『金城学院大学論集　社会科学編』第 6 巻第 2 号，2010 年，31 頁．

154　第3章　公的医療保険制度の再編

[図3-5]　新農合の普及状況

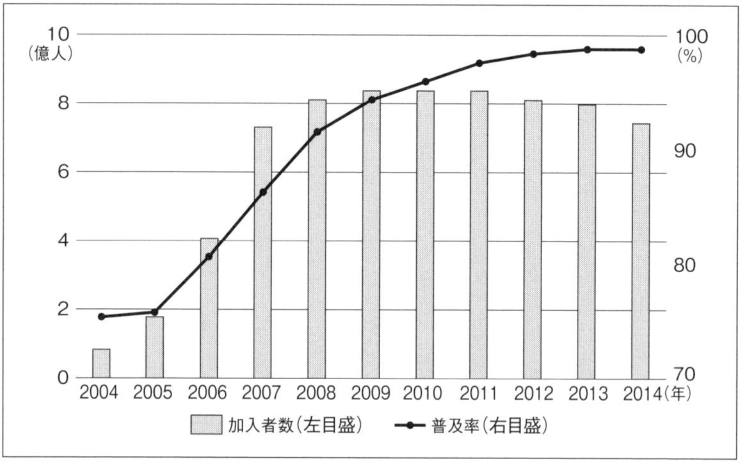

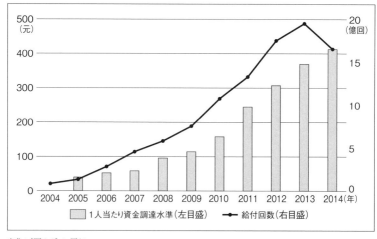

出典：2009-2015年「中国衛生（和計画生育）統計年鑑」に基づき，著者が作成．

[図3-6]　新農合の給付状況

出典：[図3-5]に同じ．

第3節　国民皆保険を目指して：城鎮居民基本医療保険の創設

1. 城鎮居民基本医療保険の発足

2006年，非就労の都市住民の医療問題に対して，一部の地域は対策を模索し

始めた．例えば，同年5月，江蘇省泰州市が当該都市の戸籍所有者を対象に「市区居民医療保険」を立ち上げ，18歳以下の児童や学生向けに「少年児童医療保険」の設立も決定した．前者は，わずか1ヵ月で40％の加入率に達し，好評となった[93]．同年10月，四川省成都市も一部の地域で戸籍所有者を対象とする医療保険を試行したが，わずか2ヶ月で加入者が2万人を突破し，平均給付率も61.33％に達した．これを踏まえて，成都市は2007年1月に制度の全市導入に踏み込み，全国で最初に都市住民向けの公的医療保険を実施した省都となった[94]．しかも，成都市はこの制度を「城鎮居民[95]基本医療保険」と名付けたが，この名称は後に国にも援用され，城鎮職工基本医療保険と新型農村合作医療とともに，改革開放以降の3大公的医療保険制度の1つとなった．成都市の次に，重慶市，浙江省湖州市，福建省廈門市などの地域も，当該都市戸籍の所有者を対象とする公的医療保険制度の試行を進めた．

　地方の試行経験を踏まえて，2007年4月4日，指導部は全国で城鎮居民基本医療保険の試行に着手した．同年から，条件の整った省では1–2の市を指定し，重症医療費の給付を主とする城鎮居民基本医療保険を試行することが定められたほか，試行作業を指導する組織として，新農合の経験を踏まえ，行政部門に跨る会議（部際聯席会議）の定期的召集も決定された．その後，制度の基本内容を規定する政策文書の作成が進められたが，同年5月に開かれた初回の「部際聯席会議」で原案について議論が行われてから，6月中旬から7月上旬にかけて地方の意見も聴取された．それまでの検討に基づき，城鎮居民基本医療保険の原則が基本的に固まった．例えば，低給付水準からの発足や，中央・地方財政補助の制度化，任意加入，漸進的普及が決定されたが，新農合の基本原則と多くの共通点を見出すことができる．約3ヵ月の準備作業を踏まえて，2007年7月に指導部が17ヵ条からなる政策文書を公表し，城鎮居民基本医療保険制度の確立と試行開始を宣言した．これをもって，公的医療保険制度の3本目の柱が出来上がり，制

---

93) 厳良軍「城鎮居民医療保険的行与思」『中国社会保障』第9巻，2006年，43頁．
94) 梁小琴「把老人和孩子也納入到医保体系――成都試点居民医保」『人民日報』2007年2月26日付，13面．
95) 中国の戸籍制度の下で，ここでいう「居民」は，日本で通常にいう「住民」より範囲が狭い．この保険制度の訳出に当たって，本書は語義の混同を避けるために，中国語の名称をそのまま用いることとする．

度上で医療の国民皆保険が基本的に実現された．

それ以後，城鎮居民基本医療保険の試行が一部の地域で展開したが，全体的な計画として，2007年に各省で2-3の都市での試行を踏まえて，2008年に試行都市を拡大し，2009年に8割以上の都市へ導入することを目指す．制度が全国へ普及する時間は，2010年と想定された．

城鎮居民基本医療保険の概要について述べると，まず，保険者は制度の名称通り都市であり，被保険者の範囲は消去法によって画定された．すなわち，城鎮職工基本医療保険にカバーされない中，小学校の学生（職業高校，中等専門学校と技術工養成学校の学生も含む）をはじめとする非就労の都市住民が，自由意思で保険に加入できるとされた．また，新農合と同じく，任意加入の「逆選択」問題を緩和するために，家庭が加入の単位と規定された．しかしながら，ここでは1つの落とし穴も看過できない．すなわち，被保険者に大学生が含まれていなかった．計画経済期の下で，大学生が公費医療の対象者とされたが，制度上で公費医療が撤廃されるにつれて，その医療問題も徐々に露呈したのである．

財源調達は，保険加入者から納付する保険料を主とし，財政補助を従とする原則が示された．このうち，保険料の設定は保険者の裁量に委ねられたのに対して，財政補助について明確な基準が規定された．すなわち，加入者1人当たりの年間財政補助が40元を下回ってはならないが，このうち，中央財政が「専項」移転支出を通して，毎年中西部地域の加入者に対して1人当たり20元の補助金を交付する．この上で，最低生活保障の対象または重度障害をもつ学生及び児童が納付すべき保険料に対しても，年間1人当たりの財政補助が10元を下回ってはならないが，このうち，中央財政が中西部地域の該当者に対して，年間1人当たり5元の補助金を交付する．その他の最低生活保障の対象者，労働能力を喪失した重度障害者，低所得者世帯の60歳以上の高齢者などが納付すべき保険料に対して，年間1人当たりの財政補助が60元を下回ってはならず，このうち，中央財政が中西部地域の該当者に対して，年間1人当たり30元の補助金を交付する．ここで，中央財政が中西部地域への補助に偏る一方，東部地域に対しては，新農合の補助方式を参考して適切な補助を行うとしか規定されていない．ここから，城鎮居民基本医療保険に対する財政補助基準は，2003年発足当初の新農合より高く設定されたことが分かる．その理由に，都市と農村の物価水準や診療価格の

格差が考えられよう．他方，保険の加入率を高めるために，加入者本人と，従業員の家族加入を支援する企業に対して，税制優遇を設けることとなった．

　この財源調達水準の下で，保険給付の対象は入院医療費と重症外来医療費に重点をおいた一方，条件の整った地域は，一般外来医療費の給付を行うことも認められた．保険基金を管理する原則は，城鎮職工基本医療保険と新農合と同じように，収入をもって支出を定め，収支のバランスをとる上で少額の繰り越しを残す（以収定支，収支平衡，略有結余）である．保険基金の収支状況を踏まえて，保険給付のスタートライン，給付率と給付上限が設定されるが，城鎮職工基本医療保険と同じく，保険診療報酬支払方法の改善も求められた．また，財源調達の規模から考えると，給付水準は限界を伴うことが容易に想定されるが，医療費の本人負担を緩和する対策として，民間保険への加入や医療救助の申請が示された．他方，保険給付の対象は，原則として省（自治区，直轄市）労働保障部門が城鎮職工基本医療保険の内容に基づいて決定するが，このうち，給付対象となる診療項目等は城鎮職工基本医療保険の規定に準じ，給付対象となる医薬品は国と省（区，市）の「基本医療保険和工傷保険薬品目録」に基づいて調整すると定められた．全体として，保険給付が低水準から始まることや，医療費のコントロールが強調された[96]．

　保険の管理体制は，原則として城鎮職工基本医療保険の規定を準じて行うとされたが，城鎮職工基本医療保険と新農合の実施経験を踏まえて，管理資源の整合も推奨された．ここでは，城鎮居民基本医療保険が成立した当初，労働保障部門の管轄下に置かれることが想定されたが，将来的に3大公的医療保険制度を管理する行政部門の統一も期待されたことが窺える．現段階では，行政部門，保険加入者や医療機関などの代表からなる監督組織を立ち上げることの模索が求められた．

　最後に，保険提携医療機関のうち，都市医療提供ネットワークの末端にある社区衛生サービス機構の役割が強調され，そこで発生する医療費の給付率を高く設定することが規定された[97]．

---

[96] 労働和社会保障部，財政部他「関於城鎮居民基本医療保険医療服務管理的意見」2007 年 10 月 10 日．
[97] 国務院「関於開展城鎮居民基本医療保険試点的指導意見」2007 年 7 月 10 日．

上記の制度の概要から，城鎮居民基本医療保険の加入原則，財源調達方式や給付内容については，新農合と多くの共通点を見せることが分かる．この意味で，新農合の抱える性格と問題点は，城鎮居民基本医療保険に当てはまることができるものも少なくない．一方，保険者，財源調達の規模と管理体制に関して，両者が大きな違いも見られる．例えば，県（市）が保険者とされる新農合に対して，城鎮居民基本医療保険の保険者が都市であり，その財源調達の規模がより大きいわけである．また，城鎮居民基本医療保険の管理は，新農合を管理する衛生部門ではなく，城鎮職工基本医療保険の管理を担う労働保障部門の管轄下に置かれたことも，両者の相違点の1つである．新発足の公的医療保険は新農合とより多くの共通点を抱えるにもかかわらず，被保険者が都市住民であることから，その管理を担当する行政部門として，すでに10年近く都市労働者向けの公的医療保険の管理を担ってきた労働保障部門のほうが効率的であると判断されたことが推察される．いずれにしても，城鎮居民基本医療保険の確立によって，城鎮職工基本医療保険と新農合からなった公的医療保険制度の空白がほぼ埋まることとなり，国民皆保険の公的医療保険制度の枠組みが整ったことの意義が大きい．

2. 城鎮居民基本医療保険の定着

地方が自発的に立ち上げた城鎮居民基本医療保険が指導部に採用された結果，ボトムアップの形で国の制度として確立されたが，制度が全国で定着するには指導部の強力な姿勢が欠かせない．実際に，制度の骨子が固まってから，各地への導入は指導部の立てた計画通りに始まった．2007年末まで，88の都市が制度の試行に踏み込み，加入者が2,583万に達したが，このうち62万人が早くも保険給付を受給し，保険加入者の満足度も68％で過半数を突破した．その財源調達も良好な滑り出しを見せ，中央と地方の財政補助に基づき，2007年に試行都市の大人1人当たりは150–300元に定着し，平均は236元であった一方，未成年者1人当たりは50–100元であり，平均は97元であった．安定的な財源調達を踏まえて，同年10–12月の保険給付の受給者数も月ごとに0.5％伸びた．結果として，都市住民の医療へのアクセスが改善され，2週以内の受診率が5％伸び，医療費を負担できないことが原因とされる未受診率が10％下がったほか，入院率も2％上がった[98]．

[図3-7] 城鎮居民基本医療保険の加入者数（単位：億人）

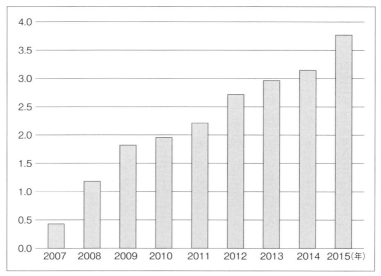

出典：「2015年中国衛生和計画生育統計年鑑」,「2016年中国統計年鑑」に基づき，著者が作成．

　2008年に入ってから，城鎮居民基本医療保険は試行拡大の段階を迎えた．同年2月，保険の試行地域が河北省保定市など229の都市へ拡大したほか，海南からチベットまで合計15の省（自治区）では，城鎮居民基本医療保険がすべての都市に導入された．これらの新たな試行都市では，年末までに保険の加入率が50％に達する目標が同年6月に打ち出されたとともに，加入者1人当たりの年間財政補助基準も前年の40元から80元に引き上げられた．このうち，中央財政が中西部地域の加入者に対して1人当たり40元の補助金を交付するが，東部地域の加入者に対しては新農合の実施状況に準じて補助基準を引き上げるとされた．これに対して，省級財政補助は財政力の弱い市（県）に傾斜する方針も示された．また，財政補助基準の引き上げと社区医療提供の強化をきっかけに，入院医療費と重症外来医療費の給付を土台に，一般外来医療費の給付方式を模索することも唱えられた．その狙いは，給付水準の改善をもって，保険の加入率を高めることである[99]．他方，同年10月，制度が確立した当初被保険者の落とし穴となった

---

98) 王東進「医保試点，開局良好——関於城鎮居民基本医療保険試点評估情況的報告（節選）」『中国労働保障』第4巻，2008年，11頁．

大学生（大学院生も含む）も，城鎮居民基本医療保険試行の対象に取り入れられた[100]．これをもって，ほぼすべての国民が制度上ではいずれかの公的医療保険にカバーされることとなった．2008年11月末まで，城鎮居民基本医療保険の加入者がすでに1億を突破し，2007年末より5,721万人増となったが，このうち，すでに999万人が保険給付を受給した．2009年に入ると，新医改が打ち出された翌月に城鎮居民基本医療保険の全国普及が決定された．しかも，2009年まで，新たに保険を実施する都市の加入率が50％を下回ってはならず，すでに保険試行に取り組んできた都市の加入率が80％に達することが求められた．ただし，加入者に対する財政補助の基準は，2008年の規定を維持することとなった[101]．

こうして，2007年に立てられた計画に沿う形で，2010年までに城鎮居民基本医療保険はすべての都市へ導入し，財政補助基準も次第に引き上げられた．「任意加入」原則の下で高い加入率を維持すべく，2010年に加入者1人当たりの年間財政補助基準が120元に引き上げられ，翌年に一般外来医療費も保険給付の対象に加えられた[102]．結果として，［図3-7］が示すように，2012年に城鎮居民基本医療保険の加入者数が2.7億を超え，2015年末にその数は3.7億を超えることとなった．一方，2011年に3大公的医療保険の加入者がすでに13億を突破し，カバー率が95％以上に達したが，この水準が現在でも維持されている[103]．

以上，城鎮居民基本医療保険の確立と定着の過程について検討した．城鎮職工基本医療保険と新農合の次に，都市住民向けの公的医療保険制度の確立をもって，経済体制の移行に伴い，計画経済期の三大医療保険制度，労保医療，公費医療と合作医療の再編が完了し，制度上では医療の国民皆保険が実現されたと捉えられる．しかしながら，2つの経済体制の下で，公的医療保険制度はいずれも「三本柱」の構図を見せる一方，その中身が異なるだけではなく，新旧医療制度の相違

99）人力資源和社会保障部・財政部「関於做好2008年城鎮居民基本医療保険試点工作的通知」2008年6月10日．
100）国務院弁公庁「関於将大学生納入城鎮居民基本医療保険試点範囲的指導意見」2008年10月25日．
101）人力資源和社会保障部・財政部「関於全面開展城鎮居民基本医療保険工作的通知」2009年4月8日．
102）人力資源和社会保障部「関於普遍開展城鎮居民基本医療保険門診統筹有関問題的意見」2011年5月24日．
103）顧泳「我国七年医政，亮点，難点在哪児」『解放日報』2016年11月24日付，10面．

点の1つを作り上げた．それは，公的医療保険制度改革が医療水準の相対的低下を招いたことを背景に，医療救助制度が新設されたことである．

第4節　城郷医療救助制度の新設

計画経済期の下では，都市と農村とを問わず，低所得者を対象とする医療救助制度が存在しなかった．また，一部の低所得者を対象とする最低生活保障制度の実施も，1990年代以後のことである[104]．経済改革が始まってから，従来の医療保険制度の衰退によって国民の医療費負担が急速に重くなった[105]が，低所得者の医療問題はしばらくの間に放置されたままであった．しかしながら，巨大な無保険者を抱える農村の医療問題は，もはや無視できない社会問題となった．2002年10月，新農合と農村医療救助制度の確立は農村医療行政の目標に盛り込まれたのを踏まえて，2003年11月から農村医療救助の試行が各地で始まった．

農村医療救助の対象者は主に「五保戸」と低所得者であるが，地方も一定の裁量が与えられた．また，給付の方式として，新農合の実施状況によって主に2つが提示された．すなわち，1人当たりの年間医療救助基準を設定する上で，新農合が実施される地域では，対象者の保険料の一部または全部を負担し，新農合に加入させてから，重症医療費の本人負担分に対して補助金を支給するが，新農合が実施されない地域の場合，重症医療費に対して補助金が支給される．また，財源調達は主に財政補助と社会寄付に依存するが，財政補助は中西部貧困地域を除き，主に地方財政が拠出すると定められた．一方，調達される資金は農村医療救助基金に預け入れ，基金の管理方法は2004年1月に制定された[106]．最後に，

[104) 農村の場合，1956年にごく一部の低所得者に対して「五保」制度が行われたが，人民公社の解体後，1994年1月に「農村五保供養工作条例」が制定され，その制度化が図られた．分税制の実施や農村税費改革，農業税の撤廃により，その財源基盤が衰弱化したが，2006年に上記条例の改定が行われた．他方，1990年代に入ってから，農村居民最低生活保障制度も一部の地域で立ち上げられ，2000年代半ばまで地方での試行を踏まえて，2007年に国の制度として正式に確立された．これに対して，都市の居民最低生活保障制度が1993年に上海市で最初に実施されたが，1997年に制度の試行が全国で展開し，1999年9月までに668の都市と1,638の郷鎮に普及した上で，その翌月から国の制度として発足した．

105) 第3回国家衛生服務調査分析報告によると，2004年より過去5年の国民1人当たりの所得増加率は，都市住民が8.9％で，農村住民が2.5％であったのに対して，医療費の増加率は都市が13.5％，農村が11.8％であった．しかも，医療費が食費，教育費に続く一般家計の3番目の高額支出に上った．

106) 財政部・民政部「農村医療救助基金管理試行弁法」2004年1月5日．

農村医療救助の管理を担当する行政部門は，民政部門と規定された[107]．

　農村医療救助制度の枠組みが確定してから，各省（自治区，直轄市）はまず2-3の県（市）で制度の試行を進めたが，財源調達の不足や政策実施の透明性欠如などの問題が現れた．これらの問題を改善し，制度の展開を推進すべく，2005年8月に制度試行の加速が決定され，同年末までに全国普及を実現する目標が打ち出された[108]．実際に，目標の達成は計画より1年後の2006年末となった．その原因として，同時に新農合の展開が進められたことから，地方財政の限界が考えられよう．

　一方，国有企業改革の推進が大量な失業者を生み出したことを背景に，都市でも医療救助制度が登場した．その名称は，「城市医療救助」である．1997年9月に「城市居民最低生活保障」制度の発足に次いで，2000年12月に都市住民向けの医療救助制度の確立が提起されたが，これは農村医療救助制度の設立が唱えられた時間よりも約2年も早い．2003年初，倒産した国有企業の従業員の基本生活を確保すべく，医療救助制度の確立が再び強調されたが[109]，同年春に勃発したSARS危機も医療問題を政策課題の焦点に押し上げた．それでも，城市医療救助制度の名称及び内容の確定は，農村医療救助よりも1年余り立ち遅れて，2005年2月のことであった．制度確立の計画として，2005年から2年間は試行期に当たり，それからまた2-3年をもって制度の全国普及を図ることが想定された．

　城市医療救助制度の対象は城市居民最低生活保障の対象者のうち，城鎮職工基本医療保険に加入していない者，または城鎮職工基本医療保険に加入しているが，医療費の本人負担が依然として重い都市住民等である．給付方式は，救助対象の医療費から，公的医療保険給付，職場の補助及び社会共済金を控除し，その本人負担分が一定の金額を超える以上の部分，または，特殊疾患の医療費に対して，一定の割合または一定額をもって補助金を支給するものである．また，農村医療救助と類似する形で，城市医療救助の財源調達も主に財政補助，宝くじ公益金と社会寄付に依存し，省以下の地方財政支出は主な財源とされるほか，城市医療救

---

107)　民政部，衛生部他「関於実施農村医療救助的意見」2003年11月18日．
108)　民政部，衛生部他「関於加快推進農村医療救助工作的通知」2005年8月15日．
109)　国務院弁公庁「転発国家経貿委等部門関於解決国有困難企業和関閉破産企業職工基本生活問題若干意見的通知」2003年1月7日．

[図 3-8] 医療救助の発展状況

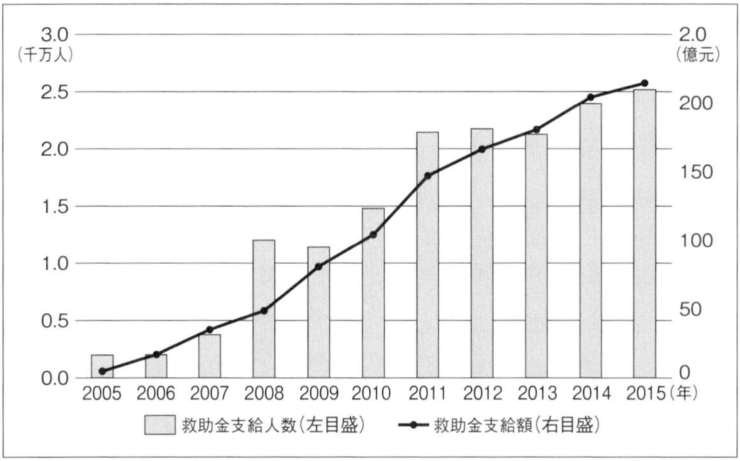

注：公的医療保険の保険料補助の場合を除く．
出典：[図 3-7] に同じ．

助も主に民政部門の管轄下に置かれる[110]．

　制度の展開についてみると，城市医療救助制度の確立が決定された 2005 年に制度を試行した市（区，県）はすでに 1,155 に達し，救助の受給者数も 110 万を超えた．2007 年に城鎮居民基本医療保険の試行に伴い，2008 年 6 月に城市医療救助が全国 99% の都市へ普及し，当初の計画は繰り上げて達成された．それ以来，農村と都市の医療救助は各自に発展を遂げ[111]，両者が合わせて「城郷医療救助制度」と呼ばれることとなった．2009 年に新医改が発足してから，城郷医療救助制度の整備を目指すべく，給付対象の拡大，救助方法の多様化と救助水準の向上が図られた[112]．その後の制度発展を踏まえて，2015 年 4 月，都市と農村の医療救助制度の統合が決定された上で，重症医療費に対する医療救助も 2012 年から一部の地域での試行を踏まえて，全国で実施されるようになった[113][図 3-8]．

---

110) 民政部，衛生部他「関於建立城市医療救助制度試点工作意見的通知」2005 年 2 月 26 日．
111) 農村医療救助の受給者数は城市医療救助のそれより多いが，受給者数の伸び率は後者のほうがはるかに速い．一方，救助水準については，両者の格差が 2008 年に 5.3 倍に達したが，その後，縮小していく傾向を見せた．陳徳欽「中国城郷医療救助差異問題研究」『商』第 17 巻，2012 年，158-159 頁．
112) 民政部，財政部他「関於進一歩完善城郷医療救助制度的意見」2009 年 6 月 15 日．

こうして，2000年代以降，公的医療保険制度の枠組みが徐々に整うにつれて，国民の医療費負担を緩和するセーフティネットとして，城郷医療救助制度も農村から都市へという順番で全国で確立された．国民医療費が急速に膨張する中で，1990年代の合作医療再建の失敗と国有企業改革が生み出した数千万人規模の「貧困層」の医療問題に対して，城郷医療救助の創設は評価できる一方，救助水準の地域格差や，給付方式の合理性の欠如など限界を伴うことも認めざるを得ない[114]．いずれにせよ，経済体制の移行期の下で，城郷医療救助制度は医療水準の相対的後退を補い，公的医療保険制度を補完する役割を果たしてきた一方，計画経済期と社会主義市場経済期の医療制度を区別するポイントの1つでもある．

小　括

本章は，経済体制の移行に伴い，計画経済期の労保医療，公費医療と農村合作医療は，城鎮職工基本医療保険，新型農村合作医療と城鎮居民基本医療保険へ再編成される過程について検討した．1970年代末以後の経済改革の請負制が労保・公費改革にも適応されたことや，財政改革の展開が新たな公的医療保険の確立を促した一方，給付水準の設定に決定的な影響を与えたことが明らかになった．それから，経済体制の移行が決定されてから，計画経済期の3大医療保険制度の再編が一夜で完了したのではなく，部分的修正と地方での試行を踏まえて，次第に新制度への過渡を遂げたことから，経済財政改革と同様に「漸進主義」の性格も見せる．結果として，医療技術の進歩や医療設備の更新により，医療のクオリティは改善された一方で，そのコストの大幅増とそれが招く医療へのアクセスの制限により，全体的な医療水準は計画経済期のそれよりも相対的に低下したと捉えられる．以下では，社会主義市場経済期の公的医療保険制度の性格として3点を指摘し，本章を締め括りたい．

第1に，計画経済期の3大医療保険制度は「高普及・低負担」の共通点を抱えるのに対して，1990年代後半から徐々に立ち上がった3大公的医療保険制度は，いずれも「低水準・広普及」の性格を見せる．1975年当時，9割近くの国民は労

---

113)　国務院弁公庁「転発民政部等部門関於進一歩完善医療救助制度全面開展重特大疾病医療救助工作意見的通知」2015年4月21日．

114)　姚嵐・陳麗「中国城郷医療救助面臨的問題及対策」『中国衛生政策研究』第1巻第1号，2008年，35-36頁．

保医療,公費医療と合作医療のいずれかにカバーされた上で,医療費の本人負担も極めて低く抑えられていたが,経済改革が発足してから,公的医療保険の普及率が急速に低下したとともに,医療費の本人負担率も大幅に上がった.この医療水準の低下に歯止めをかけるために,市場経済に適応する形で公的医療保険制度も次第に形が整った.しかしながら,「薬漬け・検査漬け」が医療費の急速な膨張を招いたのに対して,国有企業改革や財政改革が進む中で,医療費の伸び率に合わせる形で公的医療保険の給付水準を設定することの現実味が薄い.城鎮職工基本医療保険が打ち出された当初,「低水準・広普及」の原則が決定された原因は,まさにここにあり,その次に確立された新農合と城鎮居民基本医療保険もこの原則も踏襲したのである.

　結果として,改革開放初期,公的医療保険の普及率が大いに低下した問題はかなり改善された.国家衛生服務調査の結果からみると,1993年当時,調査対象者のうち,労保医療と公費医療の被保険者が全体の15.5%,その扶養親族と合作医療の加入者が全体の12.11%であり,無保険者の割合が69.86%であったのに対して,2013年になると,3大公的医療保険の加入者は調査対象全体の95.1%を占め,2008年の87.1%よりも8%伸びた.新たな3大公的医療保険の加入率からみると,公的医療保険の「広普及」が確かに実現されたといえよう.しかしながら,3大公的医療保険のうち,城鎮職工基本医療保険のみは「強制加入」とされたのに対して,新農合と城鎮居民基本医療保険は未だに「任意加入」原則を維持していることも看過できない.この意味で,市場経済期の公的医療保険制度の「広普及」も,国民皆保険の達成も,不徹底な部分が残されている.

　一方,社会主義市場経済期の公的医療保険制度は「広普及」を実現した対価として,保険給付の「低水準」を余儀なくされたと捉えることもできる.3大公的医療保険の確立当初,給付水準の設定はいずれも「低水準」から始まるよう呼び掛けられたほか,保険給付の対象となる診療項目と医薬品に関しても厳格な範囲画定が行われた.無論,財政補助基準の引き上げに伴い,保険給付水準の改善が徐々に図られてきたが,医療費の本人負担が依然として重く,2000年代中頃に社会問題の首位に上がったほどである.他方,「社会主義」的医療保険制度と違い,新たな経済体制の下で,公的医療保険に加入する条件として,国民は保険料を納付する義務も負うこととなった.この変化も,保険給付水準の低下とともに

国民の医療負担増をもたらした一因である．全体として，経済体制の移行が生み出した保険給付水準の巨大な負担は，結果的に国民に転嫁したといえよう．

　第2に，医療給付の水準からみると，計画経済期の3大医療保険制度が内包する「2つ二重構造」は，経済体制の移行につれて強化され，医療水準の「4つの世界」が形成したと考えられる．公的医療保険制度改革が一段落した結果，給付水準の都市と農村の地域格差が踏襲された一方，公務員とその他の労働者の職域格差が強められたからである．城鎮職工基本医療保険の確立後，企業労働者の医療費負担が急速に上がったのに対して，公務員医療補助制度の実施によって公費医療の給付水準が実質的に維持された．この意味で，計画経済期の下で，国家機関職員と企業労働者の医療水準は相対的優位の関係にあるとすれば，社会主義市場経済期に入ってから公務員は絶対的優位を占めることとなった．結局，改革後の公的医療保険制度も「2つの二重構造」を抱えており，医療給付の優先順位として，公務員，都市労働者，都市住民と農村住民の「4つの世界」を作り上げた．これは，計画経済期の医療行政が最も重視した社会主義の優越性からますますかけ離れるものとなっている．

　第3に，本章の議論を踏まえて，公的医療保険をめぐる行政体制の変容を振り返りたい．結論からいうと，計画経済期の医療保険行政の分断された構造は市場経済体制の移行期にも受け継がれた一方で，行政権限の再編を経て，新たな公的医療保険行政体制が構築されたのである．

　労保医療は，中華全国総工会が復活して2年後の1980年から1986年半ばにかけて，中華全国総工会を頂点とする労働組合と，当時の国家労働総局を頂点とする労働部門の共同管理の下に置かれていた．1986年7月以降，国有企業に労働契約制の導入を背景に労保医療の社会化が検討されるようになってから，労働組合がさらに労保医療の制度運営の監督者へと後退し，労保医療を管理する権限も徐々に労働部門に移された．1つの到達点として，1998年に大規模な政府機構改革が断行された結果，中央政府の労働部は労働和社会保障部に再編され，同年末に確立された城鎮職工基本医療保険をはじめとする社会保険を一括して管理することとなった．

　一方，農村合作医療は一時的崩壊と再建の挫折を踏まえて，2003年より新農合として再発足したが，それを管理する権限は依然として衛生部門に留まった．

1998年政府機構改革の際,民政部所管の農村社会年金保険も新設された労働和社会保障部に移管されたことから,形骸化しつつある合作医療の権限移管も不可能ではなかったが,新農合に対して衛生部門の権限が留保されたことは,行政部門間の権限配分から理解することができる．城鎮職工基本医療保険の確立により,ごく一部の離休者や傷痍軍人を除き,制度上では衛生部門の公費医療管理権限が大幅に縮小した．そこで,新農合の財源調達規模は非常に小さいとはいえ,その管理権限まで労働保障部門に移すと,衛生部門は公的医療保険行政から基本的に排除されることとなる．この意味で,衛生部門と労働保障部門の権限配分の均衡が意識された結果,新農合は公的医療保険であるにもかかわらず,衛生部門の管轄下に留まるという変則的な行政体制が形成したと捉えることもできなくない．これに対して,市場経済期の公的医療保険制度の新な構成部分として,2007年半ばに打ち出された都市住民基本医療保険は,労働保障部門の管理に置かれることとなった．他方,公的医療保険の補足として新登場した城郷医療救助制度は,社会救済の性格をもつことから,民政部門の管轄下に置かれた．

　こうして,市場経済期の下での公的医療保険をめぐる行政体制は,計画経済期の分断された構造を受け継いだ一方,労働保障部門と衛生部門の間に権限の再配分が行われた結果,労働保障部門の優位が確立された．他方,公的医療保険制度の整備が進む中で,計画経済期の医療保険行政の縦割り行政の特徴がより強化された一面を見せる．労働力の流動が加速する中で,労働保障部門と衛生部門が各自に管理する被保険者の情報を共有しない上で,加入者の奪い合い現象も時々見せた．これは,「農民工」の医療問題を作り出したほか,公的医療保険の重複加入などの問題も招き,中国の公的医療保険行政の長期的問題の伏線を張ったと言わざるを得ない．公的医療保険の二重給付は,年間200-300億元の資金損失を作り上げると推定された[115]とともに,公的医療保険行政体制の分断も徹底的な医薬品改革を妨げるボトルネックとなっていることから,その統合が2010年代以後指導部の課題に乗せられた．

　他方,計画経済期の医療保険行政と同じように,現在でも,「条塊関係」の下では,国の定められた制度的枠組みの中で,保険給付の内容や実施方法は地方の

---

[115] 張静「対医療保険重複参保問題的探討」『現代経済信息』第5巻,2012年,218頁．

裁量に委ねられている．これは，財政改革以後の地方財政負担を緩和することによって，制度導入の円滑化に寄与した一方，医療水準が地域経済の状況と連動させ，医療水準の地域格差を追認することとなった．また，各保険者の情報共有が規定されなかった結果，地域に跨る保険の給付手続きの煩雑さも指摘されており，保険者以外の地域での受診が制限される問題も招いた．これらの問題は，2009 年に発足した新医改にも取り上げられ，近年は改善の兆しを見せている．

　本章の議論を踏まえれば，経済発展に伴い医療のクオリティが大いに改善されたにもかかわらず，人民公社時代の「裸足の医者」を懐かしく思う国民が少なくない[116]理由は非常に分かりやすい．医療水準を改善する方法としては，公的医療保険の給付水準や給付手続きの改善を図ることが最初に思い浮かぶであろう．しかし，現在の中国が抱える医療問題は公的医療保険制度の修正だけで克服できるものなのかといえば，答えは否である．というのは，経済体制の移行に伴う公立病院と医薬品市場の変化も，医療水準の相対的後退に決定的な影響を与えたからである．以下の 2 つの章では，これらの医療分野で生じた変容に注目していきたい．

---

[116]　王大慶「懐念赤脚医生」『新華毎日電訊』2013 年 7 月 30 日付，3 面．Casella, A.「中国農村懐念『赤脚医生』」『香港亜洲時報』2010 年 1 月 17 日付．

第 4 章 「衛生行政」の統制緩和

　本章では，1978 年以降，公的医療保険制度改革が進むとともに，公立病院の管理を担う「衛生行政」の変容について考察する[1]．計画経済期の下で，都市と農村で「三級医療衛生網」が整備された結果，公立病院が医療提供市場をほぼ独占することとなったと同時に，社会主義の優越性が重視された結果，診療報酬制度と財政補助制度も強い統制の色彩を伴うものであった．経済体制の移行が始まると，医療提供市場に対しても改革のメスが入れられたが，「衛生行政」の統制緩和はその中核を占め，結果的に中国の医療分野全体に劇的な変化をもたらした．この意味で，「衛生行政」の変容は中国の医療問題を理解する鍵でもある．

第 1 節　「衛生行政」の機能回復

　文化大革命の中で，「衛生行政」も「停滞の十年」を経験した．中央人民政府衛生部の内部組織（司，局）がすべて撤廃された代わりに，小規模の業務組の下で「衛生行政」の機能不全が招かれた．改革開放政策の採択後，1979 年 4 月に「調整，改革，整頓，向上」という新たな八字方針の提示をもって，衛生部門も機能回復の機運を迎えた．中央から地方まで行政組織の再建が実現された上で，1982 年政府機構改革の下で内部組織の再編と簡素化が行われた．

　「衛生行政」の「調整，整頓」として，衛生部門が公立病院に対する管理を強化したほか，医療従事者の職階昇進制度を回復し，「文明医院」と呼ばれるモデル病院の創設にも取り組んだ．文化大革命の中で公立病院の管理規程が形骸化した問題に対して，1978 年から 1982 年にかけてその再作成が進められた[2]と同時

---
1) 改革開放初期の衛生部門の機能回復については，先行研究の蓄積が限られるため，主に黄樹則・林士笑（1986）を踏まえて説明する．
2) 当時に制定された政策文書として，「全国医院工作条例（試行草案）」，「医院工作制度，医院工作人員職責（試行草案）」，「総合医院組織編制原則（試行）」，「県病院整頓建設幾点意見」，「農村人民

に，医師や看護師の技術査定と職階評定も再開し，文化大革命期に醸成した「医術よりも政治思想を重視する」風潮に歯止めが加えられた．さらに，秩序回復の早い公立病院が「文明医院」と表彰され，公立病院の全体的環境の改善も進められた．

「衛生行政」の「調整，整頓」がある程度効果を上げると，公立病院管理方式の改善と農村医療機関の整備において，「改革，向上」が次の課題とされた．公立病院の科学的な管理を実現すべく，1980年より関連の学会やシンポジウムが頻繁に開かれるようになったと同時に，公立病院管理をめぐる理論と実務の経験を共有すべく，『医院管理』，『衛生経済』などの出版物も創刊された．同時に，一部の都市の公立病院は経営管理の改革にも積極的に着手した．例えば，首都鋼鉄会社職工病院やハルビン医科大学附属第一病院が，次節で説明する公立病院の「経済管理」の先駆けとなった．一方，農村の医療環境を改善するために，1979年からまず全国1/3の県が取り上げられ，その医療機関の整備が行われた．1983年当時最初に選定された300の県の医療機関の充実化が一段落つき，55,500の公社衛生院及び60万の大隊衛生室の整頓も完了した．同時に，前章で触れたように，1981年2月より合作医療の担い手であった約135万人の「裸足の医者」向けの技術研修も始まったが，2年後におよそ1/4が「郷村医師」の資格を取得した．

「衛生行政」の整頓と改革が進むにつれて，医療提供の秩序が回復し，都市と農村の医療機関，病床と医師など医療資源も着実に増えた．1983年当時，全国の医療機関数が196,017，病床数が2,341,604床，また，医療従事者数も3,252,836に達した[3]．

一方で，右図で分かるように，1978年以降公立病院数が増えつつあるのに対して，郷鎮衛生院数は1980年代に入ってから徐々に下がる傾向を見せるが，病床数の増加率も前者のほうがはるかに大きい［図4-1，4-2，4-3］．

医師の育成に関しても同じことが言える．1978年から公立病院等の医師数が増える一途であるのと対照的に，「裸足の医者」を原型とする郷村医師等の規模が急速に縮小した［図4-4］．

公社衛生院暫行条例（草案）」などが挙げられる．
3) 黄樹則・林士笑『当代中国的衛生事業（下）』中国社会科学出版社，1986年，15-16頁．

第 4 章 「衛生行政」の統制緩和　171

［図 4-1］　1978 年以降の総合病院数（単位：万）

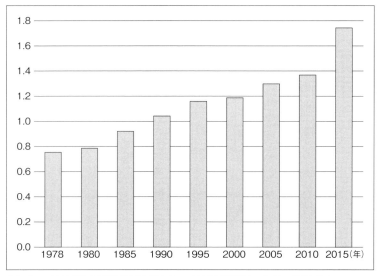

出典：「2015 年中国衛生和計画生育統計年鑑」，「2016 年中国統計年鑑」に基づき，著者が作成．

［図 4-2］　1978 年以降の郷鎮衛生院数（単位：万）

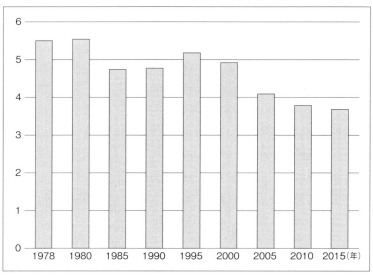

出典：［図 4-1］に同じ．

172 第4章 「衛生行政」の統制緩和

[図4-3] 1978年以後の病床数（単位：百万）

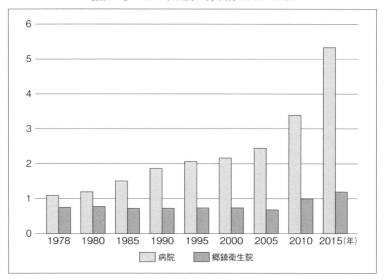

出典：[図4-1] に同じ．

[図4-4] 1978年以降の医師数（単位：百万）

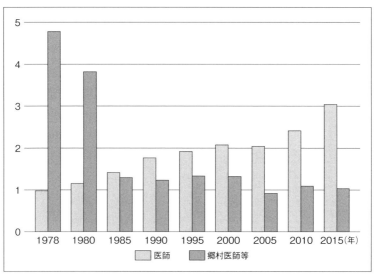

出典：[図4-1] に同じ．

[図 4-5] 1980 年以降 1,000 人当たりの医師数

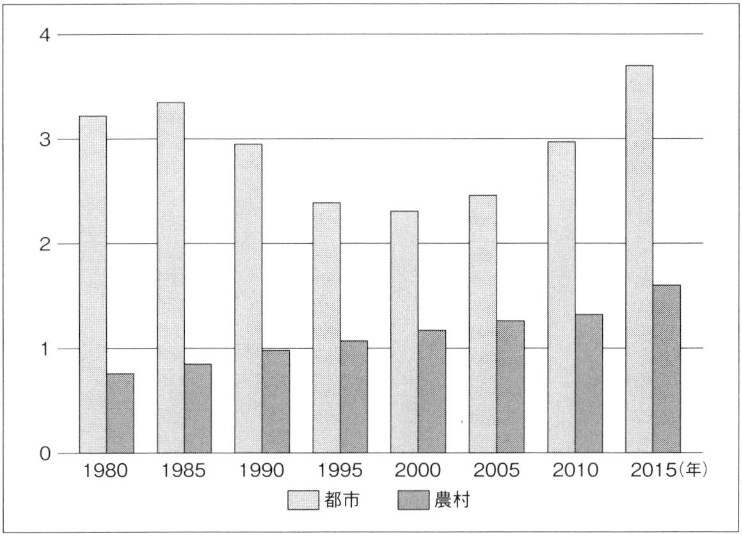

出典：[図 4-1] に同じ．

　医師の地域分布からみると，都市の 1,000 人当たりの医師数は 1985 年から 2000 年にかけて一度低下し，農村との格差が 1 倍ほどの水準に縮小したが，その後また格差拡大の傾向を示した [図 4-5]．

　上記の状況を踏まえて，計画経済期の医療資源分布の地域格差は，全体として市場経済期にも受け継がれたと捉えられる．ところで，医療提供市場を独占してきた公立病院は順調な回復を遂げた一方，その経営は 1950 年代末からすでに深刻な危機が潜んでいた．既述の通り，大躍進運動以降，公立病院の経営採算よりも医療の「公益性」が前面に押し出された結果，その診療価格が 1970 年代初にかけて 3 回も大幅な引き下げを経験した．医療提供のコストと価格のギャップがあまりにも大きいため，財政補助と薬価差益に頼るのも限界を見せ始めたが，公立病院の経営がやがて慢性的赤字に転じた．計画経済体制が徐々に崩れるにつれて，医療材料等の価格が上がりつつあるにもかかわらず，診療報酬の低基準がしばらく維持された結果，公立病院の赤字は拡大の一途を辿った．また，中央と地方の財政関係に請負制が適応されてから，地方政府が経済開発に熱心になった一方，社会サービス提供への財政支出を控える傾向を見せる中で，公立病院の赤字

を丸抱えすることも現実味が薄くなった．結果として，赤字の拡大と財政補助の限界に挟まれた公立病院は，設備投資や技術導入の資金を捻出することさえできなくなった．これと相まって，文化大革命の波乱の中で，「衛生行政」の機能衰退が医療提供の量的不足も招き，「受診難，入院難，手術難」と呼ばれる現象も現れた[4]．これらの問題を背景に，公立病院改革も幕を開けたのである．

第 2 節　公立病院改革の展開

　第 2 章の説明を踏まえて，1970 年代末以降の経済財政改革は，公立病院改革の発足を促したほか，改革の内容にも深刻な影響を与えたと考えられる．「放権譲利」の効果が国有企業改革の中で確認されてから，すぐに公立病院改革にも適用されることとなり，結果として「衛生行政」の機能も一変した．以下は，診療報酬制度と財政補助制度の修正を中心に，公立病院改革の展開過程を検討することによって[5]，経済体制の移行に伴う「衛生行政」の変容を把握することを試みたい．

1.「経済管理」の試行

　1978 年頃に経済財政改革が始まると，医療提供の性格も大幅な変更を余儀なくされた．計画経済期にその「公益性」または福祉的色彩が強かったが，経済改革の浸透が公立病院を取り囲む社会環境を大きく変えるにつれて，公立病院の経営も新たな経済体制に適応せざるを得なかった．しかしながら，従来の「衛生行政」体制の下で，医療従事者をはじめとする職員の賃金や基本建設投資などが財政補助へ依存する惰性が強かった．この矛盾を解決すべく，公立病院改革がはやくも 1979 年に提起された．当時，衛生部長であった銭信忠がメディアの取材に対して，経済的手法の公立病院経営への導入を述べてから，同年，農村医療機関の整備とともに，医療機関の「現代化建設」が「衛生行政」の重点と位置付けら

---

[4]　方鵬騫他『中国医療衛生事業発展報告　2015：中国公立医院改革与発展専題』人民出版社，2016 年，11 頁．

[5]　1978 年以後の公立病院改革の段階区分について，先行研究はいくつかの方法を提示している．例えば，董虹・王珏（2007）は，1992 年と 2005 年を分岐点として，改革を 3 段階に分けて検討したのに対して，李玉栄（2010）は 1984 年，1992 年と 2005 年を分岐点として，改革を 4 つの段階に区分した．ここでは，改革重点の推移を明確に示すために，王虎峰（2008）の 5 段階説を踏まえて公立病院改革の流れを検討する．

れた．1979年4月，公立病院への「簡政放権」[6]，すなわち，公立病院の経営に対する「衛生行政」の関与を減らし，経営自主権を与えることを主とする「経済管理」の試行が始まったが，これを公立病院改革の発端と捉えることができる．その外部の社会環境として，国有企業の「放権譲利」が1978年にすでに一部の地域で成果を上げてから，翌年7月に一部の大中規模国有企業に導入されたことも，公立病院改革の始動に働きかけたと考えられる．

　「経済管理」では，公立病院の「公益性」とともに，経営採算も重視された．これを実現する手段として，公立病院の経営自主権の拡大が取り上げられたわけであるが，公立病院の「五定」がその前提とされた．すなわち，公立病院の医療提供の任務，病床数，定員，「業務技術指標」，財政補助を定める上で経営と管理を行い，各診療科の管理も「五定」に依拠することが求められた．同時に，20年近く維持されてきた「全額管理，定項補助，予算包幹」の財政補助方式も，「全額管理，定額補助，結余留用」方式へと移行することとなった．両者の最大な区別は，財政補助の対象にある．すなわち，それまでは職員の賃金が財政補助の重点であったのに対して，新たな財政補助方式の下で，「五定」の一環である病床数を基準に財政補助の定額が算定される．その狙いは，公立病院に病床数を増やす動機を与えることによって，医療提供の量的不足を緩和することにあると考えられる．また，財政補助定額の決定は，各公立病院の経営状況と地方財政の規模を踏まえることも求められた．さらに，国有企業改革と連動する形で，収支に余剰が生じる場合，それが主に医療環境の改善に当てられるとされた一方，余剰の一部を集団福祉と職員の賞与に充てることも容認された．すなわち，「按労分配」原則に基づき，公立病院の財政補助とその職員の報酬は，医療提供任務の達成状況と連動することとなり，収支の余剰から奨励金を支給することが認められた．これは，また「一奨」と呼ばれる．

　上記の「五定一奨」は公立病院の「経済管理」の土台となったが，「経済管理」措置は「衛生行政」が統制緩和に踏み出した第一歩として，公立病院の経営に対して決定的な影響を与えた．それまで，医療従事者をはじめとする職員の賃金は

---

6) 「放権譲利」と本質的に同じであるが，国有企業は経済組織として利潤を求めるのに対して，「公益性」が最優先されてきた公立病院には「譲利」ではなく，行政関与の簡素化を指す「簡政」という表現のほうが適切であると考えられるため，ここで「簡政放権」の表現を使う．もっとも，「簡政放権」は経済改革の方針として言及されることもある．

「職務等級工資制」の下で一律に決定され，公立病院の経営状況とも切り離されていたため，医療提供の量を増やす動機も弱かった．「経済管理」の下で，公立病院の経営採算と職員の勤労意欲を改善することが政策課題として前面に押し出されたが，診療経営活動の規制に手をつけないまま計画経済期の統制が緩められた結果，公立病院が収入増を追求する経済組織に近づくようになり，過剰診療の深刻化が招かれた．一方，衛生部がこの統制緩和のリスクに全く意識しなかったのではなく，公立病院がひたすら収益を求めるのに反対した上で，「経済管理」はまず一部の公立病院から試行するよう求めた[7]．残念ながら，これだけでは「薬漬け・検査漬け」の一般化に歯止めをかけることができなかった．また，「経済管理」の試行範囲が小さかった反面，医療提供の量的不足を改善する効果も限られるものであった．短時間に医療提供の量的拡大を図るには，公立病院の他に，医療提供の主体を増やす以外に方法がない．これは，まさに医師開業の大幅な規制緩和が1980年8月に提起された背景である．

中国で医師開業の状況についてみると，建国直後，開業医も医療提供の担い手として動員されたが，社会主義改造を経て，1963年に衛生部が「開業医生暫行管理弁法草案」を制定した．1965年末当時，全国の開業医数は約44,000人であったが，文化大革命の下でその規模のさらなる縮小は想像に難くない．1978年以降，経済改革の活発化につれて，医師の開業が再び活気を呈したが，衛生部門も厳しい規制を加えなかった．むしろ，管理制度の不備もあり，無許可の開業医が多数現れた．彼らが診療価格を任意に設定したほか，医療提供の安全性も保障されないことから，次第に問題と認識されたが，医療提供の量的不足も背景に，医師開業の規制緩和が決定された．ここで，衛生部が医師開業の許可基準設定の方針を定めた上で，審査・許可の権限は地市（区）県衛生部門に委ねられた．具体的に，開業可能な者として，過去に開業の許可を得た（歯）医師や助産師とされた一方，公立病院の勤務医や農村の「裸足の医者」または郷村医師は，原則として開業可能な対象から除外された[8]．また，開業医の診療報酬基準は，公立病院のそれに準ずるとされた[9]．ここでは，開業医の収入を保障するとともに，国

---

[7] 衛生部，財政部他「関於加強医院経済管理試点工作的意見」1979年4月28日．
[8] ただし，経済発展に乏しく，人口も分散する地域で医療機関を立ち上げることが難しい場合，「裸足の医者」の開業は例外として認められた．
[9] 衛生部「関於允許個体開業行医問題的請示報告」1980年8月20日．

民医療費の膨張も懸念されたと推察される．結果として，経済改革の推進につれて，国有企業が国民経済に占める割合が下がっていくのと同様に，医師開業の規制緩和は医療提供の「非」国有化に積極的に働きかけた．また，衛生部門が公立病院の全面的改革に踏み込む前に，医師開業の規制緩和に取り組んだことから，改革開放初期の医療改革の「増分改革」の性格も窺えよう．

ところで，公立病院の財政補助制度が修正されたと同時に，その診療報酬制度に対しても改革のメスが入れられた．計画経済期の下で形成した公立病院の慢性的赤字を解消するには，診療報酬制度を抜本的に見直すほかないが，診療価格を一気にコスト相当の水準に引き上げると，国民の医療へのアクセスに支障を来す．まして，改革開放初期，医療提供の量がそもそも足りない中で，診療価格まで上方に調整すると，国民の医療ニーズが一段と抑制されるが懸念された．この診療報酬制度のジレンマは，当時の衛生部門にとって頭を抱える問題となった一方，改革の漸進主義の性格を規定したのである．

1981年2月，公立病院の経営欠損問題を解決する方策として，一部の地域で従来の診療報酬制度の打破が試みられた．改革の切り口は，公的医療保険にカバーされる都市労働者とされた．具体的に，労保医療と公費医療の給付対象となる診療報酬に限って，診療価格が公立病院の経営コストに見合う水準に引き上げた．ただし，医療従事者をはじめとする職員の賃金が財政補助によって支給されるため，経営コストに計上しない．また，医療費の本人負担が変わらないことが前提とされたことから，医療費の増加分は労保医療と公費医療によって賄われ[10]，国有企業と地方財政が負担すると規定された．他方，その他の都市住民と農村住民に対して，従来の診療報酬基準が維持された．ここで，改革のコストが国民ではなく，「単位」に転嫁されることによって，改革の摩擦が大いに緩和された一方，公立病院の経営コストの算定方法が一律に規定されなかったため，診療価格の地域格差が拡大する可能性も招いた[11]．また，改革の期待効果は公立病院の経営欠損の改善に止まり，赤字の解消に至らないことも指摘された．それでも，同時期の価格改革と同様に，公立病院の診療報酬制度にも「二重制」の構造が作

---

10) このうち，公費医療の負担増は9,000万元で，労保医療の負担増は約2億6,000万元との試算であった．国務院「批転衛生部関於解決医院賠本問題的報告的通知」1981年2月27日．

11) 1998年11月に制定された「医院財務制度」では，経営コスト算定方法の統一が図られた．

り上げられた結果，計画経済期の診療報酬制度の一角が崩れた．

上記の改革措置を踏まえて，1981年3月に「医院経済管理暫行弁法」の制定により，「経済管理」は全国の県級以上の公立病院に導入されることとなった．1982年1月に制定された「全国医院工作条例」でも，「経済管理」の内容が盛り込まれた．それから1980年代中頃にかけて，経済改革の手法が次々と公立病院の経営管理に適用されたが，公立病院改革の本格的な展開は，1985年4月以降のことである．全体として，この時期の改革は公立病院の経営欠損と医療提供の量的不足の改善から着手し，公立病院の「経済管理」を試みたが，「放権譲利」，「増分改革」や「二重制」など経済財政改革の手段も積極的に導入されたことが明白である．一方，改革の内容は主に従来の制度に対する修正に留まり，改革の範囲と効果も限られていたことから，この段階は公立病院改革の準備段階と位置付けるのが適切である．

2. 医療の「市場化」の発端

1985年は，第2段階の公立病院改革の出発点でありながら，本格的な公立病院改革の元年でもある．当時の経済財政改革の核心であった「放権譲利」は，1985年より公立病院の経営と管理に全面的に導入されたからである．その背景に，1984年10月第12期3中全会では，経済改革の重心が農村から都市へと移されることが決定されたことがある．翌年4月，衛生部が公立病院の発展停滞や平均主義の弊害を指摘した上で，より徹底的な改革案を提示した．これが国務院に承認された結果，公立病院改革が全国で本格的に展開されることとなった．第1段階の改革を通じて，医療提供の量的不足と公立病院の経営欠損が大いに改善されなかった問題に対して，今度，公立病院の財源調達先の増加（多方集資）と経営自主権の拡大（簡政放権）が提起され，財政支出の拡大や「衛生行政」の統制緩和が決定された．

改革の要点をいくつか取り上げてみると，公立病院の「多方集資」が最初に提起されたが，中央・地方政府のほか，工業と交通運輸をはじめとする経済部門も公立病院の経営主体とされた．しかも，これまでの改革と違い，企業病院の排他性が否定された．すなわち，医療提供の量的拡大を目指すべく，企業病院はその従業員に限定するのではなく，一般市民にも医療提供を行うことが求められたの

である．同時に，医師開業の規制緩和は維持することとなったが，農村医療機関の経営改革の一環として，郷村医師等による村医療機関の請負経営または個人開業も認められたほか，集団経済組織の請負経営も支持された．

　次に，公立病院の「簡政放権」または経営自主権の拡大について，その前提として，任期付の「院（所，站）長責任制」が導入された．これは，経済財政改革の請負制が公立病院の経営体制に適用されたものと捉えられる．また，1980年代初期に国有企業における労働契約制の試行を踏まえて，公立病院の終身雇用制度も一角が崩れ，院（所，站）長以外の幹部の任用制と「工勤職」の契約制が打ち出されたが，人事権が基本的に院（所，站）長に付与されることとなった．公立病院の人事制度改革により，医療従事者に競争意識を植え付け，「大鍋飯」の弊害を一掃することが期待されたと考えられる．

　他方，公立病院の医療従事者（医師，看護師や助産師を含む）が，都市の近郊，街道衛生院，外来診療所（門診部）と看護専門学校で兼職し，余暇時間を活かして有償な診療活動を行うことが支持された．その診療報酬は基本的に個人所得とされるが，公立病院等の医療設備を使用する場合，診療報酬の一部を病院等に上納する必要がある．これは，建国以来低く抑えられてきた医療従事者の所得を引き上げるとともに，医師等に医療提供の量を増やす動機を与える措置として，一石二鳥の効果が期待されたものであろう．

　それから，公立病院の経営自主権の拡大につれて，公立病院の財政補助制度も，大規模な修繕と大型設備の購入を除き，基本的に「定額包幹」方式へと移行すると規定された．文字通りに，その本質は同時期の経済財政改革で著しい成果を収めた請負制にほかならない．すなわち，「定額包幹」方式の下で，財政補助が一定額に制限された一方，その使途に対する制限も撤廃されたのである．第1段階の改革の限界が確かめられた上で，地方財政も膨張しつつある公立病院の赤字を丸抱えできない以上，「衛生行政」が公立病院の収支管理に対しても統制緩和に踏み込んだわけである．結果として，公立病院にとって経営の自由度が大いに高められたとともに，赤字の解消も自己責任とされた．ここでは，医療提供の財源調達をめぐって，政府から公立病院への責任転嫁が生じたと捉えられる．

　最後に，公立病院の診療報酬基準が過度に低く抑えられたことは，その経営欠損を招く要因と位置付けられた上で，1981年2月の改革試行を踏まえて，診療

報酬基準の調整範囲が大幅に拡大した．物価の上昇に見舞われる中で，従来の診療報酬基準のままでは，公立病院の経営採算はもはや限界に達したことが推察される．そこで，診療報酬制度の「二重制」構造を維持したまま，一部の診療価格項目の引き上げが決定された．例えば，新しい医療設備と診療価格項目の価格算定は，コストに準ずるとされた．また，新築や修築で病院の環境が改善した場合，診療価格の引き上げが認められたほか，病室に対してもランクを付ける上で，価格に格差を設けることが可能となった．さらに，開業医に一定の利潤を与えるように，その診療報酬基準に対する規制緩和も提起された．これらは衛生部の制定した診療報酬基準調整の方針であるが，具体的な調整対象と調整幅の設定は省（自治区，直轄市）の裁量に委ねられた[12]．今回の改革をもって，計画経済期に形成した診療報酬制度の根幹が大きく揺らいだ一方，診療価格の調整は一部の診療項目から始まり，全体的に診療価格は相変わらず低水準に抑えられたことから，改革は「漸進主義」の性格も見せる．

　こうして，公立病院の経営欠損と医療提供の量的不足を緩和するために，1980年代の経済改革の手法を積極的に取り入れる形で，公立病院の「多方集資」と「簡政放権」をめぐる改革が1985年に発足した．改革の成果として，公立病院が経営採算を意識するようになったとともに，医療従事者等にも競争意識が浸透したことが挙げられる．一方，「衛生行政」が公立病院の管理に対して統制緩和を踏み込んだ結果，経済改革で現れなかった問題も露呈した．その1つとして，職員の賃金が公立病院の経営状況と連動するようになった上で，財務管理における公立病院の自主権が拡大したことは，公立病院が「過剰診療」を行う動機を強めたことである．しかも，経済改革の始動後，行政機関と事業単位の職員を対象とする初回の賃金制度改革が1985年に打ち出された．この結果，賃金の多様な機能を強調する「結構工資制」が実施され，賃金の4つの構成部分の1つとして，賞与が初めて盛り込まれることとなった．当時，職員賞与の格差がまだ限られていた[13]とはいえ，この賃金改革の実施を背景に，公立病院は「五定」を分解し，各診療科の評価基準としたことも，「薬漬け・検査漬け」の発生に拍車をかけた．それから，診療報酬基準の調整は主に省級地方の裁量とされた一方，有効な監督

---

12) 国務院「批転衛生部関於衛生工作改革若干政策問題的報告的通知」1985年4月25日．
13) 段磊・劉金笛『事業単位組織人事改革実務』中国発展出版社，2014年，215頁．

体制が設けられなかったことも，診療報酬請求の混乱の伏線を張ったと考えられる．この意味で，今回の改革は，診療報酬管理に対する行政の「放任」の発端と位置付けられよう．

　1985 年 4 月の公立病院改革を踏まえて，衛生部が賃金改革後の公立病院の財務管理，医療従事者の職務管理の強化を図ったほか，医療事故処理の制度化も試みた．また，1988 年 2 月に制定された「医院財務管理弁法」では，公立病院は「差額予算管理」の対象と位置付けられた上で，その財政補助方式は「全額管理，差額（定額，定項）補助，超支不補，結余留用」へと再定義された．すなわち，公立病院の収支不足分の「差額」に対して財政補助を交付するが，その後赤字が生じても補助金を交付せず，余剰が生じる場合は留保して使用できる．差額補助の方式として，定額と定項の 2 種が示されたが，各自の適用基準が明示されなかった．また，補助金は「差額予算」補助と「専項」補助の 2 種に区分され，前者はこれまで検討した病床数などに応じて算定されるものであるが，後者は大型設備の購入や大規模な修築に与えるものを指す．

　1980 年代末になると，教育，科学研究や医療に携わる事業単位が社会サービスの提供を拡大することが唱えられたが，その一環として，医療の需給矛盾を緩和すべく，公立病院が技術や設備など医療資源を活かし，医療提供の量を増やすことが 1989 年 1 月に再び提起された[14]．その実施細則は，同年 4 月に衛生部によって作成された．すなわち，公立病院及び医療従事者が衛生部門に与えられた医療提供等の任務の遂行を保証し，また，医療の「公益性」を最優先する前提の下で，余暇時間に病院内で有償な診療活動を行うことが奨励され，診療報酬の自主分配も認められた．所属の公立病院の許可を得る場合，医療従事者が他の医療機関で兼職することも可能であるが，一般的に週 1 日まで有償な診療活動を行うことが可能である．また，有償な診療活動の診療報酬基準の設定は，地方衛生部門や価格管理部門の裁量に委ねられた[15]．これをもって，公立病院及び医療従事者が余暇時間に有償な診療活動を行うことが制度化されたと捉えられる．

　一方で，有償な診療活動の拡大を支える前提として，公立病院管理に請負制と

14）　実際に，1988 年 11 月に衛生部，財政部など中央行政部門がすでに関連政策文書を作成したが，国務院がこれを全国の関連行政部門に転送したのは，1989 年 1 月のことである．
15）　衛生部「関於医務人員業余服務和兼職工作管理的規定」1989 年 4 月 13 日．

「定額包幹」の全面的導入が決定された上で，収支に余剰が生じる場合，事業発展基金に拠出する分はその40％を下回ってはならないが，残りの6割は公立病院が自由に支配できるとされた．ここで，公立病院は衛生部門と締結する請負契約の履行が求められた一方，財務管理の自主権も制度化された．他方，診療報酬基準の設定は，医療施設や技術水準に合わせて，一定の格差を設ける方針も打ち出された．具体的に，1985年4月の改革措置が踏まえられたほか，ベテラン医師による外来診察，高水準の医療サービスの価格は，引き上げる対象とされた．また，一部の都市大病院が高水準の医療サービスを提供する「特診室」を設け，診療価格を高く設定できる一方，この分の診療報酬は労保医療と公費医療の給付対象外となる．診察料，入院ベッド代や手術料など一般的診療価格項目に関しても，価格の引き上げが初めて認められたが，前回の改革と同様に，調整の範囲，幅と時期はすべて省（自治区，直轄市）の価格管理部門や衛生部門，財政部門が決定するとされた．これらの調整は，従来の診療報酬制度に対する行政のさらなる統制緩和と位置付けられる一方，公立病院の診療価格設定の混乱にも拍車をかけた．

　もう1つの重要な改革措置として，公立病院の赤字問題を緩和するために，「以副補主」，すなわち，公立病院が余剰労働力を生かして医療関連のサービス業や小型工業など「副業」を興し，その経営所得をもって「本業」である診療収入の赤字を補塡する政策が打ち出された．「副業」の経営に独立採算制が適用された一方，税制優遇措置も設けられた[16]．診療報酬基準が短期間に大幅に引き上げられる見込みがない上に，「簡政放権」だけでは公立病院の慢性的赤字を解消できないことが，「以副補主」政策の誕生を促したといえよう．

　ところで，公立病院改革が「統制緩和」をめぐって展開される中で，衛生部門の機能も再定義の機運を迎えた．1988年11月，国務院が衛生部の職能，組織編成と定員を定める「三定」方案を制定した上で，公立病院をはじめとする直属の事業単位に対して，衛生部が「直接的」管理から「間接的」管理へと切り替えることを求めた．経済体制の移行に伴い，衛生部門の機能も計画経済期の「統制」から後退することは避けられないが，「間接的」管理の含意が明確に示されなかったことは，衛生行政の機能転換の限界を孕んだと考えられる．

---

[16]　国務院「批転国家教委等部門関於深化改革鼓励教育科研衛生単位増加社会服務意見的通知」1989年1月15日．

一方で，衛生部門の機能転換の提起をきっかけに，主に公立病院を対象とする病院分級管理制度が打ち出された．すなわち，計画経済期に構築された都市と農村の「三級医療衛生網」を土台にしながら，病院の機能分担に応じて，それを「三級十等」に分けて管理するものである．具体的に，公立病院等は規模や医療提供の任務に応じて，一級，二級，三級病院に区分されてから，級ごとにまた甲，乙，丙の三等に細かく区分されるが，三級病院に「特等」が設けられることから，すべての公立病院は「三級十等」のいずれかに該当することとなった．等級の決定は，各級衛生部門が地方医療計画に基づいて行うが，一般的に，「基層病院」や衛生院が一級病院に，地区級総合病院は二級病院，省級総合病院は三級病院に位置付けられる．公立病院の等級と診療価格の関係に関しては，その後1-2年は，診察料，入院ベッド代に限って一定の格差を設けることの試行が認められたが，具体的な価格設定は省（自治区，直轄市）衛生部門と価格管理部門が行うとされた．また，衛生部門の管理下，各級公立病院は診療協働と技術指導の関係を築き上げることも規定された[17]．ここでは，公立病院管理へ協働と競争を導入することによって，医療資源の配分と公立病院管理の効率の向上が期待されたと考えられる．

　このように，1980年代末に公立病院改革がもう一波の「統制緩和」ブームを迎えた．第12期3中全会で「商品経済」が初めて容認されたのを背景に，医療提供の量的拡大に国，集団と個人がいずれも動員された一方，公立病院の医療提供も「公益性」から徐々にかけ離れ，「商品」の色彩を伴うようになったと見受けられる．その背後に，公立病院への財政補助が定額または定項に制限された代わりに，財務管理，診療報酬基準や有償な診療活動の展開に対する統制緩和が行われたことがある．この時期の改革措置は，一般的に「政策を与えるが，補助金を与えない」と揶揄されるが，国有企業改革の影響を受け，請負制などが積極的に導入されたとともに，公立病院への財政補助も次第に控えられたからである．他方，公立病院の「薬漬け・検査漬け」や診療報酬の不正請求の現象に対して，「衛生行政」が全く注意を払わなかったのではなく，政策文書でも不正診療をしてはならないと強調してきた．しかしながら，機能転換が迫られた衛生部門は，

---

17) 衛生部「医院分級管理弁法（試行）」1989年11月29日．

公立病院の「自主経営」も含む医療分野に対して規制に乗り出すことに失敗し，結果として中国の医療は「予期せぬ放任」の状態に陥ってしまった．この意味で，衛生部門が診療報酬基準の調整に合わせて，不正な診療活動が招く医療費の膨張に歯止めをかける好機を逃してしまい，そのつけが結局患者に転嫁されたのである．1990年代半ば頃，国内で医療のあり方をめぐる論争が現れた時，医療提供の「市場化」に原因を求める論者も少なくなかったが，以上の議論を踏まえて，その出発点は約10年前に遡ることができるといえよう．

3. 統制緩和の推進

1980年代末に保守思潮の一時的復活を経て，1992年10月に社会主義市場経済体制の確立が決定された直後，公立病院改革も新たな段階を迎えた．結果からいうと，新たな経済体制に適応するために，「衛生行政」の統制緩和が強められた結果，中国の医療はますます「公益性」からかけ離れることとなった．

「間接的」管理の役割が期待された衛生部門が，病院分級管理の次に取り組んだのは，公立病院の財務・会計管理の強化である．1988年に規定された財政補助方法が維持された上で，奨励基金や賃金基金の管理[18]に関して詳細な規定が行われたほか，診療報酬請求に対して管理を強め，診療価格項目やその価格の不正設定，また，診療報酬請求の分解，重複の取り締まりの強化が図られた[19]．1つの到達点として，1998年11月に新たな「医院財務制度」が制定された．例えば，1988年「医院財務管理弁法」では，「定額」と「定項」の2種の差額補助方式を提起したものの，その適用基準を示さなかったのに対して，ここでは病院の機能や収支状況が基準とされ，一般に大中規模公立病院に「定項」補助を，小規模公立病院に「定額」補助を適用すると規定された．また，1996年に打ち出された公立病院の診療収支[20]と薬剤収支の「分別採算，分別管理」も，ここで再確認された[21]．

---

[18] 衛生部「関於進一歩加強工資基金管理的通知」1990年12月28日．
[19] 衛生部，財政部他「関於在治理整頓中進一歩加強医療衛生単位財務管理的規定」1990年11月27日．
[20] ここでは，診療収入は診察，治療や検査など診療活動をもって取得する収入を指し，薬剤収入を含まない．
[21] 財政部・衛生部「関於頒発『医院財務制度』的通知」1998年11月17日．

公立病院の財務管理強化を踏まえて，1992年9月に衛生部が医療改革の方針を打ち出し，1990年代公立病院改革の基調を定めた．一言でいうと，1980年代の改革が目指した公立病院の「簡政放権」と衛生部門の「統制緩和」は，1990年代においてより推進されたのである．改革の骨子として，医療行政の「条塊分割，政出多門」と呼ばれる問題の是正が冒頭に提起された．「条塊分割」とは，計画経済期の医療行政の性格を論じた際も言及したように，衛生行政をめぐる垂直的な行政体制と地方政府の裁量が行政活動の衝突や効率低下を招く現象を指すが，「政出多門」とは，「衛生行政」活動が多数の行政部門によって担われることを意味する．ここで，医療改革の前提として，行政部門や業務範囲の整理と調整が求められたわけである．

　それから，医療の「公益性」を実現するために，中央・地方政府が医療財政支出を年々増やし，その増加率が中央財政収入の増加率を上回ることも規定された．しかしながら，財政請負制の実施が財政収入の「2つの比重」の低下を招いた当時の財政状況から考えると，医療財政支出の大幅増が想定されなかった可能性も否定できない．しかも，医療財政補助が農村医療とプライマリヘルスケアに傾斜する方針も示されたため，公立病院は経営採算への自己責任が実質的に強まることとなったと考えられる．

　財政補助増の方針との関連で，診療報酬制度の構造調整も提起された．すなわち，医療技術に基づく「基本的」診療価格項目の価格を徐々にコスト相当の水準に引き上げるとともに，高水準の医療サービスを提供する「特殊的」診療価格項目は価格の自由化が決定された．これにより，労保医療と公費医療の給付対象となる診療報酬のみならず，すべての「基本的」診療価格項目の価格がコストに準じて算定されることとなり，1981年より形成した診療報酬制度の「二重制」が撤廃することとなった．同年，農産物の買付価格と配給販売価格，また，生産財の公定価格と市場価格の統合が始まったことは，診療報酬の「二重」価格の統合を促したと考えられる．さらに，病院分級管理制度を踏まえて，異なる等級の公立病院の診療価格に格差を設けることも正式に決定された．これをもって，計画経済期に形成した診療報酬制度にも，「市場」と「格差」が導入された．一方，診療報酬基準の調整が医療提供のコストを引き上げる程度に留まり，全面的改定が見送られたのである．

この上で,「衛生行政」が公立病院の経営自主権のさらなる拡大に踏み込んだ. すなわち, 公立病院に人事権, 診療活動展開の決定権, 経営開発管理権と賃金分配権を付与する上で, 多様な形をもって「目標管理責任制」を実施することとなった. 1980年代初以来, 国有企業改革で試行された経済責任制と企業請負制が, 1990年代公立病院改革の主な手段として確立されたことが窺える. その一環として, 公立病院の職員に対して労働契約制の実施が提起されたほか, その賃金に格差を付けることによって, 平均主義に基づく賃金制度の打破も図られた. 条件の整う公立病院は, 賃金総額請負制を実施し, 余剰が生じる場合にその自由支配も可能となった. 実際に, 1993年に事業単位は市場経済期の第2回の賃金制度改革を迎えたが, 従来の「結構工資制」が「職級工資制」へと切り替わり, 大幅な賃上げが行われた. また, 公立病院が余暇時間に有償な診療活動を行うことも引き続き推奨されたが, その診療報酬が「按労分配」原則に従い基本的に職員に分配する方針も打ち出された. その狙いは, 医療提供の量的拡大を遂げるとともに, 医療従事者の勤労意欲を高めることであろう. これらの改革措置と翌年の賃金制度改革により, 医療従事者の賃金水準が1990年代前半に大幅に改善されたように思われる.

　公立病院の「簡政放権」が強化された上で, その経営開発と経済力の増強も初めて医療改革の方針に盛り込まれた. この決定は, 公立病院が経済組織への接近に拍車をかけ, 中国の医療問題の深刻化が招かれた. 具体的に, 1989年1月に打ち出された「以副補主」政策が踏襲された上で, 所得税の免除も継続された. また, 条件の整う公立病院に対して, 経済組織に準じて経営管理を行い, 独立採算制を導入することが支持された. 財政補助を必要としない公立病院の場合, その人事権と定員に関して行政の撤退が認められたほか, 公立病院が多様な経営・分配方式と株式制を試行も可能となった. また, 経済部門, 職場と地域の境界線を打破し, 医療機関の集団化経営や, 医療提供以外の業務の外部委託(社会化)も唱えられた. さらに, 多様な医療需要に応えるために, 公立病院が「基本的」医療サービスの提供を保証する前提の下で, ベテラン医師による外来診察, 予約診察, 差額病室, 特別看護, 訪問診察など「特殊的」医療サービスを提供できるほか, 整形, 美容, 食療などの診療価格項目を設け, その価格を自由に設定できることとなった[22]. これまでの分析を踏まえて, 公立病院が設けられる「特殊

的」診療価格項目に関して，その範囲が徐々に拡大したことが分かる．

　全体として，1992年9月に打ち出された医療改革は，医療の「公益性」に据え，医療財政支出の増加を規定した一方，公立病院の経営健全を重視し，その経営管理に経済財政改革の手段をそのまま適用した．公立病院に経営採算の責任を求め，経営自主権を与えること自体に問題はない．しかし，医療提供の規制体制が整っていない中で，公立病院の診療収入と職員の賃金が連動し，「以副補主」や「特殊的」医療サービス提供の拡大が進められた結果，過剰診療の継続とともに，公立病院がより高価な診療活動を行うことに熱心になり，診療収入と「副業」収入を増やす動機も強まった．結果として，「看病難」が根本的に解決されなかったほか，「看病貴」が深刻化しつつあり，計画経済期の3大医療保険制度の継続も困難となったことから，医療の「市場化」が進み，「公益性」からますます逸脱することとなった．

　医療の「市場化」を導く改革の方向性に対して，衛生部の中で意見の分岐が現れた．1993年5月全国医政工作会議では，衛生部副部長であった殷大奎が医療の「市場化」に異議を唱え，医療の「公益性」を堅持すべきと主張した．それ以降，医療改革は「市場主導」とすべきか，「政府主導」とすべきかをめぐる論争があとを絶たず，世論の関心を集めつつあった．その中で，指導部が1997年初に次期医療改革の方向性を示した．

　冒頭に，2000年までに人々は基本的医療保健を享受できるように，2010年までに比較的に整った医療衛生体制を構築し，国民健康水準は経済発展の状況により先進国の平均水準または発展途上国の先進的水準に達するという目標が設定された．また，医療が「社会公益事業」の一環と位置付けられた上で，公立病院等は非営利的な公益事業単位であり，税制優遇措置の維持も記された．20世紀末までに国民医療費が国内総生産に占める割合について5％に達するという目安も示された一方，政府，雇用者と国民の負担基準が提示されなかったこともあり，2000年代に入ってから医療費の国民負担率が6割近くに達し，建国以来の最高値を記録した．それでも，指導部が医療の「公益性」を強調することによって，医療改革の方向性をめぐる論争に対して国の姿勢を表明しようとした．

22）　衛生部「関於深化衛生改革的幾点意見」1992年9月23日．

それでは，医療の「公益性」を取り戻すために，如何なる改革措置が示されたのか．まず，衛生部門の機能転換が再び提起された．今回，「衛生行政」のあり方として，政策誘導や地域ごとの医療計画の制定によって，医療資源の利用効率を改善することが求められたほか，国有企業改革の展開に合わせて，企業病院の「社会化」，すなわち，その従業員以外の一般患者を受け入れることも強調された．また，「衛生行政」をめぐる中央政府と地方政府の権限も初めて示された．すなわち，中央政府が行政法規，政策や計画の制定，省に跨るまたは全国の重大な医療問題に取り組むほか，地方医療衛生の発展を支援するのに対して，地方政府は各級人民代表大会の監督と指導を受け，管轄地域の「衛生行政」に責任を負うが，その実績は地方責任者の業績評価の重要な基準と位置付けられる．計画経済期の下で，「衛生行政」は強い「統制」を維持した一方，中央政府と地方政府の権限配分に曖昧さが残されたのに対して，今回の改革はその明確化を図った．

　公立病院管理に関しては，請負制の整備と経営自主権の拡大を進める方針が踏襲された一方，公立病院の収入構造を調整することが決定された．その要は，収入全体に占める薬剤収入の割合を引き下げ，医療費の増加率をコントロールすることである．これを実現するために，1996 年 4 月に医薬品行政が提起した診療収支と薬剤収支の「分別採算，分別管理」は，医療改革の方針として確立された．その背景に，長年の「以薬補医」体質の下で，薬剤収入がすでに公立病院収入の半分ほどを占めるようになり，「薬漬け」が国民医療費を押し上げたことがあった．ここで，公立病院の「医薬分業」が見送られたものの，薬剤収支の管理強化が図られたことの意義が大きい．その実施は 1999 年から始まったが，暫定規則は 1999 年 11 月に制定された．これによると，公立病院の薬剤収入に「超過収入の上納」が求められた．すなわち，「属地管理」原則の下で，市（地区）衛生部門と財政部門は公立病院の年間薬剤収入の増加率と総額を決めるが，実際の薬剤収入がそれを超える場合，公立病院がその超過分を当該地域の衛生部門に上納することが求められた．その使途に関しては，プライマリーヘルスケア，農村医療と都市社区医療などに限ると規定された[23]．一方，公立病院の年間薬剤収入の総額をめぐって，公立病院と行政部門の間に交渉の余地が残されたことにも留

---

23) 衛生部「医療機構『医薬分開核算，分別管理』暫行方法」1999 年 11 月 15 日．

意すべきである．

　医療財政支出に関して，中央・地方政府は年々それを増やす方針も踏襲されたが，今度，その増加率が財政支出の増加率を下回ってはならないという新たな基準が打ち出された．中央と地方の財政収入は分税制の実施により逆転したことを背景に，医療財政支出が財政収入と連動する方式が安定性に欠けることから，財政支出の増加率が新たな基準と定められたと考えられる．このうち，公立病院の財政補助はこれまでと同様に，基本建設及び大型設備の購入，修理は財政補助の対象とされたほか，離退職者の費用（年金，医療費など）と職員の公的医療保険費も国の規定に従い保証されることが示された．

　診療報酬制度については，医療サービスの性質によって，異なる価格算定の方法を実施する方針が新たに打ち出された．ここでは，「基本的」医療サービスの価格は，財政補助を除く後のコストに準じて算定するが，「非基本的」医療サービスの価格はコストよりやや高い水準に設定し，患者の意思で選べる「特殊的」医療サービスの価格は依然として自由化の対象とされた．以前の改革に比べて，ここでは診療価格の算定基準がより明確化されたと捉えられる．また，患者の大病院志向に対して，異なる等級の公立病院の診療価格は，適切に格差を広げることが求められた．一方，1980年代以来，新技術・新設備の診療価格に対する統制が緩められた結果，大型設備の検査料が上がりつつあったが，この診療価格の歪みを是正するために，診療価格調整の方針も示された．つまり，医療技術に基づく診療項目を増設し，その価格を引き上げるとともに，過度に高くに設定された大型設備の検査料を引き下げることである．また，物価の変動に適応する診療価格の調整及び管理・監督制度を立ち上げ，管理権限の「下放」も決定された．これは，診療価格管理の分権化の発端として捉えられるが，改革の目標として，2-3年内に診療価格の不合理な部分を是正することが期待された[24]．結果として，この目標が予定通りに達成されなかったものの，上記の診療価格調整の方針は現在に至っても受け継がれている．

　総じて，1997年に指導部の提起した医療改革は，医療と公立病院の「公益性」を強調したものの，それまでの改革の基調が基本的に踏襲された．ここでは，

---

24) 中共中央・国務院「関於衛生改革与発展的決定」1997年1月15日．

「衛生行政」の機能転換や中央・地方政府の権限配分に関してより明確な規定が行われた上で，公立病院の財務管理や診療価格設定について新たな措置も打ち出された一方，公立病院の診療，経営活動に対する規制体制が依然として構築されず，衛生行政の統制緩和がより進んだ．結局，医薬品収入の「超過収入の上納」が形骸化したほか，診療価格管理の分権化が診療価格の合理化をもたらさず，診療報酬の不正請求に歯止めをかけることにも失敗した．この意味で，医療の「市場化」に対して，今回の改革が限定的な影響しか与えなかったといえよう．他方，1990年代の公立病院改革は，結果的に医療の「市場化」に向かって進んだとはいえ，「衛生行政」が公立病院管理の制度化に取り組んだことも否定できない．例えば，「医療機構管理条例」及びその実施細則が1994年に制定されたほか，1988年に建国以来初めての「執業医師法」が制定され，その翌年に医師資格試験や執業登録方法の制度化も進められた．

4．行き過ぎた統制緩和への反省

　1990年代に公立病院改革が行われた結果，中国の医療は新たな様相を呈した．医療財政支出は逐年増えてきたにもかかわらず，国民医療費に占める財政支出の割合は逆に低下してしまった．これを背景に，一部の地域では，公立病院の民営化を試みる動きも見られた．何よりも，2000年代に入ってから，「看病難・看病貴」が深刻化し，2000年代中頃についに社会問題の首位に上がった．2003年に全国を襲ったSARS危機でも，これまでの医療改革の限界が曝け出された．そこで，公的医療保険制度改革の1つの到達点として，1998年に城鎮職工基本医療保険制度が確立されたのを踏まえて，公立病院改革も再検討の機運を迎えた．2000年2月，国務院経済体制改革弁公室や衛生部など8つの中央行政部門が次期医療改革の方針を策定し[25]，これが地方へ通達されたことにより，新たな医療改革が全国で展開されることとなった．これまでの改革と違い，今回の改革の基調は，行き過ぎた「衛生行政」の統制緩和に対する反省と捉えられる．また，改革方針が合計14の項目からなることから，これが医療関係者に「医療改革十四ヵ条」（以下，「十四ヵ条」という）とも呼ばれる．以下は，この十四ヵ条の内

---

[25]　国務院弁公庁「転発国務院体改弁等部門関於城鎮医薬衛生体制改革的指導意見的通知」2000年2月21日．

容を踏まえて，2000年に提起され公立病院改革の要点と性格について検討する[26]．

　十四ヵ条の冒頭に，「衛生行政」が「機能転換」と「政事分離」を通して，医療機関の行政上の隷属関係と所有制の制限を打破することが求められた．それまでの医療改革は，公立病院管理における「衛生行政」の一方的後退を招いたのに対して，十四ヵ条がより鮮明な改革方針を打ち出した．「政事分離」とは，計画経済期の「衛生行政」の「政事不分」に対応する概念であり，行政活動と事業単位の社会サービス提供を切り離すことを意味する．「政事不分」の「衛生行政」が招いた最大な問題は，医療提供の効率低下であったが，1970年代末以来の医療改革により，公立病院の診療活動が逆に「放任」に近い状態に置かれるようになった．この情勢逆転の歪みを是正すべく，「政事分離」が医療改革の方針として確立され[27]，従来衛生部門と公立病院の業務範囲が曖昧で，衛生部門が医療の提供者と監督者を兼ねる行政体制が正式に否定されることとなった．もっとも，1980年代半ばに経済改革の重心が農村から都市へと転じてから，国有企業改革が早くも「政企分離」と，所有権と経営権の「両権分離」を進めたが，医療分野で「政事分離」の提起が10年以上も立ち遅れている．「政企分離」の効果が経済改革である程度確認されてから，医療改革が「政事分離」に踏み込んだという意味で，改革の慎重な性格を窺えよう．

　「衛生行政」の「政事分離」が確立された上で，十四ヵ条が新たな医療機関分類管理制度を打ち出し，すべての医療機関が営利的と非営利的の2種に分けられることとなった．これは，建国以来，営利的医療機関の存在を初めて認めたものであり，個人または集団経営の診療所などを除き，医療提供が基本的に「公益性」を優先する公立病院によって独占されてきた構図を打破した．また，この新たな管理制度の下で，医療機関に対して異なる税財政制度と診療価格を適用する方向性も示された．すなわち，非営利的医療機関は医療提供の主体として，税制優遇措置を享受できる．このうち，政府の立ち上げる非営利的医療機関は財政補助が与えられる一方，財政補助と薬価差益を差し引く後のコストに準じて診療価

---

[26] 十四ヵ条の後半は医薬品改革の方針等についても規定したが，その分析は次章に譲る．
[27] 十四ヵ条が地方に通達された前月，衛生部がその機能転換について，医療提供の「実施」から「管理」への移行を目標とし，「政事分離」を改革の原則とした．衛生部「関於衛生監督体制改革的意見」2000年1月19日．

格を算定しなければならないが，その他の非営利的医療機関は，財政補助を受給できないにもかかわらず，その診療価格は政府指導価（格）に従うことが求められる．これに対して，営利的医療機関の診療価格が完全に自由化される代わりに，税財政優遇の対象外となる[28]．民間資本が利潤を求めて医療市場に参入することが公式に認められたことは，1980年医師開業の規制緩和に次いで，それ以降の診療報酬制度と公立病院の財政補助制度の土台となった．

　一方，医療提供の主な担い手は，依然として政府の立ち上げる公立病院であり，その経営自主権の拡大が十四ヵ条にも踏襲され，いくつか新たな改革措置も提起された．例えば，多様な形で院長を選任し，「院長任期目標責任制」を実施するほか，一般職員にも「部署責任制」（崗位責任制）の実施が求められた．また，「経済管理」の強化も唱えられ，効率向上とコスト削減が公立病院の経営目標と規定された．その一環として，1992年医療改革で初めて提起された医療提供以外の業務の外部委託（社会化）は，すべての公立病院に徐々に導入すると決定された．それから，公立病院の人事制度と賃金制度に対しても，改革の推進が決定された．

　1997年医療改革が確立した診療収支と薬剤収支の「分別採算，分別管理」も，公立病院改革の方針とされ，その第1歩として，薬剤収入に「収支両条線」管理の実施が求められた．「収支両条線」とは，収入と支出の管理を切り離すことを指し，1997年医療改革が示した「超過収入の上納」に基づき，薬剤収入超過分の使途を修正したものである．すなわち，公立病院が薬剤収入の超過分を衛生部門に上納し，その使途に医療提供のコスト補填が加えられたことから，医療提供の主体である公立病院も一部の還付を受給することとなった[29]．問題は，薬剤収入をめぐる行政部門と公立病院の交渉余地が残されたほか，財務手続きの煩雑さも増したことから，「収支両条線」管理の政策効果が非常に限られるものとなった．他方，公立病院外来薬局の民営化も改革の目標と規定された．つまり，公立病院の外来薬局を小売薬局等へと改め，独立採算制を適用するとともに，税制優遇の対象から除外するものである．地方では，公立病院外来薬局の委託管理

28）　医療機関の税収政策の詳細に関して，財政部・国家税務総局「関於医療衛生機構有関税収政策的通知」2000年7月10日を参照されたい．
29）　衛生部・財政部「関於印発医院薬品収支両条線管理暫行弁法的通知」2000年7月8日．

（薬房托管）が模索された．すなわち，外来薬局の所有権を変えない前提の下で，その経営と管理を医薬企業に委託するものである．2000年代前半，これが広西省柳州市や江蘇省南京市など一部の地域で試行されたが，結局，公立病院外来薬局の「請負」経営になってしまい，薬価の値下げに関しては実質的な進展を見せなかった．1950年代以来，公立病院の「以薬補医」と呼ばれる体質が定着したことは，その根本的原因であるといえよう．

　公立病院の財政補助制度に関しては，十四ヵ条は2年前に制定された「医院財務制度」を踏まえて，財政補助のさらなる制度化を図った．すなわち，大中規模公立病院は「定項」補助を主とする方針が踏襲されたが，財政補助の対象は事業単位公的年金保険制度改革以前の離退職者の年金費用，医学研究の重点課題，「医院発展建設支出」と「基本的」医療サービスの提供と定められた．これに対して，末端医療機関は「定額」補助を主とし，社区医療やプライマリーヘルスケアの提供は財政補助の対象とされた．その実施細則が同年7月に制定され，「定項」補助の対象はさらに県及びそれ以上の公立非営利的医療機関に絞られることとなった[30]．これに基づき，公立病院の財務管理と職員賃金分配を改善すべく，2004年に公立病院財務部門の機能強化が唱えられ[31]，その2年後に公立病院会計の制度化も図られた[32]．

　財政補助の制度化と医療機関分類管理の提起を踏まえて，十四ヵ条は診療価格の調整にも踏み込んだ．その前提として，非営利的医療機関の収入に対して，「総量控制，結構調整」を実施することが決定された．1994年，上海市が公的医療保険制度改革において医療費膨張の抑制措置として「総量控制，結構調整」を考案したが，それが「両江モデル」に適用されてから，2000年に公立病院の収入管理にも導入された．その内容は，公立病院の収入総額に一定の上限を設けるとともに，医療提供のコスト，財政補助と薬剤収入を踏まえて診療価格の歪みを是正し，公立病院の収入構造を調整することである．調整の方向性は3年前のそれを受け継ぎ医療技術に基づく診療価格項目の値上げが定められたが，診察料，看護料の増設または調整，手術料やベッド代の引き上げなど，具体的な調整内容

30）　財政部，国家発展計画委員会他「関於衛生事業補助政策的意見」2000年7月10日．
31）　衛生部「関於加強医療機構財務部門管理職能，規範経済核算与分配管理的規定」2004年11月30日．
32）　衛生部「医療機構財務会計内部控制規定（試行）」2006年6月21日．

も示された．

　十四ヵ条の骨子を踏まえて，同年7月，計画経済期に形成した診療報酬制度は抜本的な改革を迎え，行政の強い「統制」におかれる「一枚岩」のような体制が崩れることとなった．その背景として，価格改革の推進があった．1982年「物価管理暫行条例」により，商品の国民経済へ与える影響によって，その価格は国家定価，国家規定範囲内の企業定価と集市貿易価（格）の3種に区分された上で，このうち，国家定価が主な形式と規定された．価格管理に「市場」の要素が初めて導入された結果，すべての商品に国家定価が適用されるそれまでの価格管理体制の一角が崩れた[33]．これ以降，企業定価の対象がますます拡大し，1980年代半ばになると，価格の「二重制」が農産物の価格と国有企業の製品価格の両方にほぼ定着した．これを踏まえて，1987年9月に商品価格の形式が再編され，国家定価，国家指導価（格）と市場調節価（格）の3種が規定された上で，国家定価の支配的な立場が正式に撤廃された[34]．さらに，「二重」価格の統合が進み，生産手段の公有制を主とする前提の下で市場経済も容認されてから，1997年末に制定された価格法では，大多数の商品とサービスは市場調節価（格）の対象となり，ごく少数の商品とサービスは政府指導価（格）または政府定価に従うと規定し，価格の自由化が基本的に実現された．この価格改革の流れを汲み，診療報酬制度にも大きな変更が加えられたのである．

　具体的に，診療価格の政府定価が撤廃された代わりに，政府指導価（格）と市場調節価（格）の2種に分けられた．このうち，公立病院をはじめとする非営利的医療機関は，政府指導価（格）の対象として，価格管理部門の規定した基準価（格）に従い，許可された上下範囲内で診療価格を決定することができる．これに対して，営利的医療機関の診療価格は市場調節価（格）に該当し，価格の設定が完全に自由である．これをもって，1981年に労保医療と公費医療の被保険者に限って，主に公立病院向けの診療報酬制度に「二重制」が形成されたのに次いで，全医療機関を対象とする診療報酬制度は新たな「二重制」の構造を作り上げたと捉えられる．

　診療価格管理の権限に関しても，その「下放」について詳細な規定が行われた．

---

33)　汪洋『価格改革二十年——回顧与前瞻』中国計画出版社，2002年，113-114頁．
34)　国務院「価格管理条例」1987年9月11日．

すなわち，国家発展計画委員会[35]と衛生部が診療価格設定の方針，政策や原則，診療価格項目の名称及び内容，また，医療提供のコスト算定方法の制定に取り組む．これに基づき，全国の医療機関の診療価格項目の名称及び内容の統一も決定された．医療機関が新たな診療価格項目の増設を希望する場合，省級価格管理部門と衛生部門の審査と試行を経る必要があるほか，国家発展計画委員会と衛生部に報告することも求められた．一方，省級価格管理部門と衛生部門は，国家発展計画委員会と衛生部の定めた方針や政策の下で，管轄地域の非営利的医療機関を対象に，診療価格項目の政府指導価（格）を設定し，または，主要な診療価格項目に限って政府指導価（格）の設定と調整を行い，その他の診療価格項目の管理を地，市級価格管理部門と衛生部門に委ねる．政府指導価（格）を設定する原則として，公立病院収入の「総量控制，結構調整」に合わせて，医療従事者の「技術的労務価値」を体現するほか，市場競争メカニズムを導入することも初めて盛り込まれた．つまり，異なる等級の医療機関と職級[36]の医師が提供する医療サービスの政府指導価（格）に一定の格差を設けることによって，患者の受診選択を支援する[37]とともに，医療機関と医師の競争を促し，医療提供の質的改善が図られた[38]．ここでは，一部の診療価格管理の権限が初めて地，市へ「下放」されたことから，診療報酬制度の分権化がより進んだと捉えられる．

　これらの規定に従い，3ヵ月後に国家発展計画委員会，衛生部等が全国診療価格項目規範（試行）を制定した．各地は，2001年末日までに当該地域の診療価格項目を調整する上で，2002年初日より新たな全国規範に従い診療報酬を請求することが求められた[39]．また，診療価格決定の基準として，診療項目コスト算定の制度化も図られた[40]．2001年に各地の診療価格項目調整の状況を踏まえて，

---

35) 1998年3月政府機構改革により，1952年に成立した国家計画委員会が「国家発展計画委員会」へ改称されたが，2003年3月に指導部交代後，それがさらに「国家発展和改革委員会」へと再編され，「計画」の二文字が完全に消えた．

36) 医師の職級は主に高，中，初級の3等に分けられ，（副）主任医師，主治（主管）医師，医師または医士がそれぞれに該当する．詳細は，中央職称改革工作領導小組「衛生技術人員職務試行条例」1986年3月15日を参照されたい．

37) その背景に，診療報酬制度改革の方針が打ち出された2日前，都市医療機関の内部改革を促す措置として，「患者が医師を選ぶ」改革の実施が決定されたことがある．衛生部・国家中医薬管理局「関於実行病人選択医生促進医療機構内部改革的意見」2000年7月18日．

38) 国家発展計画委員会・衛生部「関於改革医療服務価格管理的意見」2000年7月20日．

39) 国家発展計画委員会，衛生部他「関於印発全国医療服務価格項目規範（試行）的通知」2000年10月24日．

同年 11 月に全国診療価格項目規範（試行）が一度修正と補充を経て [41]，2002 年より全国で実施されることが求められた．

　上記の改革措置を踏まえて，2001 年 10 月，都市公立病院改革の方向が改めて示された．その冒頭に挙げられたのは，公立病院の「以薬補医」体質の是正である．ここでは，薬剤収支の「収支両条線」管理が 2001 年末までに全国へ普及する目標が打ち出されたほか，「総量控制，結構調整」原則に従い，薬剤収入が公立病院の収入全体に占める割合を年々引き下げる方針も示された．具体的に，2005 年までに，一部の都市公立病院でその割合が 40％ 以下に抑えられることが定められた．また，2002 年前半までに，各省（自治区，直轄市）が 1-2 の地（市）級以上の公立病院を選定し，公立病院外来薬局の民営化を試行することも規定された．薬剤収入のコントロールとともに，診療価格の構造調整もこれまでの方針に沿う形で推進するとされたほか，政府指導価（格）の格差を広げ，公立病院と医師の間の競争を促すことが改めて強調された．公立病院への財政補助に関しては，診療価格の調整期において財政補助の規模が縮小しないが，診療価格の引き上げにつれて，財政補助を次第に「専項」補助に切り替えるという方向性が示された．ここから，公立病院の診療報酬制度と財政補助制度の相互作用を窺える．最後に，公立病院に対する衛生部門の管理を強化すべく，いくつかの新たな改革措置が打ち出された．例えば，これまで公立病院の診療収入に対して，その年間増加率に管理の重点が置かれていたのに対して，今後，1 人当たりの外来・入院医療費，1 日 1 病床当たりの入院料，平均入院日数と疾患ごとの平均費用に対しても，衛生部門が監督と管理を行うことが求められた．また，医療機関の設立，医療従事者の資格認定，医療技術の導入や大型医療設備の購入などに対して，衛生部門の規制強化が定められた．他方，公立病院内部改革の加速も定められた．ここで，人事雇用の効率化，医療提供以外の業務の外部委託（社会化）や医療提供のコスト削減が指摘されたほか，診療ガイドライン及びマニュアルの作成が初めて提起された [42]．これらの規定は，「衛生行政」の機能転換という目標をより

40）　医療提供のコスト算定は病院，診療科と診療項目の 3 種に分けられるが，病院全体のコストは主に医療提供と医薬品経営に二分される．国家発展計画委員会・衛生部「医療服務項目成本分攤測算弁法（試行）」2001 年 8 月 15 日．
41）　国家発展計画委員会，衛生部他「全国医療服務価格項目規範（試行 2001 年版）」2001 年 11 月 22 日．

具体化させたことから，重要な意義を持つ．

　結果として，2002 年から公立病院改革が新たな展開を見せた．まず，診療価格の透明度を向上すべく，全国の医療機関で価格公示の実施が決定された．すなわち，国または省（自治区，直轄市）の価格管理部門が診療価格や薬価の設定または調整を行うたびに，新たな診療価格を実施する前に，指定のマスメディアと医療機関の目立つ場所で公示することが義務付けられた[43]．2007 年 4 月に「政府信息公開条例」の公布により，診療価格を含む医療情報の公開は一段と強化され，その翌年に衛生部の公開すべき 8 類の情報及びその開示方式，また，公立病院等医療機関が公開すべき情報及びその管理について，初めて詳細な規定が行われた[44]．それまでの診療報酬制度に比べると，2000 年代に入ってから行政の統制が次第に緩められた一方，制度の透明性が上がったという変化を確認できる．他方，2001 年版全国診療価格項目規範にも，204 の項目追加と 141 の項目修正からなる改訂が加えられた[45]．

　また，公立病院の内部改革についても，その方針や内容を定める政策文書が 2002 年末に一斉に公布された．例えば，医療提供以外の業務の外部委託（社会化）に関しては，それまで公立病院の「小かつ全」と呼ばれる体制を改めるべく，行政上の隷属関係を打破し，3 年以内で医療提供とそれ以外の業務を切り離し，後者の外部委託を実現するという目標が立てられた[46]．同日，公立病院等の職員評価制度，幹部選抜任用制度改革，院長年俸制の試行と，賃金配分制度改革の内容を規定した政策文書も公布された．とりわけ，賃金配分の原則として，「効率優先，公平配慮」が明記されたほか，その「分類管理」，すなわち，職員賃金が財政補助への依存度などにより，異なる賃金配分方法を採用することも認められた．ここから，公立病院の医療従事者等の賃金管理にも，「市場」が取り入

---

[42]　財政部，国家発展計画委員会他「関於完善城鎮医療機構補償機制落実補償政策的若干意見」2001 年 10 月 25 日．

[43]　国家発展計画委員会，衛生部他「関於印発『医療機構実行価格公示的規定』的通知」2002 年 11 月 28 日．

[44]　衛生部「関於做好貫徹実施『中華人民共和国政府信息公開条例』工作的通知」2008 年 4 月 28 日．

[45]　国家発展和改革委員会，衛生部他「関於印発『全国医療服務価格項目規範』新増和修訂項目（2007 年）的通知」2007 年 9 月 4 日．

[46]　衛生部「関於医療衛生機構後勤服務社会化改革的指導意見（試行）」2002 年 12 月 27 日．

たことが明白である．約4年後の2006年6月，改革開放後の第3回事業単位賃金制度改革が発足し，「部署業績賃金制」（崗位績効工資制）の実施が決定された．賃金の4つの構成部分のうち，「業績賃金」が改革の重点であり，事業単位職員の労働成果と連動することが求められた．公立病院も，政策が規定した「業績賃金」総額内にその自主分配が認められたが，現在これが職員賃金の4割を超えており，基本賃金の数倍に達している[47]．一方で，「業績賃金」の規模が公立病院の経営状況とも連動し，医療従事者の作り上げた診療収入（通常の収入以外の収入を創出するという意味で，「創収」と呼ばれる）もその配分基準とされるのが一般的であるため，公立病院が過剰診療を行う動機が依然として残されることとなった．

さらに，公立病院の不正な診療活動に対して，取り締まりの強化が図られた．2003年SARS危機における医療従事者の取り組みが肯定された一方，「薬漬け・検査漬け」のほかに，リベート，患者謝礼の受取や，診療価格項目の不正増設など診療報酬の不正請求に対しても，取り締まりキャンペーンが2004年に全国で展開された．ここで，医療機関の自主検査，衛生部門の実施する検査と市民の通報が主な方法とされた[48]が，その効果が長持ちしないことは想像に難くない．他方，医療提供の全体的な環境を改善すべく，公立病院が医療提供市場を独占する局面の打破が提起された．ここでは，公立病院経営体制の多様化や，医療提供市場への民間資本の参入に対して，前向きな姿勢が示された[49]．民間資本の参入は，医療提供市場の競争を促すことを通して医療提供の改善が期待できる一方，その容認は，経済財政改革で成功を収めた「増分改革」の手段が医療改革に適用された結果と捉えることもできる．建国以来，医療提供の中核を占めてきた公立病院が「以薬補医」など構造的問題を抱えるようになった以上，その解決策を模索すると同時に，公立病院の外で医療改革を先行させることが決定されたからである．

医療提供市場への民間資本参入の一形態として，2000年頃より，公立病院の財産権改革が一部の地域で試みられた．江蘇省宿遷市が敢行した公立病院の民営化は改革の先駆けであり，典型例の1つでもある．宿遷市は，江蘇省北部に位置

---

47) 貢森他『中国公立医院医生薪酬制度改革研究』社会科学文献出版社，2016年，12-13頁．
48) 衛生部「全国衛生系統開展医療服務中不正之風専項治理実施方案」2004年4月28日．
49) 衛生部「関於加強衛生行業作風建設的意見」2004年4月21日．

する最も貧困な地級市の1つであり，分税制の後で医療財政支出が年々難しくなっていた．そこで，宿遷市は活路を見出すために，公的医療機関の民営化に踏み込んだ．2000年初，宿遷市沭陽県衛生院から改革の試行が開始したが，2001年に公立病院も民営化の対象に取り上げられた．1つの到達点として，2003年7月，宿遷市最大の公立病院である宿遷市人民病院の所有権改革が完了した[50]．これをもって，宿遷市は全国唯一のすべての公的医療機関に民営化を実施した都市となった．結果として，医療提供の量的拡大が実現し，「看病難」の問題が根本的に解決された．また，民間資本の参入により，医療の資産規模が急速に拡大したため，地方財政の負担も大きく軽減された[51]．一方，公立病院の民営化は「以薬補医」体質に手をつけなかったため，「看病貴」が改善されず，医療費の膨張が続いた．また，民間資本が大型公立病院に集中しがちな中で，末端医療機関の発展が衰退したなど，医療機関全体の民営化はいくつかの限界も見せた．末端医療提供の確保を図るべく，近年，宿遷市は逆に村衛生室の公有化に取り組み始めたのである[52]．

　宿遷市の大胆な改革に対して，衛生部はすぐ反対の姿勢を示さず，専門家に改革効果の評価を求めたが，改革の評価に関して賛否両論が現れ，衛生部門も公立病院等の大規模な民営化に対する支持を控えた[53]．他方，宿遷市の他にも，いくつかの地域は公立病院管理方式の改革に取り組んだ．例えば，江蘇省無錫市は十四ヵ条の提示した「政事分離」の原則に従い，2001年に公立病院の「委託管理」（托管制）を試行した上で，2004年に公立病院の「管弁分離」（管理と経営の分離）を図った．「托管制」の本質は，請負制に他ならない．その下で，公立病院の経営者に，人事雇用や賃金配分など経営管理権が与えられ，無錫市衛生局が公立病院の経営に直接に介入しないこととなった．これに基づき，無錫市衛生局公立病院の経営を新設された無錫市病院管理センターに委譲し，「管弁分離」を実

50）　宿遷市人民病院は財産権の70％を7012.6万元で金陵薬業と南京鼓楼病院に譲渡し，宿遷市が残り30％の財産権を留保した結果，南京鼓楼病院グループ宿遷市人民病院が誕生した．
51）　宿遷市の医療資産は，2000年初の4.95億元から2005年末の17.78億元に伸び，3.59倍増を遂げた．このうち，民間資本が11.44億元で，医療資産に占める割合が1999年の1.2％から2005年の64.3％に急増した．梅錦萍「公共服務市場化――本土経験及其理論解析　以江蘇省宿遷市医療改革為例」『河海大学学報（哲学社会科学版）』第13巻第1号，2011年，25-26頁．
52）　何子英他『公立病院改制――理論与政策』浙江大学出版社，2014年，105-111頁．
53）　朱幼棣『大国医改』世界図書出版社，2011年，369-379頁．

現した．病院管理センターは国有資産出資者の代理人として，国有医療資産の価値維持及び増値を実現することが期待される[54]．ここでは，衛生部門の比較的に徹底した機能転換が図られたといえよう．また，公立病院の財政補助方式にも修正が加えられ，医療財政補助の 6 割が公共衛生へ投入されるようになり，病院管理センターに支給されたのが残りに 4 割に後退し，公立病院への配分にも競争が導入された．その狙いは，医療財政支出の効率性の向上である．結果として，医療提供の効率が大いに改善された一方，国民の医療費負担の軽減が実現できなかった[55]．もっとも，無錫市の考案した「管弁分離」は 1 つの矛盾を抱えていた．国有医療資産の価値維持及び増値と医療の「公益性」は，そもそも両立が難しい関係にあるからである．他方，無錫市の改革と類似する形で，上海市も 1990 年代末から公立病院の民営化と「管弁分離」に取り組んだが，2000 年代半ばに約 100 の民間病院が誕生したほか，公立病院の経営や投融資が委託された申康病院発展センターが 2005 年 9 月に成立した[56]．無錫市病院管理センターと同じように，公立病院の経営改善と医療の「公益性」維持の両立は，申康病院発展センターにとっても重要な課題となっていた．しかしながら，衛生部の明確な支持を得られない中で，公立病院の財産権や経営方式に「市場」を取り入れる試みは一部の地域に限られ，全国に広がることはなかった．

　こうして，2000 年前半まで，公立病院改革の新たな措置が次々と打ち出されたとともに，地方でも公立病院の民営化や「管弁分離」をめぐって大胆な試行が行われた．

　その後，衛生部が公立病院の評価基準を制定し，医療提供のクオリティや安全性に対する管理強化を図ったほか[57]，診療報酬支払制度改革にも取り組んだ．後者に関して，2004 年 8 月，疾患別包括支払方式の試行は天津市や遼寧省など 7 つの地域で展開された．試行の対象は，多発疾患，高額な医療費が必要とする疾患，また，治療効果の確認が比較的に容易な疾患とされる．包括的な診療価格を

---

54) 黄二丹・李衛平「『管弁分開』以強化政府機能―析無錫市公立医院治理改革」『衛生経済研究』第 7 巻，2010 年，10 頁．
55) 欧陽婉毅「南京，無錫，宿遷医改模式比較」『当代経済』第 10 巻，2008 年，109-110 頁．
56) 李衛平・黄二丹「以『管弁分開』理順公立医院治理結構――上海申康医院発展中心公立医院治理改革剖析」第 7 巻，2010 年，5 頁．
57) 2005 年「衛生行政」の重点は病院管理に置かれたことから，2005 年は「医院管理年」と位置付けられた上で，同年 3 月 17 日に「医院管理評価指南（試行）」が制定された．

設定する際，現段階の医療費を土台にしながら，その妥当性について評価を行う上で，不合理な部分を除くことが求められた．同時に，公立病院の情報システムを生かし，医療費データ収集の推進も定められた[58]．4年後，医療費の歪んだ膨張を有効に抑制すべく，全国診療価格項目規範の遵守や診療価格の情報開示が強調された上で，衛生部門が各等級・類型の医療機関に対して，医療費の増加率をコントロールする指標を制定することが求められた．2001年に打ち出された都市公立病院改革の方針を踏まえて，ここでは指標の細分化が図られ，1人当たりの外来医療費，1日1病床当たりの入院料や退院患者の平均費用は，指標制定の対象とされた．他方，医療機関の医薬品使用量に対して常時監視測定を行い，異常時にアラート発信の仕組みや病院処方レビュー制度の確立が提起されたほか，疾患別包括支払方式の試行拡大も唱えられた[59]．これらの改革措置は，2009年以後新医改の中でも進められたのである．

以上，医療改革十四ヵ条の内容を踏まえて，2000年代後半まで公立病院改革の概要について検討した．1980年代からの改革は衛生部門の機能転換について具体的な規定をしなかった上で，経済財政改革の手段を取り入れた結果，「衛生行政」の行き過ぎた統制緩和が医療の「市場化」を招いてしまった．医療費の急速な膨張を背景に，2000年代の改革はそれまでの改革に対して反省の姿勢を示したと捉えられる．一方で，これは公立病院改革から「市場」の排除を意味するものではない．新たな医療機関分類管理体制の下で，営利的医療機関のカテゴリーが作り上げられた上で，医療提供市場に民間資本の参入も肯定されたことから，国が医療提供を一手に担う時代はすでに過去のものになったことが明らかである．医療の「公益性」も，その一般的な性質ではなく，公立病院をはじめとする公的医療機関の属性に後退した．この意味で，医療の「公益性」を取り戻すのは，2000年以後の公立病院改革の主な課題でもある．

改革の要として，国有企業改革の中で確立した「政企分離」原則が取り入れられる形で，「衛生行政」の「政事分離」がその機能転換の新たな方針と決定された上で，公立病院管理体制の改善が図られた．全体として，公立病院の「経済管理」が踏襲され，請負制に基づく経営自主権の拡大が行われた一方，新たな改革

---

58) 衛生部弁公庁「関於開展病種収費管理試点工作的通知」2004年8月17日．
59) 衛生部「関於加強医療機構価格管理控制医薬費用不合理増長的通知」2008年1月23日．

措置も打ち出された．例えば，公立病院収入の「総量控制，結構調整」原則の下で，診療価格の調整方針はこれまでの改革と同調する一方，医療機関の営利性の有無により新たな「二重制」を作り上げ，行政の分権化や診療価格項目の全国統一が進められた．診療価格の調整に伴い，財政補助方式も「専項」補助へ切り替える方向が示された．また，公立病院の「以薬補医」体質を是正すべく，薬剤収支の「収支両条線」管理が決定されてから，薬剤収入が公立病院収入全体の40％以下に抑えるという目標が打ち出され，医療費の膨張をコントロールするための指標制定も考案された．他方，医療提供以外の業務の外部委託（社会化），外来薬局の民営化や公立病院職員賃金の「分類管理」などの改革措置から，公立病院の問題を解決する手段として，「市場」により大きな期待が寄せられた一面を見せる一方，一部の地域が試みた公立病院の民営化に対して，「衛生行政」が慎重な姿勢を示した．こうして，社会主義市場経済体制に適応する「衛生行政」の役割をめぐって，「政事分離」原則に基づく模索が続いてきたが，その背景として，経済財政改革の手段が積極的に取り入れられ，公立病院改革の内容と性格を決めたことも看過できない．医療提供の低コストと公平よりも，「競争」と「効率」がより重視された結果，医療の「格差」が完全に受容されたと考えられる．

5. 改革の方向と成否をめぐる論争

　それでは，十四ヵ条の公布以後の医療改革は，公立病院が提供する医療の「市場化」に歯止めをかけることに成功したのか．国民の医療費負担から判断すると，答えは否定的であろう．「看病難・看病貴」の緩和が見られない中で，公立病院改革の方向と医療改革の成否をめぐる論争が全国で巻き起こった．

　前者に関しては，2000年前後公立病院の財産権改革が一部の地域で試行されたことがその背景にある．その延長線にある形で，政府が医療提供からさらに手を引き，「市場化」が公立病院改革の方向となる可能性が議論されるようになった．これに対して，「衛生行政」の頂点にある衛生部が最初は明確な姿勢を示さなかったが，2000年代中頃に状況が一変する兆しを見せた．2004年末，衛生部政策法規司長であった劉新明が，着任後間もなくマスメディアの取材を受けた際，「『市場化』が次期医療改革の重心ではない」と明言した[60]．翌年5月，衛生部

副部長であった馬暁華も，公立病院の収益追求がその「公益性」を失わせたと批判した上で，「政府主導の前提の下で，医療提供に市場メカニズムを導入すべきだ．公立病院の財産権改革は，医療改革の方向ではない．我々は，医療の『民進国退』を断固して支持しない」と述べた．この2名の発言から，公立病院改革の方向に対する衛生部の姿勢を読み取れる．公立病院の経営に対する民間資本の進出は，公立病院の経済組織への接近に拍車をかけ，医療の「公益性」を損なうことが懸念されたことから，医療提供市場の一部は民間資本に開放したとはいえ，公的資本が支配的な地位を占めることが改革の前提とされたわけである．

　衛生部が医療改革のさらなる「市場化」を否定した後で，2つの出来事が改革の成否をめぐる論争を呼んだ．最初の出来事は，国務院発展研究センターが提起した「医療改革失敗説」である．2003年初より，国務院発展研究センター社会発展研究部はWHOと「中国医療衛生体制改革」について共同研究を行ってきたが，2005年に副部長であった葛延風が責任者としてまとめた研究報告書の中で，医療の公平性と医療財政支出の効率性が低下したことを指摘した上で，医療改革は「全体として不成功だった」と宣言した．ここでも，医療の「商業化」または「市場化」は医療の「公益性」に反することで，改革が失敗した一因とされた．2005年7月28日，研究報告書の内容と結論が『中国青年報』に掲載されたが，国務院直属の政策研究諮問機構が打ち出した「医療改革失敗説」はすぐに世論で大きな反響を呼んだ．その直後，衛生部部長であった高強が医療改革について行った報告の全文が新華社によって公表されたが，公立医療機関経営の「市場化」傾向と「公益性」の希薄も指摘された．ここから，国務院発展研究センターの観点は，医療改革の推進者である衛生部にも追認されたことが分かる．改革の成否を評価する基準として，医療の「公益性」が頻繁に取り上げられたが，計画経済の脱色が始まってから約25年後，医療の「公益性」が再び議論の焦点となったわけである．

　それまでの医療改革に対して，国務院発展研究センターと衛生部が消極的な評価を下したのをきっかけに，医療改革の成否をめぐる議論は世論でも白熱化した．2005年9月，国連開発計画中国事務所が公表した「2005年人間開発報告書」で

60）2005年5月24日，衛生部の広報誌である「医院報」の1面トップに，劉新明の観点は「市場化は医療改革の方向ではない」というタイトルで掲載された．

も，農民をはじめとする最も助けを必要とする人々の医療へのアクセスが保障されていないことが指摘された上で，中国の医療改革が成功しなかったという結論に至ったことも，その追い風となった．一方，当時の医療状況も，世論の沸騰に拍車をかけた．高度な医療資源が大都市に集中する中で地方の先端医療提供は相対的に劣位に置かれることで，「看病難」の問題が継続したとともに，公的医療保険制度改革との関連で国民の医療費負担が重くなりつつ，それがついに国民医療費全体の半分を突破したことから，「看病貴」の深刻化も争われない事実となったからである．他方，この議論を背景に，医療改革の方向は「政府主導」と「市場主導」のどちらにすべきかをめぐって，学界の論争も再燃した．「市場」を積極的に導入してきた医療改革の限界が指摘される中で，計画経済期のように，医療提供に対する政府の責任強化を唱える政府主導派の台頭が見られた．

　こうして，公立病院の行方を定める医療改革の方向と改革の成否をめぐって，世論と学界では議論が盛り上がったが，これは新たな医療改革を生み出す環境でもあった．2006 年 9 月，医療行政に携わる 11 の中央行政部門からなる医療改革協調グループ（略称，医改協調グループ）が結成され，国家発展和改革委員会主任と衛生部長がその責任者に任命された．この医改協調グループの成立は，新たな医療改革の始動を示すものである．2007 年初，6 つの研究機関（のちに 9 つに増えた）が委託を受けて各自に医療改革案を作成し，同年 5 月末にこれらの改革案の評価を行うための国際シンポジウムも開催された．それ以来，正式な医療改革案の起草が着実に進み，同年 10 月に学識経験者の意見募集も行われたが，改革草案は一般公開に至らなかった．その背後に，医療改革をめぐる複雑な利害関係の存在が考えられる．

　2007 年 10 月に開催された第 17 回党大会は，1979 年以来の医療改革の 1 つの到達点となった．前国家主席胡錦濤が会議で行った報告の中で，30 年近くの医療改革の総括を行った上で，今後の医療改革の方向を示した．それまで，医療体制については明確な定義が行われてこなかったが，この報告では，公衆衛生，医療提供，医療保障と医薬品供給が医療体制の 4 つの構成部分と規定された．この上で，医療提供ネットワークの整備，公立病院改革の推進や国家基本薬物制度の確立は，医療改革の重点課題と位置付けられた．また，医療の「公益性」を堅持すべく，「衛生行政」の「政事分離，管弁分離，医薬分離，営利性と非営利性の

分離」（一般的に，「4つの分離」と呼ばれる），政府責任の強化及び財政支出の増加，また，医療市場への民間資本参入の支持などが，公立病院改革を含む医療改革の方向として打ち出された．ここでは，従来の改革が必ずしも全般的に否定されたのではないが，医療の「公益性」が最初に取り上げられたことから，「公益性」の重視が次期改革の基調を成すことが見て取れる．

　第17回党大会の開催後，新たな医療改革の方針を規定する政策文書の起草も一段落着いた．2008年10月14日，その意見募集稿が一般公開され，1ヵ月の期間を設けて市民の意見が募集された．建国以来，医療改革の内容を定める国務院の政策文書が一般市民に向けて意見募集を行ったのは，今回が初めてである．結果として，合計35,260の意見が寄せられた．このうち，医療従事者や医薬品業者が最も多く，全体の55%を占めるが，次に多いのは農民，農村出身の出稼ぎ労働者や企業従業員であり，全体の20%を占める．所得からみると，中・低所得者が圧倒的に多く，とりわけ，年収が5万元以下の者が全体の95%を占める．医療改革に関する国民関心の分布として，医療提供または公立病院に関するコメントが最も多く，全体の37.8%を次は公的医療保険，医薬品供給と公衆衛生である[61]．市民の関心意見を踏まえて，新たな医療改革の内容も修正の段階に入り，近年の重点課題と改革推進のスケジュールに関する確定作業も始まった．

　2009年3月17日，中共中央と国務院が連名で「関於深化医薬衛生体制改革的意見」を発表し，翌日に国務院が「医薬衛生体制改革近期重点実施方案（2009-2011年）」を打ち出した．これにより，医療の「公益性」を基本的原則としつつ，新たに提示された「四梁八柱」と呼ばれる枠組みの下で，新たな医療改革，いわゆる「新医改」が発足した．2000年2月に医療改革十四ヵ条が公表されて以来，中国の医療改革が新たな段階を迎えることとなったが，その内容と性格については終章で検討することとする．

第3節　「衛生行政」の変容

　計画経済期において，公立病院の診療報酬から経営収支まで，ほぼすべての経

---

61)　中国中央人民政府『「深化医薬衛生体制改革指導意見（徴求意見稿）」徴求意見情況通報』（2008年11月15日）［http://www.gov.cn/gzdt/2008-11/15/content_1150153.htm］（最終検索日：2017年2月8日）．

［図4-6］ 2000年代以降の医療財政支出

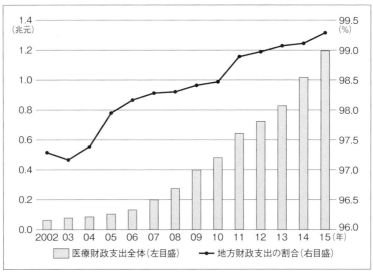

注：2013年政府機構改革で衛生部が再編された結果，計画出産への財政支出も医療財政支出に含まれることとなった．
出典：2002–2016年『中国統計年鑑』に基づき，著者が作成．

営活動は衛生部門の厳格な管理の下に置かれていたことから，「衛生行政」の特徴として，「統制」の強さを指摘した．経済体制の移行が始まると，「衛生行政」も機能転換を余儀なくされたが，社会主義市場経済に適応する形で，医療機関の診療活動や財務収支に対して「規制」を行うことが求められよう．しかし，以上で検討した公立病院改革の流れを踏まえて，「衛生行政」の機能転換は大きな限界を伴ったことが明白である．結論からいうと，1979年以来，公立病院の経営自主権が拡大しつつある中で，その診療活動や財務収支に対して衛生部門の関与が大いに撤退した一方で，有効な規制体制が構築されなかった．結局，「衛生行政」の強い「統制」に置かれていた公立病院は，徐々に「予期せぬ放任」に近い状態に陥ることとなり，「薬漬け・検査漬け」や国民の医療費負担の過重などの医療問題は，根本的な改善が成されなかった．

　1970年代末以来の「衛生行政」の変容は，公立病院改革の展開とは表裏一体の関係にあるが，両者に限って公立病院の問題を説明することが難しい．その背景に，各時期の経済財政改革は公立病院改革の方向と内容を規定してきたことが

重要である．公立病院改革が発足して以来，経営自主権の拡大から請負制の普及，診療報酬制度の「二重制」から「市場」と「格差」の導入，財政補助制度の「定額包幹」から民間資本参入の容認などの改革措置から，経済改革の痕跡が随所確認できる．また，財政改革も請負制を適用してから，分税制の実施に踏み込んだことのしわ寄せも，公立病院の財政補助制度に及んだと捉えられる．すなわち，財政請負制の下で，地方財政の規模拡大が実現したが，その財政支出は社会サービス提供よりも経済開発に傾斜したこともあり，経営採算における公立病院の責任が前面に押し出された．また，分税制が実施されてから，医療財政の主な担い手である地方財政の収入が一気に減り，とりわけ末端財政の衰退が招かれたことは，公立病院の財政補助制度にとってより厳しい環境を作り上げた．［図4-6］が示すように，2000年代以来，医療財政支出の増加を確認できる一方，その97％以上は地方財政によって担われてきたことから，公立病院の受給できる財政補助がその収入全体の1割以下に落ちたことも理解できよう．この意味で，農村経済改革と国有企業改革の経験は，公立病院改革に対して豊富な改革手段を提供したのに対して，財政改革の影響は公立病院財政補助のあり方を規定したといえる．他方，30年以上の改革を経て，医療提供市場が依然として実質的に公立病院によって独占されており，大多数の「基本的」診療価格項目も相変わらず低価格を維持していることから，公立病院改革は決して徹底的なものではなく，経済財政改革の「漸進主義」の性格を踏襲した一面も見せる．したがって，1970年代末以後の経済財政改革の把握が，公立病院改革の展開を理解する前提とするのは，本書の主張である．

　公立病院改革の眼目として，市場メカニズムが導入されたことが挙げられるが，これは，「衛生行政」が経済改革の成果を確認してから，公立病院の経営や医療提供に対しても「市場」の機能に期待を寄せた結果と捉えられよう．その積極的な効果として，ここでは3つを挙げたい．第1に，公立病院と医療従事者の間で競争を促すことによって，医療提供の量的拡大と質的改善を一気に遂げる可能性がある．第2に，建国以来，医療の「公益性」を強調するあまり，医療従事者の賃金水準は一貫して低位を占めていた[62]が，その賃金配分に市場メカニズムを

62）斉蘭「我国現階段基本工資問題研究」中国財政経済出版社，1993年，100-109頁．

取り入れ，「大鍋飯」の弊害を打破することは，医療従事者の賃金水準の改善にもつながる．実際に，事業単位賃金制度改革の推進につれて，医療従事者の賃金配分に競争と格差がますます強化されてきた．第3に，財政改革の展開を背景に，地方財政が公立病院の赤字を丸抱えするのがますます難しくなる中で，公立病院に経営自主権を付与し，市場競争の中で経営採算を維持する責任を負わせることは，地方財政の負担軽減に寄与することは言うまでもない．他にも色々挙げられるが，上記の3つだけでも，「市場」を公立病院改革に取り入れる動機として十分であろう．

しかしながら，「市場」の容認は経済改革の成功を導いたのに対して，公立病院改革においては，むしろ公立病院の経済組織への接近を促し，公立病院の信頼失墜や医療の社会問題化を招いてしまった．このような対照的な結果をもたらした原因は，「衛生行政」の機能転換の限界に求めることができる．1970年代末以来，「衛生行政」は公立病院に経営自主権を与えた上で，その構造的赤字問題の緩和を目指すべく，診療報酬制度と財政補助制度に対する調整に取り組んできた一方で，公立病院の診療活動等に対して相応な規制体制を立ち上げなかった．また，衛生部門の機能転換が1980年代にすでに提起されており，計画経済期の「政事不分」の弊害を克服すべく，2000年に「政事分離」の原則が確立されたが，残念ながら，公立病院の診療活動と財務収支に対して衛生部門の統制緩和が一方的に進んだ結果，「衛生行政」の弱体化が招かれた．結果として，「衛生行政」の機能転換は「政事分離」だけでは不十分であることが判明された一方，公立病院の過剰診療，診療報酬の不正請求や診療価格の歪みなどの問題は，基本的に「放任」されたままである．しかも，改革の推進につれて，中国の公立病院はいくつかの新たな問題を抱えるようになった．

例えば，医療資源の配置に関しては，大型設備や高価な医療材料が都市に集中しており，一部の大都市ではその量がイギリス全国の規模を上回る一方，農村医療資源の全体が依然として欠乏している．その背後に，公立病院が病院分級管理制度の下で等級の昇格を図り，患者を引きつけるために，医療設備競争に陥っていることが考えられる．一方，これが患者の大病院志向にも拍車をかけ，図4-7が示すように，2003年当時，都市住民の約半分は疾患にかかって2週以内に二級以上の病院で受診した．この問題を解決するために，2000年代より都市の社

[図 4-7] 国民の受診傾向

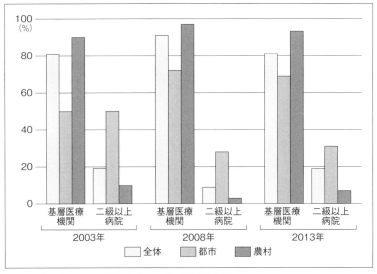

注:2週以内に受診する医療機関に基づき,国民の受診傾向を推定した.
出典:「2015年中国衛生和計画生育統計年鑑」に基づき,著者が作成.

[表 4-1] 地方診療報酬基準の調整時間

地域	診療報酬基準1	診療報酬基準2	平均維持時間
北京	1997-2001 年	2001-2006 年	4.5 年
上海	1994-1997 年	1997-2007 年	6.5 年
甘粛	1986-1998 年	1998-2003 年	8.5 年
河南	1996-2001 年	2001-2005 年	4.5 年
吉林	1991-2001 年	2001-2010 年	8 年
山東	1994-2000 年	2000-2007 年	6.5 年
四川	1989-1998 年	1998-2006 年	8.5 年
重慶	1995-1999 年	1999-2004 年	4.5 年
浙江	1996-2000 年	2000-2005 年	4.5 年
陝西	1992-2003 年	2003-2006 年	7 年
黒龍江	1998-2001 年	2001-2005 年	3.5 年
安徽	1991-1999 年	1999-2010 年	8 年

出典:黄丞・張録法『因局与突囲——我国医療服務提供体系的問題与対策』上海交通大学出版社,2010年,22頁.

区医療提供の充実化が図られてきたが，都市住民の大病院志向もある程度低下の傾向を見せた．同じ状況の下で，農村住民の二級以上の病院で受診する割合が圧倒的に小さいが，これもまた医療資源配分の地域格差を反映するものとして捉えられよう．

また，診療報酬基準の調整原則として，新設備・新技術の価格を高く設定することが1980年代半ばから認められてきたが，結果として，医療提供のコストに準じていえば，診療価格の中で高すぎるものと低すぎるものが共存する現象が一般化した．例えば，医療技術に基づく診療項目は低価格を維持しているのに対して，医療設備による検査料が高価のままであるほか，外来医療費が基本的に低く，入院医療費が比較的に高いと指摘されている．他方，物価の変動に適応する診療報酬調整制度の構築は，1997年にすでに改革の方向性として掲げられたにもかかわらず，［表4-1］が示すように，各地では調整の周期は基本的に長く，1990年代に制定された診療報酬基準は依然として多くの公立病院で使用されている[63]．

診療報酬基準が物価水準の変動に適応しない中で，公立病院の診療報酬の不正請求も後を絶たないことが理解しやすい．しかも，診療報酬基準の調整が行われても，病院が新価格を実施しないことが多いほか，診療報酬の分解・重複請求，取り消された診療価格項目の維持または診療価格項目の乱立，規定された診療価格と患者向けの請求価格の乖離など，医療現場では診療報酬の制度化が依然として徹底されていない．一方で，衛生部門と価格管理部門が介入することが稀であり，たとえ調査や処罰が行われたとしても，その強度と効果が極めて限定的なもののため，問題の根本的な改善につながらない[64]．これらの問題は，いずれも弱い「衛生行政」の実態を物語っているといえよう．

無論，医療提供の最適化が課題とする「衛生行政」は，他の行政分野に比べると自身の困難さを抱えている．最もよく指摘されるのは，医療情報の非対称性である．これを緩和する手段として，医療の供給側に向けて，診療ガイドラインの作成や疾患別の医療費試算を行うことは，医療提供の内容と費用について一定の

---

63) 張敏「医療服務価格改革啓動在即——大型検査費用降幅最高或超40%」『証券日報』2016年6月30日付，C1面．
64) 周麗『我国公立医院行為績効分析——価格管制下的実証研究』経済科学出版社，2011年，7-11頁．

[図 4-8] 2000年代以来総合病院の診療状況

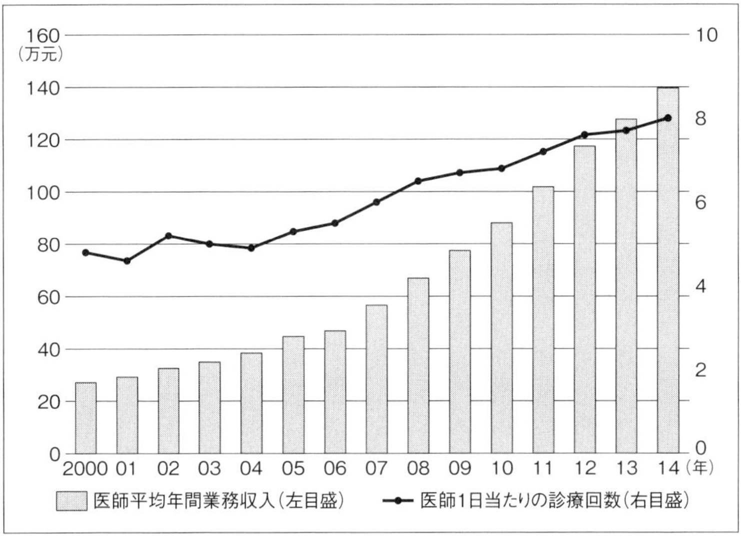

医師平均年間業務収入(左目盛)　●医師1日当たりの診療回数(右目盛)

出典：「1997-2001年我国衛生事業発展情況簡報」，2004-2015年「中国衛生（和計画生育）統計年鑑」に基づき，著者が作成．

基準を示すことによって，過剰診療を抑制する効果が期待される．これに対して，医療の需要側に向けて，医療機関の診療実績や疾患ごとに医療費発生の目安など医療情報提供の充実化は，患者の権利を強め，医療情報の非対称性を緩和する可能性がある．実際に，これは各国共通の課題でもあり，イギリスなど一部の先進国はすでに医療提供の費用対効果評価や診療ガイドライン作成に積極的に取り組んでいる．この点において，中国の「衛生行政」は立ち遅れていると認めざるを得ない．2000年代に入ってから，診療ガイドラインの作成とこれに基づく包括支払方式の試行が提起されたものの，その実施が公立病院の自主努力に委ねられることもあり，実際の効果が非常に限られていたと思われる．

　一方，中国の「衛生行政」は，他国と違い独自の難題も抱えている．計画経済期の「衛生行政」が，診療報酬基準を過度に低く設定し，公立病院の「以薬補医」体質など構造的問題を作り上げたが，30年を経てその是正は決して容易なことではない．まして，計画経済から社会主義市場経済への移行もあり，2つの経済体制に跨る中で問題の解決がなおさら困難であろう．経済改革の展開につれて，価格自由化の推進で公立病院の赤字規模が拡大しつつあるにもかかわらず，

物価の上昇に見合う形で診療報酬基準を引き上げることができないほか，経済成長が優先される中で，財政補助の大幅増も期待できず，赤字補填の責任が政府から病院自身に転嫁されることとなった．結果として，公立病院は構造的問題が残されたまま，医療提供の量を増やすことによって，支出を賄う動機が強まったわけである．これは，「薬漬け・検査漬け」の深刻化につながることは言うまでもないが，通常以上に診療収入を増やすいわゆる「創収」の意識が医療従事者にも浸透した．全体的な診療報酬基準からいうと，中国の公立病院は医療の「公益性」を優先する非営利的医療機関と位置付けられる一方，すべての公立病院は収益を求めているという[65]．これは，公立病院の新たな問題として，信頼の低下を招いてしまった．無論，人口の自然増に伴う患者増の影響もあるが，大中規模総合病院の勤務医の場合，1日当たりの診療回数が増えるにつれて，その平均年間業務収入も着実に伸びてきた［図4-8］．

さらに，次章で検討する医薬品市場も経済体制の移行期において徹底的な変容を迎えたが，医薬品改革が急展開する中で，経営の維持に活路を見出そうとする公立病院と医薬品業者の癒着が深まり，公立病院の「以薬補医」体質の定着に拍車をかけた．公立病院の「薬漬け」を徹底的に解消するには，上記の構造的問題を是正することが前提となるといえよう．この意味で，医療提供と医薬品市場に跨る形で，いかに公立病院の構造的問題を改善する規制体制を立ち上げるかは，社会主義市場経済期の「衛生行政」の最大かつ至難の課題である．もっとも，改革の当初から，「衛生行政」は公立病院の診療収支と薬剤収支の「分別採算，分別管理」や，公立病院収入全体の「総量控制，結構調整」などの措置を打ち出し，公立病院の薬剤収入への依存に歯止めをかけようとした．しかしながら，これらだけでは，上記の構造的問題の根底を揺るがすのに至らず，改革の効果が限られるものとなった．

こうした難題を解決するために，これまで「衛生行政」の機能転換の重心は，従来の「政事不分」の問題を改めることに置かれていた．計画経済期の下で，「衛生行政」が公立病院の経営者と管理者の二重身分を持っており，その経営活動全般に対して直接に介入したが，市場経済が容認されるにつれて，こうした

---

[65] 周学栄『中国医療価格的政府管制研究』中国社会科学出版社，2008年，85頁．

「政事不分」体制は公立病院の自主性を奪い，医療提供の効率低下を招いたほか，公立病院改革の推進を妨げる障壁と捉えられた．この認識に基づき，公立病院の経営に対して行政の関与が後退する一方で，2000年に医療改革十四ヵ条は冒頭に「政事分離」を提起したのである．結果として，医療の社会問題化は「政事分離」の限界を示すものにほかならない．一方，2000年代半ばになると，公立病院の財産権改革に対する衛生部の姿勢から，医療提供における公的資本の優位は，医療の「公益性」を維持する必要条件と位置付けられていたことも窺える．しかしながら，1970年代末以来公立病院の経済組織への接近や国民の医療費負担増は，すでにこの認識の妥当性を却下したのである．本章の議論を踏まえていうと，公立病院の構造的問題に触れることなしに，改革は実質的な進展を遂げることが難しい．今一度，中国の「衛生行政」のあり方を問い直す必要があるといえよう．

小　括

　以上，1970年代末以来の公立病院改革の展開を把握することによって，現代中国の「衛生行政」の変容を示すことを試みた．経済体制の移行につれて，各時期の経済財政改革は，公立病院改革の内容と性格に決定的な影響を与えた．一方，「衛生行政」が公立病院の診療活動と経営活動に対して規制に乗り出すことに失敗し，公立病院の長年抱えてきた構造的問題が是正されなかった結果，その機能も計画経済期の強い「統制」から，社会主義市場経済期の「予期せぬ放任」へという変容を遂げたと考えられる．医療の「公益性」を担保するはずの公立病院は，医療問題の深刻化を招く巨大な利益団体へと変身し，「看病難・看病貴」が社会問題の首位に上ったのは，公立病院改革以後の中国医療の実情である．この意味で，公立病院は現在中国の医療問題の核心にある．

　しかしながら，中国における医療の社会問題化は，公立病院だけに起因するものではないことに注意を払う必要がある．公立病院の経営採算に対する自己責任が強調されたと同時に，医薬品市場においても激しい変化が生じた．公立病院の経営自主権の拡大と医薬品行政の再編とが相まって，薬価の高騰も国民医療費の急増を招いてしまい，これらの問題がさらに公的医療保険の給付水準の限界を生み出したのである．この意味で，公立病院と同じく，中国の医療も構造的問題を抱えていることが明らかである．したがって，中国の医療問題を論ずる際，公的

医療保険，公立病院と医薬品の 3 つの領域を同時に視野に入れる必要がある．もっとも，2000 年頃，これら 3 つの医療領域をカバーする総合改革が「三項改革」と呼ばれるようになり [66]，2002 年 8 月から青海省西寧市，山東省青島市と広西省チワン族自治区柳州市の 3 つの都市で改革の試行も行われたが [67]，その効果が限られたもののため，改革の全国普及に至らなかった．ここでは，医療改革を全体的に推進する難しさが示された一方，「三項改革」の方向が間違ったとはいえない．ここまで，公的医療保険と公立病院の制度改革や行政体制の変容について検討してきたが，次章では，文化大革命の終息後，医薬品市場と医薬品行政に生じる変化と，それと公立病院改革との相互作用が中国の医療に如何なる影響を与えたかについて分析する．

---

66) 国務院「関於印発完善社会保障体系試点方案的通知」2000 年 12 月 25 日．
67) 国家発展計画委員会・国家経貿委他「関於印発完善『三項改革』試点工作指導意見的通知」2002 年 7 月 17 日．

第5章　値下げできない医薬品市場の謎

　計画経済期の下で，医薬品の製造から供給までは行政部門の強い統制に置かれたとともに，薬価も幾度も大幅な値下げを経験し，全体として非常に低い水準に抑えられていた．しかしながら，経済体制の移行が始まると，薬価が上昇する一途で，国民医療費を押し上げる要因の1つとなった．薬価の高騰を抑えるために，薬価設定の方法修正や医薬品集中入札購入などの対策が打ち出されたとともに，1990年代後半から20回以上にわたって，約1,500品目の医薬品に対して強制的な値下げが実行されたが，その効果はいずれも非常に限られたものであり，薬価の高騰は未だに収束の気配を見せない．結局，中国の医薬品市場は「値下げできない」という謎を抱えることとなった．

　本章では，1978年以後，医薬品の製造・供給体制と薬価設定の仕組みはいかなる変化を経験したのかをめぐって，医薬品行政の再編と医薬品改革の展開を把握することによって，上記の謎を解くことを試みたい．結論から言うと，経済体制の移行後，医薬品行政は計画経済期の性格を踏襲しながら，大幅な統制緩和に踏み込んだことは，医薬品市場がほぼ「放任」される状態に陥った根本的原因であり，公立病院の「以薬補医」体質と相まって，薬価の高騰が必然的な結果として招かれたのである．

第1節　医薬品「市場」の形成

　文化大革命の勃発により，医薬品行政に携わる行政部門が少人数からなる「医薬組」に萎縮したとともに，医薬品の製造と供給を担う国有企業も相次いで撤廃され，全国の医薬品行政の秩序が大いに乱された．文化大革命の収束後，医薬品行政の秩序回復が第一義とされた．これがある程度実現されてから，計画経済期の医薬品供給体制の一角が崩れていくにつれて，計画に依存しない医薬品「市

場」が徐々に形成したのである[1]．

1. 医薬品行政の再建

　文化大革命が医薬品行政へ与えたダメージは言うまでもないが，計画経済期の医薬品行政は複数の行政部門によって担われた「多元管理」の行政体制も，次第にその限界を見せるようになった．例えば，医薬品の製造と供給をめぐって政策の一貫性が欠けたため，いくつかの品目の生産が需要に追いつかず，その質も不安定であった．1978年当時，100以上の品目が深刻な供給不足に陥ったほか，医薬品の開発能力や製造技術も大いに遅れていた．文化大革命が収束すると，「多元管理」の医薬品行政も再編の機運を迎え，「一元管理」体制に向かい出発した．

　1978年6月，衛生部が管理を代行する国務院の直属機関として，国家医薬管理総局が新設され，翌月から医薬品の製造，供給と使用に対して一括的な管理を行うこととなった．これをもって，経済改革が発足する前の段階で，医薬品行政は「多元管理」から「一元管理」へと体制の転換を完成し，医薬品改革の土台を築いた．1979年初日，中国医薬工業会社や中国医薬会社など医薬品の製造と供給を担う国有企業も再建を遂げ，地方の医薬管理部門と国有医薬会社の整備も1980年1月までほぼ完了した．こうして，わずか約2年をもって，従来の医薬品行政体制は全国で再び立ち上げられ，国家医薬管理総局を頂点とする「一元管理」の新体制が構築されたのである．一方，国家医薬管理総局の管理代行部門として，衛生部が医薬品行政に対して強い権限を留保していたことから，この新体制を建国直後の衛生部を中心とする医薬品行政体制への復帰と捉えることもできる．

　国家医薬管理総局が成立した直後，医薬品行政の原則や内容を規定する薬政管理条例が制定された．建国以来，医薬品行政の指針となる「条例」の制定は，今回は初めてである．その内容は，階級闘争の徹底など文化大革命の名残を見せる一方，計画経済期の医薬品管理に基づき，行政活動の制度化を図ったものである．ここでは，医薬品の製造と供給が国の計画に従うことや，薬価設定の「微利」原

---

[1] 改革開放初期の医薬品行政に関する資料が限られるため，ここでは主に斉謀甲他（1988）を踏まえて説明する．

則が堅持された一方，医薬品の質と規格を規定する基準も作成された．具体的に，国の制定する「中華人民共和国薬典」（略称，「中国薬典」），衛生部が制定する基準（略称，「部基準」）と省（自治区，直轄市）衛生部門が制定する地方医薬品基準の3つが規定された．他方，新薬の対象も指定され，新開発の医薬品とともに，国内で製造した後発医薬品も「新薬」と位置づけられた[2]．

1979年4月，国家医薬管理総局は初回の全国医薬工作会議を開き，今後の重点課題について議論した．その後，医薬品行政が最初に着手したのは，文化大革命の中で乱立した製薬工場の整頓であり，1979年6月より製薬工場の閉鎖，合併と整理が全国で展開されるようになった[3]．これがある程度進んでから，医薬品管理の強化が1981年5月に提起された．当時，「計画経済を主とし，市場調節を従とする」経済改革の方針を背景に，国家医薬管理総局と衛生部を頂点とする「一元管理」体制の下で，医薬品製造の計画管理，医薬品供給の国家独占体制，「統一領導，分級管理」[4]に基づく薬価設定が決定された[5]．改革開放初期の医薬品行政は，この枠組みの下で進められたと思われる．

1982年5月，改革開放期に入ってから初回の政府機構改革の一環として，国家医薬管理総局が「国家医薬管理局」と改称された上で，国家経済委員会の直接的管理に従うこととなったが，業務内容や他の行政部門との関係が踏襲された．これに合わせる形で，地方の医薬管理部門も隷属関係と内部部局の調整を進めた．その後，計画経済期の医薬品供給体制は一角が崩れたことを背景に，集団と個人が行う医薬品販売活動に対して，国家医薬管理局が早くも規制の強化を試み，その経営範囲を地方の常用医薬品と医療材料の小売に限定した[6]．1985年3月，建国以来最初の薬品管理法がその前年9月に制定されたのを踏まえて，医薬品の質的改善と品目の増加，また，医薬品行政体制の整備が次期医薬品改革の重点課題と決定された一方，医薬品の計画管理がしばらく堅持された．これは，医薬品改革の「漸進主義」の性格を語るものとして捉えられよう．

---

[2] 国務院「薬政管理条例」1978年7月30日．
[3] 衛生部，国家医薬管理総局他「関於在全国開展整頓薬場工作的報告」1979年6月8日．
[4] 国家医薬管理総局と省（自治区，直轄市）医薬管理局は，各自の権限に基づき，各級価格管理部門とともに薬価の分別管理を行う行政体制を指す．
[5] 国務院「関於加強医薬管理的決定」1981年5月22日．
[6] 国家医薬管理局，国家工商行政管理局他「関於城郷集体和個体開業経営医薬商品的意見」1984年6月5日．

それ以来，1998年政府機構改革が行われるまで，国家医薬管理局，また，医薬品活動の監督管理を担う衛生部を頂点とする医薬品行政の「一元管理」体制は次第に定着した．計画経済期の「多元管理」体制に対して，医薬品政策の一貫性が改善された一方，医薬品の製造や販売を管理する権限が徐々に医薬管理部門と衛生部門に収斂したことは，やがて腐敗の温床となった．また，従来の医薬品供給体制の打破と相まって，これはさらに医薬品市場の激変を促したのである．

2. 統制緩和の始動

医薬品行政体制の再建が整ってから，国家医薬管理（総）局が医薬品管理の計画を堅持しつつ，大幅な統制緩和に乗り出した．まず，製薬工業に関しては，1979年に決定された医薬品行政の重点課題の1つとして，製薬工場の整頓が取り上げられた．この結果，844の製薬工場に改めて生産許可が下されたほか，127の薬効の不確実な品目と副作用の大きい品目は1982年に生産中止となった．1982年2月より，経済改革の一環として，国有製薬企業にも経済責任制が導入された[7]．同時に，供給不足の医薬品有効成分の生産拡大や，GMP（Good Manufacturing Practice）に基づく「薬品生産管理規範（試行）」の制定も進められた．さらに，第12期3中全会で計画経済と商品経済の対立的な関係が否定されたのを受けて，1985年に「指令性計画」の管理におかれてきた12品目，292品目の医薬品有効成分のうち，30品目の製造が依然として「指令性計画」に従う以外，残りは「指導性計画」に移行されることが決定された．一方，1980年代から，製薬市場に対する外資を含む民間資本の参入も可能となった．これらの動きは，製薬市場に対する統制緩和の始動を示すものである．

一方，1970年代末より，医薬品の供給体制も大幅な調整が加えられたが，結果としてこれは医薬品市場の混乱と薬価の高騰の発端となった．1979年4月に開かれた全国医薬工作会議で医薬品の需給関係が強調されて以来，医薬品の供給においても「市場」の機能がますます重視されることとなった．同月に新たな「八字方針」の提起を踏まえ，1981年まで医薬品買付計画が連続して3回も調整されたとともに，翌年1月から医薬品の在庫整理も進められた．1985年当時，

---

[7] 中共中央・国務院「関於国営工業企業進行全面整頓的決定」1982年2月1日．

全国の医薬品買付総額が 1978 年に比べて 15% 増，売上高が 53.1% 増となったのに対して，在庫医薬品総額が 17.7% 減を遂げた．

　さらに医薬品の在庫整理の展開につれて，計画経済期の医薬品供給体制の一角が崩れた．従来，製薬の規模が限られる中で各地への医薬品供給を保証するために，中国医薬会社が医薬品供給を独占し，中央から地方まで医薬品の「三級供給制」が定着したが，計画供給の効率低下や医薬品在庫の問題も招かれた．1978 年に医薬品行政が再発足してから，在庫整理の円滑化を図るべく，「上から下へ」という垂直的な供給体制を打破し，「横」方向の医薬品「販売」活動も認めたとともに，医薬品供給の「指令性計画」を「指導性計画」に改めた．この結果，医薬品販売の中間プロセスが大いに減った．同時に，医薬品販売業者の統制緩和も行い，製薬企業の参入を可能にしたほか，集団や個人の販売業者も急速に増えたため，医薬品の需要側からみると仕入れ先の選択肢が大幅に広がった．ここで，医薬品の流通はもはや計画に基づく「供給」から逸脱し，市場の需給関係に従う「販売」へ向かい始めたと捉えられる．1985 年に大多数の医薬品の製造も「指令性計画」から「指導性計画」へと移されたのと相まって，計画経済期の医薬品供給を支えてきた「三級供給制」が基本的に打破され，医薬品供給に対する統制緩和の効果も現れた．1990 年代末になると，全国で 16,000 以上の小規模医薬品販売企業が現れた一方，国有医薬品販売企業が依然として支配的な立場を占めていた．

　ところが，医薬品行政の統制緩和は医薬品「市場」の形成を促し，医薬品の供給不足を改善した一方，規制体制が未整備のまま医薬品販売に競争を導入したことは，新たな問題を引き起こした．計画経済期の下で，医療機関など医薬品の需要側が，医薬品の計画的供給を受動的に受ける立場に置かれていたので，供給側が相対的に優位に立った．これに対して，医薬品の「三級供給制」の一角が崩れると，販売業者が急増したと同時に，需要側も仕入の裁量が認められた結果，医薬品の販売をめぐる力関係が逆転し，医薬品の供給側に対する需要側の優位が確立された．しかし，医薬品市場の激変に合わせる形で，医薬品行政の機能転換が行われなかったことは，医薬品市場の混乱と薬価高騰の種を蒔いた．統制緩和の後に各地で自発的に形成された医薬品市場に対して，国家医薬管理（総）局と衛生部が規制に乗り出さなかったため，医薬品市場の無秩序が招かれたからである．

当時,医療機関などへのリベート提供が営業手段として蔓延した中で,生産者価格の高騰や質的低下などの問題が早くも現れた.この意味で,医薬品行政の機能転換の失敗とともに,「経済管理」を中核とした公立病院改革も,公立病院の「以薬補医」体質を強めたことを通して,医薬品市場の混乱に拍車をかけたといえよう.全体として,医薬品行政と「衛生行政」が同時に統制緩和に踏み込んだことは,公立病院の経済組織への接近を促したとともに,医薬品市場の構造的問題も招いたわけである.

他方,1978年以来,薬価の管理にも大幅な修正が加えられた.その要は,主に仕入販売価格差率の調整,薬価算定方法の改定と管理権限の「下放」の3つに要約できる.1980年,販売価格と生産コストがあまりにもかけ離れる医薬品に対して,生産者価格と販売価格の調整が決定されたほか,大幅な薬価値下げがもたらした医薬品供給の欠損問題を解決すべく,仕入販売価格差率の引き上げも行われた.また,1966年9月以来,医薬品の全国統一価格が実施されたが,1984年に119品目の医薬品に対して薬価の調整が実施された.国家医薬管理局が管理する品目に関して,その産地価格のみが設定され,これに実際の送料等と5％上下の総合価格差率を加算する形で販売価格が算定されることとなった.これをもって,医薬品販売の欠損問題がかなり緩和された.さらに,価格改革が進む中で,薬価管理の権限も地方へと大幅に「下放」された.1982年物価管理暫行条例では,市場調節の補助的作用を発揮すべく,商品の価格が国家定価,国家規定範囲内の企業定価と集市貿易価(格)に分けられた上で,中央と地方の間で価格管理の権限配分も規定された.これを踏まえて,一部の医薬品を含む小商品は品目が多く,生産が分散しているほか,需給の変動も激しいため,価格管理の権限「下放」が決定された上で,その価格は「企業定価」の対象とされ[8],薬価算定の方法も簡略化された.すなわち,薬価の算定は価格差率に制限されることなく,生産コストに適切な利潤を加える方式へ切り替えたほか,同じ医薬品が1つの市場で複数の価格をもつことが認められた.また,医薬会社系列の調達価格は,仕入価格に関連費用を加えるか,卸売価格からバックオフ率を引く形で算定されることとなった.1984年3月,国有企業経営自主権の拡大に合わせる形で,国家医

---

8) 国家物価局他「関於逐歩放開小商品価格実行市場調節的報告」1982年9月16日.

薬管理局の価格管理に従う医薬品の対象は大幅に縮小し、その品目は従来の約1,900から約250に減った上で、同年に残り約250品目の医薬品に対して「浮動価格」[9]が適用された．これらの措置は，企業間の競争を促した一方，薬価管理の統制緩和を示すものにほかならない．

以上，文化大革命の終息から1984年の薬品管理法の制定にかけて，医薬品行政が「一元管理」体制への移行を実現してから，医薬品の製造，供給と薬価管理に対する統制緩和に踏み込んだことが，医薬品市場に与えた影響について検討した．改革開放初期，医薬品の「三級供給制」の緩みや薬価管理の統制緩和など，医薬品市場に激変が生じた一方，「計画」が医薬品行政活動から完全に撤廃されなかったことから，計画経済期の医薬品行政の名残を確認できる．この意味で，当時の経済財政改革と同じく，医薬品行政の再建も「漸進主義」の性格を伴うといえる．他方，医薬品行政がますます計画管理からかけ離れるにつれて，需給関係に基づく医薬品「市場」が形成したことは画期的である．

しかし，医薬品行政の統制緩和が進む中で，規制体制の整備が立ち遅れ，医薬品市場の深刻な問題を招いたことも認めざるを得ない．結局，上昇しつつある薬価の抑制は，それ以降の医薬品改革の最大な課題となったのである．以下は，1984年9月に薬品管理法の公布から2009年3月に新医改が発足するまでの医薬品改革に注目し，改革重点の推移を踏まえて，約25年の医薬品改革を5つの段階に分けて検討していきたい．

第2節　医薬品改革の展開

1.「放任」された医薬品市場

医薬品行政の法整備が初めて実現されたという意味で，ここでは，1980年代の医薬品改革の出発点を1984年9月に薬品管理法の公布とする．1978年7月に薬政管理条例が制定されたが，これは全国人民代表大会（常務委員会）の採択を経る正式な法律ではない．医薬品行政の内容を規定する法律の不在を補うべく，1984年9月20日に開催された第6期全国人民代表大会常務委員会第7回会議では，中国最初の薬品管理法が採択され，1985年7月1日より施行された．これ

9）価格管理部門の規定する範囲内で，企業は製品の価格を設定できる価格の形式を指す．

をもって，医薬品行政は法的な根拠を持つようになった．その冒頭に，医薬品の製造，経営や研究開発に対して，衛生部の監督と管理の立場が規定されたことから，医薬品行政における衛生部門の強い権限を読み取れる．また，「新薬」に関しては，国内で製造されることのない医薬品へと再定義された．そこで，一部の地域では，薬品管理法の施行前に新薬の審査を急ぐ動きが現れたが，これが早くも医薬品市場の混乱を招いたため，衛生部に禁止された[10]．この上で，薬品管理法の施行が始まる当日，衛生部が新薬審査方法の制度化を図った一方，新薬の範囲拡大を承認した．すなわち，国内で製造された医薬品でも，適応症の追加，投与経路と剤型の変更がある場合でも，新薬扱いされることが規定された[11]．これは，1990年代以降新薬審査と単独定価制度の問題の伏線を張ったと考えられる．3年あまりの薬品管理法の施行を踏まえて，医薬品の製造，経営，使用，検査と研究開発に携わる組織と個人を対象に，医薬品管理法の実施規則が1989年1月に制定され[12]，地方医薬品行政の基準統一が図られた．

一方，医薬品行政の法整備とともに，価格改革の推進を背景に，国家医薬管理局が薬価管理に乗り出した．第6期全国人民代表大会第4回会議で採択された国民経済・経済発展の第7次五ヵ年計画では，ごく少数の商品に国家定価を維持するほか，一般商品の価格は市場の需給関係により徐々に自由化するという価格改革の方針が提起されたのを受けて，工業消費品の価格は国家定価，国家指導価（格）と市場調節価（格）の3種に分けられた．このうち，市場調節価（格）とは価格の自由化そのものを意味するが，国家定価の対象とされる場合，中央から県までの価格管理部門と関連行政部門が，具体的な価格を設定し，または，統一した価格設定の方法を規定する．これに対して，種類が多く，需給状況の変動が激しいほか，地域間のコスト及びクオリティの格差が大きい工業消費品の価格は，国家指導価（格）に該当する．国家指導価（格）は，主に「浮動価格」の形をとるが，企業がこれを基準に規定範囲内で自由に価格を設定できる．一方，国務院の各行政部門が管理してきた価格のうち，原材料の仕入れ先が分散し，コスト及びクオリティの格差が大きいなどの状況に当たる比較的重要な工業消費品につい

---

10) 衛生部「関於加強新薬審批管理的通知」1985年4月13日．
11) 衛生部「新薬審批弁法」1985年7月1日．
12) 国務院「薬品管理法実施弁法」1989年1月7日．

て，その価格管理の権限は中央から省（自治区，直轄市）へ「下放」することとなった[13]．その一環として，医薬品の価格にも国家定価，国家指導価（格）と市場調節価（格）の3種が適用された．この上で，国家定価とされる医薬品のうち国家医薬管理局の管理する代表規格品以外の規格品の価格管理は省（自治区，直轄市）に委ねられたほか，293品目の医薬品の価格管理権限が省（自治区，直轄市）まで「下放」された[14]．ここで，薬価管理の統制緩和がより一歩進んだと捉えられる．1987年9月に価格管理条例の制定と価格自由化の推進を背景に，同年末に国家医薬管理局が薬価管理の強化にも取り組んだ．具体的に，価格管理の権限遵守が強調されたほか，医薬品企業に対して，医薬品の販売企業に生産者価格（または調達価格）を，医療機関等に卸売価格を実施すること，また，物価の上昇でコスト増が生じる場合，小売価格が変わらない前提の下で価格の調整を行うことを求めた[15]．ここから，医薬品流通において，薬価実施の混乱が1980年代後半にすでに現れたことが推察できるが，今日に至ってもその抑制が薬価管理の課題である．

薬価実施の混乱と相まって，1980年代中頃から，医薬品をめぐる地方保護主義が台頭した．すなわち，地域経済の発展が優先される形で，医薬品行政の関連法規が無視される現象が一部の地域で現れた．例えば，医薬品販売業者が粗悪な医薬品を仕入れたことが，当該地域の衛生部門にて発覚したとしても，地域経済の損失を出さないように，問題の医薬品が当該地域で販売されない限り，医薬品市場での流通が容認されていた．しかも，粗悪な医薬品をめぐる紛争が生じる場合，各地が管轄内の医薬品業者をえこひいきするのが一般的である[16]．ここから，行政現場では薬品管理法が遵守されない実態が見受けられる．

他方，地域経済開発の手段とされた製薬企業が各地で多数立ち上げられた結果，医薬品の有効成分をめぐって奪い合いが生じたほか，農村自由市場が医薬品の卸売市場にまで発展したことも稀ではなかった．特に，後者に関しては，地方の医薬品行政は規制に乗り出さず，営業許可を所持しない販売業者と粗悪な医薬品が

---

13) 国家物価局，軽工業部他「関於工業消費品価格管理規定」1986年4月15日．
14) 国家医薬管理局「関於頒発『医薬商品価格管理目録』的通知」1986年7月8日．
15) 国家医薬管理局「関於認真貫徹執行『中華人民共和国価格管理条例』加強医薬価格管理的通知」1987年12月18日．
16) 葉元平「浅談薬品監督中的地方保護主義」『中国薬事』第6巻第8号，1992年，169頁．

溢れていた上で，販売先が全国各地に及んだこともあり，薬害事件が発生しても責任者の特定すら困難であった．ここでは，医薬品がもはやその特殊性を失い，一般の商品として自由販売されたのである．しかも，このような医薬品の卸売市場は例外ではなかった．その典型例として，河北省無極県の医薬品市場を挙げることができる．約2キロの道路に200軒あまりの医薬品卸売店舗が並べた無極県医薬品市場は，1991年に年間取引額が3.5億元で，納税金額も490万元に達した[17]．医薬品市場の地域経済と地方財政への貢献を否定できないが，地方の医薬品行政の「不作為」により，粗悪な医薬品が流通する土壌が醸成されたことが明らかである．

医薬品の地方保護主義と粗悪な医薬品の氾濫に対して，医薬品行政はなぜ徹底的な取り締まりに踏み出さなかったのか．医薬品の製造，販売と薬価管理の権限が国家医薬管理局と衛生部に集中する「一元管理」体制の下で，プレーヤーと監督の二重役割が与えられた地方の医薬管理部門と衛生部門は，医薬品の不正な販売活動を取り締まる動機が弱いことは想像に難くない．計画経済期の下では，医薬品の製造と供給はいずれも国の厳しい計画に従われていたがゆえに，医薬品行政が監督体制を立ち上げる必要性が薄かったが，医薬品市場の統制緩和が進められるつれて，医薬品の製造や流通が計画管理から離脱しつつあるにもかかわらず，医薬品管理の権限集中が腐敗の温床を作り上げたことは要因の1つである．他方，「条塊関係」の視点から，医薬品行政に対する地方政府の圧力も無視できない．医薬品市場は地域経済の重要な担い手であるのみならず，1980年より実施された財政請負制の下では地方財政への貢献も期待されたことから，医薬品行政がそれに対して徹底的な取り締まりを断行する難しさも生み出された．したがって，医薬品行政の「不作為」が逆に地方政府に歓迎されるような社会構造は，「放任」された医薬品市場を作り上げたもう1つの原因として捉えられよう[18]．

2．規制強化の試み

1990年代以後，医薬品市場の混乱に対する規制強化の動きが見られた．その

---

17) 張愛萍「我国薬品市場的問題所在」『中国薬事』第8巻第4号，1994年，200頁．
18) 国家医薬管理局「国家医薬管理局機関加強廉政建設的十項規定」（1989年8月24日）の内容からも，国家医薬管理局内の腐敗がすでに現れたと推察される．

準備段階として，1988 年政府機構改革の下で，国家医薬管理局が再び国務院の直属局に改められてから，1991 年 4 月に医薬品製造の標準化管理が提起された[19]．翌年，外国の先発医薬品の導入を促す形で，「薬品行政保護」[20]の実施が決定された．1992 年末，国家医薬管理局が薬品行政保護の申請条件や内容について規定し，中国で未発売で，かつ過去 7 年間に海外で特許を取得した医薬品に 7 年 6 ヵ月の行政保護を与えることにした[21]．これを発端に，中国の医薬品市場では行政保護期の切れた海外後発医薬品をめぐって，激しい競争が展開されるようになった[22]．一方で，中国で外資系製薬企業の医薬品に高い価格が適用されたのも，薬品行政保護の発足がその発端であると捉えられる．

次に，公的医薬品保険制度改革の推進に合わせる形で，公的医療保険の給付対象となる医薬品の範囲を画定すべく，1981 年 8 月に制定された国家基本薬物目録に対して，「中成薬」と「西薬」を補足することによって，目録の充実化が図られた．1994 年 1 月までに一部の更新作業が終わってから[23]，1996 年 4 月に国家基本薬物（第 2 版）が公布されたが，これがすぐ一部の地域で公費医療の給付対象に取り入れられた[24]．一方で，国家基本薬物目録は公立病院の医薬品処方に対して強制力を持たないため，医薬費の膨張を抑制する効果は限られるものであった．その後，国家基本薬物目録が 3 回も調整を経て，新医改の発足後に国家基本薬物制度として定着し，末端の「基層医療機関」での使用が義務化された．

一方，1990 年代に入ってからも，「放任」されてきた医薬品市場の混乱は収束の気配を見せなかった．地方政府と関連行政部門が違法な医薬品企業や医薬品市場の設立を競い，その庇護の下で粗悪な医薬品の種類と規模が拡大したほか，医薬品販売におけるリベート提供や贈収賄などの不正取引も蔓延した．同時に，社

---

19) 国家医薬管理局「国家医薬管理局医薬標準化管理弁法」1991 年 4 月 12 日．
20) 薬品行政保護は，通常の知的財産権の保護と違い，法律ではなく行政法規等によって規定された制度である．楊莉他「我国薬品行政保護研究」『中国薬房』第 19 巻第 19 号，2008 年，1447 頁．
21) 国家医薬管理局「薬品行政保護条例」1992 年 12 月 19 日，「薬品行政保護条例実施細則」1992 年 12 月 30 日．
22) 王耀忠『薬品価格管制的経済分析――中国医薬市場的成長之謎』立信会計出版社，2010 年，182 頁．
23) 衛生部，国家医薬管理局他「関於印発『国家基本薬物』部分品種目録的通知」1994 年 1 月 25 日．
24) 車明鳳・韓白石「我国頒布実施『国家基本薬物目録』的概況」『中国薬事』第 14 巻第 1 号，2000 年，19-21 頁．

会主義市場経済体制の確立を踏まえて，1993年3月の政府機構改革は政府の機能転換と「政企分離」を提起した．その一環として，国家医薬管理局は1994年に国務院の直属局から，国家経済貿易委員会が管理する国家局へと再編されたが，地方では医薬管理部門の衰退が現れ，その業務が経済組織に委ねられる現象すら現れた．そこで，医薬品行政の衰退に歯止めをかけるべく，1994年9月に国家経済貿易委員会が地方に向けて医薬管理局の保留と機能回復を呼びかけた[25]．

　以上の準備作業を踏まえて，1994年9月，国務院が医薬品管理の強化に踏み込んだのである．まず，医薬品行政の権限配分に関して，衛生部門が医薬品全体の監督管理を行う「政府職能部門」，国家医薬管理局が医薬品の製造と販売を管理する「業界主管部門」と位置付けられたことから，医薬品管理の権限集中を確認できる．この上で，医薬品製造販売業者の整頓，医薬品市場の秩序回復や，粗悪な医薬品の取締は，医薬品行政の重点課題と規定されたが[26]，約1ヵ月後に国家医薬管理局が課題遂行のための業務について詳細な規定を行った[27]．これをもって，医薬品市場の混乱に対して，医薬品行政が規制強化の第一歩を踏み出したと捉えられる．

　しかしながら，今回の規制強化は，医薬品行政の権限集中の問題に触れなかったこともあり，その効果も限られるものとなった．例えば，行政部門の許可を得ないまま医薬品の製造，販売を行う違法行為や，違法な医薬品市場が依然として存在していたほか，地方医薬品行政の「放任」の姿勢も基本的に改められず，粗悪な医薬品の取締が全体として効果を上げなかった．また，医薬品製造の低水準と重複生産が深刻化する中，医薬品販売におけるリベート提供も相当一般化した．1980年代半ば，リベートの形式が主に贈答品や生活用品であり，現金の場合でもその金額が小さなものであった[28]のに対して，1990年代以後その形式と金額はますます拡大し，場合によっては公立病院の受給できる財政補助の規模を上回った[29]．当時，公立病院の管理に対する統制緩和の推進と財政支出の不足は，

---

25) 国家経済貿易委員会弁公庁「関於穏定各地医薬管理機構問題的通知」1994年9月12日．
26) 国務院「関於進一歩加強薬品管理工作的緊急通知」1994年9月29日．
27) 国家医薬管理局，国家中医薬管理局他「関於貫徹『国務院関於進一歩加強薬品管理工作的緊急通知』的意見」1994年11月3日．
28) 馬勁・閻立新「試析薬品購銷中給於，収受回扣的成因背景与対策」『中国薬房』第7巻第5号，1996年，226-227頁．
29) 高孝恵・高寧「関於薬品購銷中回扣問題的思考与対策」『長春大学学報』第4巻，1995年，42

医薬品販売の不正行為を助長したことが考えられる一方，薬価管理の不備により，リベート提供の費用が医薬品の生産者価格に計上された結果，薬価が押し上げられたわけである．

そこで，1994 年に打ち出された医薬品市場の規制強化から 2 年も立たないうち，1996 年 4 月に医薬品管理の強化が再び呼びかけられた．今度，医薬品の製造と販売をめぐる地方保護主義の断固反対が強調された上で，医薬品製造販売業者の資格審査と管理を強めることにより，医薬品製造の「低水準・重複生産」問題の克服や医薬品市場の秩序整頓が求められた．また，医薬品販売のリベート提供活動に対して検査を実施する上で，薬価改革を推進するという次期改革の方向も示された．しかも，リベート提供は医療機関の経営活動とは切り離せない関係にあることから，医療機関が診療収入と薬剤収入の「分別採算，分別管理」を実施すべきとされたが，これが 1997 年に公立病院改革の内容に盛り込まれたことは，前章で述べた通りである．他方，農村の医薬品市場で粗悪な医薬品が氾濫していた問題を緩和すべく，郷鎮衛生院や村衛生室の医薬品は，計画に基づく統一供給の対象と決定された上で，2000 年までに農村医薬品供給ネットワークを整備する目標も提起された[30]．この通知が下された翌月から，医薬品販売のリベート問題に対する検査が全国で展開されたが，主な形式は自主検査と抜き取り検査とされ，検査後の整頓も含めて，1997 年末まで検査が続いた[31]．1996 年 5 月，国家医薬管理局が山西省臨汾市で医薬市場治理整頓工作会議を開き，医薬品市場の規制強化や検査実施の詳細について検討したが，国有医薬品販売企業改革を進める方針も会議で決定された[32]．

こうして，1990 年代中頃まで，国務院の要請に応じる形で医薬品行政は医薬品市場の諸問題に対して規制強化を試みた一方，医薬品管理の権限集中と公立病

頁．
[30] 国務院弁公庁「関於継続整頓和規範薬品生産経営秩序加強薬品管理工作的通知」1996 年 4 月 16 日．
[31] 国家工商行政管理局，衛生部他「関於対薬品購銷中給予，収受回扣等違法行為進行専項検査的工作方案」1996 年 5 月 8 日．検査の結果は 1998 年 2 月に公布されたが，これに基づき，医薬品市場の問題とこの先の医薬品行政の方向についても分析が行われた．国家工商行政管理局，衛生部他「関於全国整治薬品回扣違法行為工作情況和意見的報告」1998 年 2 月 19 日．
[32] 国家医薬管理局「貫徹国務院弁公庁関於継続整頓和規範薬品生産経営秩序加強薬品管理工作的通知」1996 年 5 月 21 日．

院の経済組織への接近が生み出した医薬品の構造的問題が是正されず，改革の効果が非常に限定的なものに留まった．そこで，上昇しつつある薬価を抑えるために，1996 年 8 月に薬価改革が発足し，その後の医薬品改革の中心となった．

3. 薬価規制の展開

医薬品管理の強化の一環として，薬価改革の推進が 1996 年 4 月に提起されたのを踏まえて，4 ヵ月後に薬価管理の制度化が図られた．これをもって，社会主義市場経済体制の確立後，薬価規制が本格的に始まったと捉えられる．具体的に，「統一領導，分級管理」，「直接的管理と間接的管理の結合」の原則が確立された上で，医薬管理部門と衛生部門の協力の下で，価格管理部門は薬価管理を担うと規定された．また，1986 年 7 月に示された薬価形式に基づき，政府定価，政府指導価（格）と経営者自主定価の 3 つの薬価形式が改めて提示された．このうち，製造，販売が独占性をもつ医薬品，少数の臨床使用量が大きい基本治療薬と予防薬，また，第 1 類精神薬，第 1 類麻酔薬など「特殊」医薬品は，政府定価と政府指導価（格）の対象とされる上で，中央（国務院価格管理部門）と地方（省級価格管理部門）が管理するものに分かれる．ここで，省（自治区，直轄市）以下の地方価格管理部門は薬価管理の権限を有しないことは，1986 年の薬価規定を踏襲したものである．残りの医薬品価格は，経営者自主定価の対象に該当し，薬価の自由化が確認された．他方，医薬品流通過程における販売価格に対して，価格差率のコントロールを行い，場合によって価格差率の格差を設けることも決定された[33]．

これをもって，薬価管理の制度的枠組みが一旦構築されたが，半年ほどの実施状況を踏まえて，政府定価，薬価設定方法や流通価格差率の格差設定について，補足の規定が行われた．すなわち，政府管理価格の対象とされる医薬品は，国の規定した生産者価格，卸売価格，小売価格を突破しない前提の下で，医薬品企業が具体的な価格を設定できるとされた．しかも，医薬品の生産者価格，卸売価格と小売価格の設定公式も提示され，異なる仕入れ先から購入する同種の医薬品は，卸売企業と小売薬局で異なる価格をもつことも認められた．一方で，公立病院など医療機関では，同じ時間に同種の医薬品が 2 つ以上の価格を付けることが禁じ

---

[33] 国家計画委員会「薬品価格管理暫行弁法」1996 年 8 月 21 日．

られ,異なる仕入れ先から医薬品を購入する場合,その購入量と価格によって算出される平均仕入れ価格が小売価格の設定基準となる.これが招く薬剤収入の損失を,診療価格を引き上げることによって補塡するとされたが,これは同年の診療報酬制度改革の方針と同調することが明白である.さらに,医療機関における高価薬の過剰処方を抑制するために,卸売小売価格差率に格差を設けることの試行も決定され,基本治療薬か否かと生産者価格等の高低は格差設定の基準とされた[34].

上記の規定に基づき,国家発展計画委員会が医薬品の販売割引率と卸売小売価格差率の設定について検討し,前者を5%以下に抑え,後者を拡大することを主張した.これに対して,衛生部が医薬品販売割引率を5%以下に抑えることに賛同したが,卸売小売価格差率の拡大は県及びそれ以下の農村医療機関に限定すべきとし,その価格差率を従来の8%から10%に引き上げるのを唱えた.5%の販売割引率と25%の卸売小売価格差率(15%の薬価差率を含む)をもって,農村医療機関の収入規模を維持できると試算したからである.これに対して,都市公立病院は診療価格の調整を実施する予定のため,医薬品の卸売小売価格差率を拡大しないことが望ましいと主張した[35].これらの衛生部の意見は,同年11月に国家発展計画委員会が作成した薬価管理政策に盛り込まれることとなった.同時に,新薬開発の促進を念頭におきながら,一部の医薬品を対象とする販売利潤率の規制緩和,営業費用が販売価格に占める割合,販売割引率の実施や医療機関の薬価差率の管理について,詳細な規定が行われた.また,市場競争が形成した医薬品は,省級価格管理部門の薬価管理対象から外すことが求められた一方,地(市)以下の価格管理部門は,依然として薬価を設定する権限を有しない.さらに,薬価審査の不備が薬価の高騰を招いた問題に対して,政府定価を実際の生産者価格水準に引き下げることが決定され,薬価規制の強化も図られた.他方,政府定価の対象となる医薬品のうち,他社の製品よりクオリティ,安全性と臨床効果が明らかに優れるものに「単独定価」を実施し,薬価を高めに設定することも認められた[36].2000年代に入ってから,「単独定価」の実施が盛んになり,薬価

---

34) 国家計画委員会「薬品価格管理暫行弁法的補充規定」1997年2月12日.
35) 衛生部「関於薬価整改若干意見的函」1998年4月30日.
36) 国家発展計画委「関於完善薬品価格政策改進薬品価格管理的通知」1998年11月3日.

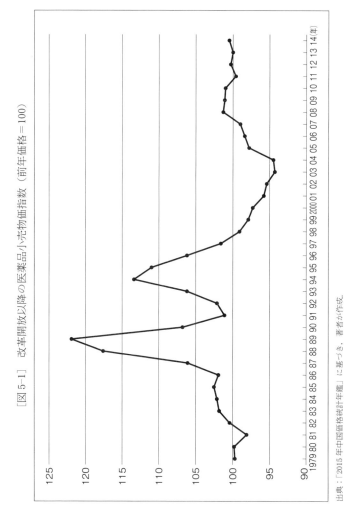

[図 5-1] 改革開放以降の医薬品小売物価指数（前年価格＝100）

出典：「2015 年中国価格統計年鑑」に基づき，著者が作成．

の高騰に拍車をかける一因にもなった．

　しかしながら，1996 年 8 月以来の薬価規制の試みは，必ずしも期待された効果を得られなかった．医薬品企業が薬価と販売利潤の低下を避けたがることは言うまでもないが，公立病院をはじめとする医療機関からみても，販売割引率に上限が加えられたことは薬価差益の減少を招くことから，医療機関の経営採算にとって望ましくない．結果として，販売割引率の限定が招く「損失」を補うために，

医薬品販売業者が公立病院等に対するリベート提供が助長される可能性が高まった．実際に，販売割引率の上限が5％と定められたにもかかわらず，他地域から医薬品を仕入れる場合，販売割引率は15-30％とするのが一般的であり，個別の品目は50％に達したという[37]．この問題は薬価規制の限界を示す一方，衛生部門，医薬管理部門や価格管理部門の「不作為」から，これらの行政部門がすでに医薬品をめぐる利益団体に変身しつつあることも示唆される．

一方，薬価規制が進められるとともに，国民の薬剤費負担を軽減すべく，1997年から抗生物質などの処方薬に対して，薬価引き下げも相次いで実施された．2007年までにその回数が24回にも達したが，とりわけ，2000年以降は年に2-3回の頻度であった．また，2000年から2007年まで実施された19回の薬価引き下げの対象は1,500品目の医薬品に達したほか，2006年3月から2007年前半にかけて，2004年に制定された公的医療保険と労災保険の給付対象となる医薬品目録のうち，9割以上[38]の医薬品も10-30％の薬価引き下げを経験し，その総額が約450億元に達した．全体として，1997年から約10年間に行われた薬価引き下げの総額が，495億元を上回った[39]．しかし，医薬品の小売物価指数からみると，薬価引き下げの政策効果を過大に評価できないことが明白である．左図が示すように，1990年代半ばから2003年にかけて，医薬品小売物価指数が急速に低下してきたが，2004年からまた徐々に回復する傾向を示したのである．また，薬価の引き下げ幅が総合病院の平均外来・入院医療費の伸び率よりはるかに小さいため，国民は薬剤費負担の軽減を実感できないことも推察される．

薬価引き下げの限定的政策効果を招いた原因について考えると，まず，国産後発医薬品の値下げ幅が40％以上であったのに対して，外資系後発医薬品の値下げ幅が20％程度に留まったことが原因の1つとして挙げられる．これは，外資系製薬企業が「単独定価」を申請した結果として捉えられるが，国産後発医薬品と外資系後発医薬品の価格差の拡大も招いた．一例を挙げると，国産と外資系のセフトリアキソンナトニウム注射剤の価格比は，2005年10月までが1：5.9であったが，薬価引き下げの実施後，それが1：9.4まで広がった[40]．したがって，

---

37) 王春鳳「薬品価格回扣的現状及対策」『北京物価』第8巻，1998年，30頁．
38) 「国家基本医療保険和工傷保険薬品目録」は2,100品目の医薬品を収載したが，強制的薬価引き下げの対象とされた品目は2,000に及んだ．
39) 王耀忠，前掲書，212-291頁．

薬価引き下げが外資系後発医薬品に対して比較的に「寛容的」であったことが，その政策効果に一定の制約を加えたと考えられる．

　また，薬価引き下げの実施は，低価の基本薬物の流通を圧迫したことも原因の1つに考えられる．1980年代以来，医薬品販売の「リベート依存」問題が徐々に定着したとともに，公立病院の「経済管理」が唱えられる中でその「以薬補医」体質も強まったことが，理解の鍵となる．低価の基本薬物に対して薬価引き下げを実施すると，その製造販売業者の利潤低下が招かれる一方，公立病院の立場から，基本薬物の薬価差益がそもそも比較的に少ないが，医薬品企業の提供するリベートも薬価の引き下げとともに縮小するため，その処方が敬遠されることとなる．そこで，基本薬物が薬価引き下げの対象に取り入れられると，公立病院から追い出される可能性が高まるがゆえに，その製造販売も中止に追い込まれ，品切れ状態に陥ることが一般的となった[41]．こうして，薬価引き下げの実施に伴い，低価の医薬品が次々と医薬品市場から姿を消していくことは，薬価規制の1つのジレンマを作り上げたといえる．2000年に医薬品集中入札購入制度が発足してからも，この状況は基本的に改善されていない．

　以上の分析を踏まえて，中国の薬価問題を解決するには，薬価規制体制の改善のほかに，医薬品の最大の販売先である公立病院の「以薬補医」体質も是正しなければならないことが明らかになった．既述の通り，1996年に薬価管理強化の一環として，医療機関の診療収入と薬剤収入の「分別採算，分別管理」が提起され，1997年に公立病院改革にも取り入れられた．その実現手段として，1999年11月に公立病院の薬剤収入に「収入画定，超過上納」方式が考案されたが，「超過収入」の算定をめぐって公立病院と衛生部門の間に交渉の余地が残されたため，「以薬補医」体質の是正に与える影響が極めて限定的なものになった．結局，その実施が1年も満たないうちに撤廃され，「収支両条線」管理へと移行することとなった．他方，1998年政府機構改革の下で，国家医薬管理局が16年ぶりに名称の変更を迎え，「国家薬品監督管理局」へと再編された．しかも，今回は国務院の直属機構に位置付けられたことから，2000年まで医薬品管理の権力集中は

40）劉佐仁・何観炎「薬品降価効果分析研究」『中国薬業』第15巻第13号，2006年，52頁．
41）朱伯科・邵蓉「我国基本薬物制度実施中的問題及対策」『中国薬業』第18巻第2号，2009年，1-2頁．

問題視されなかったと見受けられる．

　こうして，1990年代半ばから2000年にかけて，新たな経済体制に適応する方向へ薬価規制が徐々に展開された．ここで，薬価管理の対象に関しては統制緩和の方針が踏襲された一方，販売割引率，卸売小売価格差の設定や薬価引き下げの実施は，薬価管理の規制強化の一面も見せるが，薬価の高騰に対する抑制効果が限られるものとなった．他方，1999年末に医薬品流通市場は外資を含む民間資本にも開放することとなり，医薬品販売における国有企業の支配的な構図が打破された．それ以来，各省（自治区，直轄市）ごとに約400の医薬品卸売企業が現れ[42]，医薬品流通市場の競争もいっそう激しくなった．こうした薬価規制の限界と医薬品流通市場の変容を踏まえて，次には，医薬品集中入札購入制度が新たな解決策として導入されたのである．

4．医薬品集中入札購入制度の登場

　薬価の高騰が医療費を押し上げ，「看病難・看病貴」の要因の1つとなったことを背景に，2000年2月，医療改革の方針を定めた十四ヵ条では医薬品集中入札購入制度の試行を打ち出した．それから2006年5月に医薬品市場の規制強化が再提起されるまで，医薬品集中入札購入制度の整備は，薬価規制の継続とともに医薬品行政の中核をなしたと捉えられる．一言でいうと，この制度は，医薬品の最大の販売先である公立病院を対象とし，その医薬品購入方式を単独購入から集団購入へと改めることによって，リベート横行の克服と薬価水準の適正化を図ったものである．他方，2000年代半ばまで，公立病院の薬剤収入に「収支両条線」管理が実施されたほか，薬価規制にも新たな動きが生じた．

　もっとも，薬価全体の約7割が医薬品流通過程に費やされる状況の中で，医薬品集中入札購入制度は中央医薬品行政部門が考案したものではなく，1990年代初期，医薬品販売のリベート問題の解決策として地方で打ち出された．1993年3月，河南省衛生庁は，省内7つの大規模な医薬品企業を選定し，衛生庁直属の公立病院の指定医薬品仕入先として選定した．2年を経て，公立病院の小売価格が下がらなかった一方，その仕入れ価格が15%下がったため，公立病院の薬価差

---

42) 郭春麗「中国薬品生産流通——体制現状，存在的問題及政策取向」『経済学家』第9巻第9号，2013年，25-29頁．

益が以前よりも増えたことが確認された．河南省の試みがやがて衛生部の注意を引き，1995年に衛生部の表彰を受けて以来，各地の衛生部門が河南省へ考察に駆け付けたが，衛生部も1998年末に調査研究と政策作成を進め，制度の全国普及に着手した[43]．そこで，2000年2月に医療改革十四ヵ条の規定により，衛生部や国家薬品監督管理局が主導する形で，医薬品集中入札購入制度が全国で試行することが決定されたのである．同年初日から入札法の施行開始も踏まえて，制度の内容を規定する政策文書が次々と制定され，2001年11月にその制度的枠組みが基本的に整った．全体的な流れとして，医薬品集中入札購入の参加主体や薬価設定に対して，規制強化の傾向を確認できると考えられる．

医薬品集中入札購入制度の発展についてみると，十四ヵ条の公表後，一部の地域は早速その試行に取り組み始めたが，制度の内容が統一されなかったこともあり，入札の不正取引が現れた．この問題を是正すべく，医薬品集中入札購入の方式や取扱機関，集中入札購入の対象となる医薬品について，衛生部が明確な規定を行った．その概要について述べると，まず，医薬品入札購入の方式は，医療機関自身が組織する入札と，複数の医療機関が組織する集中入札の2種に分けられるが，集中入札購入はさらに入札代理機関に委託する方式と医療機関連合入札の2種に分けることができる．また，医療機関は医薬品入札の主体でありながら，入札代理機関に委託する形で医薬品の入札購入を実施することもできる．入札代理機関など医薬品集中入札購入の取扱機関は，行政部門と隷属関係または利益関係をもってはならず，衛生部門も医薬品集中入札購入の管理と監督を担う一方，入札活動に直接に介入しない．また，医薬品集中入札購入については原則として公開入札を行うこととされるが，場合によっては招待入札，協議購入や引き合い購入などの方式を採用してもよい．集中入札購入の対象となる医薬品は，城鎮職工基本医療保険の給付対象とされるものと，臨床使用量の大きいものが提示された[44]．

上記の規定を踏まえて，各省（自治区，直轄市）において2-3の地域または医療機関での医薬品集中入札購入を試行することが求められたが，このうち，河南省，

---

[43] 『中国招標』雑誌編集部「集中招標採購原何成為薬価虚高的『替罪羊』」『中国招標』第27巻，2007年，13-14頁．
[44] 衛生部「関於加強医療機構薬品集中招標採購試点管理工作的通知」2000年4月20日．

海南省，廈門市と遼寧省の衛生庁直属公立病院の制度試行が衛生部の直接的管理の下におかれた．また，制度の内容について補足も行われ，県及びそれ以上の医療機関は医薬品集中入札購入の試行対象と指定されたほか，入札代理機関が医薬品の販売活動に直接に従事してはならず，同品目医薬品の集中入札は年に2回を超えてはならないなどの制限も加えられた．他方，集中入札の応札者に対して，取扱機関の費用徴収についても規定が行われた．肝心の薬価に関しては，患者の薬剤費負担を軽減すべく，政府定価の対象医薬品に関しては，落札価格に基づき小売価格を調整する方針が示された[45]．その直後，医薬品入札代理機関の管理の制度化も図られ，医薬管理部門が衛生部門とともにその資格認定と業務活動の監督を担うと規定された[46]．

2001年に入ると，集中入札購入の対象とされる医薬品の価格について，新たな規定が打ち出された．すなわち，価格管理部門が設定する医薬品小売価格は最高小売価格とし，医療機関と民間薬局はそれ以下の価格をもって医薬品を販売することが認められた一方，最高小売価格と市場価格は応札価格を評価する基準とされた．また，落札価格と，最高小売価格または市場価格との間に生じる価格差は，患者の利益を優先しつつ，医療機関の集中入札購入に参加する「積極性」も配慮する形で，患者と医療機関の間に分配することが求められたが[47]，結果として，入札購入医薬品の小売価格は，落札価格に一定の価格差を加算する形で設定されこととなった[48]．その直後，1984年に制定された薬品管理法は，これまでの医薬品改革の展開を踏まえて，初回の改正を迎えた．

同年7月，医薬品集中入札購入制度は全国普及の段階に突入した．県及びそれ以上の公立非営利的医療機関の参加が義務化された上で，2001年末までに制度が地級以上の都市へ普及する目標も立てられた．また，集中入札購入の医薬品範囲を次第に拡大し，2-3年以内に城鎮職工基本医療保険薬品目録の医薬品，臨床使用量，購入量の大きい医薬品を取り入れる方向が示された．他方，医療機関が落札医薬品の使用回避を防ぐために，医薬品の一般名をもって集中入札を実施す

---

[45] 衛生部，国家発展計画委他「医療機構薬品集中招標採購試点工作若干規定」2000年7月7日．
[46] 国家薬品監督管理局・衛生部「薬品招標代理機構資格認定及監督管理弁法」2000年7月11日．
[47] ただし，公立病院医薬品の薬価差益が留保された．国家発展計画委弁公庁「関於確定集中招標採購薬品価差分配比例問題的通知」2001年3月16日．
[48] 国家発展計画委「関於集中招標採購薬品有関価格政策問題的通知」2001年1月22日．

ることが求められたが，医療機関の処方慣習，患者の需要や臨床投薬の連続性を配慮する形で，同じ一般名を共有する 2-3 の医薬品の落札が認められた[49]．これをもって同品目の落札医薬品の中で価格差の存在が容認されることとなったが，医薬品販売契約で規定する購入量にも一定の変動が認められたことから，公立病院は低価の落札医薬品の購入を避ける空間が作り上げられた．結果として，低価の医薬品が落札されたとしても，公立病院がその処方をしない限り，それは公立病院から追い出されるわけである[50]．こうして，基本薬物と同じように，薬価高騰の改善を目指す医薬品集中入札購入が実施されてから，低価の医薬品がますます公立病院の薬局から姿を消していくという皮肉な結果が招かれた．その根本的原因は，医薬品集中入札購入の制度設計の欠陥よりも，公立病院の抱える構造的問題にあるといえよう．

　地方での試行を踏まえて，2001 年 11 月，医薬品集中入札購入制度の実施と管理に関する規程が制定された[51]．これをもって，制度の枠組みが一旦整い，2010 年 7 月に新たな実施規則が打ち出されるまで，これが医薬品集中入札購入活動の指針とされた．新たに追加された内容として，国有企業所属の非営利的医療機関も医薬品集中入札購入の参加主体に取り入れられたほか，集中入札をめぐる地方保護主義の禁止も強調された．また，医薬品集中入札購入の実施は，市（地）が最小単位とされた上で，県公立病院等が省または市（地）の組織する医薬品集中入札購入に参加すると定められた．集中入札購入の対象となる医薬品に関しては，省級衛生部門が管轄地域内の医療機関を対象に，一般名をもって医薬品目録を作成するが，医療機関が目録に収載される医薬品を単独に購入することが不可能となった．入札購入の方式も，ここでは公開入札と招待入札の 2 つに絞られたが，前者が主とされた．

　こうして，医薬品集中入札購入制度の整備が徐々に進んだが，制度実施の現場では一連の問題が露呈し始めた．低価の医薬品が公立病院に敬遠される現象の他

---

[49] 衛生部，国家発展計画委他「関於進一歩做好医療機構薬品集中招標採購工作的通知」2001 年 7 月 23 日．
[50] 于培明他「我国薬品集中招標採購存在的制度缺陥」『中国薬物経済学』第 4 巻，2010 年，53 頁．
[51] 衛生部，国家発展計画委他「医療機構薬品集中招標採購工作規範（試行）」2001 年 11 月 12 日．国務院糾風弁，国家発展計画委他「医療機構薬品集中招標採購監督管理暫行弁法」2001 年 11 月 12 日．

に，売買契約の不履行が深刻な問題となった．また，医薬品集中入札購入の代理機関等が応札者に対して大量な申請書類を求めるほか，場合によっては高額な費用を徴収し，医薬品企業の負担が逆に重くなったという問題も指摘された．最も深刻な問題として，集中入札購入の透明性が低く，医薬品企業の営業活動の対象が公立病院から医薬管理部門，価格管理部門，衛生部門や集中入札代理機関に拡大した実態も指摘されている[52]．これらの問題が蔓延した背後に，医薬品行政の規制回避が窺えるが，行政部門が医薬品をめぐる利益関係者の1つに変質したことも窺わせる．

しかし，上記の問題がそのまま放置されると，医薬品集中入札購入制度自体の正当性が疑われる．そこで，2004年9月，制度の規制強化が図られた．ここでは，医療機関が単独で医薬品の入札購入を組織することは禁止され，県及びそれ以上のすべての公立病院と国有企業所属の非営利的医療機関は，市（地）の医薬品集中入札購入に参加することが義務付けられた．集中入札購入の実施単位についても，将来的に省に引き上げるという方向が示された．また，集中入札購入の対象とされる医薬品の範囲がさらに拡大し，医療機関の購入する医薬品品目の80％以上は集中入札購入の対象に取り入れられた．他方，医療機関が低価の医薬品を回避する問題に関しては，売買契約を結ぶ際，購入数量の明記と厳格な執行が求められた一方，実際の購入量との間に一定の相違も認められた．さらに，医薬品の流通プロセスを減らし，営業コストを下げるために，今度，製薬企業が直接に応札することも可能となった[53]．その後，落札医薬品の小売価格の設定方法や応札者向けの費用徴収についても，より明確な規定が行われた[54]．それ以来，医薬品集中入札購入制度の発展は安定期に入った．

それでは，2000年に導入された医薬品集中入札購入制度は，薬価に如何なる変化をもたらしたのか．実際に，低価の医薬品が公立病院に敬遠される中で，製薬企業は低価で応札する通常の戦略の限界を意識し，公立病院の薬価差益やリベートの規模を維持する方向，すなわち，高価で応札する戦略に切り替えた．この

---

[52] 矯秀環「浅談薬品集中招標採購中存在的問題及対策」『中国薬物経済学』第1巻，2013年，25頁．

[53] 衛生部，国家発展改革委他「関於進一歩規範医療機構薬品集中招標採購的若干規定」2004年9月23日．

[54] 国家発展改革委「集中招標採購薬品価格及収費管理暫行規定」2004年9月29日．

結果，医薬品集中入札購入の落札価格が，以前の仕入れ価格よりますます高くなり，興論の激しい批判を浴びることとなった[55]．一例として，2005年10月から2006年6月にかけて，集中入札購入の対象となる10,000品目以上の医薬品から約2,000品目を無作為に選び，その落札価格と，薬局，個人診療所の販売価格について比較が行われた結果，両者の価格差は最大で1,704％に上り，最小でも275％に達したことから，集中入札購入制度の導入が薬価を押し上げたことが判明した[56]．また，2006年に起きた斉二薬事件の中で，問題となったアルミラリシンA注射剤も，広東省医薬品集中入札で高価で落札したものである．その生産者価格はわずか5元であったが，2つの医薬品販売企業を経て，医薬品集中入札で落札され，最終的に公立病院で販売される小売価格は46.1元となった．この場合，医薬品の生産者価格が小売価格の11％にも満たず，流通過程にかかる費用が薬価全体の90％近く占めるわけである[57]．

「以薬補医」体質を抱える公立病院は，医療提供市場のみならず，医薬品小売市場でも独占的な地位を占めることは，上記の予期せぬ結果を招いたと考えられよう．他方，2004年に医薬品集中入札購入制度の規制強化が行われる中で，新たな問題も孕んでいた．集中入札購入の対象医薬品の範囲が拡大したことは，公立病院の薬価水準の全体的な上昇につながるからである．従来，集中入札購入の実施単位は県または市（地）であり，売買契約を結ぶ際，ある程度購入量を確定することが求められていたが，集中入札購入の単位が省に引き上げられると，集中入札購入に参加する医療機関が多く，対象医薬品の品目と剤型も非常に複雑であるため，落札医薬品の購入量について交渉の余裕をもたせざるを得ない．そこで，医薬品集中入札では単に落札価格が決まるが，具体的な購入品目，剤型と数量は医療機関の裁量に委ねられることとなった．言い換えると，医薬品集中入札での落札は，単に医薬品が公立病院に入る資格の獲得に後退し，応札者が落札してから，公立病院に対してもう一度営業活動を行わなければならない[58]．結局，医薬品の販売費用が増えるが，これがまた応札価格に計上されるため，薬価のさ

---

55) 李憲法「『看病難，看病貴』与薬品集中招標採購的関係」『科学決策月刊』第1巻，2008年，35-37頁．
56) 趙小剣「薬監局退休官員披露高薬価内情」『北方人』第11巻，2006年，30-31頁．
57) 王耀忠，前掲書，221頁．
58) 于培明他，前掲論文，53-54頁．

らなる高騰が招かれるわけである．

　以上の分析から，医薬品集中入札購入制度の発展がもはやその趣旨からかけ離れてしまい，公立病院の薬価を引き下げたのではなく，逆にそれを押し上げたことが明らかになった．これまでの議論を踏まえて言うと，医薬品小売市場における公立病院の独占的な状況または絶対的優位を打破しない限り，薬価の低下は期待できないと考えられる．計画経済期の下で，公立病院は「以薬補医」体質が形成したが，1970年代末以来の経済財政改革の展開を背景にそれがさらに定着したことから，現状の打破は決して容易なことではないといえよう．

　ところで，医薬品集中購入制度が定着していくとともに，薬価規制にもいくつかの新たな動向が現れた．2000年に医療改革十四ヵ条が公布されてから，同年7月に薬価形式の調整が行われ，主に政府定価と市場調節価（格）に二分された．このうち，国家基本医療保険薬品目録に収載される医薬品と，少数の製造，経営が独占性をもつ「特殊」医薬品が政府定価の対象とされるが，その他の医薬品は市場調節価（格）の対象に該当し，流通価格差率のコントロールも撤廃された．将来，政府定価の医薬品の種類と数を減らす方向も示された．政府定価の場合，価格管理部門が最高小売価格を設定するが，実際の小売価格がこれを突破してはならない．また，中央政府定価の対象医薬品の品目と数を減らすことも決定され，国家基本医療保険薬品目録の甲類医薬品と，少数の製造，経営が独占性をもつ「特殊」医薬品の価格が国家発展計画委員会の管理におかれるのに対して，国家基本医療保険薬品目録の乙類医薬品の価格は省級価格管理部門によって設定されることとなった．一方，政府定価の医薬品のうち，他社より明らかに薬効と安全性が優れ，または治療期間が短くかつ治療費用も低い医薬品は，単独定価を申請できることが再確認された[59]．これは，のちに価格管理部門と医薬品企業の癒着を促すものとなった．同年11月，政府定価の原則や方法についても詳細な規定が行われたほか，国家発展計画委員会が価格を設定する医薬品の目録も制定され[60]，対象医薬品の最高小売価格が次々と公布された．全体として，これらの規定は，薬価管理のさらなる規制緩和を示すものと捉えられる．

---

59)　国家発展計画委「関於改革薬品価格管理的意見」2000年7月20日．
60)　国家発展計画委「薬品政府定価弁法」，「薬品価格監測弁法」，「関於乙類薬品価格制定調整有関問題的通知」，「薬品政府定価申報審批弁法」，「関於印発『国家計委定価薬品目録』的通知」2000年11月21日．

これまでの薬価規制の動きを踏まえて，2001年2月に薬品管理法の改定が行われ，2002年8月にその実施条例も制定された．これをもって，医薬品行政は新たな法的根拠が与えられたのである．他方，薬価管理の行政現場では，恣意性の存在や地方保護主義などの問題が現れ，薬価審査の不備が社会的反響を呼んだこともあり，2003年末に薬価管理の制度化が図られた[61]．さらに，薬価の不合理な部分をあぶり出し，医薬品の小売価格を引き下げるために，薬価規制の新たな手段も考案された．すなわち，医薬品の生産者価格に対する調査[62]を踏まえて，一部の医薬品を対象に，価格管理部門が最高生産者価格と最高小売価格の両方を設定することが試みられた．ここで，製薬企業は最高生産者価格以下の価格をもって医薬品を販売できるが，その小売価格も併せて引き下げることが求められる[63]ため，薬価引き下げの効果が期待された．これは，医薬品企業の強い抵抗に遭うことはいうまでもないが，結果的にも全国普及に至らなかった．

2001年初，単独定価の対象とされる医薬品の範囲，申請手続き，審査，専門家評価，公聴会の開催についても明確な規定が行われた[64]．それ以来，医薬品の単独定価が薬価管理の重要な一部を占めることとなり，3年後にさらなる制度化が図られた[65]．しかしながら，一部の新薬も単独定価の対象とされるが，新薬審査の緩さにより[66]，これが間接的に薬価を押し上げることとなった．逆に言うと，医薬品企業にとって，新薬申請と単独定価が薬価規制を回避する有力な手段として捉えられた．現在，いわゆる「新薬」のほとんどは特許の切れた後発医薬品であるが，医薬品企業がその剤型，規格，包装や適応症を変更し，あるいは，治療に決定的な影響を与えない有効成分を追加することによって，続々と「新薬」を作り出している[67]．一方で，医薬品企業が新薬申請を経て単独定価の資格を獲得するために，平均的に数百万元以上の営業費用を要すると言われる

---

61) 国家発展改革委弁公庁「関於進一歩規範薬品政府価格行為的通知」2003年12月8日．
62) 国家発展改革委弁公庁「関於調査薬品実際出廠価格的通知」2005年5月17日．
63) 国家発展改革委「関於対部分薬品従出廠環節制定価格進行試点的通知」2005年11月2日．
64) 国家発展計画委「関於単独定価薬品価格制定有関問題的通知」2001年1月4日．
65) 国家発展改革委「関於進一歩改進薬品単独定価政策的通知」2004年4月1日．
66) 例えば，2005年に国家薬品監督管理局が1,113種の「新薬」を批准したのに対して，米国FDAが81種の新薬しか批准しなかった．張志勇「中国薬価真相調査──当体制成為特殊利益的俘虜」『財経文摘』第11巻，2006年，47頁．
67) 朱恒鵬「医療体制弊端与薬品定価扭曲」『中国社会科学』第4巻，2007年，90-100頁．
68) 張映光・戴維「薬価之謎」『財経』第26巻，2005年，46頁．

が[68]，ここでは，価格管理部門，医薬管理部門と医薬品企業の癒着も否定できないと考えられる．このように，単独定価の制度化は，新薬開発の活発化をもたらしたのではなく，医薬品企業と行政部門の癒着を促した結果，薬価の高騰に拍車をかけたのである．上記の「新薬」創出の歪みを克服するために，政府定価，政府指導価（格）の対象医薬品の剤型，規格または包装材料の差異に由来する価格の格差または比（薬品差比価）に対して，一定の規定が加えられたが[69]，その効果も限られるものであった[70]．

ところで，医療改革十四ヵ条の規定により，公立病院薬剤収入の「収入画定，超過上納」が撤廃され，「収支両条線」管理が導入されたことも，薬価問題の緩和に寄与すると期待された．その狙いは，公立病院の経営採算が薬剤収入に依存するという「以薬補医」体質の是正である．その内容はすでに前章で説明したが，公立病院の反発を和らげるために，薬剤収入の超過分の一部返還が設けられたことは，1994年分税制の税収還付制度と共通点を見せる一方，改革の「漸進主義」の性格を示す．実際に，薬剤収入の超過分の大部分が公立病院に還付されるのが一般的となったため[71]，公立病院の構造的問題は基本的に揺らがなかった．こうして，公立病院の薬剤収入の「収支両条線」管理は，診療収支と薬剤収支の分別管理という会計方式の定着を促したものの，薬価問題の改善に対して全体として効果を発揮できなかった[72]．

これまで検討した医薬品集中入札購入制度と薬剤収入の「収支両条線」管理の問題を踏まえて，中国ではある程度「医薬分業」に踏み込まない限り，公立病院が長年抱えてきた「以薬補医」体質の是正，また，薬価水準の適正化を達成することが極めて難しいことが明らかである．しかし，この場合，公立病院は半分以上の収入を失うこととなるが，分税制の下で，地方財政が公立病院に対して薬剤収入相当の財政補助を与えることの現実味も薄い．これは，現在中国の医療改革の抱える難点の1つであり，公立病院改革と医薬品改革の停滞を招く要因でもあると考えられる．

最後に，2000年代以後，医薬品管理の権限集中問題に対しても改革のメスが

---

69) 国家発展改革委「薬品差比価規則（試行）」2005年1月7日．
70) 蒋建華・楊廷鈁「我国薬品差比価規則効果的実証研究」『価格月刊』第4巻，2011年，27-29頁．
71) 張録法・黄丞「医療衛生主要改革措置失効原因分析」『甘粛社会科学』第2巻，2008年，248頁．
72) 朱恒鵬，前掲論文，101-102頁．

入れられた．医薬品市場の規制強化の一環として，2001年初，医薬品行政の「政企分離」の徹底が提起された．ここで，医薬管理部門は，所轄の医薬会社やその他の関連医薬品販売企業と徹底的に分離され，経済利益上の関係をもってはならないと規定された[73]．これをもって，計画経済期の医薬品行政体制は制度上では撤廃されることとなった．しかし，医薬管理部門が医薬品の製造から販売までに対して20年以上も直接に関与してきたことから，両者の制度上の分離が可能であっても，経済利益上の分離は非常に難しく，長い時間を要すると考えられる．新薬審査の歪みも，医薬品行政の「政企分離」の限界を現しているといえよう．また，医薬品行政の「政企分離」の提起を踏まえて，医薬品市場の整頓と秩序回復を目指し，粗悪な医薬品の取締が同年6月に打ち出され[74]，薬価検査[75]や違法な医薬品市場の取締[76]も行われたが，その効果は依然として限られるのであった．その後，2003年政府機構改革が実施された結果，国家薬品監督管理局は，食品，保健品と化粧品の安全管理も業務範囲に取り入れる形で，国家食品薬品監督管理局に再編されることとなった．

　総じて，2000年代中頃までの医薬品行政は，医薬品集中入札購入の制度化に取り組んだとともに，薬価管理も規制緩和の方向へ進められた．一方，医薬品行政と医薬品企業との密接な関係に対しても問題意識が高まった結果，医療改革十四ヵ条で「衛生行政」の「政事分離」が提起されたと同様に，国有企業改革で唱えられた「政企分離」の原則がここにも適用された．しかし，公立病院が医薬品小売市場の最大の主体である上，その経営採算が薬価差益に依存する体質が定着したことは，上記の改革措置の限界を作り上げた一因である．言い換えると，公立病院が高価な医薬品を好む選好を持つ中で，薬価の高騰が逆に深刻化してしまい，中国の医薬品が抱える構造的問題がより定着してしまったと捉えられる．一方，長年踏襲されてきた計画経済期の医薬品行政体制からの決別も容易なことではなく，医薬管理部門，衛生部門や価格管理部門が医薬品をめぐる利益団体に取

---

73) 国務院体改弁，国家発展計画委他「関於整頓和規範薬品市場的意見」2001年1月19日．
74) 国家薬品監督管理局，衛生部他「関於進一步整頓和規範薬品市場秩序，厳罰打撃制售假劣薬品医療器械違法犯罪活動的通知」2001年6月1日．
75) 国家発展計画委，国務院糾風弁他「関於開展全国薬品和医療服務価格専項目検査的通知」2002年2月12日．
76) 国家薬品監督管理局「関於開展薬品薬材集貿市場専項整治工作的通知」2002年3月29日．

り入れられつつある中，新薬審査と単独定価が間接的に薬価の上昇を促したほか，医薬品をめぐる地方保護主義が依然として存在し，粗悪な医薬品や薬害事件も跡を絶たない．この状況の中で，2006年に医薬品行政は再び医薬品市場の規制強化に乗り出したわけである．

5. 規制強化への再出発

医薬品行政がもう一度規制強化に踏み込んだ背景として，2000年代中頃の医薬品をめぐる状況について説明しておきたい．『2006年中国衛生統計年鑑』によると，公立総合病院で受診する場合の薬剤費負担は，1999年以降1人当たりの平均外来薬剤費の年間伸び率は6％前後であった一方，平均入院薬剤費の年間伸び率は2001年にかけて一旦4％に下落したものの，やがて7％以上に回復した．1人当たりの薬剤費が医療費全体に占める割合は，2005年に外来の場合は52.1％であり，入院の場合は43.9％であった．他方，公立総合病院の薬剤収入が収入全体に占める割合は，2004年に一度40％に落ちたのを除き，2000年以来基本的に45％前後を維持しており，大幅な変動は見られなかった[77]．

無論，国民が薬剤費負担の軽減を実感できないことから，医薬品行政に対するバッシングが強まった．当時，国民医療費負担の過重が社会問題の首位に上ったこともあり，衛生部に対する世論の評価は非常に低かった[78]．また，2006年に国家食品薬品監督管理局長であった鄭暁萸が汚職で失脚した事件で，医薬管理部門と医薬品企業の癒着が発覚したが，同年に起きた2つの大きな薬害事件，斉二薬事件と欣弗事件[79]も世論を沸かせた．このような背景の下で，医薬品市場に対する規制強化の要請がますます強くなり，2006年5月，医薬品行政は第2波の規制強化を打ち出したわけである．

それまでの改革措置に比べると，今回は規制強化の色彩がより鮮明であり，2000年代後半の医薬品行政の基調をなしたと捉えられる．ここで，真っ先に提

---

77) ただし，これらの数値は全国の平均値であり，病院の規模によって，薬剤収入が収入全体に占める割合は異なる．
78) 朱幼棣『大国医改』世界図書出版公司，2009年，169-170頁．
79) 斉二薬事件とは，チチハル第二製薬有限公司の生産したアルミラリシンA注射剤が13人の死者を生み出した事件を指す．欣弗事件とは，安徽華源生物製薬有限公司の生産したリン酸クリンダマイシンブドウ糖注射液が11人の死亡を招いた事件である．薬害事件における医薬品行政の問題について，陳暁莉（2008）を参照されたい．

起されたのは，薬価引き下げの推進である．政府定価の対象医薬品に対して，薬価の全面調整が決定された．具体的に，比較的高く設定された薬価を引き下げる一方，臨床の需要が多いが，製薬企業が生産したがらない低価の医薬品に対しては，薬価を引き上げることが定められた．また，「薬品差比価規則」に基づき，医薬品企業が医薬品の剤型，規格や包装を変更して，新薬申請を経て不正に薬価を押し上げる行為の取締強化も提起された．それから，一部の政府定価の医薬品に対して，生産者価格設定の試行を継続すると決定されたほか，医薬品の市場調節価（格）に対しても，規制強化の方向が示された．その一環として，市場調節価（格）の対象とされる処方薬は，次第に政府定価に取り入れることが決定された．さらに，公立病院の処方，投薬の適正化を目指すべく，臨床診療ガイドラインの制定を急ぐことが記された[80]．もっとも，1970年代末以来，公立病院は経営採算の責任が求められる中で，比較的に高価な抗菌薬の投与が氾濫したという問題が現れたが，これを改善すべく，2004年に抗菌薬臨床応用ガイドラインが制定された．残念ながら，これは医師の投薬行為に対しては拘束力を持たず，公的医療保険の給付とも連動しないため，その影響が限られていた．それでも，診療ガイドラインの制定が唱えられたことは，今後の改革の土台を築いたことを評価すべきである．

　上記の決定を踏まえて，医薬品市場の秩序整頓が2006年7月と2007年8月の2回にわたって全国で実施され，医薬品の開発，製造，流通と使用に対する全面的な規制強化が行われた[81]．その後，医薬品販売の贈収賄に対して，不良記録管理制度の確立も規定されたほか，医薬品流通の監督管理や医療機関の処方管理の制度化も図られ，医療機関で処方レビュー制度の確立も提起された[82]．処方レビュー制度の下で，3回以上不正な処方を行った勤務医に処方権の制限が課されるため，処方行為の適正化に寄与することが期待された．さらに，薬害事件の頻発に対応すべく，医薬品の開発から使用までの各プロセスに対して，監督管理の強化も求められた[83]．

---

80) 国家発展改革委，財政部他「関於進一歩整頓薬品和医療服務市場価格秩序的意見的通知」2006年5月19日．
81) 国務院弁公庁「全国整頓和規範薬品市場秩序専項行動方案」2006年7月30日．国家食品薬品監督管理局「関於深入推進整頓和規範薬品市場秩序専項行動的若干意見」2007年8月14日．
82) 衛生部「処方管理弁法」2007年2月14日．

このように，2006年から2007年にかけて，医薬品行政の業務活動は基本的に規制強化をめぐって展開された．これは医薬品行政の自発的な取り組みというより，当時，鄭暁萸の汚職事件や大きな薬害事件の頻発，また，医薬品行政への強いバッシングの中で生み出された可能性も否定できない．他方，医薬品行政の深刻な問題が暴露される中で，行政体制に原因を求める動きも現れた．2008年政府機構改革の中で，国家食品薬品監督管理局が国務院の直属機関から外され，衛生部の管轄下へ移された．この背後に，医薬品行政の権限の過度な集中に対して歯止めをかけるという意図が推察できる．しかし，衛生部と国家食品薬品監督管理局は上下関係になったとは言え，権限集中の状況は根本的に改善されなかった．そこで，医薬品行政に対する地方政府の関与強化が，医薬管理部門の権限に対して一定の制限を与えるための解決策として取り上げられたのである．

　2008年10月，省の食品薬品監督管理局を頂点とする「垂直管理」体制が撤廃され，省，市，県の各級地方政府ごとの「分級管理」体制へと移行することが決定された[84]．1978年当時，医薬品の製造や販売に対して「一元管理」が実現された一方，権限の過度な集中が汚職問題を誘発する温床となった．医薬品をめぐる行政と企業の癒着が深まる中で，約30年後，他の行政分野で問題とされる「条塊関係」は，医薬品行政問題を改善する切り口とされた．ここで，「塊」の関与をもって，「条」の権限集中を緩和することが目指されたほか，「分級管理」体制の下で，不祥事や薬害事件に対して地方政府の責任も追及されることから，問題の防止にも一定の効果が期待されたと考えられる．しかし，1980年代に現れた医薬品をめぐる地方保護主義をみると分かるように，医薬品産業は地域経済と地方財政に寄与するため，地方政府に歓迎されることが多いことから，地方政府が中立的な立場を保つことができない可能性も十分にある．結果から見ても，2008年以降，医薬品をめぐる大きな不祥事は起きなかったが，薬価水準の大幅な引き下げも確認できなかった．したがって，2008年医薬品行政体制の調整は，汚職事件や薬害問題の発生に一定の抑止効果を発揮した一方，医薬品行政が抱える最大の課題である薬価高騰の抑制に対して，限定的な影響しか与えなかったと考えられる．

83） 国務院弁公庁「関於進一歩加強薬品安全監管工作的通知」2007年3月31日．
84） 国務院弁公庁「関於調整省級以下食品薬品監督管理体制有関問題的通知」2008年10月10日．

最後に，新医改が発足する2ヵ月前，医薬品集中入札購入制度にいくつかの修正が加えられた．例えば，医薬品集中購入方式の多様化につれて，制度の名称から「入札」が外されることとなったほか，集中購入の実施単位は省（自治区，直轄市）に引き上げられ，原則として年に1回医薬品集中購入を実施することとなった．その他，制度の透明度を向上すべく，インターネットでの集中購入の普及も提起され，医薬品の流通コストを下げるために，医薬品集中購入の応札者は医薬品卸売企業から製薬企業へと正式に改められた[85]．これらの規定は，新医改が発足してからも基本的に踏襲されることとなった．

第3節　医薬品行政の限界

　1978年までの医薬品行政は，「多元管理」体制の下で，医薬品市場に対する強い「統制」を行ったのに対して，第11期3中全会の開催直前，国家医薬管理総局の成立をもって，医薬品行政は「多元管理」から「一元管理」への体制の転換を遂げた上で，経済改革の推進につれて，医薬品市場に対する「統制」も次第に緩和されることとなった．この意味で，社会主義市場経済期の医薬品行政の特徴は，「一元管理」と「統制緩和」と要約することができよう．

　しかしながら，医薬品管理の権限が集中する一方，計画経済期の医薬品行政の名残が受け継がれ，医薬品行政と医薬品企業は密接な関係を保ったことは，医薬品改革の「漸進主義」の性格を示す一方，両者の癒着に拍車をかけた．また，経済財政改革がもたらした社会構造の変化を背景に，地方の医薬品行政は「条塊関係」の中でその機能が「不作為」に衰退してしまった結果，1996年まで中国の医薬品市場が基本的に「放任」される状態に陥り，粗悪な医薬品の氾濫や薬価の高騰が招かれてしまった．さらに問題となったのは，公立病院改革が公立病院の「以薬補医」体質を強め，財政補助の不足で公立病院の経営採算がますます薬価収益に依存するようになったことは，薬価の高騰をはじめとする医薬品の構造的問題を作り上げたのである．この構造的問題が定着する前に，医薬品行政が医薬品市場に対する規制体制を立ち上げず，その業務活動は医薬品市場の秩序整頓キャンペーンや不正行為検査の定期的実施に限られてきたことも，1996年以来薬

---

[85]　衛生部，国務院糾風弁他「関於進一歩規範医療機構薬品集中採購工作的意見」2009年1月17日．

価管理が強化されてきたにもかかわらず,値下げできない中国の医薬品市場の謎を解く鍵である.2000年代以降,医薬品集中入札購入制度が新薬審査,単独定価制度とともに薬価をますます押し上げるという予期せぬ結果を踏まえて,医薬品行政に携わる行政部門はもはや医薬品をめぐる巨大な利益関係者の一部に変質したと考えられる.したがって,1990年代以来の医薬品改革は,こうした医薬品行政の限界を克服しなかった上,1980年代に形成した医薬品の構造的問題の根底を揺るがすことに成功しなかったことは,改革の難航を招いた根本的原因であるといえよう.

小　括

以上,1970年代末以降経済体制の移行期の下で,医薬品行政の変容を中心に,値下げできない中国の医薬品市場の謎を解明することを試みた.1978年に医薬品行政の再建は,まず「多元管理」から「一元管理」へという行政部門の統合から始まった.「漸進主義」の性格は,そのプロセスにも随所見られる一方,計画経済期に形成された「三級供給制」に基づく医薬品供給の秩序が一気に打破されたように,改革の激しい一面も見られる.残念ながら,医薬品管理の権限が高度に集中した一方,行政部門が計画経済期のように医薬品の製造,販売を行う経済組織と密接な関係を維持し,医薬品市場に対して規制体制を確立することに成功しなかった.結果として,医薬品の製造,価格設定や流通も公立病院の経営のように「放任」に近い状態に置かれ,薬害事件の頻発や薬価の高騰が生じてしまったのである.

一方,経済体制の移行期の下で,医薬品行政の機能転換の失敗のみならず,公立病院改革と財政改革の推進も医薬品市場の混乱に拍車をかけたことに留意すべきである.コスト以下の水準に低く抑えられた診療収入や地方財政補助だけでは経営を維持できなくなった公立病院は,薬価差益に対する依存度が高まり,地方政府も医薬品市場の開設を地域経済の活性化を促す手段として位置付けたからである.逆に,医薬品市場の混乱は,公立病院の経済組織への接近を刺激した一面も看過きでない.結局,公立病院及びその勤務医,医薬品の製造販売企業,地方政府,さらには医薬品市場の監督者であるはずの医薬品行政に携わる諸行政部門までもが,医薬品をめぐる極めて複雑な利益構造を作り上げたと考えられる.こ

の意味で，この医薬品をめぐる利益構造を把握することなしに，現在，中国の医薬品問題を理解することができないといえよう．また，1997年以来，強制的な薬価引き下げが繰り返し打ち出されるとともに，医薬品集中購入制度も定着してきたにもかかわらず，これらの改革措置は徹底的な問題解決につながらない原因も，この医薬品をめぐる構造的問題に求めることができる．

終章　医療の「公益性」への再挑戦

　これまでの議論で明らかにしてきたように，建国直後から 1978 年頃までの計画経済期の中国では，経済発展の水準が非常に低かったにもかかわらず，医療の「公益性」が優先され，「高普及・低負担」の医療が実現していた．経済体制の移行期に入ると，経済改革のソフトランディングを背景に，医療改革も各領域で展開されたが，その結果，医療提供のクオリティは改善された一方で，国民の医療費負担は増大し続け，全体的な医療水準はむしろ低下してしまった．

　本書の問題意識は，まさにここから生まれたものである．すなわち，高度経済成長が達成されたにもかかわらず，なぜ医療水準は以前よりも相対的に低下したのか．また，1990 年代以来，指導部が医療改革に強い意欲を示してきたにもかかわらず，なぜ一連の改革は成功しなかったのか．本書は，中国の医療制度と医療行政の形成と変容の過程を解明することによって，この 2 つの問いに答えることを試みた．終章では，2009 年 3 月に新医改が発足してから，医療改革の最新動向を検討し，中国の医療の抱える構造的な問題が依然として解消されていないことを明らかにした上で，本書の結論を提示する．

1　医療改革の最新動向

　経済体制の移行期の下で，中国の医療問題を一言で表現するならば，「看病難・看病貴」という表現が適切である．さらに，1990 年代に現れたこの問題は，少子高齢化が進む中で深刻化する一途を辿ったのである[1]．2000 年に WHO が

---

[1]　中国の少子高齢化の特徴として，高齢者の絶対数が多いことや，高齢化のスピードが急速で，かつ地域格差が大きいことを挙げることができる．高齢化の進行と出産率の低下に歯止めをかけるために，2011 年より一人っ子政策の緩和が進められ，2015 年 10 月に 2 人目出産の全面解禁が決定された．また，中国の高齢化と医療の関係については，鄭暁瑛・陳立新（2006），郭夢迪（2015）も参照されたい．

191ヵ国の医療制度を評価した際,中国の総合評価は第144位に留まり,医療費資源配分の公平性に関しては下から4位の188位となった[2].それ以来,一連の医療改革が打ち出されてきたにもかかわらず,2001年には国民医療費に占める国民負担の割合が60％近くに達した.医療費の高負担が家計を圧迫し,社会問題の首位に躍り出る中で,2005年に国務院発展研究センターの報告書がそれまでの医療改革を基本的に不成功であると結論付けたことは,世論を沸かせただけでなく,新たな医療改革,新医改の出発点となった.

2006年9月,国務院の下で新医改の推進体制が整ってから,研究機関の改革案と市民意見の募集を踏まえて,2009年1月,2011年までの3年間で新医改を進めるための財源として,8,500億元の予算[3]が確保された.この巨大な財源を土台に,2009年3月,新医改が正式にスタートしたのである.2017年現在,新医改はすでに9年目を迎えている.

全体として,新医改はそれまでの医療改革の延長線上にありながら,新たな展開を見せている.例えば,医療の「公益性」が引き続き強調された一方,医療制度の枠組みと医療行政の機能について再定義も行われた.中国の伝統的な建築スタイルにならって,これは「四梁八柱」と名付けられた.「四梁」とは,医療制度の4つの構成部分,つまり,公衆衛生,医療提供,医療保障と医薬品供給を指す.「八柱」とは,「四梁」を支える8つの行政機能を意味し,医療機関管理の改善,医療財源の「多元」調達,診療価格及び薬価設定の適正化や,医療情報ネットワークの構築などを含む.この「四梁八柱」と呼ばれる新医改の枠組みの下で,改革の目標も提起された.すなわち,2段階に分けて,2011年までに「看病難・看病貴」問題を根本的に解決してから,2020年まで全国民をカバーする医療制度を構築し,医療機関の管理,経営体制の改善と医療提供主体の「多元化」をもって,国民の健康水準を改善することである.この目標を実現すべく,2011年まで改革の重点は,公的医療保険制度の整備,国家基本薬物制度の構築,末端医療衛生ネットワークの健全化,公衆衛生サービス提供の地域格差の縮小,公立病院改革の推進の5つの分野に置かれた.

---

2) WHO, *The World Health Report 2000: Health System: Improving Performance*, p. 152.
3) このうち,中央財政が3,318億元,地方財政が5,182億元の拠出が規定された.また,財源の使途として,2/3に当たる5,667億元は患者側へ支出し,残りの約2,833億元は医療機関へ支出する予定であった.

［図6-1］ 1990年代以降1人当たりの国民医療費（単位：百元）

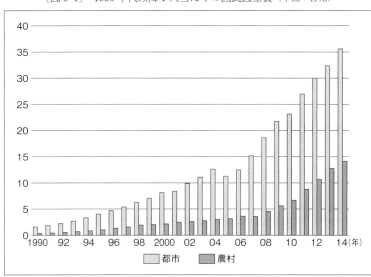

出典：「2015年中国衛生和計画生育統計年鑑」，「2016年中国統計年鑑」に基づき，著者が作成．

　2009年3月以降の医療改革は，基本的に上記の新医改の方針に沿って展開された．以下は，公的医療保険制度，公立病院と医薬品の3つの領域に注目し，新医改の最新動向の中で注目すべき点について述べていく．

(1) 公的医療保険制度の「城郷統合」
　2009年新医改では，公的医療保険制度の整備に関して提起された論点は多岐にわたるが，ここでは，公的医療保険制度の「城郷統合」と，公的医療保険の給付手続きの改善の2点を中心に説明する．
　まず，公的医療保険制度の統合は，3大公的医療保険のカバー率が順調に伸びる中で提起されたものである．2012年末当時，3大公的医療保険の加入者数がすでに13億を超え，制度上では国民皆保険が基本的に実現した．一方，中国の医療国民皆保険は，いくつかの深刻な問題を抱えていることも認めざるを得ない．例えば，医療保険の給付水準が地方財政や地域経済によって決まることが，医療水準の地域格差の拡大を招いてしまった［図6-1］．
　また，戸籍制度の存在により，農村出身の出稼ぎ労働者の職域保険である城鎮

[図6-2] 2013年以降国民の医療支出対可処分所得

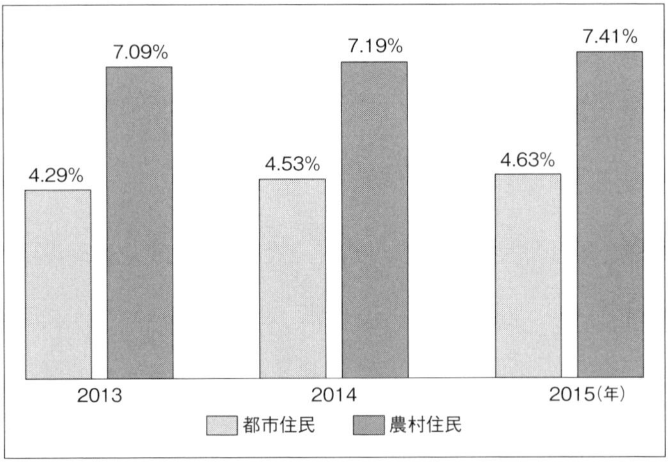

	2013	2014	2015(年)
都市住民	4.29%	4.53%	4.63%
農村住民	7.09%	7.19%	7.41%

出典：「2016年中国統計年鑑」に基づき，著者が作成．

職工基本医療保険への加入が妨げられてきたほか，非就労の住民向けの地域保険も二分され，都市・農村住民の医療費負担の格差定着につながった［図6-2］．

さらに，公的医療保険の管理を担う行政体制の分断により，保険の重複加入と保険給付金の不正取得などの問題も目立つようになった．第3章で検討した通り，2003年に新農合が発足して以来，労働保障／人社部門[4]と衛生部門が各自に管理する公的医療保険の加入者を奪い合い，保険の重複加入の一般化をもたらした．都市と農村の間に労働力流動の活発化も，問題の深刻化に拍車をかけたと考えられる．2011年末までに，9.57万人が公的医療保険から不正に取得した保険金が1.47億元に上がり，各級財政を圧迫したことが言うまでもないが，公的医療保険基金支出の公平性を損なった．現在，公的医療保険に重複加入している者の規模が，公的医療保険の加入者全体の1割以上を占めている[5]．

これらの問題を解決する切り口として，公的医療保険行政体制の統合が取り上げられた．2013年3月に国務院が公布した政府機構改革案の中で，3大公的医療保険の管理を担う行政部門の統合，いわゆる「三保合一」が提起され，同年6月

---

4) 2008年3月政府機構改革の一環として人力資源和社会保障部が成立したことにより，部門の略称も「人社部門」へと改められた．
5) 張静雅他「流動人口重複参保現状及其影響因素研究」『中国衛生資源』第19巻第5号，2016年，367-368頁．

までに公的医療保険行政体制の再編を完成させる目標も提起された．これに基づき，衛生和計画生育委員会の下で，新農合の管理を担当してきた「農村衛生管理司」が「基層衛生管理司」に再編され，その業務内容に関する説明の中で新農合の管理も外されたが，新農合管理の権限をめぐって明確な規定も行われなかった．当時，新農合の管理が衛生和計画生育委員会から人力資源和社会保障部に移管される見込みが政府と学界の中でも高くなったが，公的医療保険行政をめぐる権限の再配分は抵抗にあい，今日に至っても「三保合一」の全国普及が実現されていない．一方，地方では，公的医療保険行政体制の分断が次第に解消されている．2014年末，「三保合一」は8つの省級地域，35の地級地域と数十の県で実現されてから，2016年9月，福建省が2014年三明市の経験を踏まえて，3大公的医療保険を一括して管理する医療保障管理委員会弁公室を立ち上げた．しかも，行政権限をめぐる争いを避けるために，これを省財政庁の下におき，相対的に独立した立場を与えたが，これは「三保合一」の新たな試みとして注目を浴びた．

ところで，「三保合一」の全国普及は挫折したとはいえ，2014年に戸籍制度改革が「農業戸籍」と「非農業戸籍」の区分を打破したことを背景に，城鎮居民基本医療保険と新農合の統合を目指す「二保合一」が一部の地域で進められた．浙江省や重慶市など一部の地域での試行を踏まえて，2016年1月3日，国務院が城鎮居民基本医療保険と新農合の統合を宣言し，城鎮職工基本医療保険の被保険者以外のすべての都市・農村住民に向けて，「城郷居民基本医療保険制度」の確立が決定された．これをもって，公的医療保険制度と戸籍制度の分離が画期的な一歩を踏み出したと捉えられる．ここで，保険者は原則として市（地）とされるが，保険料率や財政補助水準の統合が2-3年をもって次第に実現することとなった．また，保険給付水準の引き上げも定められ，給付対象となる入院医療費の給付率が75％前後に維持することが求められた．一方，保険の管理を担当する行政部門について明確な規定が行われず，その統合が支持される程度に留まった．ここでも，公的医療保険行政をめぐる権限調整の困難さを窺えよう．2016年10月当時，全国20の省（自治区，直轄市）で「二保合一」がすでに完了したという．

次に，新医改が発足してから，公的医療保険の給付手続きの簡便化も進められた．その背景として，［図6-3］が示すように，2000年代以来人口移動が加速したことも，保険給付手続きの改善を促した．保険加入地に長期的で居住しない退

[図 6-3] 2000 年代以来の人口移動（単位：億人）

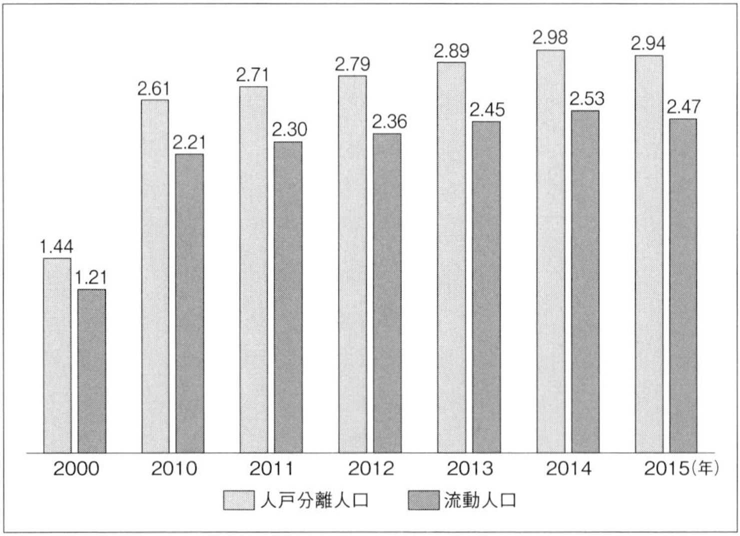

年	人戸分離人口	流動人口
2000	1.44	1.21
2010	2.61	2.21
2011	2.71	2.30
2012	2.79	2.36
2013	2.89	2.45
2014	2.98	2.53
2015	2.94	2.47

出典：「2016 年中国統計年鑑」に基づき，著者が作成．

職者は，まず改革の切り口とされた．公的医療保険制度の下で，保険者以外の地域で受診する場合，保険給付は償還払いの形式をとるのが一般的であるが，医療費還付手続きの煩雑さは指摘されてきた．また，一人っ子政策の下で，子女とともに保険加入地以外の地域で定年生活を送る退職者が少なくなく，彼らの受診上の不便が想像に難くない．そこで，新医改の方針を踏まえて，2009 年末，公的医療保険の保険者が原則として市（地）に引き上げた上で，保険加入者の医療費立て替えの負担を減らし，保険者の範囲内で現物給付を推進することが決定された．保険加入地に長期的に居住しない退職者等に関しては，保険給付手続きの簡便化も求められた．これらの目標が基本的に実現されると，2014 年 11 月，公的医療保険の現物給付の範囲が市から省へ拡大するという目標が提起された上で，保険加入地以外の省で長期的に居住し，かつ現地の戸籍を取得した退職者の入院医療費は，改革の重点対象に置かれた．それ以来，各地では改革の模索が進められているが，全体としては改革の直面する難点も見えてきている．例えば，3 大公的医療保険の情報共有ネットワークが存在しないだけでなく，公的医療保険の間に加えて，同じ公的医療保険の中でも保険者ごとに給付水準の格差が大きいこ

終章　医療の「公益性」への再挑戦　255

とが挙げられる．また，医療資源配分の地域格差が存在する中で，患者がいっそう大都市に集中することも懸念材料の1つである．他方，2016年に入ってから，城鎮居民基本医療と新農合の統合の決定は，改革に有利な環境を作り出したといえよう．

その他，新医改が発足してから，公的医療保険の給付水準の引き上げが進められてきたにつれて，公的医療保険診療報酬の総額コントロール，重症疾患医療救助，城郷居民重症保険，疾病応急救助制度など新たな改革措置が打ち出され，医療情報ビッグデータの収集と活用も提起された．全体として，改革の趣旨は公的医療保険診療報酬のコントロールと国民の医療費負担の軽減にあることは，新医改とこれまでの医療改革の共通点として捉えられる．

(2) 公立病院改革の推進

これまでの分析から，不合理な診療報酬制度及びそれが招いた公立病院の「以薬補医」体質が，医療改革の大きな障害であることは明らかになった．新医改が発足して以来，公立病院改革の推進にも力を入れたが，その最大な目標は「以薬補医」問題の改善である．主な改革措置として，薬価差益の撤廃，診療価格の調整や財政補助の拡大が挙げられる一方，新医改の中で初めて提起された「薬事サービス費」は大きな進展を見せなかった．

2010年2月，都市公立病院改革の試行が始まり，遼寧省鞍山市をはじめとする16都市が国の直接的管理に置かれる試行都市として指定され，次第に薬価差益を撤廃する方法が模索された．しかしながら，公立病院が医療問題の中核にあり，複雑な利益構造が定着している中で，改革試行の推進に時間がかかり，天津市など17都市に拡大したのが4年後の2014年4月のことであった．都市公立病院改革の難航を踏まえて，今度，県公立病院が改革の切口として取り上げられ，2012年6月に全国約300の県（市）で公立病院改革の試行が決定され，薬価差益の撤廃が実施された．しかも，その2年後に改革が700の県に拡大し，全国半分以上の県（市）と5億の農村住民をカバーした．3年の試行を踏まえて，2015年4月に県公立病院改革の全国普及が決定され，すべての県公立病院で薬価差益の撤廃が実現されたとともに，都市公立病院改革も加速の機運を迎えた．その試行都市が同年5月に遼寧省本渓市など66都市に，2016年5月にさらに遼寧省錦州

[図6-4] 2000年代以来総合病院の収入（単位：万元）

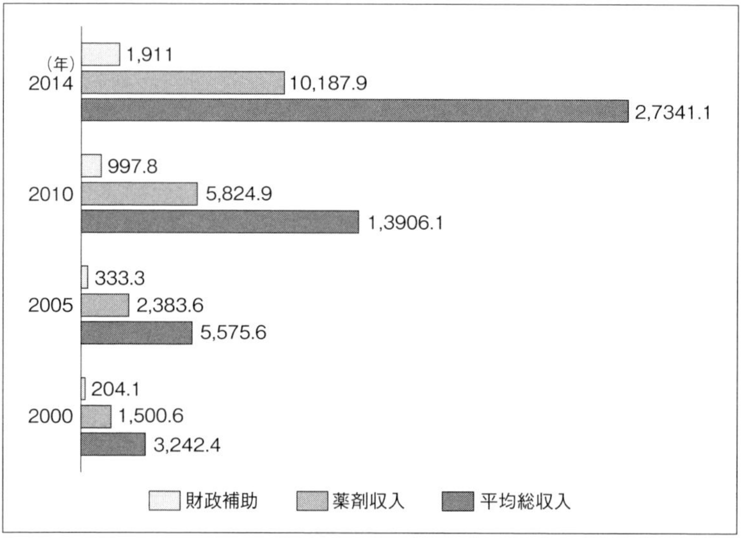

（年）
2014　1,911／10,187.9／2,7341.1
2010　997.8／5,824.9／1,3906.1
2005　333.3／2,383.6／5,575.6
2000　204.1／1,500.6／3,242.4

財政補助　薬剤収入　平均総収入

出典：2004年，2015年「中国衛生（和計画生育）統計年鑑」に基づき，著者が作成．

市など100都市に拡大した上で，試行都市のすべての二級以上公立病院に薬価差益の撤廃が求められたほか，2017年までに薬剤収入が公立病院の収入全体に占める割合が30％前後に下がる目標も提起された．ここから，新医改以降の公立病院改革が「増分改革」の性格を見せるほか，県公立病院改革に比べて，都市公立病院改革のほうが「漸進主義」の色彩が鮮明であることが分かる．

　それでは，公立病院改革の要とされる薬価差益の撤廃は，公立病院の収入状況にいかなる影響を与えたのか．ここで，公立病院のうち，規模の比較的に大きい総合病院についてみてみたい．［図6-4］が示すように，2000年代以来，総合病院の収入全体は増えつつあり，このうち，財政補助の増加幅が薬剤収入のそれを上回った．しかしながら，新医改以後の公立病院改革は薬価差益の撤廃を進めたが，その分の収入損失は財政補助をもって補塡できるかというと，答えは否である．［図6-5］で分かるように，総合病院の収入全体に占める薬剤収入の割合が徐々に低下し，2014年に40％を下回ったのに対して，財政補助が全体として増えたものの，それが公立病院の収入全体に占める割合が依然として非常に低く，2014年に7％にも達していなかった．ここから，公立病院の薬価差益を取り消

[図 6-5] 2000 年代以来総合病院の薬剤収入，財政補助の割合

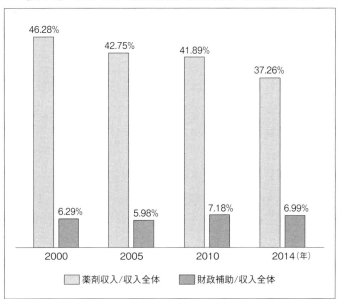

出典：[図 6-4] に同じ．

した分の収入損失に合わせて，財政補助の引き上げが行われなかったことを確認できる．もっとも，公立病院改革の中で財政補助の拡大が一貫して唱えられてきたものの，分税制以後の地方財政規模の縮小と中央財政調整機能の限界から考えると，財政補助の大幅増の現実味が薄いといえよう．

一方，[図 6-4，図 6-5] は全国の総合病院収入の平均水準を示しているが，実際に，公立病院の薬剤収入が収入全体に占める割合は，病院の規模が小さいほど高く，三級病院で 40％，二級病院で 60％，一級病院で 70％ に達するのが一般的である[6]．また，薬価差率は制度上では 15％ に設定されているが，中小規模公立病院の場合，それが 15％ をはるかに上回っている．言い換えると，規模の小さい病院ほど薬価差益に依存しているのである．2012 年以来，二級病院に位置付けられることが多い県公立病院に対して，財政補助を増やさないまま薬価差益の撤廃を断行したことは，県公立病院の収支状況の悪化を招き，90％ の県公立

---

6) 周学栄『中国医療価格的政府管制研究』中国社会科学出版社，2008 年，94 頁．

[図 6-6]　2010 年以降総合病院の平均外来医療費

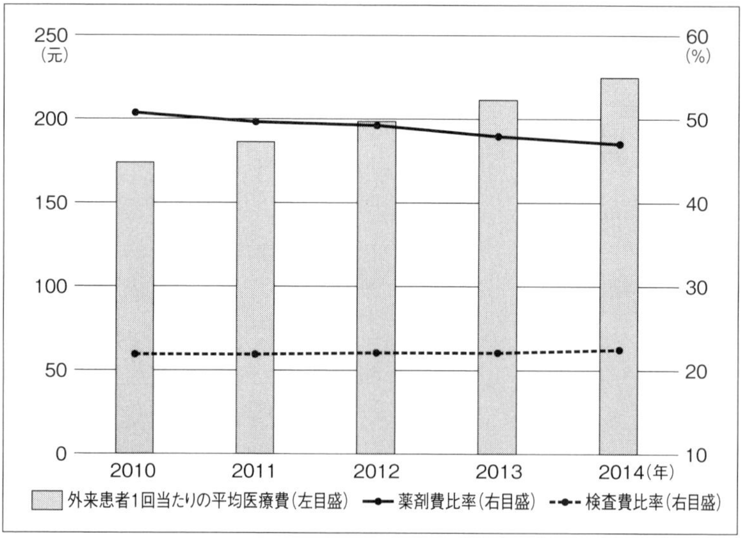

出典:「2015 年中国衛生(私計画生育)統計年鑑」に基づき,著者が作成.

[図 6-7]　2010 年以降総合病院の平均入院医療費

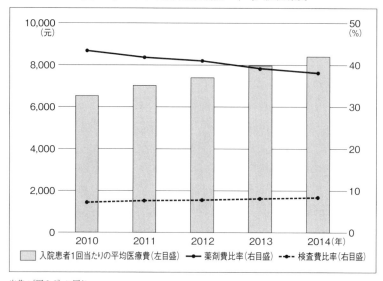

出典:[図 6-6]に同じ.

病院は負債経営を強いられている[7]．

　薬価差益が撤廃された上で，財政補助の増加も期待できない以上，公立病院は経営採算をとるために診療収入を増やす動機が強まると考えられよう．しかし，［図6-6，図6-7］で分かるように，医療材料や医療機器の値上げの影響もあるが，2010年以後，総合病院の患者1回当たりの平均外来・入院医療費は緩やかに増えてきたのに対して，医療費に占める薬剤費の割合はいずれも少しずつ低下してきた．第4章で述べたように，2001年以来，「衛生行政」が具体的な指標を制定し，公立病院医療費のコントロールに取り組んできたが，ここではその効果はある程度確認された．一方，薬価差益の撤廃だけでは，公立病院の「以薬補医」体質の根底を揺るがすことができないことにも留意すべきである．

　次に，薬価差益の撤廃とも関連しているが，公立病院改革のもう1つの要点として，公立病院収入の「総量控制，結構調整」原則の下で，その診療価格の調整も進められてきた．これまでの改革を踏襲する形で，医療技術に基づく診療項目の値上げが強調された上で，2012年に全国診療価格項目規範の修正も行われた．1つの到達点として，指導部が2015年10月に提起した価格改革推進の方針を踏まえて，2016年7月，公立病院診療価格の「分類管理」が打ち出された．すなわち，「基本」診療項目は政府指導価（格）に該当するが，公立病院改革の試行地域では，政府主導の下で利益関係者の価格協議の模索も支持されるようになった．これに対して，患者の個人的需要に応じて提供する「特需」診療項目及びその他の市場競争が比較的に十分な診療項目は，市場調節価（格）の対象と決定された一方で，公立病院が高価な医療提供に熱心になるのを防ぐために，「特需」診療は診療活動全体の1割以下に抑えることも求められた．ここで，公立病院の診療価格決定に対して，「市場」の機能がより浸透する方向性が示されたといえよう．

　ところで，公立病院改革の展開につれて，医療提供市場への外資を含む民間資本の参入に対して，規制緩和も進められてきた．2009年3月に打ち出された新医改の方針の1つとして，民間資本が非営利的医療機関を立ち上げ，また，国有企業病院を含む公立病院の財産権改革に参与することが支持されたと同時に，公

7）　方鵬騫他『中国医療衛生事業発展報告　2015――中国公立医院改革与発展専題』人民出版社，2016年，246-247頁．

立病院の財産権改革の試行を推進し，医療機関全体に占める公立病院の割合を適切に引き下げることも提起された．その趣旨は，医療提供市場における公立病院の独占的構図を打破し，公立病院と民間病院の競争を促すことである．公立病院改革が大きな進展を遂げない中で，民間資本の割合を増やし，医療提供市場における競争関係を作り上げることによって，公立病院の構造的問題を改善する突破口を探るこの戦略は，「増分改革」の特徴を伴うものである．他方，公立病院への財政補助に関して，地方財政負担の軽減も期待できる．それ以来，民間資本が医療提供市場に参入する壁が下げられつつあり，民間医療機関が地域医療計画の中にも盛り込まれることとなった一方，公立病院の民営化もリース，委託経営やBOT (Build Operate Transfer) など多様な方式をもって展開された[8]．結果として，公立病院の割合が病院全体の半分ほどに低下したのに対して，民間病院の規模が急速に拡大した．また，非営利的病院の数が徐々に増えてきたとともに，営利的病院の数も明らかに上昇した［図6-8，図6-9］．

しかしながら，病院の構成をもって，医療提供市場における公立病院の独占的構図がすでに崩れたと判断するのがまだ早い．各種病院の病床数からみると，公立病院と非営利的病院はいずれも圧倒的な優位を維持していることが分かる［図6-10，図6-11］．

同じことは各種病院の年間診療回数についても確認できるため，医療提供市場において，公立病院の独占的立場が依然として動揺していないことが明らかである［図6-12，図6-13］．

こうして，1970年代末の経済改革において「増分改革」が大きな成功を収めたのに対して，2009年以降医療提供市場の活性化を目指す「増分改革」は，限定的な成果しか挙げなかったといえよう．ここで，民間資本が非営利的病院を立ち上げる場合，その診療価格は低水準の政府指導価（格）に従う必要があることや，患者及びその家族の医療従事者に対する「暴力傷医」事件の頻発は，民間資本の参入と発展を阻む要因として考えられる．また，地方では衛生部門が民間病院よりも公立病院を優遇する選好を示すことから[9]，民間病院が公立病院と平等に競争する環境がいまだに整っていないことも認めざるを得ない．

---

[8] 公立病院の民営化の現状について，詹国彬（2014）を参照されたい．
[9] 何子英他『公立医院改制——理論与政策』浙江大学出版社，2014年，7頁．

以上検討した内容のほかに，新医改が発足後，「現代医院管理制度」の確立を目指すべく，公立病院財務管理の強化，診療報酬の疾患別包括支払の試行拡大，都市社区医療機関の整備及び家庭医の育成や，医療機関の機能分担に基づく分級診療制度の推進および医療連合体の発展に取り組んできた．また，患者の大病院志向を改善するために，高水準の医療資源が末端医療機関に浸透させることが考案され，公立病院の勤務医が末端医療機関または民間医療機関で診療活動を行う，いわゆる「医師多点執業」も支持されるようになった．さらに，「医患糾紛」や「医闹」と呼ばれる患者等と公立病院をはじめとする医療機関，医療従事者との間の紛争も発生するたびに世論を騒がし，医療提供環境の悪化を招いた問題に対して，2012年から患者及びその家族が公立病院等で騒ぎを起こす行為の取締を強化したとともに，医療機関のセキュリティー向上，二級以上公立病院を取り入れる「医療責任保険」の整備にも力を入れてきた．他方，農村医療提供衛生ネットワークの健全化も提起されたものの，都市と農村，各地域の間の医療資源格差の解消に関しては，新医改はいまだに著しい成果を見せていない［図6-14，6-15］．

（3）薬価管理の規制緩和

　新医改が始まってから，2008年に構築された医薬品行政の「分級管理」体制を土台に，2013年3月に国家食品薬品監督管理局が国家食品薬品監督管理総局へ再編された．一方，新医政発足以降の医薬品改革は，主に医薬品集中入札購入制度の修正，国家基本薬物制度の確立と薬価管理の規制緩和を中心に展開したと考えられる．

　公立病院を対象とする医薬品集中入札購入制度は，2000年に医療改革十四ヵ条の中で初めて提起されたが，2009年1月から購入方式の多様化によりその名称から「入札」の二文字が消え，実施単位も市（地）から省（自治区，直轄市）に引き上げられ，応札者が医薬品卸売企業から製薬企業に改められた．新医改の発足後，医薬品集中購入制度の改善も図られた．例えば，取引の透明性を高めるためにインターネットでの集中購入が制度化されたほか，製薬企業の直接応札方式についてより明確な規定が行われ，医薬品の配達費用も落札価格に含まれることが定められた．また，公立病院が当該制度を通して購入する医薬品の量は，前年度使用量の80%を下回ってはならないという制限が加えられた上で，落札医薬

262 終章 医療の「公益性」への再挑戦

[図 6-8] 2005 年以来の病院構成 (1)

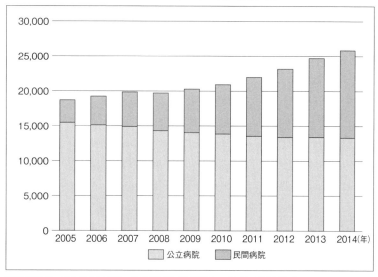

出典：2011 年, 2015 年「中国衛生 (和計画生育) 統計年鑑」に基づき, 著者が作成.

[図 6-9] 2005 年以来の病院構成 (2)

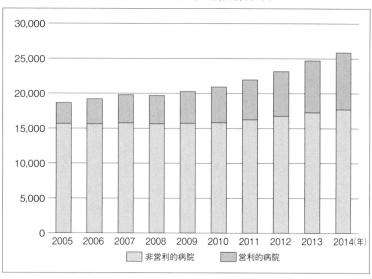

出典：[図 6-8] に同じ.

［図 6-10］ 2005 年以来各種病院の病床数（1）（単位：百万）

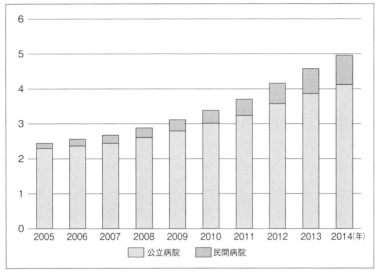

出典：［図 6-8］に同じ．

［図 6-11］ 2005 年以来各種病院の病床数（2）（単位：百万）

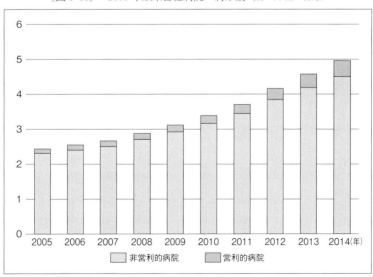

出典：［図 6-8］に同じ．

264　終章　医療の「公益性」への再挑戦

[図6-12]　2005年以来各種病院の年間診療回数（1）（単位：億回）

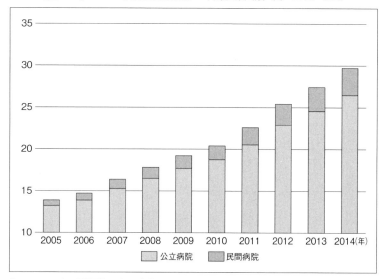

注：2005-2009年に経営属性が不明な病院も営利的病院に分類した．
出典：2012年，2015年「中国衛生（和計画生育）統計年鑑」に基づき，著者が作成．

[図6-13]　2005年以来各種病院の年間診療回数（2）（単位：億回）

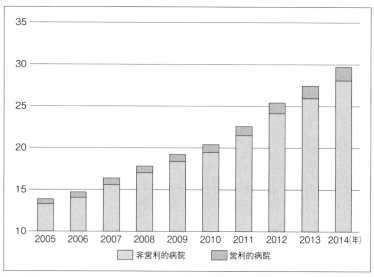

出典：[図6-12]に同じ．

[図6-14] 2008年以降1,000人当たりの病床数

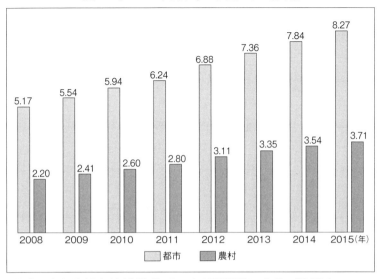

出典:「2015年中国衛生和計画生育統計年鑑」,「2016年中国統計年鑑」に基づき,著者が作成.

[図6-15] 2014年医師等の地域分布(単位:百万人)

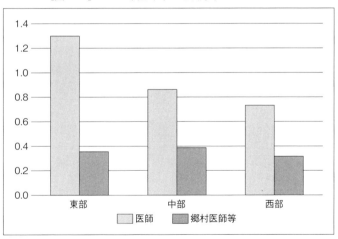

出典:「2015年中国衛生和計画生育統計年鑑」に基づき,著者が作成.

品範囲内の購入が義務化されたが，その他の医薬品の購入を希望する場合，省級医薬品集中購入管理部門の許可を得ることも必要となった．さらに，公立病院は売買契約に従い医薬品を仕入れることが求められ，仕入れ価格をめぐって医薬品企業と交渉（二次議価）してはならないと強調された．翌年，2001年医薬品集中入札購入実施規程（試行）が撤廃され，新たな実施規程が制定されたが，集中購入の対象となる医薬品の範囲拡大も決定された．

　しかしながら，これらの措置は，中国の薬価問題の改善に対して十分な効果をあげたとは言えない．薬価が過度に高い品種と過度に低い品種が併存する現象は，いまだに緩和されていないからである．中国中央テレビが2011年に実施した調査で，ランダムに取り出した20品目の一般的に使用されている医薬品の公立病院価格は，いずれも生産者価格より5倍も高いことが判明された．一方，医薬品集中購入を通して，一部の基本薬物の落札価格はその生産コストよりも低いがゆえに，生産中止に追い詰められ，患者のアクセスが低下する問題も指摘されている[10]．第4,5章の議論を踏まえて，公立病院が医薬品小売市場を独占する限り，医薬品集中購入制度の健全化だけでは，薬価問題を根本的に解決することは期待できないといえよう．

　他方，一部の特許薬と独占生産の医薬品の価格が過度に高い問題を解決すべく，2015年2月に国家薬価協議制度も打ち出され，同年10月から衛生和計画生育委員会など16中央行政部門は医薬品企業側との価格交渉を進めた．結果として，B型肝炎，肺がんの3つの高価な治療薬は50％以上の値下げを実現した代わりに，省（自治区，直轄市）医薬品集中購入の対象となり，公的医療保険の給付対象にも取り入れられた．翌年5月に結果が公表されてから，同年6月末までに各地が3つの医薬品を集中購入対象と公的医療保険の給付対象に導入することが求められたが，実施のペースが予想以上に遅い．2016年12月当時，導入を完了した省（自治区，直轄市）は23に留まっており，新農合と重症保険への導入率が城鎮職工基本医療保険と城鎮居民基本医療保険のそれより高い．これまで検討した公的医療保険行政の分断した構造は，その原因の1つとして考えられる．薬価協議制度は衛生和計画生育委員会の下で進められてきたが，医薬品の導入は衛生和計

---

10) 高紅梅『公立医院薬品価格法律制度――以国家干預為視角』社会科学文献出版社，2015年，86-88頁．

画生育委員会が管理してきた新農合と，それが相対的に大きな権限を握る重症保険では比較的に早い一方，城鎮職工基本医療保険と城鎮居民基本医療保険は人力資源和社会保障部の管理に置かれるため，政策実施の時間差が生じたわけである．

次に，2009年新医改の一環として，同年8月に国家基本薬物制度が発足した．国家基本薬物とは，基本的医療衛生需要に適応し，比較的に低価でかつ充足な供給を保障できる医薬品を指し，その目録は当時の衛生部の下で制定された．この制度の下で，末端の公立基層医療機関（以下，「基層医療機関」という）は国家基本薬物[11]を常備し，その範囲内で医薬品を処方することが求められたとともに，その他の医療機関も国家基本薬物を優先的に処方し，その処方量が医薬品処方量全体に占める割合も衛生部門の規定する水準を満たさなければならない．また，国家基本薬物は省（自治区，直轄市）のインターネットでの集中購入の対象とされるほか，国家発展和改革委員会が一般名をもってその小売指導価格を設定する．さらに，国家基本薬物制度の眼目として，基層医療機関でその販売価格に15%の薬価差率が撤廃された上で，全ての国家基本薬物が公的医療保険の給付対象に取り入れられ，他の医薬品より給付率を高く設定することも打ち出された．

国家基本薬物制度の実施により，基本薬物の価格は約10%減を遂げた上で，基層医療機関での薬価差率の撤廃と合わせて，患者の薬剤費負担が少なくとも25%減となる推算であった[12]．患者の負担減がある程度実現したことは，国家基本薬物制度の成果として評価すべきである．しかしながら，新たな問題も現れた．例えば，医薬品集中購入では基本薬物の価格競争が激しいため，利潤が圧迫された製薬企業が基本薬物の生産を避けるようになった結果，毎年数十種類の基本薬物が病院と薬局からを消しており，患者が逆に入手できなくなった．また，国家基本薬物制度が基層医療機関に対して，基本的に国家基本薬物目録の範囲内で処方するという制限を加えたが，国家基本薬物目録は国家基本医療保険薬品目録より収載医薬品の品目が少ないため，基層医療機関の診療活動の範囲が縮まり，患者の「大病院志向」を助長する可能性も生み出された．さらに，基本薬物の薬価差率が撤廃されてから，基層医療機関の収入損失を補填する安定な財政補助制

[11) 国家基本薬物目録の初版は2009年8月に公表されたが，現在使用されているのは2012年版である．
12) 趙様『医療保険与社会保障――中国公立医院的改革之路』科学出版社，2016年，37頁．

度が構築されず，県（区）級財政の負担増が招かれたことが指摘されている[13]．分税制以後，末端財政の規模縮小から考えると，基本薬物価格制度の持続可能性が問われよう．

　最後に，2009年3月以後，薬価管理の規制緩和の推進について述べる．2009年11月，診療価格とともに薬価改革の方針が提起された．その内容は2000年薬価改革の枠組みが踏襲された一方，薬価管理の規制緩和も確認できる．例えば，政府の価格管理に従う医薬品の範囲は，国家基本薬物，公的医療保険の給付対象となる医薬品と生産・経営が独占性をもつ「特殊」医薬品に画定された上で，薬価の「分級管理」原則が維持された．すなわち，国務院の価格管理部門が薬価設定の原則や方法を決定する上で，国家基本薬物，公的医療保険の給付対象となる医薬品のうちの処方薬，また，生産・経営が独占性をもつ「特殊」医薬品は国務院の価格管理部門によって管理されるが，省（自治区，直轄市）の価格管理部門が公的医療保険の給付対象となる医薬品のうちの非処方薬（国家基本薬物を除く）と，地方が追加した公的医療保険の給付対象となる医薬品の価格を管理する．医薬品の品目からいうと，前者は約1,900品目があり，後者は約800品目がある．また，薬価の形式として，政府の管理に従う医薬品のうち，国家免疫計画などの対象とされる約100品目の医薬品が政府定価を実施するが，その他の約2,600品目の医薬品はすべて政府指導価（格）の対象に取り入れられた．従来，政府定価の対象とされてきた麻酔薬と第1類精神薬も，今回は政府指導価（格）に移され，医薬品企業がその範囲内で価格を自由に設定できるようになった．この結果，政府定価と政府指導価（格）の対象となる医薬品は，医薬品市場全体の約23%を占めるが，残り約77%の医薬品の価格自由化が実現されたのである．他方，医薬品の流通価格差率に上限を加えることや，公立病院の薬価差益を徐々に撤廃し，過渡期の下では薬価により薬価差率の格差を設けるなど改革の方向性も示された．

　上記の方針を踏まえて，医薬品の生産者価格の調査，「薬品差比価」の制度化や一部の医薬品の価格調整が進められてきたほか，基本薬物の供給不足を緩和すべく，一部委託生産の実施と政府指導価（格）の撤廃が決定された．この結果，国家発展和改革委員会の規定する1日当たり平均費用の範囲内で，医薬品企業が

13）　徐戦英・孫利華「基層医療衛生機構実施国家基本薬物制度存在的主要問題及対策」『中国薬房』第22巻第16号，2011年，1521-1522頁．

薬価の設定と調整を行うことが可能となった．さらに，2015 年 5 月，薬価管理の規制緩和は画期的な一歩を踏み出した．すなわち，2015 年 6 月 1 日より，麻酔薬と第 1 類精神薬が国家発展和改革委員会の設定する最高生産者価格と最高小売価格に従うのを除き，その他すべての医薬品の政府定価と政府指導価（格）が撤廃されることとなった．その狙いは，薬価に対する行政の直接的な介入を最小限に抑える一方，市場本位の薬価形成制度を徐々に確立することにある．新たな薬価制度の下で，公的医療保険の給付対象となる医薬品は，公的医療保険管理部門が保険支払基準を制定するが，公的医療保険の給付対象外の血液製剤，国が統一的に購入する予防免疫医薬品などは，入札購入または価格協議によって薬価を決定する．その他の医薬品の価格は，完全に自由化される．こうして，政府定価と政府指導価（格）の管理に置かれてきた約 2,700 品目の医薬品まで市場化の軌道に乗り，薬価の自由化が基本的に実現されたという意味で，今回の薬価改革の意義が画期的であるといえよう．また，薬価設定の権限は，価格管理部門から公的医療保険管理部門に移されたことも，それまでの行政体制と一線を画し，公立病院の「以薬補医」体質の打破にとって新たな突破口となった．一方，過渡期の下で，新旧薬価制度の共存が医薬品市場の不安定を招くことも想定される．

　以上，2009 年 3 月に新医改が発足して以来，公的医療保険，公立病院と医薬品の 3 領域を中心に，医療改革の近年の動向について検討した．新医改の提起した「四梁八柱」と呼ばれる医療改革の枠組みは，本書の指摘したような，中国医療の構造的問題を意識して作られていると言えよう．改革開放後の医療水準は，公的医療保険制度，医療提供の最大な担い手である公立病院，そして医薬品市場の相互作用によって決まるがゆえに，新医改も 1 つの領域に偏ることなく，3 つの領域の連動に常に念頭に置いている．また，構造的問題は一朝一夕で解決できるものではない以上，新医改も従来の医療制度に対して部分的調整を試みながら，問題解決の糸口を探る形で進められており，そこには「漸進主義」の性格と「増分改革」の適用が見て取れる．近年，診療価格の分類管理や薬価の自由化など大胆な改革措置も打ち出されてきたが，その展開に注目していきたい．

　一方で，医療の「公益性」に再挑戦した新医改は，中国の医療が抱える構造的問題の根底を覆していない．本書が検討してきた公的医療保険の給付水準の格差や行政体制の分断，公立病院の「以薬補医」体質や医療提供市場における独占的

立場，医薬品市場の混乱と薬価設定の歪みは，新医改が発足してから9年目を迎えた今日にも残存しており，国民の医療費負担が大幅に改善されたと言い難い．これまでの議論を踏まえていうのであれば，市場経済に適応する医療行政の機能を確立しない限り，新医改の成功はほど遠いと言わざるを得ない．実際に，公的医療保険の普及率や給付水準の向上ついて，新医改は一定の成果を収めたが，「看病難・看病貴」問題に対しては，改革の効果は限定的であると指摘されている[14]．近年，医療従事者に対する暴力傷害事件や医療機関での騒ぎ事件の頻発も，新医改の限界を語っているといえよう．

2　本書の知見

以上の分析から，経済体制の移行期の下で，中国の医療改革は当時の経済財政改革を背景に発足し，「放権譲利」，「増分主義」や「二重制」（双軌制）などの改革手段を積極的に取り入れながら，「漸進主義」の方式をもって展開されたことが分かる．しかしながら，国有企業改革や財政制度改革の経験が示すように，「漸進主義」の改革方式は新旧制度移行の摩擦を緩和できる一方，改革の後遺症が残るという限界も伴う．医療改革の場合，医療行政の機能が，計画経済期の強い「統制」から，社会主義市場経済期の「予期せぬ放任」へと逆転してしまったことは，改革の後遺症の1つとして捉えられよう．他方，計画経済期の医療行政の特徴の1つとして，「条塊関係」の影響は1978年以降の医療行政にも確認できる．結果として，公的医療保険の給付水準の格差，公立病院の経済組織への接近や医薬品市場の混乱が生じてしまい，国民の医療費負担の過重は社会問題の論点となった．

残念ながら，改革開放後の医療改革は，経済改革と改革の性格や手段について多くの共通点を見せるにもかかわらず，後者がソフトランディグを達したように成功をおさめなかった．その決定的な要因は，医療行政の不十分な機能転換であると捉えるのが，本書の主張である．すなわち，現代中国の医療行政が経済体制の移行に合わせて，医療市場に対する規制体制を迅速に立ち上げることに失敗し，「統制」から「予期せぬ放任」へという機能転換を経験する中で生じた医療の社

---

14)　例えば，張録法（2012）や李玲（2012）を挙げられる．

会問題化は，公的医療保険，公立病院と医薬品市場の3領域の相互作用から生まれる構造的問題として捉えるべきなのである．公立病院の「以薬補医」体質と値下げできない医薬品市場の問題を根本的に解決しない限り，公的医療保険の給付水準を大幅に引き上げる現実味も薄いといえよう．本書の問題意識に戻るならば，こうした中国の医療が抱える構造的問題こそ，高度経済成長が達成されたにもかかわらず，医療の水準が計画経済期のそれよりも相対的に低下したこと，そして，1990年代以来，指導部が医療改革に強い意欲を示してきたにもかかわらず，一連の改革が失敗に終わったことの原因を解明する鍵でもある．

　最後に，中国も含めた体制「移行」に関する研究に対して，本書の含意について述べておきたい．1980年代末のソ連解体により，多くの社会主義国家が崩壊し，市場経済と民主主義への移行を経験したが，こうした国際政治の劇変を背景に，「移行」の経済学，政治学といった研究分野が大きな発展を遂げた．これらに対して，本書は，社会主義の政治体制を維持したまま，経済体制の転換に踏み込んだ現代中国に着目し，行政学の視点から，福祉政策の一分野である医療制度の移行過程の解明を試みた．現代中国の医療行政の変容は，「移行」の行政学とでも呼ぶべき新たな研究分野の突破口となることを願いたい．

あ と が き

　本書は，2014 年 3 月に東京大学大学院法学政治学研究科に提出した博士論文に加筆修正を加えたものである．2007 年秋に東京に留学した時のことは昨日のことのように思えるが，10 年の間に多くの方々と出会えたおかげで，研究テーマである現代中国の医療に真正面から向き合い，問題の根底を探る勇気をいただいた．ここで，本書が成り立つまでの経緯を振り返りつつ，これまで支えていただいた方々への感謝の気持ちをお伝えしたい．

　研究対象として中国の医療を取り上げたのは，今から考えると，子供の頃の生活環境の影響が大きい．家族の仕事の関係で，私は揚子江沿岸都市の市立病院で生まれ，その病院の職員宿舎で幼年期を過ごした．物事つく前，白い建物としか認識されなかった病院の消毒水の匂い，白衣を着る勤務医や看護師，様々な表情を浮かべた患者は，いずれも身近な存在であった．ただし，体質が弱く検査や注射を頻繁に受けなければならなかったことから，病院には慣れている一方，できれば避けたいような複雑な感情も抱えていたが，医師や看護師の辛抱強さは印象的であった．後で調べて分かったことであるが，1980 年代後半に公立病院の「経済管理」はすでに本格的に始まっており，中国の医療も「市場化」に向かい第一歩を踏み出していたはずである．ただ，当時，子供だった私だけではなく，社会全体として医療の「公益性」について疑いをもつ人はおそらくほとんどいなかったように思われる．

　ところが，1990 年代に入ってから，公立病院及びその勤務医に対しての不信感が漂い始めた．受診する際に検査や医薬品が必要だと言われても，国民がそれまでのように即座にそれを受け入れようとするのではなく，取捨選択を始めたからである．その背景に，経済成長につれて裕福な人が増えつつある一方，医療従事者や教師など知識人の所得水準は低いままという理不尽な状況であった．そのような中，風邪などの軽症なのに高価な設備検査や医薬品が指示・処方されれば，患者が首を傾げたくなるのも当然であろう．しかも，これが個別の病院ではなく医療提供の一般的な現象となったことから，医療に対する国民の信頼は下がりつ

つあった．1つの証として，世論では，公立病院の勤務医はもはや低賃金を甘んじて「人民のために尽くす」人格者ではなく，「薬漬け・検査漬け」の医療によって所得増を狙う存在と捉えられるようになった．当時，このような世間話を耳にする度に覚えた違和感が，今日でも鮮明に思い出される．中国の医療問題といえば本書で検討したように，計画経済期の下では行政の強い「統制」による医療提供の量的不足を指摘できる．しかし経済改革が始まると，一部の地域ではそれが解消されないまま，医療資源が相対的に豊富な地域で正反対の過剰診療の方向に突っ走った．そこで，中国の医療問題を要約する表現として「看病難・看病貴」（受診が難しく，医療費が高い）が1990年代から次第に定着し，医療提供における「政府」と「市場」の役割をめぐる論争も登場したのである．

残念ながら，上記の医療問題が改善されないまま，2000年代半ばに「看病難・看病貴」はつい社会問題の首位に上がった．医療費を負担できないことが原因で，中間層でも貧困状態に陥る事例が頻繁にマスメディアに取り上げられるようになり，もはや新鮮な話題ではなくなった．しかも，医療費の高騰にほぼ無防備となった国民の不満は，以前から不信感を抱いてきた医療従事者と公立病院にぶつけられるようになり，いわゆる「暴力傷医」や「医鬧」などの悪質な暴力傷害事件が増える一途であった．一方，それまで世間の風当たりに耐えてきた医療従事者もデモの形で抗議し始め，悪質な患者またはその家族の診療を拒否することの正当性まで議論されるようになった．この混沌とした状況は指導部の注意をも引きつけ，一連の医療改革が登場したが，問題は一向に改善していない．結局，今日では，医療従事者と患者等は和解を達しないまま，医療現場で緊張感を保ちつつ向き合っている．

こうした1980年代以来の中国の医療が私の幼年期の印象からますますかけ離れていくものであることは，この研究を導く決定的な原因となった．生きることを強く望むのに，高額な医療費を負担できない患者とその家族の絶望的な表情を目にする度に心が痛み，中国の医療をめぐる一連の問いが頭に浮かぶようになった．建国以降，国家建設をめぐる試行錯誤を繰り返す中で，国民は何とか「3年の困難な時期」のような全国規模の食糧危機を乗り越え，「文化大革命」のような10年も続いた政治運動の波乱を耐えてきた．しかしながら，1978年末に「改革開放」路線の採択により，経済発展がようやく軌道に乗り高度経済成長の恩恵

あとがき　275

に預かる形で国民の生活水準が改善された一方，疾患により貧困に陥るリスクが逆に高まり，医療水準が相対的に低下してしまった．その原因は一体どこにあるのか．公立病院の勤務医等の一部が，経済的利益の追求に熱心になったきっかけは何か．2000年代以降社会問題化した中国の医療は，指導部が十分に注意を払わなかった結果として捉えることができるのか．結局，「看病難・看病貴」を嘆く国民に対して，中国の医療において一番得しているのは誰なのか．これらの問いを解くには，医療問題の原点，すなわち国民の医療水準を決定する医療制度に遡る必要があろう．

　そこで，博士課程に進学してから，行政学の視点から中国の医療問題の解明を試みることにした．最初は手に入れられる資料と先行研究を手掛かりにして，中国の医療制度の歩みの把握から着手したが，作業が進むにつれて「看病難・看病貴」は医療提供の中核である公立病院だけの問題ではないことに気付き始めた．もっとも，一言で中国の医療問題と言っても，大まかに医療提供と公的医療保険制度の2つが内包されており，両者はまた医薬品とも切り離せない関係にある．この意味で，1990年代に国民の医療費負担の過重が目立つようになったことは，公立病院の「薬漬け・検査漬け」だけに起因するのではなく，従来の医療保障制度の再編と医薬品市場の混乱との相互作用の結果として捉えるべきである．さらに，中国の医療問題の根底に辿り着くには，医療分野に限って議論する限界も明らかになってきた．すなわち，中国の医療は医療制度の中で完結したものではなく，建国以来の社会構造の影響の下で次第に変容を遂げたことから，経済体制の移行が発生する前後の経済制度と社会全体を分析の射程に入れないと，問題の本質に迫ることができないのである．結果として，研究の作業は予想以上のものとなった．無論，作業の途中で行き詰まる時もあったが，その度に自分の問題意識に立ち戻ることにした．医者として直接患者の病気を治すことができないとしても，医療制度の「痼疾」に辿り着き，問題の本質から「治療」の手掛かりを得ることができれば，多数の人々の医療へのアクセスを改善する可能性があると思った．

　そこで，私なりに得た結論は次のようなものである．経済体制の移行期，中国の医療改革は経済財政改革の手段を積極的に取り入れながら「漸進主義」の方式をもって展開してきたが，医療行政の不十分な機能転換により医療改革は経済改

革のようにソフトランディングを遂げなかった．この結果，「看病難・看病貴」と呼ばれる中国の医療問題は，公的医療保険，医療提供の最大の担い手である公立病院と医薬品市場の3領域を横断する構造的問題として定着してしまったと捉えるのである．ただし，これはあくまでも関連資料と先行研究の蓄積を踏まえて，自分の理解をまとめたものであることを断っておきたい．研究を進めるに当たって，できる限り資料の収集と先行研究の把握を心掛けてきたが，医療に関する専門知識が浅く，医療現場で働いた実務経験もないことから，制度または現場からかけ離れる部分があるならばそれはすべて私の責任であり，今後の研究課題としたい．未熟な研究ではあるが，本書が中国の医療研究にとって1つの手掛かりとなれば幸いである．

　多くの方々の支援をいただいたおかげで，これまでの研究成果を本書にまとめることができた．その中でも最も感謝を申し上げたいのは，指導教員の田邊國昭先生である．先生が留学生であった私を大学院に受け入れてくださり，長い間ご親切にご指導下さったことが，まさに本書の原点である．10年前に初めて先生の研究室に伺った時目に入ってきた本の山はとても迫力があり，研究者という職業が強く記憶に残った．それ以降，先生は学問の基礎から丁寧に教えて下さり，私が研究者として独り立ちできるように辛抱強く支えて下さった．私のまとめた読書ノートを，先生は日本語の文法に至るまで訂正して下さり，また素朴な疑問を何度も投げても，理解できるまでご親切に説明して下さった．それでも，演習の報告や論文で思う通りに研究が進まなくなり落ち込む時もあったが，その度に先生から激励のお言葉をいただき，立ち上がる勇気をいただいた．博士論文の研究対象として中国の医療を取り上げると決めてからも，先生の貴重なアドバイスは論文の問題設定から結論までへと導いて下さったのである．長年先生が教えて下さった読書の喜びや真摯な研究姿勢は，一生忘れられない．一方，研究だけではなく日本での留学生活についても，先生はいつも温かい視線で見守って下さった．10年間の先生の恩情に報いることはまだ何1つできていないが，この場を借りて，先生に感謝の気持ちをお伝えしたい．

　次に，樋渡展洋先生にお礼を申し上げたい．先生の演習に参加したことは，私にとって大変大きな収穫であった．1ヵ国内の研究対象を取り扱う際，その分野

に閉じこもるのではなく，国内・国際の政治経済制度の作用を常に念頭におくことが新たな展開を導く可能性を教えて下さったのは，樋渡先生である．また，演習で参加者全員と自由に議論を交わすことを毎回楽しみにしていたが，先生が議論の方向を的確に導いて下さり，私の理解していないポイントも見極めた上で丁寧に説明して下さったことは，とても印象に残ることであった．博士論文の分析枠組みを組み立てた際，中国の医療問題を説明するために経済制度をはじめとする社会構造の変容に目を配ることができたのも，先生の演習で腑に落ちるまで議論を重ねたからである．さらに，先生は博士論文の審査を引き受けて下さり，刊行に当たっては改稿について何度もご相談に乗っていただき，未熟な研究者である私の悩みを取り払う貴重なご指摘を下さった．本書の論点と構成が博士論文よりも明確な方向へ改善されたのは，先生のおかげである．

また，博士論文の審査を引き受けていただいた高原明生先生，城山英明先生，寺谷広司先生にも感謝を申し上げたい．主査を務めていただいた高原明生先生から，私が博士論文で中国の医療問題に向き合う勇気をいただいた．中国の医療に対する問題関心は以前からあったが，計画経済期の医療制度に関する資料や先行研究の蓄積が比較的限られる中で，これを博士論文のテーマとするか否かについて一時期悩んでいた．先生の演習に参加した時，資料に不確実性が伴うにしてもこれは研究の展開を妨げる根本的な原因ではないという先生のお言葉に，不安だった私は強い感銘を受けた．これをきっかけに私は中国の医療問題の解明に再挑戦し，可能な限り関連資料と先行研究の把握に取り組むようになった．博士論文の執筆中，内容や論点について先生に何度もご指導をいただき博士課程の修了後にも研究や教学についてご相談に乗っていただいた．城山英明先生は，国際行政活動や科学技術をめぐる政策形成過程の展開について学ぶ機会を下さっただけではなく，修士論文を執筆した時，イギリスの医療技術評価の関連資料を教えていただき，論文の方向についてもご指導をいただいた．博士課程の修了後も，先生からアメリカの創薬のエコシステムについて触れる機会をいただいた．多くの方々との出会いと多大な知的な刺激をいただいたことに，深く感謝している．

東京大学大学院法学政治学研究科と社会科学研究所の先生方にも，学問の各分野について丁寧に教えていただいた．森田朗先生には，留学生であった私でも十分に理解できるような形で行政の理論と現実について分かりやすく教えていただ

いただけではなく，行政の現場をめぐる新鮮な議論を教えていただき，私の研究への好奇心が強まった．博士課程の修了後，私は先生のご指導の下で政策形成過程について研究する機会をいただき，仕事で先生に多大なご迷惑をおかけしてきたにもかかわらず，いつも許していただき，今まで通りにご指導をいただいた．心よりお詫びと感謝を申し上げたい．石田浩先生の演習では，社会調査法と社会科学における因果推論方法について学ぶ機会をいただいた．先生は自分の問題関心や研究の進捗にも耳を傾けて下さり，示唆に富むアドバイスを何度もいただいた．加藤淳子先生に修士課程で最初に政治学研究の方法論について教えていただいたことは，その後の研究の土台となった．また，研究の方向が定まらなかった時にも先生はご親切にご相談に乗って下さった．私が関心を持つ研究対象の関連資料を毎月送って下さり，それは今日まで続いている．長年支えていただいた加藤先生に，ここで深く感謝を申し上げたい．金井利之先生には，日本の行政理論と地方自治についてご教示いただいた．また，研究内容の改善に向けて斬新な視点から下さった先生のご指摘に，何度も自分の未熟さを痛感した．前田健太郎先生は，大学院生時代から大変お世話になっている．修士課程以来論文を執筆する度，先生はご親切にご相談に乗って下さっているが，必ず「楽しく研究を進めよう，面白い研究にしよう」と励まして下さり，研究の楽しさを教えて下さった．また，中国も含めて各国の政治経済事情について先生と楽しく交わした議論も，研究の糧となった．博士論文の改訂と刊行に当たっても，先生に何度も原稿を読んでいただき，内容の細かい部分までについて貴重なアドバイスをいただいた．心より感謝を申し上げたい．

　九州大学法学部の嶋田暁文先生にも，この場を借りてお礼を申し上げたい．2005年，私は交換留学生として九州大学法学部に1年間留学したが，当時言葉も不自由だった私に，先生は日本の行政理論について優しく教えて下さった．先生のおかげで，私は学部を卒業してから改めて日本の大学院に留学する決意をすることができたのである．当時大学院生だった周晨靚氏にも，交換留学期間中の研究と生活の支援を下さったことに，感謝の気持ちをお伝えしたい．

　一方，東京大学大学院法学政治学研究科には，学識の高い先生方とともに他国から研究に熱心な大学院生が集まっており，私にとって貴重な研究環境となった．皆はそれぞれ問題関心が違うことから，お互い研究の話をするだけで知的な刺激

となり，法学政治学研究科の大学院生は研究の仲間として支え合う存在でもあった．紙幅の都合ですべての方々の名前を挙げることができないが，特にお世話になった益田直子，深谷健，荒見玲子，太田響子，森川想，林嶺那，三輪洋文，武居寛史の各氏に，感謝の意を表したい．益田氏とは大学院に入ったばかりの頃に初めて出会ったが，博士論文執筆の経験について教えていただく中で，自分もこのような研究者になりたいという気持ちを抱いたことは，今でも思い出される．深谷氏は，修士課程以来いつも研究のご相談に乗っていただき，研究熱心な姿に何度も頭が下がった．荒見氏は，大学院に入った時に出会った最初の先輩で，チューターを引き受けていただいたうえ，マンション探しから授業の履修まで，留学生活の隅々まで気にかけて下さった．長年の留学生活の間に数え切れないほど助けていただき，感謝の言葉もない．太田氏も，留学生活の最初から大変お世話になった先輩である．研究報告書から博士論文の執筆まで研究生活もずっと応援してくださった．森川氏は，演習等の議論でその洞察力の鋭さに感心した同期で，得意ではない研究分野の話に関していつも明快に教えていただき，博士論文の執筆と刊行に際しても力強く支えていただいた．林氏，三輪氏，武居氏は，博士論文の提出に当たって，非常に限られた時間の中で文法と内容の訂正に大きく力を貸して下さった．特に林氏は，論文提出の前日に一緒に徹夜するまで作業してくださった．大学院生時代の研究生活を様々な方面から優しく支えて下さった方々に，心より深く感謝を申し上げたい．

　研究生活のみならず，留学生活を支えて下さった東京大学大学院法学政治学研究科の職員の方々にも，お礼を申し上げる．中でも留学生担当の高野靖子氏には，留学生活と研究生活の両方を優しく見守っていただき，生活上の小さな喜びや悩みにもご親切に耳を傾けて下さった．永島寿江氏には，研究棟を出入りする度，いつも笑顔で声をかけていただき，緊張な研究生活の中で温もりを下さった．また，大学院の研究生活において，日本政府，東京大学，綿貫国際奨学財団から経済的な支援をいただいたおかげで，より研究に専念することができた．心より感謝を申し上げたい．

　今から振り返ると，10年間の東京生活は主に研究を中心に展開してきたが，これ以外でも温かい視線で私の不器用さを許していただき，東京での生活を応援して下さった方々に感謝の気持ちをお伝えしたい．皆様のおかげで，日本に来て

からとても充実した留学生活を送ることができ，素敵な思い出もたくさんできたのである．この10年間は，すでに私の人生にとって色褪せない部分となっていると感じる．

2015年4月から，私は政策研究大学院大学科学技術イノベーション政策研究センターに勤めることとなった．本書は，平成28年度政策研究大学院大学政策研究センター出版助成を得て刊行される．新たな研究生活を支えていただき，知的な刺激もたくさん下さったセンターの皆様，ご指導をいただいてきた先生方，出版助成の審査を引き受けて下さった学外の査読者に対して，心からお礼を申し上げたい．刊行に当たっては，東京大学出版会の斉藤美潮氏に心より感謝を申し上げたい．いつも原稿が遅れて多大なご迷惑をおかけしてきたにもかかわらず，斉藤氏は辛抱強く待っていただき，内容や形式のどんなに細かなことについても，懇切にご相談に乗って下さった．原稿の改訂に行き詰まった時も，いつも優しく励ましていただいたからこそ，私は限られる時間の中でこれまでの研究成果をこの一冊にまとめることができたのである．本当に，感謝の言葉もない．また，斉藤氏のおかげで，これまで当たり前のように読んできた「本」という存在は，多数の方々の心血を注ぐものであると改めて感じた．未熟な研究者として恐縮ではあるが，いっそう強い責任感を持って今後の研究に臨んでいきたい．

最後に，今まで大切に育ててくれ，長年の海外留学を許してくれた父と母に，心より感謝を伝えたい．10年前，養育の恩に報いることが何1つできないまま日本に旅立ったことを詫びるとともに，本書を両親に捧げる．

2017年2月

金　貝

参 考 文 献

中国語

安彬・呂慶華（2007）「薬品集中招標採購制度分析」『理論探索』1, pp. 87-89.
白常凱他（2002）「医療費用『総量控制，結構調整』政策与医院支付方式変化」『中国医院管理』22(9), pp. 18-20.
白寿彝他（2013）『中国通史　第十二巻現代後編（1919-1949）　上冊』上海人民出版社.
別紅暄（2013）『城郷公平視域下的当代中国戸籍制度研究』中国社会科学出版社.
薄家俊（1989）「価格体制改革的回顧和深化改革的若干問題」『価格理論与実践』2, pp. 13-18.
蔡仁華編（1997）『中国医療保障制度改革実用全書』中国人事出版社.
財政部教育司編（1986）『中国的財政改革』北京大学出版社.
財政部総合司他編（2004）『財政管理体制改革』中国方正出版社.
曹景椿（2001）「関於『藍印戸口』問題的思考」『人口与経済』6, pp. 15-21, 66.
曹岳興他（2009）「公立医院医療服務価格保障機制研究」『衛生経済研究』1, pp. 24-26.
岑科（2012）「価格双軌制改革始末」『伝承』1, pp. 4-6.
常峰・張子蔚（2009）「我国薬品価格管理発展進程研究」『中国薬物経済学』5, pp. 51-55.
車明鳳・韓白石（2000）「我国頒布実施『国家基本薬物目録』的概況」『中国薬事』14(1), pp. 19-21.
陳徳欽（2012）「中国城郷医療救助差異問題研究」『商』17, pp. 158-159.
陳海峰編著（1993）『中国衛生保健史』上海科学技術出版社.
陳海平・王連華（1997）「従媒種薬品進銷差談医薬市場治理」『中国薬業』3, pp. 38-39.
陳吉元他編（1993）『中国農村社会経済変遷』山西経済出版社.
陳佳貴編（2001）『中国社会保障発展報告（1997-2001）』社会科学文献出版社.
──・王延中編（2004）『中国社会保障発展報告 No.2(2001-2004)』社会科学文献出版社.
陳建国（2011）『基於成本核算的我国公立医院政府補償研究』江西人民出版社.
陳駿生（1993）『中国改革政策大典』紅旗出版社.
陳珞珈（2002）「医薬衛生体制改革対我国医院的影響与対策」『衛生経済研究』4, pp. 3-6.
陳明遠（2013）『歴史的見証──四十年票証和人民幣史』鳳凰出版社.
陳乃醒他（1994）『中国郷鎮工業発展的政策導向研究』経済管理出版社.
陳少軍・朱珍（2011）「国有経済改革与国有企業利潤分配制度的歴史嬗変」『経済研究参考』63, pp. 19-27.
陳少強（2009）「国有企業利潤分配制度変遷与完善」『中国財政』8, pp. 29-31.
陳文玲（2005）「薬品価格居高不下究竟原因何在──対薬品価格問題的調査研究与思考（上）」『価格理論与実践』1, pp. 15-17.
──他（2010）『薬品現代流通研究報告──中国薬品現代市場体系研究与設計』中国経済出版社.
陳文運他（1995）「我国薬品市場的現状与発展趨勢」『中国薬房』6(4), pp. 2-4.
陳錫文（1993）『中国農村改革──回顧与展望』天津人民出版社.

陳向軍・喩小良（2005）「医薬購銷中的回扣——現状，原因及対策」『中国衛生事業管理』5, pp. 314-315.
陳暁莉（2008）「従『斉二薬』，『欣弗』等薬害事件分析薬品生産和監督環節存在的問題」『中国薬事』22(10), pp. 871-873.
陳暁勤他（2009）「転型期公立医院推進医師多点執業的研究和探索」『中国医院管理』29(6), pp. 7-9.
陳亜光・張英英編（2005）『国有医院薪酬改革与実践』科学技術文献出版社.
陳甬軍（1999）『中国経済体制改革的選択』福建人民出版社.
陳玉兵他（2000）「対実施『医薬分開核算分別管理』制度幾個問題的思考」『中国医院管理』20(10), pp. 46-47.
成思危編（2000）『中国事業単位改革——模式選択与分類引導』民主与建設出版社.
城鎮医薬衛生体制改革専輯／法規編輯組編（2000）『城鎮医薬衛生体制改革専輯』（労働和社会保障政策法規）中国労働社会保障出版社.
成致平（1991）『発展中的価格新体制——八十年代価格改革歴程与九十年代展望』中国物価出版社.
──（2006）『価格改革三十年——1977-2006』中国市場出版社.
仇雨臨・翟紹果（2012）『城郷医療保障制度統籌発展研究』中国経済出版社.
褚金花・于保栄（2010）「我国医療服務価格管理体制研究綜述」『中国衛生経済』29(4), pp. 64-66.
儲振華（1986）「蘇聯的医療制度簡介」『中国衛生経済』5, pp. 62-63, 61.
鄧立東他（2005）「如何看待医院薬品価格与市場零售価格的差異」『中国薬房』16(2), pp. 84-86.
鄧暁燕（2009）「30 年価格体制改革由収到放的曲折歴程」『商場現代化』14, pp. 380-381.
鄧勇他（2015）「薬価改革現状及完善対策」『中国医薬科学』5(24), pp. 226-229.
丁純（2009）『世界主要医療保障制度模式績効比較』（第 2 版）復旦大学出版社.
丁建定他（2013）『中国社会保障制度体系完善研究』人民出版社.
丁暁波編（2005）『農村衛生改革与新型農村合作医療工作手冊（上冊）』中国財政経済出版社.
董虹・王珏（2007）「我国医療衛生体制改革歴程及動力機制」『商業時代』9, pp. 61-62.
董青青他（2013）『農村社会保障——制度解読与操作』中国財政経済出版社.
董志凱編（1996）『1949-1952 年中国経済分析』中国社会科学出版社.
杜楽勲他（2008）『医療衛生発展報告 No.4』社会科学文献出版社.
──・鄭先栄（1995）「我国医療収費価格政策的演変与発展趨勢」『中国衛生経済』14(3), pp. 5-6.
段磊・劉金笛編著（2014）『事業単位組織人事改革実務』中国発展出版社.
範偉・李丹（2005）「我国薬品価格上昇動力及路径分析」『価格理論与実践』7, pp. 16-17.
範暁春（2009）「新中国成立初期設立大行政区的歴史原因」『当代中国史研究』16(4), pp. 4-9.
方鵬騫他編（2016）『中国医療衛生事業発展報告 2015——中国公立医院改革与発展専題』人民出版社.
馮学山他（1994）「中国農村医療保健制度的実践与展望」『衛生経済研究』5, pp. 9-15.
高帆（2012）『中国城郷二元経済結構転化——理論闡釈与実証分析』上海三聯書店.
高紅梅（2012）「公立医院薬品価格機制的制度系統重構——法律制度的基礎性配置」『華東経済

管理』26(2), pp. 135-138.
――（2015）『公立医院薬品価格法律制度――以国家干預為視角』社会科学文献出版社.
高孝恵・高寧（1995）「関於薬品購銷中回扣問題的思考与対策」『長春大学学報』4, pp. 42-44.
戈文魯（2010）「関於薬事服務費的一種新解読」『衛生経済研究』6, pp. 5-6.
葛延風他（2005）「対中国医療衛生体制改革的評価与建議」『中国発展評論』A01, pp. 1-14.
――・貢森（2007）『中国医改――問題・根源・出路』中国発展出版社.
貢森他編（2016）『中国公立医院医生薪酬制度改革研究』社会科学文献出版社.
顧光青他（1999）『国有企業改革』（上海経済発展叢書）上海社会科学院出版社.
顧海・李佳佳（2013）『中国城鎮化進程中統籌城郷医療保障制度研究――模式選択与効応評估』中国労働社会保障出版社.
顧傑編（1999）『地方政府機構改革研究』湖北人民出版社.
――（2009）『当代中国行政体制改革研究』湖北人民出版社.
顧濤他（1998）「農村医療保険制度相関問題分析及政策建議」『中国衛生経済』17(4), pp. 42-43.
顧昕他（2006）『診断与処方――直面中国医療体制改革』社会科学文献出版社.
――（2008）『走向全民医保――中国新医改的戦略与戦術』中国労働社会保障出版社.
――（2009）「当代中国農村医療体制的変革与発展趨向」『河北学刊』29(3), pp. 1-6.
――（2010）『全民医保的新探索』社会科学文献出版社.
――（2013）『新医改的公益性路径』雲南教育出版社.
関盛宏（1990）「関於生産資料価格双軌制問題的研究」『中国物価』10, pp. 39-42.
郭春麗（2013）「中国薬品生産流通――体制現状，存在的問題及政策取向」『経済学家』9, pp. 24-33.
――（2013）「我国薬品生産流通的体制現状及存在的問題」『中国経貿導刊』30, pp. 53-56.
郭代模・楊舜娥（2008）「中国財政体制改革30年的進程，経験与展望」『経済研究参考』50, pp. 2-12.
国家経済体制改革委員会編（1988）『中国経済体制改革十年』経済管理出版社，改革出版社.
国家経貿委企業改革司編（2000）『国有企業改革与建立現代企業制度』法律出版社.
国家統計局農業統計司編（1984）『我国農民生活的巨大変化』中国統計出版社.
郭夢他（2015）「中国人口老齢化与疾病的経済負担」『医学与哲学』36(4A), pp. 32-34.
郭書田・劉勇彬（1990）『失衡的中国――農村城市化的過去，現在与未来』（中国工業化，城市化与農業現代化研究系列叢書）河北人民出版社.
郭思敏・李潤漢（2009）「医療服務価格政策対医院収入結構的影響」『現代医院』9(2), pp. 119-120.
国務院発展研究中心農村経済研究部（2014）『従城郷二元到城郷一体――我国城郷二元体制的突出矛盾与未来走向』中国発展出版社.
郭祥林・陳双双（2007）「崗位績効工資制度改革的思考」『江海縦横』6, pp. 28-29.
国有企業改革重要法規匯編編輯組編（1999）『国有企業改革重要法規匯編』中央文献出版社.
韓大元編（2000）『新中国憲法発展史』河北人民出版社.
韓継志編（1999）『政府機構改革』中国人民大学出版社.
韓良城編著（1999）『城鎮職工基本医療保険制度改革実務』中国人事出版社.
韓玉臣・孫黎明（1997）「什麼是『再就業服務中心』？」『共産党員』9, pp. 30-31.

郝模他（2002）「上海市医療費用『総量控制，結構調整』政策評価及思考課題概述」『中国医院管理』22(9), pp. 1–5.
──編（2009）『医薬衛生改革相関政策問題研究』（国家自然科学基金応急項目系列叢書）科学出版社.
郝書辰他（2007）『新一輪税制改革対地方財政的影響研究──基於山東省的分析』経済科学出版社.
郝雨（1999）「労働保険条例制定修改二三事」『中国社会保障』10, pp. 21–22.
賀蓮（2007）「斉二薬事件隠含的信息不対象現象分析」『医学信息学雑誌』4, pp. 323–325.
何平編著（1997）『国有企業改革中的社会保険』経済科学出版社.
何平立・袁維国編（1995）『現代人事行政学』同済大学出版社.
何振一（2013）『中国財政制度改革研究』中国社会科学出版社.
──・閻坤編（2000）『中国財政支出結構改革』社会科学文献出版社.
何忠洲（2007）「城鎮化──中国特色城市化的曲折歴史和探路難題」『中国新聞週刊』43, pp. 26–29.
何子英他（2014）『公立医院改制──理論与政策』浙江大学出版社.
侯建林（2016）『公立医院薪酬制度的国際比較』北京大学医学出版社.
──・王延中（2012）「公立医院薪酬制度的国際経験及其啓示」『国外社会科学』1, pp. 69–77.
胡瑾（2005）「我国城市居民最低生活保障制度評析」『当代世界社会主義問題』4, pp. 8–12.
胡書東（2001）『経済発展中的中央与地方関係──中国財政制度変遷研究』（当代経済学文庫）上海三聯書店，上海人民出版社.
黄丞・張録法（2009）『医療服務供求矛盾──透視与破解』上海三聯書店.
──（2010）『困局与突囲──我国医療服務提供体系的問題与対策』上海交通大学出版社.
黄二丹・李衛平（2010）「『管弁分開』以強化政府職能──析無錫市公立医院治理改革」『衛生経済研究』7, pp. 8–11.
黄克瀛（2006）「経済転軌与中国医療衛生体制改革」『当代経済研究』7, pp. 52–54.
黄年山（1988）「生産資料価格双軌制研究」『遼寧大学学報（哲学社会科学版）』6, pp. 32–34, 37.
黄樹則・林士笑編（1986）『当代中国的衛生事業（上・下）』中国社会科学出版社.
黄錫生・劉丹（2007）『我国事業単位人事法律制度研究』中国検察出版社.
黄燕芬（2005）「我国医療服務価格問題研究」『価格理論与実践』5, pp. 19–20.
IUD中国政務景気監測中心（2008）「新農合参合率已達91.05%　北京籌資水平最高」『領導決策信息』29, pp. 28–29.
吉潔（2008）『中国県郷財政体制改革研究』中国農業出版社.
賈洪波（2013）『中国基本医療保険制度改革関鍵問題研究』北京大学出版社.
加瑞他（2013）「公立医院薪酬制度存在的問題及対策研究」『東方企業文化・人力管理』9, pp. 63–64.
賈暁莉他（2014）「2003年–2012年全国医院場所暴力傷医情況調査研究」『中国医院』18(3), pp. 1–3.
金春林・田文華編（2013）『1999-2009年上海市二，三級公立医院経済運行状況分析』上海科学技術出版社.
金晶（2011）『中国農村医療保険制度研究──基於構建農村社会医療保険取向』浙江工商大学出

版社.
金志峰(2015)『事業単位職員制研究』人民日報出版社.
蒋建華・楊廷紡(2011)「我国薬品差比価規則効果的実証研究」『価格月刊』4, pp. 26-29.
矯秀環(2013)「浅談薬品集中招標採購中存在的問題及対策」『中国薬物経済学』1, pp. 24-26.
軍人社会保障専輯／法規編輯組編(2001)『軍人社会保障専輯』(労働和社会保障政策法規)中国労働社会保障出版社.
康静萍(2013)「中国特色的労働力商品化研究」『学習与探索』9, pp. 113-118.
匡莉(2011)『公立医院規模持続拡張機制和調控策略——理論模型与実証研究』中山大学出版社.
蘭迎春他(1996)「市場経済条件下的薬品価格管理」『中華医院管理雑誌』12(6), pp. 374-375.
──・陳麗(2000)「浅談医薬分開核算, 分別管理」『衛生経済研究』3, pp. 25-26.
労働和社会保障部書刊発行中心編(2004)『新編機関事業単位工資福利実用手冊』中国人事出版社.
李冰(2013)『二元経済結構理論与中国城郷一体化発展研究』中国経済出版社.
李丹(2010)「新型農村合作医療制度運行現状及建議」『合作経済与科技』2, pp. 106-107.
李鳳瑞・万国慶(1993)「対生産資料価格双軌制的回顧与思考」『河北師範大学学報』2, pp. 43-45.
李格(2005)「建国初期究竟有幾個大行政区」『当代中国史研究』4, p.63.
李和森(2005)『中国農村医療保障制度研究』経済科学出版社.
李鴻敏(2012)『新型農村合作医療改革与発展研究——基於統籌城郷視角』中国社会科学出版社.
李華(2007)『中国農村合作医療制度研究』経済科学出版社.
──(2011)「新型農村合作医療制度的効果分析——基於全国30省1451行政村14510戸的実地調査」『政治学研究』2, pp. 99-108.
李均(1998)「中国高等専科教育発展史略」『汕頭大学学報(人文科学版)』14(2), pp. 51-58.
李克芳(2010)「我国薬品営銷渠道的演変及其発展趨勢」『全国商情・理論研究』8, pp. 24-25.
李麗(2008)『我国医療服務価格規制的理論与実証分析』経済科学出版社.
李力(2013)「取消薬品加成後対公立医院的影響及対策」『現代経済信息』18, p. 164, 179.
李立清(2009)『新型農村合作医療制度』人民出版社.
李玲(2010)『健康強国──李玲話医改』北京大学出版社.
──(2012)「新医改的進展評述」『中国衛生経済』31(1), pp. 5-9.
──他(2012)『中国公立医院改革──問題, 対策和出路』社会科学文献出版社.
李敏(2006)「現行医療服務価格政策所存在的問題及対策」『中国衛生事業管理』5, pp. 268-269.
李念其(1989)「価格双軌制的歴史功過及其演変方向」『広西大学学報(哲学社会科学版)』2, pp. 74-79.
李勝群・何新国(1992)「新形勢下物価部門職能転変的探討」『中国物価』12, pp. 24-25, 40.
李実・Knight, J. (1996)「中国財政承包体制的激励和再分配効応」『経済研究』5, pp. 29-37.
李緯・李博(2009)「我国医薬医療費用治理問題研究——基於利益集団理論的分析」『生産力研究』5, pp. 94-96.
李衛平(2004)「我国公立医院体制改革政策分析」『中国衛生経済』23(1), pp. 8-12.
──・黄二丹(2010)「以『管弁分開』理順公立医院治理結構──上海申康医院発展中心公立医院治理改革剖析」『衛生経済研究』7, pp. 5-7.

李唯一（1991）『中国工資制度』中国労働出版社.
李憲法（2005）『政策与模式——薬品集中招標採購政策述評』中国経済出版社.
——（2008）「『看病難，看病貴』与薬品集中招標採購的関係」『科学決策月刊』1, pp. 35-37.
李玉栄（2010）「改革開放以来我国医療衛生体制改革的回顧与反思」『中国行政管理』12, pp. 41-45.
李雲晋（1983）「試論社会主義的計画価格」『経済問題』4, pp. 10-14.
李志勇（2015）『二元税制，城郷居民収入差距与財政再分配改革』南開大学出版社.
梁鴻（1999）「試論中国農村社会保障及其特殊性」『復旦学報（社会科学版）』5, pp. 26-34.
梁淑萍（2007）「浅談事業単位工資制度改革与工資管理」『科技情報開発与経済』17(23), pp. 271-272.
梁中堂（2006）「宏観視野下的我国医療衛生体制改革」『経済問題』3, pp. 12-17.
廖成梅（2007）「蘇聯社会保障管理制度回顧」『中国社会導刊』21, pp. 46-49.
——（2008）「浅析蘇聯社会保障制度」『社会主義研究』2, pp. 43-50.
廖季立（1982）「談談計画経済和市場」『財貿経済』8, pp. 17-19.
廖新波（2013）「多点執業的打破与重建」『中国衛生人材』12, pp. 27-28.
林錦照（2012）「浅論中国医療衛生体制改革」『企業導報』1, pp. 20-21.
林裕宏（2013）「改革開放前国有企業利潤分配制度的演進」『産権導刊』7, pp. 37-40.
劉飛躍（2014）『公立医院適宜規模及財政保障机制研究』中央編訳出版社.
劉福祥（2011）「公立医院採購機制的現状分析与改革建議」『会計之友』18, pp. 51-52.
劉国光編（1988）『中国経済体制改革的模式研究』中国社会科学出版社.
劉国祥他（2011）「中国衛生総費用分配流向測算報告」『中国衛生経済』20(2), pp. 29-33.
劉宏（2011）「多点執業中的机遇」『中国衛生人材』1, p.45.
劉華（2006）「対薬品価格虚高問題的分析和思考」『中国衛生資源』9(4), pp. 151-152.
劉積斌編（2008）『我国財政体制改革研究』中国民主法制出版社.
劉紀栄・王先明（2005）「二十世紀前期農村合作医療制度的歴史変遷」『浙江社会科学』2, pp. 155-159.
劉金偉（2009）『当代中国農村衛生公平問題研究』社会科学文献出版社.
劉俊（1995）「医療費用『総量控制　結構調整』政策実施的効果和社会影響」『中華医院管理雑誌』11(9), pp. 516-521.
劉麗杭（1999）「中国医療保障制度発展的歴史回顧」『湖南大学学報社会科学学版』1, pp. 57-61.
劉明慧（2008）『城郷二元結構的財政視角研究』中国財政経済出版社.
劉栄倫・顧玉潜編著（2007）『中国衛生行政史略』広東科技出版社.
劉尚希・邢麗（2008）「中国財政改革 30 年——歴史与邏輯的勾画」『中央財経大学学報』3, pp. 1-9.
劉偉（1998）「20 年国有企業改革的進展与基本経験」『求是』19, pp. 32-36.
劉瑕他（2008）「財政対公立医院補助政策的演変及評価」『衛生経済研究』12, pp. 8-9.
劉孝広（1991）「生産資料価格双軌制問題的若干思考」『学術界』6, pp. 73-79.
劉暁慧（2010）「医院掛号費的『前世今生』」『首都医薬』3, pp. 45-47.
劉殷鑑（1997）「医院掛号費史話」『北京物価』5, pp. 41-42.
劉卓珺（2009）「中国財政分権改革的路径依頼与体制創新」『経済体制改革』5, pp. 103-107.
劉佐（2004）「国営企業『利改税』及其歴史意義」『税務研究』10, pp. 27-33.

劉佐仁・何観炎（2006）「薬品降価効果分析研究」『薬事組織』15(13), pp. 51-52.
楼継偉編（2000）『新中国 50 年財政統計』経済科学出版社.
廬伝堅・謝秀麗（2007）「我国医療改革的現状分析」『医学与哲学』28(2), pp. 12-14.
陸学芸・顧秀林編（2008）『中国事業単位人事制度改革研究』社会科学文献出版社.
陸益龍（2004）『超越戸口——解読中国戸籍制度』中国社会科学出版社.
羅昌平・張映光（2007）「鄭筱萸罪与罰」『財経』8, pp. 60-68.
羅力（2010）『中国公立医院改革——関注運行機制和制度環境』復旦大学出版社.
──他（2009）「中国農村合作医療制度 50 年歴史回顧和思考」『中国衛生資源』12(5), pp. 207-210.
羅立東（2000）「医院実行医薬分開核算，分別管理利弊談」『中国衛生経済』19(7), p.53.
羅平漢（2016）『農村人民公社史』人民出版社.
呂国営（2009）「中国公立医院改革的邏輯」『湖北社会科学』7, pp. 56-59.
馬安寧他（2012）「公立医院管理体制改革現状与展望」『衛生経済研究』5, pp. 72-75.
馬福雲（2013）『戸籍制度研究——権益化及其変革』中国社会出版社.
馬国校（2005）「我国機関事業単位工資制度改革探討」『管理世界』4, pp. 143-144.
馬勁・閻立新（1996）「試析薬品購銷中給予，収受回扣的成因背景与対策」『中国薬房』7(5), pp. 226-227.
馬静（2009）『財政分権与中国財政体制改革』上海三聯書店.
馬克思（マルクス）（1975）『資本論——政治経済学批判』（第 3 巻　資本生産的総過程）（郭大力訳）人民出版社.
馬暁河編（2002）『我国農村税費改革研究』中国計画出版社.
馬泳（2012）「公立医院『薬事服務費』背後的利益博弈与調適」『医学与哲学』33(9A), pp. 60-63.
梅錦萍（2011）「公共服務的市場化：本土経験及其理論解析——以江蘇省宿遷市医療改革為例」『河海大学学報（哲学社会科学版）』13(1), pp. 24-27.
孟凡蓉（2013）『公共部門績効工資——理論与実践』知識産権出版社.
孟鋭（2005）「我国製薬企業薬品専利相関問題初探」『中国薬房』16(19), pp. 1449-1451.
苗採烈・李野（2003）「中国医薬流通模式探析」『慢性病学雑誌』10, pp. 28-31.
民革北京市委（2006）「改革薬品流通体制降低虚高薬価」『北京観察』1, pp. 28-30.
明乎勇・蘇維（2011）「公立医院管理体制改革探析」『中国医院管理』31(2), pp. 1-3.
聶妍他（2009）「我国新型農村合作医療制度的発展現状」『中国社会医学雑誌』26(5), pp. 263-264.
牛平江他（2008）『医院績効与薪酬管理実務』広東人民出版社.
農業部経済政策研究中心　農村工業化城市化課題組（1988a）「加快実現中国農村工業化，城市化与農業現代化的若干建議」『農業経済問題』9, pp. 15-17, 46.
──（1988b）「二元社会結構——城郷関係：工業化，城市化」『経済研究参考資料』9, pp. 17-19.
欧陽婉毅（2008）「南京，無錫，宿遷医改模式比較」『当代経済』20, pp. 108-110.
潘華実（1999）「財政『分灶吃飯』体制与分税制比較研究」『学術評論』7, pp. 23-25.
彭露他（2010）「基本薬物制度対基層医療衛生機構的影響」『中国薬房』21(32), pp. 2996-2999.
浦善新（2006）『中国行政区劃改革研究』商務印書館.

浦興祖編（2005）『当代中国政治制度』復旦大学出版社.
斉蘭（1993）『我国現階段基本工資問題研究』中国財政経済出版社.
斉謀甲他編（1988）『当代中国的医薬事業』中国社会科学出版社.
戚瑋（2011）「探尋我国薬品価格改革之路」『科技信息』20, pp. 88-89.
喬益潔（2004）「中国農村合作医療制度的歴史変遷」『青海社会科学』3, pp. 65-67.
邱家学・孟光興（2004）「関於薬品的単独定価」『中国薬業』13(12), pp. 2-3.
汝信他編（2006）『2007 年中国社会形勢分析与予測』社会科学文献出版社.
邵寧他編（2014）『国有企業改革実録（1998-2008）』経済科学出版社.
邵衛東・牛思聡（2005）「医改大事記」『当代医学』12, pp. 38-53.
邵学峰・張在茂（2013）『中国経済発展中的財政分権体制改革研究』社会科学文献出版社.
佘瑞芳他（2016）「分級診療下基層医療衛生機構的発展現状及建議」『中国全科医学』19(28), pp. 3413-3416.
石光・貢森（2005）「改革開放以来中国衛生投入及其績効分析」『中国発展評論』A01, pp. 29-46.
史鴻濤（1999）「価格改革話滄桑」『改革与開放』9, pp. 16-17.
石宏偉（2008）『中国城郷二元化社会保障制度的改革和創新』中国社会科学出版社.
施勇傑（2005）「医薬価格現状，根源及対策」『宏観経済管理』8, pp. 34-36.
舒龍・凌步機（1999）『中華蘇維埃共和国史』江蘇人民出版社.
宋士雲他（2011）『新中国社会保障制度結構与変遷』中国社会科学出版社.
宋暁梧（2001）『中国社会保障体制改革与発展報告』中国人民大学出版社.
宋則（1986）「価格双軌制及其発展趨勢」『財貿経済』8, pp. 33-36, 32.
蘇東・万其剛（2007）「新中国農業税制的歴史沿革」『当代中国史研究』14(1), pp. 82-89.
蘇剣一（2016）「打破多点執業的『玻璃門』」『中国衛生人材』7, pp. 8-9.
孫昌友他（2001）「利用新的薬品加成率計算公式控制薬房的薬品管理」『武警医学』12(2), pp. 101-102.
孫国秀（1993）「浅談医院分級管理与改革」『中国衛生事業管理』4, pp. 210-212.
孫祁祥他（2010）『商業健康保険与中国医改——理論探討国際借鑑与戦略構想』（北大賽瑟－英傑華保険研究系列叢書）経済科学出版社.
孫淑雲・柴志凱編著（2009）『新型農村合作医療制度的規範化与立法研究』法律出版社.
孫媛（2006）「医療服務価格管理現状，問題和対策」『価格理論与実践』12, pp. 35-36.
孫中親（2009）『従計画到市場——中国経済転型探析』中国社会出版社.
鎖凌燕（2010）『転型期中国医療保険体系中的政府与市場——基於城鎮経験的分析框架』北京大学出版社.
譚兵（2009）『香港，澳門，内地社会援助比較研究』北京大学出版社.
唐伶（2010）「国有企業工資制度改革的回顧与思考」『特区経済』6, pp. 116-118.
唐維新・易利華編（2005）『現代医院績効与薪酬管理』人民衛生出版社.
陶省隅（1956）「関於国営企業提取企業奨励基金問題的研究」『中国財政』3, pp. 9-12.
滕暁麗編著（2010）『事業単位績効考核与績効工資設計全案』中国労働社会保障出版社.
田立啓他（2011）「現行薬品加成政策対医薬費用的影響研究」『経済師』12, pp. 32-33.
田一農他（1986）『論中国財政管理体制的改革』経済科学出版社.
童年成他編（1999）『国有企業改革』中国人民大学出版社.

童偉（2014）『中国基層財政改革与制度建設』経済科学出版社.
童星・劉松濤（2000）「我国城市最低生活保障制度中的問題与対策」『学海』4, pp. 86-90.
王春鳳（1998）「薬品価格回扣的現状及対策」『北京物価』8, p.30.
王東進（1999）「関於建立有中国特色的医療保険制度的若干思考」『馬克思主義与現実』2, pp. 4-8.
── (2002)『跨世紀工程──中国医療保障制度改革探索』中国言実出版社.
── (2008)「医保試点　開局良好──関於城鎮居民基本医療保険試点評估情況的報告（節選）」『中国労働保障』4, p.11.
王峰（2013）『戸籍制度的発展与改革』中国政法大学出版社.
王国軍（2005）『社会保障：従二元到三維──中国城郷社会保障制度的比較与統籌』対外経済貿易大学出版社.
汪海波（2005）「中国国有企業改革的実践進程（1979-2003年)」『当代中国史研究』12(6), pp. 106-107.
王海光（2003）「当代中国戸籍制度形成与沿革的宏観分析」『中共党史研究』4, pp. 22-29.
汪宏・彭瑞聡（1997）「薬品政策改革与衛生費用控制」『中華医院管理雑誌』3(2), pp. 75-78.
王紅漫（2004）『大国衛生之難──中国農村医療衛生現状与制度改革探討』北京大学出版社.
──他（2002）「中国農村衛生保障制度政策研究（一）──合作医療成敗原因分析」『中国衛生経済』21(9): pp. 26-27.
王虎峰（2008a）『解読中国医改』中国労働社会保障出版社.
── (2008b)「我国医療衛生体制改革30年」鄒東濤・欧陽日輝編『中国経済発展和体制報告──改革開放30年（1978-2008）』社会科学文献出版社.
── (2009)『中国新医改──理念和政策』中国財政経済出版社.
──編（2011）『医療保障』（21世紀労働与社会保障系列教材）中国人民大学出版社.
王檜林（2016）『中国現代史』北京師範大学出版社.
王継紅（2010）「医改方案視野下的医師多点執業研究」『中国医学倫理学』23(1), pp. 112-113, 134.
王金承他（1995）「『総量控制　結構調整』政策存在的問題及対策」『中華医院管理雑誌』11(9), pp. 550-553.
王俊他（1998）「薬品価格居高不下的原因及後果分析」『中国衛生経済』17(5), pp. 52-53.
王麗華（2008）「浅談薬品費用虚高的成因及対策」『黒龍江医薬』21(5), pp. 80-81.
王列軍（2005）「対中国農村医療保障制度建設的反思和建議」『中国発展評論』A01, pp. 78-98.
王陸軍・葛峰（2013）「『薬費高導致看病貴』現象的成因与対策探討」『中国医院管理』33(3), pp. 28-29.
王明暁（2009）「医院管理三十年改革回顧与思考」『中華医院管理雑誌』25(7), pp. 450-452.
王娜・夏傑長（2006）「政府行為下的医療服務価格分析」『価格理論与実践』10, pp. 33-34.
汪寧（1989）「蘇聯社会保障基金的来源及其使用方法」『外国経済与管理』10, pp. 22-24.
王寧（2004）『地方財政改革研究』西南財政大学出版社.
王強（2003）「公立医院産権改革進入深水区」『商務週刊』24, pp. 44-49.
王清（2012）『利益分化与制度変遷──当代中国戸籍制度改革研究』北京大学出版社.
王青宇・邱家学（2006）「我国薬品価格改革探析」『中国薬房』17(22), pp. 1684-1687.
王瓊・蒲川（2009）「医生多点執業的探索」『医学与哲学（人文社会医学版）』30(8), pp. 40-42.

王紹光（2003）「中国公共衛生的危機与転機」『経済管理文摘』19, pp. 38-42.
——（2008）「学習机制与適応能力——中国農村合作医療体制変遷的啓示」『中国社会科学』6, pp. 111-133.
王勝（2012）「1949-1978 年農村医療衛生制度的歴史考察——以冀中深澤県為中心」『首都師範大学学報（社会科学版）』4, pp. 21-28.
王頌吉（2016）『中国城郷双重二元結構研究』人民出版社.
王威海（2006）『中国戸籍制度——歴史与政治的分析』上海文化出版社.
王小麗（2010）「我国公立医院産権改革探析」『医学与哲学』31(3), pp. 34-35, 51.
王暁玲（2012）「中国医療市場政府管制的歴史演進及制度反思」『中国経済史研究』3, pp. 113-119.
王学慶・楊娟（2008）「三十年価格体制改革的歴程, 成就与経験」『中国物価』9, pp. 63-67.
王延中他（1999）「医療保険制度改革中的『両江』模式」『中国工業経済』7, pp. 43-48.
汪洋編（2002）『価格改革二十年——回顧与前瞻』中国計画出版社.
王耀忠（2010）『薬品価格管制的経済分析——中国医薬市場的成長之謎』立信会計出版社.
王永治・張光遠（1990）「価格双軌制研究」『改革』4, pp. 59-65.
汪玉凱他（2008）『中国行政体制改革 30 年回顧与展望』人民出版社.
王玉梅（2009）「由薬価虚高引発的思考」『医薬導報』28(6), pp. 823-824.
王振平他（2007）「我国城鎮居民基本医療保険制度初探」『中国衛生事業管理』10, pp. 677-678.
魏礼群編（2012）『中国行政体制改革的回顧与前瞻』国家行政学院出版社.
衛興華・魏傑編（1994）『中国社会保障制度研究』中国人民大学出版社.
魏振香（2009）「我国糧食価格政策演変歴程及其啓示——新中国糧食価格政策六十年実録」『価格理論与実践』9, pp. 11-12.
文炳勳（2009）「新中国成立以来財政予算体制的歴史演進」『中共党史研究』8, pp. 21-28.
温桂芳（2008）「価格改革 30 年——回顧与思考」『財貿経済』11, pp. 91-101.
温鉄軍・温厲（2007）「中国的『城鎮化』与発展中国家城市化的教訓」『中国軟科学』7, pp. 23-29.
武国友（2001）『共和国年輪（1992）』河北人民出版社.
呉建平・秦燕（2013）「実施基本薬物制度前後患者転診状況分析」『上海医薬』34(4), pp. 24-26.
呉敬璉（1997）『構築市場経済的基礎結構』中国経済出版社.
——（2004）『当代中国経済改革』上海遠東出版社.
——（2007）『現代中国の経済改革』（日野正子訳）NTT 出版.
伍世安・李国志（2005）「中国農村合作医療制度——歴史, 問題与改進」『江西財経大学学報』40(4), pp. 18-22.
夏耕（2005）『中国城郷二元経済結構転換研究——要素流動, 制度変遷, 市場机制与政府作用』北京大学出版社.
夏杏珍（2003）「農村合作医療制度的歴史考察」『当代中国史研究』10(5), pp. 110-118.
項懐誠（1999）『中国財政 50 年』中国財政経済出版社.
——（2009）「中国財政体制改革六十年」『中国財政』19, pp. 20-23.
肖華孝他編著（2013）『変革中的行政体制改革研究』中国発展出版社.
肖雲編著（1998）『中国糧食生産与流通体制改革』経済科学出版社.

肖雲昌（2001）「医薬分開核算，分別管理応注意的三個問題」『衛生経済研究』1, pp. 19-20.
—— (2012)「公立医院編制亟需重新核定」『衛生経済研究』11, pp. 7-9.
新時期中国財政政策与体制改革編委会編（2006）『新時期中国財政政策与体制改革』経済日報出版社.
幸元源（2009）「改革開放以来我国郷鎮企業的発展歴程和展望」『改革与開放』22, p.99.
熊先軍他（2011）「医保城郷統籌的路径走勢——統籌城郷基本医療保険制度与管理系列之一」『中国社会保障』6, pp. 73-75.
—— (2014)「全民免費医療没有憲法依拠」『中国社会保障』4, p.84.
徐彪・顧海（2012）「『公立医院収入結構調整』能緩解看病貴嗎？——基於予算平衡下的医療費用控制」『経済与管理研究』9, pp. 41-47.
許超（2012）『新中国行政体制沿革』世界知識出版社.
徐道穏（2004）「中国医療保障制度歴史考察与再造」『求索』5, pp. 113-115.
徐敢（2016）『公立医院補償机制——系統建模与倣真研究』中国医薬科学出版社.
徐剛（2016）『我国政府機構人員編制改革的現実審思与策略取向』科学出版社.
徐江琴（2008）「1980年——『分灶吃飯』拉開財政体制改革序幕」『財政監督』1, pp. 30-32.
徐傑（1997）「対我国衛生経済政策的歴史回顧和思考（上）」『中国衛生経済』16(10), pp. 7-8.
—— (1997)「対我国衛生経済政策的歴史回顧和思考（下）」『中国衛生経済』16(11), pp. 7-9.
徐勝景他（2011）「浅析我国工資制度改革的回顧与展望」『企業導報』21, pp. 16-17.
許秀菊（2009）「公立病院補償機制演変的研究」『中国病院』13(6), pp. 27-31.
徐戦英・孫利華（2011）「基層医療衛生機構実施国家基本薬物制度存在的主要問題及対策」『中国薬房』22(16), pp. 1521-1523.
薛義他編著（2006）『我国衛生体制与医療保障概述』中国社会出版社.
閻坤他（2016）『中国的市場化改革与公共財政職能転換』社会科学文献出版社.
厳良軍（2006）「城鎮居民医療保険的行与思」『中国社会保障』9, pp. 43-44.
厳忠勤・龐自編著（1987）『当代中国的職工工資福利和社会保険』中国社会科学出版社.
楊衡超・伍建平（2010）「我国財政体制改革研究進展述評」『財政監督』1, pp. 70-71.
楊継縄（1998）『鄧小平時代——中国改革開放二十年紀実』中央編訳出版社.
楊奎松（2008）「従供給制到職務等級工資制——新中国建立前後党政人員収入分配制度的演変」『歴史研究』4, pp. 111-137.
楊莉他（2008）「我国薬品行政保護研究」『中国薬房』19(19), pp. 1446-1448.
楊遼（2010）「我国価格体制改革的歴史進程」『経営管理者』20, p.63.
楊善発（2012）『中国農村合作医療制度変遷研究』南京大学出版社.
楊聖明（1991）「価格双軌制的歴史地位与命運」『経済研究』4, pp. 36-42.
—— (2013)『中国価格改革研究』中国社会科学出版社.
——・李軍（1993）『価格双軌制的歴史命運』中国社会科学出版社.
楊団（2007）「関於我国医療衛生体制改革的綜述」『中国経貿導刊』1, p.27-28.
楊志勇・楊之剛（2008）『中国財政制度改革30年』格致出版社，上海人民出版社.
姚嵐・陳麗（2008）「中国城郷医療救助面臨的問題及対策」『中国衛生政策研究』1(1), pp. 35-38.
姚力（2012）『当代中国医療保障制度史論』（中国社会科学博士論文文庫）中国社会科学出版社.
姚琦（2013）『中西行政文化比較研究』光明日報出版社.

姚慶艶（1994）「従毛沢東的『下放権力』到鄧小平的『放水養魚』——我国国有企業改革的歴史変遷和突破」『思想戦線』2, pp. 13-15, 5.
姚中傑他（2011）「我国看病難，看病貴的形成機理解析」『山東社会科学』9, pp. 134-137.
葉元平（1992）「浅談薬品監督中的地方保護主義」『中国薬事』6(8), p.169.
葉振鵬・梁尚敏編（1999）『中国財政改革二十年回顧』中国財政経済出版社.
医療保険専輯／法規編輯組編（2000）『医療保険専輯』（労働和社会保障政策法規）中国労働社会保障出版社.
尹徳挺（2016）「公立医院改革視野下医師多点執業的幾個関鍵問題」『人口与計画生育』5, pp. 27-28.
殷明（1999）「薬費貴的源頭分析和改革対策」『中国衛生経済』10(18), pp. 17-19.
于保栄編著（2009）『医改之路——国際経験与支付方式』山東大学出版社.
——他（2012）『医療服務成本及価格体系研究』山東大学出版社.
俞炳匡（2008）『医療改革的経済学』（趙銀華訳）中信出版社.
于徳志（2005）「医院門診薬房与零售薬店薬品品種及価格的比較」『中華医院管理雑誌』21(12), pp. 845-848.
于吉（2008）「国有企業改革回顧与展望」『企業管理』9, pp. 8-17.
于立（1992）「談縦向価格双軌制」『中国物価』8, p.45.
于培明（2010）「医療機構従零售薬店購進薬品所渉及的法律問題」『中国薬物経済学』5, pp. 92-95.
——他（2005）「薬価虚高与薬品価格双軌制」『中国薬事』19(6), pp. 338-339.
——他（2010）「我国薬品集中招標採購存在的制度欠陥」『中国薬物経済学』4, pp. 51-56.
于洋（2003）「中国経済体制改革的回顧与評述」『財政研究』10, pp. 22-25.
袁克倹（2005）「取消加価只是治標」『当代医学』7, p. 88, 90.
袁忠秀（1988）「為什麼価格双軌制現在還不能硬性取消？」『前線』12, p.35.
詹国彬（2014）『公立医院民営化改革——模式，成効与風険』法律出版社.
詹明月（2000）『国有企業改革中的社会保障制度建構』中国書籍出版社.
張愛萍（1994）「我国薬品市場的問題所在」『中国薬事』8(4), pp. 200-201.
張宝紅（2011）「談工資制度改革与医院薪酬管理」『中国医院管理』31(4), pp. 36-37.
章浜雲他（2002）「医療費用『総量控制，結構調整』政策的国内研究進展」『中国医院管理』22(9), pp. 5-8.
張彩琴（1995）「医療収費実行『総量控制，結構調整』分析」『衛生経済研究』8, pp. 33-34.
張翠（2006）「従斉二薬到欣弗，有多少悲劇還会再来？」『当代医学』9, p.62.
張徳書・戈文魯（2011）「我国薬品生産流通市場現況分析」『中国衛生質量管理』18(5), pp. 107-109.
張徳勇（2009）「中国政府予算外資金管理——現状，問題与対策」『財貿経済』10, pp. 37-44.
章迪誠（2006）『中国国有企業改革編年史——1978-2005』中国工人出版社.
張東江・聶和興編（2001）『当代軍人社会保障制度』法律出版社.
張光（2009）「中国政府間財政関係的演変（1949-2009）」『公共行政評論』2(6), pp. 26-57.
張恒龍・孟添（2007）「中国財政体制（1949-2004）変遷的実証研究——基於財政圧力与競争的視角」『経済体制改革』4, pp. 100-104.
張華（2012）「浅析公立医院取消薬品加成的措置和配套改革」『財経界：学術版』22, pp. 67-68.

章剣鋒 (2006)「中国薬価真相調査——高薬価困擾中国」『財経文摘』11, pp. 32-36.
張静 (2012)「対医療保険重複参保問題的探討」『現代経済信息』5, p.218.
張静雅他 (2016)「流動人口重複参保現状及其影響因素研究」『中国衛生資源』19(5), pp. 367-371.
張軍 (2006)『「双軌制」経済学——中国的経済改革 (1978-1992)』(当代経済学文庫) 上海三聯書店, 上海人民出版社.
張開寧他編 (2002)『従赤脚医生到郷村医生』雲南人民出版社.
張麗 (2009)「浅析事業単位績効工資制度改革」『経済論壇』14, pp. 31-33.
張立栄 (2013)『中外行政制度比較』(中外政治制度比較叢書 第2版) 商務印書館.
張録法 (2012)「新医改短期内緩解『看病貴』的効果予期及初歩験証」『浙江学刊』1, pp. 159-165.
──・黄丞 (2008)「医療衛生主要改革措施失効原因分析」『甘粛社会科学』2, pp. 247-250.
張苗・銭聖哲 (2012)「医療監管, 在『去行政化』的時代」『中国社会保障』10, pp. 70-72.
張黙・卞鷹 (2007)「我国医院薬品価格加成政策的歴史回顧及其影響」『中国衛生事業管理』23(7), pp. 465-466.
張琪 (2003)『中国医療保障——理論, 制度与運行』中国労働社会保障出版社.
張奇・朱俊生 (2009)『中国医療衛生服務与保障制度的整合研究』中国労働社会保障出版社.
張奇林・楊紅燕 (2007)『中国医療保障制度改革研究』武漢大学出版社.
張謙元他 (2012)『城郷二元戸籍制度改革研究』中国社会科学出版社.
張清奎 (2002)「談談中国対薬品的知識産権保護」『知識産権』12(2), pp. 15-19.
張瑞賢・張衛 (2009)「中国『赤脚医生』始末」『中華医史雑誌』39(6), pp. 327-330.
張昭立編 (2001)『財政支出改革研究』経済科学出版社.
張寿正他 (2001)『攻堅之戦——国有企業改革与発展的回顧与展望』中国経済出版社.
張鉄鷹 (2011)「『基本薬物』譲社区医院患者倒流」『中国社区医師』2011年9月2日付, 26面.
張文魁・袁東明 (2008)『中国経済改革30年——国有企業巻 (1978-2008)』重慶大学出版社.
張崖冰他 (2011)「有関薬事服務費的定義及其測算方法的探討」『中国衛生政策研究』4(1), pp. 9-13.
張映光・戴維 (2005)「薬価之謎」『財経』26, pp. 36-51.
張英男・徐文 (2014)「『薬価虚高』現象分析及薬品定価策略研究」『中国薬業』23(6), pp. 3-6.
張余文 (2005)「中国薬品流通体系的現状和発展前景」『経済理論与経済管理』3, pp. 34-38.
張月玲・肖国金 (2000)「我国予算外資金的歴史与展望」『財経理論与実践』21(104), pp. 67-68.
張則振 (2001)「新中国大行政区的歴史演変」『百年潮』12, pp. 46-49.
張振敏 (2008)「公立医院薪酬分配制度現状之研究」『経済師』7, pp. 188-189.
張志勇 (2006)「中国薬価真相調査——当体制成為特殊利益的俘虜」『財経文摘』11, pp. 46-47.
張卓元 (1995)『論中国価格改革与物価問題』経済管理出版社.
──・鄭海航編 (2008)『中国国有企業改革30年回顧与展望』人民出版社.
張自寛 (1993)『論合作医療』山西人民出版社.
── (2006)『論医改導向——不能走全面推向市場之路』中国協和医科大学出版社.
趙徳余 (2011)「従国家統購到合同定購——1985年糧食市場化改革的初次嘗試及其価値」『中国市場』29, pp. 12-19.

趙棣（2011）『困境与未来——中国公立医院的改革之路』科学出版社.
──編（2016）『医療保険与社会保障——中国公立医院的改革之路』科学出版社.
趙何娟（2007）「六機構 4 月中旬提交報告　医改方案有望 6 月公示」『前進論壇：健康中華』2, p.44.
趙聚軍（2012）『中国行政区劃改革研究——政府発展模式転型与研究範式転換』天津人民出版社.
趙可（2011）「浅析我国薬品流通的現状及発展」『中国商貿』2X, pp. 180-181.
趙俞編（2010）『財政税収制度改革研究』経済科学出版社.
趙曼（2012）『農村社会保障制度研究』経済科学出版社.
──・劉鑫宏（2010）『農民工就業与社会保障研究』中国労働社会保障出版社.
趙武松（2003）『国有企業戦略重組与財税改革』湖北人民出版社.
趙小剣（2006）「薬監局退休官員披露高薬価内情」『北方人』11, pp. 30-31.
趙郁馨他（2000）「中国衛生総費用発展変化趨勢及其影響因素」『衛生経済研究』1, pp. 7-9.
鄭昂（2012）「健全農村三級医療衛生網」『中国市場』14, pp. 173-174.
鄭大喜（2012）「我国公立医院財政補償機制的歴史演進与発展趨勢研究」『医学与社会』25(3), pp. 1-4.
鄭功成（1997）『論中国特色的社会保障道路』武漢大学出版社.
──他（2002）『中国社会保障制度變遷与評估』中国人民大学出版社.
──（2008）『中国社会保障 30 年』人民出版社.
──（2009）『論中国特色的社会保障道路』中国労働社会保障出版社.
──編（2011）『中国社会保障改革与発展戦略——医療保障巻』人民出版社.
鄭林（2011）「浅析医院薬房与零售薬店薬品価格差異的合理性」『中国薬房』22(4), pp. 316-317.
鄭曉瑛・陳立新（2006）「中国人口老齢化特点及政策思考」『中国全科医学』9(23), pp. 1919-1923.
中共中央文献研究室編（1993）『周恩来経済文選』中央文献出版社.
──第四編研部編（1999）『十四大以来国有企業改革和発展大事紀要』中央文献出版社.
中国財経報社他編（2000）『新時期社会保障制度改革和財政管理問題探索』経済科学出版社.
中国法制出版社編（2003）『衛生事業単位人事制度改革配套文件匯編』中国法制出版社.
中国経済年鑑編輯委員会（1981）『1981 年中国経済年鑑』経済管理雑誌社.
中国社会科学院・中央档案館編（1998）『1953-1957 中華人民共和国経済档案資料選編——労働工資和職工保険福利巻』中国物価出版社.
『中国招標』編輯部（2007）「集中招標採購原何成為薬価虚高的『替罪羊』？」『中国招標』27, pp. 13-16.
鍾曉敏・葉寧（2010）『中国地方財政体制改革研究』中国財政経済出版社.
周海洋（1992）『職工医療制度改革研究』上海医科大学出版社.
周麗（2011）『我国公立医院行為績効分析——価格管制下的実証研究』経済科学出版社.
周晴（2011）「城郷医療救助発展現状及対策研究」『法制与社会』32, pp. 176-177.
周太和他（1984）『当代中国的経済体制改革』中国社会科学出版社.
周天勇他（2008）『中国行政体制改革 30 年』格致出版社，上海人民出版社.
周小梅（2009）『提昇医療服務業績効的制度経済学分析』中国社会科学出版社.
周学栄（2008）『中国医療価格的政府管制研究』中国社会科学出版社.

周雁翎（2003）『公平，効率与経済増長——転型期中国衛生保健投資問題研究』武漢出版社.
周窯生・余伯陽（2009）「薬品価格政策与医薬産業発展」『現代物業旬刊』8(5), pp. 68-70, 43.
周振超（2009）『当代中国政府「条塊関係」研究』天津人民出版社.
周振鶴（2010）『中国歴代行政区劃的変遷』中国国際広播出版社.
朱伯科・邵蓉（2009）「我国基本薬物制度実施中的問題及対策」『中国薬業』18(2), pp. 1-2.
朱恒鵬（2005）「薬価改革源頭在医療服務価格」『中国医療保険』2, pp. 25-26.
── (2007)「医療体制弊端与薬品定価扭曲」『中国社会科学』4, pp. 89-103.
── (2009)「新医改研究文献綜述——2008-2009」『経済学動態』10, pp. 70-73.
朱民堯・焦春紅（1999）「関於『総量控制，結構調整』実施効果的調研報告」『北京物価』1, pp. 18-21.
朱栄他編（1992）『当代中国的農業』当代中国出版社.
朱仕奇（2005）「計画経済年代的糧食供応」『四川档案』6, p.11.
朱幼棣（2011）『大国医改』世界図書出版公司.
── (2015)『無薬』世界図書出版公司.
庄啓東他（1986）『新中国工資史稿』中国財政経済出版社.
鄒平（1993）『中国職工医療保健制度改革』華文出版社.

日本語

青山光子・佐々木實（1975）「中国の医療制度と医学教育」（最近の中国医学をめぐって（Panel Forum））『現代医学』23(2), pp. 191-195, 愛知県医師会.
安達勇（1987）「生涯教育を考える：海外と日本（35）──中国の医療制度」『日本医師会雑誌』98(12), pp. 1903-1906, 日本医師会.
イアン・ホリデイ，ポール・ワイルディング編（2007）『東アジアの福祉資本主義──教育，保健医療，住宅，社会保障の動き』（埋橋孝文他訳）法律文化社.
井伊雅子編（2009）『アジアの医療保障制度』東京大学出版会.
飯島渉・澤田ゆかり（2010）『高まる生活リスク──社会保障と医療』（叢書中国的問題群10）岩波書店.
池上直己・J.C. キャンベル（1996）『日本の医療──統制とバランス感覚』（中公新書1314）中央公論新社.
池田裕（1998）「中国の社会保障制度改革──年金，医療保険について」『日中医学』13(4), pp. 2-3, 日中医学協会.
── (2000)「中国の新医療制度に関する細則」『日中医学』15(4), pp. 13-15, 日中医学協会.
池永優美子（2004）「改革を急ぐ中国の医療制度──国公立病院はどこに向かうのか」『日中医学』18(5), p.31, 日中医学協会.
石田浩（2000）『中国農村の開発戦略──農民は「豊か」になったのか』関西大学経済・政治研究所.
石田成則・王艶莉（2010）「中国における合作医療保険の整備」『山口経済学雑誌』58(4), pp. 491-513, 山口大学経済学会.
石浜淳美（1965）「新中国の医学教育と医療制度について──特に産婦人科を中心にして」（特

集　諸外国における産婦人科の現況)『産婦人科の世界』17(12), pp. 1149-1155, 医学の世界社.
稲葉裕（2009）「中国の医療保険制度について」『日中医学』24(3), p.8, 日中医学協会.
今井久（2001）「中国における医療保障制度改革」『山梨学院大学商学論集』27, pp. 62-82, 山梨学院大学.
岩田奇志（2001）「中国における医療保障の変貌と医療保険の現状——市場経済化のインパクト」『日本福祉大学社会福祉論集』104, pp. 107-126, 日本福祉大学社会福祉学部・日本福祉大学福祉社会開発研究所.
殷国慶・土屋俊幸（2000）「中国における農村合作医療制度——その展開過程を中心に」『林業経済研究』46(1), pp. 39-44, 林業経済学会.
于洋（2002）「中国の医療保障制度の展開——市場経済と関連させて」『早稲田経済学研究』54, pp. 111-131, 早稲田大学大学院経済学研究科経済学研究会.
——（2009）「中国の公的医療保障制度の現状と課題」（特集　中国の社会保障）『Int'lecowk』64(11・12), pp. 7-16, 国際経済労働研究所.
上野陽里（2000）「汪兆銘政府・蒋介石国民政府統治下中国の医療制度について」『医学史研究』78, pp. 752-756, 医学史研究会.
内村弘子（2008a）「中国　動き出した保健医療制度改革——包括的制度構築に向けて」（特集　アジア・太平洋地域の医療保障制度）『医療と社会』18(1), pp. 73-94, The Health Care Science Institute.
——（2008b）「中国の保健状況と医療保険制度改革——2010 年に皆保険制度の確立を目指す」（アジア・環太平洋諸国の医療保障制度と医薬品市場）『Drug Magazine』51(11), pp. 24-30, ドラッグマガジン.
埋橋孝文他編著（2012）『中国の弱者層と社会保障——「改革開放」の光と影』明石書店.
衛生部農村衛生管理司（2006）「中国の新型農村協同医療制度」『日中医学』21(1), pp. 3-6, 日中医学協会.
江藤宗彦（2011）「成長する中国の医療市場と医療改革の現状」『研究レポート』369, pp. 1-26, 富士通総研経済研究所.
燕秋梅（2003）「中国の計画経済期の医療保険制度に関する研究」『流通経済大学大学院経済学研究科論集』11, pp. 19-45, 流通経済大学大学院.
——（2005）「中国都市部における医療保険制度改革について」『流通経済大学大学院経済学研究科論集』13, pp. 1-22, 流通経済大学大学院.
閻素龍・荒井耕（2007）「中国における病院の経営管理の現状と課題——遼寧省の 12 病院に対するインタビュー調査から」『経営研究』58(2), pp. 105-128, 大阪市立大学.
袁麗暉（2010）「中国の医療保険制度における医療格差問題」『山口経済学雑誌』59(1・2), pp. 83-106, 山口大学経済学会.
——（2011）「中国農民工の医療保障の現状と問題点——北京市の制度の紹介・分析を中心に」『山口経済学雑誌』60(2), pp. 185-198, 山口大学経済学会.
——（2012）「中国農民工医療保険制度について——その歴史的背景と現状を中心に」『東亜経済研究』70(1・2), pp. 65-78, 山口大学東亜経済学会.
OECD 編著（2005）『世界の医療制度改革——質の良い効率的な医療システムに向けて』（阿萬哲也訳）明石書店.

翁暁松（2001）「中国の国務院決定に基づく基本医療保険制度改革――定額控除後定率控除制と個人医療口座」『経営研究』52(3), pp. 117-134, 大阪市立大学.

王紅領他（2000）「中国の社会保障体系の確立と国有企業改革」（特集中国の社会保障改革と企業行動）『海外社会保障研究』132, pp. 96-108, 国立社会保障・人口問題研究所.

王崢（2009）「中国農村医療保障制度の新しい展開――新型農村合作医療制度を中心に」『大阪経大論集』60(1), pp. 151-178, 大阪経済大学.

――（2011a）「中国農村医療保障制度の現状調査――浙江省寧海県の医療保険制度を中心に」『大阪経大論集』62(1), pp. 129-147, 大阪経済大学.

――（2011b）「中国農村部における多層的医療保障体系の構築」『大阪経大論集』62(2), pp. 87-105, 大阪経済大学.

王菁菁・岡部守（2008）「中国農村地域における医療保険制度の実施状況と問題点――広西チワン族自治区柳州市を事例として」『農村生活研究』52(1), pp. 59-66, 日本農村生活学会.

王蓓他（1996）「中国における衛生行政の現状――新しい取り組みの実際と日本の医療制度との比較」『日本公衆衛生学会総会抄録集』55(3), p.623, 日本公衆衛生学会.

王文亮（2001）『二十一世紀に向ける中国の社会保障』日本僑報社.

――（2004）『九億農民の福祉――現代中国の差別と貧困』中国書店.

――編著（2008a）『現代中国の社会と福祉』ミネルヴァ書房.

――（2008b）「『全民医療保障』への険しい道――中国版国民皆保険体制の構築について（上）」『週刊社会保障』62(2465), pp. 52-57, 法研.

――（2008c）「『全民医療保障』への険しい道――中国版国民皆保険体制の構築について（中）」『週刊社会保障』62(2466), pp. 76-79, 法研.

――（2008d）「『全民医療保障』への険しい道――中国版国民皆保険体制の構築について（下）」『週刊社会保障』62(2467), pp. 52-57, 法研.

――（2010a）「中国の農村部における公的医療保険制度の展開に関する考察」『金城学院大学論集　社会科学編』6(2), pp. 25-47, 金城学院大学.

――（2010b）「中国『新型農村合作医療制度』の実施効果と課題」（特集　中国の「新型農村合作医療制度」）『賃金と社会保障』1515, pp. 51-73, 賃社編集室.

――（2012）「中国農村部の公的医療保険制度の特徴について」『金城学院大学論集　社会科学編』9(1), pp. 52-70, 金城学院大学.

大島良雄（1973）「中国における医学教育と医療制度」『日本温泉気候物理医学会雑誌』37(1), pp. 8-10, 日本温泉気候物理医学会.

大塚正修・日本経済研究センター編（2002）『中国社会保障改革の衝撃――自己責任の拡大と社会安定の行方』勁草書房.

大西広（2015）『マルクス経済学』（第2版）慶應義塾大学出版会.

大森正博（1997）「医療サービスの性質と医療制度改革の考え方」（「社会保障」特集）『ファイナンシャル・レビュー』44, pp. 50-72.

『海外労働時報』編集部（1999）「中国　労働関係の変化で問われる労組の役割転換，医療保険制度改革スタート」『海外労働時報』23(5), pp. 11-14, 日本労働研究機構.

――（2001）「中国／香港　医療保険制度改革をめぐる新たな動き　研究所，企業の雇用枠拡大を予測　職工会連盟，年間10大労働問題を選択（国別労働事情）――（アジア）」『海外労働時報』25(3), pp. 10-13, 日本労働研究機構.

夏雲（2006）「中国における医療保障制度および医療事故紛争処理の改革動向」『比較法学』39(2), pp. 151-175, 早稲田大学.
加藤洋子（2008）「SARS事件から見た中国の危機管理に関する一考察」『21世紀社会デザイン研究』7, pp. 41-52, 立教大学大学院21世紀社会デザイン研究科.
笠原英彦（1999）『日本の医療行政——その歴史と課題』（Keio UP選書）慶応義塾大学出版会.
片山ゆき（2008）「中国の皆保険制度に向けたシナリオ」『ニッセイ基礎研Report』, pp. 28-29.
—— （2009）「中国の都市住民（非就業者）の医療保険制度について——北京市の制度の紹介・分析を中心に」『日中医学』24(3), pp. 25-30, 日中医学協会.
—— （2012）「中国の高齢者医療対策——上海市の社区における医療保険制度」『ジェロントロジージャーナル』11(29), pp. 1-6, ニッセイ基礎研究所.
鎌田文彦（2010）「中国における戸籍制度改革の動向——農民労働者の待遇改善に向けて」『レファレンス』60(3), pp. 49-65, 国会図書館調査及び立法考査局.
川城憶紅（2004）「中国の医療制度について（1）衛生行政と医療機構の関係」『早稲田大学大学院法研論集』111, pp. 53-77, 早稲田大学大学院法学研究科.
川副延生（2004）「中国における農業改革前の協同医療制度」『NUCB Journal of Economics and Information Science』48(2), pp. 103-109, 名古屋商科大学.
柯隆（2009）「中国動態 China Watch 12.5兆円の巨費投じるが，前途多難の医療制度改革」『週刊東洋経済』6289, pp. 120-121, 東洋経済新報社.
—— （2010）「中国動態 China Watch 貧弱な公的医療制度，不平等の解消が急務」『週刊東洋経済』6200, pp. 178-179, 東洋経済新報社.
木崎翠（2000）「中国の社会保険導入の企業経営への影響」（特集中国の社会保障改革と企業行動）『海外社会保障研究』132, pp. 46-56, 国立社会保障・人口問題研究所.
北川博一（1998）「中国における医療保障制度改革の方向」（5つの改革の行方）『中国経済』395, pp. 16-22, 日本貿易振興会.
許海珠（1997）「中国国有企業の社会保険制度改革について——養老保険，医療保険，失業保険改革を中心に」『海外社会保障情報』120, pp. 88-108, 国立社会保障・人口問題研究所.
龔斉南・池上直己（2001）「中国の医療保険制度改革の現状と課題」『病院管理』38, p.135, 日本病院管理学会
金貝（2012）「政策決定における専門家集団の役割——英国の医療専門家集団NICEの事例から」日本行政学会編『年報行政研究 政権交代と官僚制』47, pp. 67-88, ぎょうせい.
久保英也編著（2014a）『中国の公的医療保険など保険制度にかかわる計量分析——滋賀大学リスク研究センター東アジア保険プロジェクト報告』サンライズ出版.
—— （2014b）『中国における医療保障改革——皆保険実現後のリスクと提言』ミネルヴァ書房.
窪田道夫（2007）「中国の医療費高騰メカニズムの分析——高齢化と医療産業の観点から」『アジ研ワールド・トレンド』13(7), pp. 40-47, 日本貿易振興機構アジア経済研究所研究支援部.
—— （2008）「中国の基本医療保険制度に見る再分配機能の限界——制度改革がもたらす患者負担の増加」『Quadrante: クヴァドランテ：四分儀：地域・文化・位置のための総合雑誌』10, pp. 363-379, 東京外国語大学.
クリストファー・ピアソン（1996）『曲がり角にきた福祉国家——福祉の新政治経済学』（田中浩・神谷直樹訳）未来社.
桑澤秀武（2008）「中国農村の医療制度改革」『亜細亜大学大学院経済学研究論集』32, pp. 1-

34, 亜細亜大学大学院経済学研究科.
厳春鶴（2012）「中国における農民工の社会保障問題に関する一考察——就労・生活実態の分析を通して」『海外社会保障研究』179, pp. 72-84, 国立社会保障・人口問題研究所.
厳善平（2002）『農民国家の課題』（シリーズ現代中国経済 2）名古屋大学出版会.
───（2010）『中国農民工の調査研究——上海市・珠江デルタにおける農民工の就業・賃金・暮らし』晃洋書房.
胡琦（2015）「中国医療保険制度の歴史的形成過程と限局性」『西南学院大学大学院経済学研究論集』2, pp. 1-42, 西南学院大学大学院.
小嶋正己（1988）『中国社会主義賃金の展開』千倉書房.
小林煕直（2000）「中国における医療保険制度改革」『アジア研究所紀要』27, pp. 175-195, 亜細亜大学アジア研究所.
胡飛躍・丸井英二（2000）「中国における保健医療領域の現状と課題」『民族衛生』66(5), pp. 216-223, 日本民族衛生学会.
胡勇・黒川泰亨（2000）「中国における農山村地域の開発に関する考察——農山村福祉を中心にした検討」『森林応用研究』9(1), pp. 1-6, 応用森林学会.
呉紅敏（2003a）「中国の社会保障制度における医療保障（1）」『大阪府立大學經濟研究』48(3), pp. 103-134, 大阪府立大学.
───（2003b）「中国の社会保障制度における医療保障（2）」『大阪府立大學經濟研究』48(4), pp. 85-114, 大阪府立大学.
───（2003c）「中国の社会保障制度における医療保障（3）」『大阪府立大學經濟研究』49(1), pp. 59-96, 大阪府立大学.
───（2005a）「海外研究 中国医療保障制度の現状と課題」『週刊社会保障』59(2315), pp. 54-57, 法研.
───（2005b）「中国医療保障制度の課題と展望——日本法からの示唆」（第 46 回〔日本社会保障法学会〕大会）『社会保障法』20, pp. 167-181, 日本社会保障法学会.
耿欣（2004）「中国改革開放前の医療保険制度に関する一研究——旧医療保険財政政策を中心に」『現代社会文化研究』31, pp. 43-59, 新潟大学大学院現代社会文化研究科.
───（2005）「中国における医療保障財政制度改革——改革開放初期を中心に」『現代社会文化研究』33, pp. 109-124, 新潟大学大学院現代社会文化研究科.
───（2006a）「中国における都市部の医療保険財政——1990 年代以後の制度改革を中心に」『現代社会文化研究』35, pp. 135-149, 新潟大学大学院現代社会文化研究科.
───（2006b）「中国医療保障制度の現状——ハルビン市基本医療保険財政政策を中心に」『現代社会文化研究』37, pp. 193-208, 新潟大学大学院現代社会文化研究科.
沙銀華（2000a）「中国社会保険制度の改革——国有企業改革の『お守り』」『ニッセイ基礎研report』35, pp. 15-22, ニッセイ基礎研究所.
───（2000b）「中国社会保険制度の現状と問題」（特集中国の社会保障改革と企業行動）『海外社会保障研究』132, pp. 13-30, 国立社会保障・人口問題研究所.
───（2005）「中国農民社会の現状と課題」（特集成長するアジアの社会保障）『海外社会保障研究』150, pp. 47-64, 国立社会保障・人口問題研究所.
───（2009）「中国農村部の医療保険制度」『日中医学』24(3), pp. 19-24, 日中医学協会.
佐々木岳（2012）「中国医薬品市場の実際と開発戦略について」（特集 中国医薬品市場の現状

と開発・申請戦略の構築法)、『Pharm stage』12(6), pp. 19-23, 技術情報協会.

澤田ゆかり (2011)「拡大する医療格差と医療保険の課題」(中国社会保障制度改革)『日中経協ジャーナル』210, pp. 14-17, 日中経済協会.

柴田拓己 (2011)「海外時報 中国の医療保険制度について」『厚生労働』66(4), pp. 42-44, 中央法規出版.

芝田英昭編著 (2004)『社会保障の基本原理と将来像』法律文化社.

柴田嘉彦 (1989)『ソ連社会保障の研究』校倉書房.

島崎謙治 (2011)『日本の医療——制度と政策』東京大学出版会.

謝海棠 (2010)「中国高齢者の社会保障制度の整備について——医療制度改革と医療格差を中心に」『金城学院大学大学院文学研究科論集』16, pp. 41-62, 金城学院大学大学院文学研究科.

朱炎 (2000)「中国の社会保障制度と企業負担の変化」(特集中国の社会保障改革と企業行動)『海外社会保障研究』132, pp. 31-45, 国立社会保障・人口問題研究所.

朱珉 (2005)「中国における医療保険制度の形成過程」(工藤恒夫教授古稀記念論文集)『經濟學論纂』45(3/4), pp. 281-300, 中央大学.

仇雨臨・万誼娜 (2009)「中国都市部労働者の医療保険制度」『日中医学』24(3), pp. 15-18, 日中医学協会.

仇雨臨・翟紹果 (2012)『城郷医療保障制度統籌発展研究』中国経済出版社.

正田豊 (2008a)「中国の医薬品ビジネスの将来性 中国が実施する医療制度改革がもたらすもの」『国際医薬品情報』862, pp. 18-21, 国際商業出版.

—— (2008b)「中国の医薬品ビジネスの将来性 中国の医療用医薬品市場推移とメーカーの戦略」『国際医薬品情報』864, pp. 11-15, 国際商業出版.

—— (2008c)「中国の医薬品ビジネスの将来性 (3) 中国の医薬行政と諸問題について」『国際医薬品情報』866, pp. 22-25, 国際商業出版.

—— (2008d)「中国の医薬品ビジネスの将来性 (4) 中国での研究開発戦略と臨床試験について」『国際医薬品情報』869, pp. 20-23, 国際商業出版.

—— (2008e)「中国の医薬品ビジネスの将来性 (5) 中国医薬品ビジネスにおける日本の製薬会社の役割」『国際医薬品情報』871, pp. 15-18, 国際商業出版.

舒瑾 (2008)「中国医療保険制度の特質と限界——市場経済化後、日中比較」『現代社会文化研究』41, pp. 77-94, 新潟大学大学院現代社会文化研究科.

—— (2009)「市場経済化後における医療保険制度の現状——中国・長春市を中心として」『現代社会文化研究』44, pp. 37-53, 新潟大学大学院現代社会文化研究科.

徐林卉 (2006a)「中国商業健康保険の現状と展望——社会医療保障体系の中での役割」『立命館国際地域研究』24, pp. 117-129, 立命館大学国際地域研究所.

—— (2006b)「中国医療救助制度の創設とその問題点」『立命館国際研究』19(1), pp. 181-195, 立命館大学国際関係学会.

白岩健他 (2009)「イギリス NICE における医療技術評価の現状と医療技術ガイダンスのレビュー」『医療経済研究』21(2), pp. 155-169.

城本るみ (2000)「中国の医療制度改革」『人文社会論叢 社会科学篇』4, pp. 1-19, 弘前大学.

新川敏光他 (2004)『比較政治経済学』有斐閣アルマ.

潘潔 (2008)「中国医療保障制度の再編成」『週刊社会保障』62(2498), pp. 44-49, 法研.

—— (2009)「中国の医療保障制度」『日中医学』24(3), pp. 9-14, 日中医学協会.

――・澤田ゆかり編著（2016）『ポスト改革期の中国社会保障はどうなるのか――選別主義から普遍主義への転換の中で』（Minerva Library〈社会福祉〉3）ミネルヴァ書房．
末廣昭（1998）「発展途上国の開発主義」東京大学社会科学研究所編『20世紀システム4　開発主義』東京大学出版会．
――編著（2010）『東アジア福祉システムの展望――7カ国・地域の企業福祉と社会保障制度』ミネルヴァ書房．
袖井孝子・陳立行編著（2008）『転換期中国における社会保障と社会福祉』（日中社会学叢書：グローバリゼーションと東アジア社会の新構想5）明石書店．
孫皎・劉群（2005）「中国の医療保険制度と養老保険制度の紹介」『石川看護雑誌』2, pp. 43-46, 石川県立看護大学．
高田勝巳（2000）「中国ビジネス法規解説　上海市における医療保険制度改革について」『中国経済』420, pp. 62-73, 日本貿易振興会．
高見澤磨他（2016）『現代中国法入門』（第7版）（外国法入門双書）有斐閣．
竹花光範（1991）『中国憲法論序説』成文堂．
田多英範編（2004）『現代中国の社会保障制度』流通経済大学出版会．
田中健一（2007）「在留邦人が知っておくべき中国の医療制度」（特集　最新中国医療事情）『海外勤務と健康』25, pp. 2-7, 労働者健康福祉機構海外勤務健康管理センター研修交流部．
趙永生（2009）「中国の低所得者医療救済制度――任重くして道遠し」『日中医学』24(3), pp. 31-35, 日中医学協会．
張英莉（2004）「新中国の戸籍管理制度（上）――戸籍管理制度の成立過程」『埼玉学園大学紀要（経営学部篇）』4, pp. 19-32, 埼玉学園大学．
――（2005）「新中国の戸籍管理制度（下）――戸籍管理制度の改革過程と現状」『埼玉学園大学紀要（経営学部篇）』5, pp. 21-35, 埼玉学園大学．
張燕妹（2001）「中国における高齢者の社会保障――養老保険制度と医療保険制度を中心に」『社会学論叢』140, pp. 57-66, 日本大学社会学会．
張雅青（2010）「中国新型農村合作医療制度の運営実態とその地域間格差に関する考察――北京市A鎮・山東省B鎮・湖北省C鎮を事例として」『農業経済研究（別冊）』日本農業経済学会論文集』, pp. 509-516, 日本農業経済学会．
張紀濤（2001）『現代中国社会保障論』創成社．
張暁他（2012）「中国新型合作医療保険制度の効率性改善への検証」『保険研究』64, pp. 71-96, 慶應義塾保険学会．
張春俠・高原（2012）「全人口の95％をカバー　課題も残る医療保障制度（特集　効果上がる新医療改革）」『人民中国』3, pp. 14-16, 人民中国雑誌社．
陳金霞（2005a）「中国の社会変動と社会保障制度」『千葉大学社会文化科学研究』10, pp. 47-62, 千葉大学大学院社会文化科学研究科．
――（2005b）「海外研究　中国農村合作医療制度の発展と改革」『週刊社会保障』59(2339), pp. 54-57, 法研．
――（2006）「中国農村部の社会保障制度の整備――医療制度を中心に」『千葉大学社会文化科学研究』12, pp. 84-98, 千葉大学大学院社会文化科学研究科．
陳言（2006）「陳言の中国縦横無尽（第55回）　新薬販売で浮き彫りに　中国医療制度の影」『週刊東洋経済』6016, p.64, 東洋経済新報社．

陳琨（2009）「中国社会保障素描――『戸籍制度』と医療制度」『鹿児島国際大学大学院学術論集』1, pp. 109-112, 鹿児島国際大学大学院経済学研究科．
――（2011）「中国医療制度における財源構造と給付水準」『鹿児島国際大学大学院学術論集』2, pp. 37-46, 鹿児島国際大学大学院経済学研究科．
陳揚佳他（2010）「現行医療制度下の中国の医療環境」『山梨大学保健管理センター紀要』8, pp. 11-16, 山梨大学保健管理センター．
塚本隆敏（2002）「中国における医療保険制度の現状と諸問題」『中京商学論叢』49(1), pp. 1-32, 中京大学商学会．
――（2003）「中国の農村における医療保障制度の現状」『中京企業研究』25, pp. 139-157, 中京大学企業研究所．
――（2005）「中国における医療保険制度改革は何故失敗したか」『中京企業研究』27, pp. 55-76, 中京大学企業研究所．
――（2006）『中国の国有企業改革と労働・医療保障』大月書店．
――（2010）「中国の農村における新型農村合作医療制度の問題」『中京企業研究』32, pp. 1-14, 中京大学企業研究所．
――（2011）「中国における新型農村合作医療制度の諸問題」『中京企業研究』33, pp. 1-16, 中京大学企業研究所．
津上俊哉（2004）「中国地方財政制度の現状と問題点――近時の変化を中心に」『RIETI Discussion Paper Series 04-J-020』, 経済産業研究所（RIETI）．
田小宝（2009）「改革の中で発展を続ける中国の医療保険制度」（中国の社会と人々の暮らし）『日中経協ジャーナル』183, pp. 8-11, 日中経済協会．
東暁・石田和之（2007）「中国農村における基礎医療保障制度について」『徳島大学社会科学研究』20, pp. 37-56, 徳島大学．
――（2009）「中国における農村医療の現状について」『徳島大学社会科学研究』22, pp. 1-13, 徳島大学．
内藤二郎（2009）「中国の財政制度と政策――改革・開放30年の変遷と課題」（特集中国経済――アメリカ発世界金融危機を踏まえて）『フィナンシャル・レビュー』4, pp. 71-104, 財務省財務総合政策研究所．
中江章浩（1996a）「中国医療保障制度の概要」『健康保険』50(3), pp. 62-69, 健康保険組合連合会．
――（1996b）「中国に吹く医療制度改革の新しい風（1）」『健康保険』50(4), pp. 42-47, 健康保険組合連合会．
――（1996c）「中国に吹く医療制度改革の新しい風（2）」『健康保険』50(5), pp. 78-87, 健康保険組合連合会．
中兼和津次（1999）「中国における漸進主義的移行政策再考――旧社会主義国の比較から」『経済研究』50(4), pp. 289-298.
――（2002）『経済発展と体制移行』（シリーズ現代中国経済1）名古屋大学出版会．
中口匠・金丹実（2003）「SARSがあらわにした戸籍・医療制度の課題」（特集　改革加速する中国――北京事務所特集）『自治体国際化フォーラム』170, pp. 5-7, 自治体国際化協会．
中田健夫（2008）「シンガポールの医療政策――国家戦略の一環としての医療」『医療と社会』18(1), pp. 121-141, 医療科学研究所．

ハロルド・L. ウィレンスキー（1984）『福祉国家と平等――公共支出の構造的・イデオロギー的起源』（下平好博訳）木鐸社.
蕭威廉（Hsiao, William C.）（1984）「中国医療制度の変遷」（小田幸雄訳）『アジア経濟旬報』1297, pp. 4-12, 中国研究所.
畢力格図他（2005）「中国における農村合作医療制度の変容と課題――内蒙古自治区における新型農村合作医療制度を中心として」『開発学研究』16(2), pp. 51-58, 日本国際地域開発学会.
広井良典・駒村康平編（2003）『アジアの社会保障』東京大学出版会.
広井良典・瀋潔編著（2007）『中国の社会保障改革と日本――アジア福祉ネットワークの構築に向けて』（MINERVA 社会福祉叢書 19）ミネルヴァ書房.
藤井将志（2010）「最新 CHINA メディカル・リポート（1）『看病難・看病貴』が社会問題化 激動する中国の医療事情」『MD』7(3), pp. 35-38, クリニックマガジン.
方暘（2005）「中国における都市部医療保険制度の展開――医療保険制度改革プロセスの検討を中心に」『人間文化』18, pp. 16-28, 滋賀県立大学人間文化学部.
――（2007）「中国における医療保険制度の問題点」『人間文化』20, pp. 43-54, 滋賀県立大学人間文化学部.
馬欣欣（2015）『中国の公的医療保険制度の改革』京都大学学術出版会.
松原喜代吉（2010）「BRICs 諸国の医療・薬価制度の概要とその最新動向――ロシア・中国・インドを中心に」（研究会 Review No.543）『医療経済研究機構レター』191, pp. 14-28, 医療経済研究機構.
真野俊樹（2011a）「中国医療制度　中国の医療ビジネスとその背景」『国際医薬品情報』937, pp. 30-33, 国際商業出版.
――（2011b）「中国医療制度　中国の医療現場と薬剤」『国際医薬品情報』940, pp. 38-41, 国際商業出版.
真柳誠（1984）「現代中国医療事情（その 2）　医学教育とその制度」『現代東洋医学』5(1), pp. 105-111, 医学出版センター.
丸川知雄（2000）「中国の企業における雇用と分配――改革の効果」（特集：中国の社会保障改革と企業行動）『海外社会保障研究』132, pp. 57-68, 国立社会保障・人口問題研究所.
三浦有史（2009）「中国の医療格差と医療制度改革――経済成長の持続性を問う」『環太平洋ビジネス情報 Rim』9(33), pp. 6-43, 日本総合研究所調査部環太平洋戦略研究センター.
箕田健生（1973a）「中国の医学・医療制度の現況（1）」『眼科臨床医報』67(9), pp. 837-840, 眼科臨床医報会.
――（1973b）「中国の医学・医療制度の現況（2）」『眼科臨床医報』67(11), pp. 1030-1033, 眼科臨床医報会.
三宅康之（2006）『中国・改革開放の政治経済学』ミネルヴァ書房.
森三樹雄（2002）「中国の医療保険制度と臨床検査」『日中医学』17(2), pp. 3-7, 日中医学協会.
守屋洋（1976）「中国における合作医療制度の展開」（海外の動き）『国際社会保障研究』18, pp. 72-76, 健康保険組合連合会.
――（1980）「農民年金，病院管理および合作医療制度の指導要領――中国の新しい波」（海外の動き）『国際社会保障研究』25, pp. 105-110, 健康保険組合連合会.
山岸治男・東暁（2003）「中国医療保障制度の沿革と現状」『大分大学教育福祉科学部研究紀要』25(2), pp. 245-254, 大分大学.

熊大艶（2011）「中国農村医療保険制度の現状と問題点」『地域公共政策研究』19, pp. 77-92, 地域公共政策学会．
楊開宇・坂口正之（2002）「経済改革以降の中国都市部における医療保険制度改革の歴史的展開——公費・労保制度から『基本医療保険制度』へ」『大阪市立大学生活科学部紀要』49, pp. 49-67, 大阪市立大学．
――（2003）「中国・上海市における高齢者医療保険制度改革の動向と課題」『生活経済学研究』18, pp. 83-95, 生活経済学会．
――（2004）「中国の市場経済政策による医療提供体制の変容」『生活経済学研究』19, pp. 255-265, 生活経済学会．
――（2005）「中国の『基本医療保険制度』の展開と地域格差の実態——上海市と青島市を例に」『生活科学研究誌』4, pp. 151-158, 大阪市立大学．
――（2006a）「中国における医療制度改革とその影響」『生活経済学研究』22, pp. 195-209, 生活経済学会．
――（2006b）「都市部と農村部の二重構造の下における中国農村部の医療保障制度の変容」『生活経済学研究』22, pp. 211-224, 生活経済学会．
吉岡孝昭（2008a）「中国における財政制度と中央・地方関係に関する分析」『国際公共政策研究』12(2), pp. 111-125, 大阪大学大学院国際公共政策研究科．
――（2008b）「中国における社会保障と中央・地方関係に関する分析」『国際公共政策研究』13(1), pp. 291-306, 大阪大学大学院国際公共政策研究科．
吉田治郎兵衛（2010）『中国新医療衛生体制の形成——移行期の市場と社会』東方書店．
羅小娟（2005）「中国における農村合作医療制度の変遷と今後のあり方」『大学院研究年報　総合政策研究科篇』9, pp. 189-204, 中央大学大学院研究年報編集委員会．
――（2007）「中国の都市部医療保険制度の現状と課題」『大学院研究年報　総合政策研究科篇』10, pp. 149-164, 中央大学大学院研究年報編集委員会．
――（2009）「医療保険制度における日本から中国への示唆」『大学院研究年報　総合政策研究科篇』13, pp. 3-19, 中央大学大学院研究年報編集委員会．
――（2011）『中国における医療保障制度の改革と再構築』日本僑報社．
李華他（2014）「中国の財政における医療衛生支出の地域格差に関する実証分析（研究ノート）」『地域経済研究』25, pp. 91-101, 広島大学大学院社会科学研究科付属地域経済システム研究センター．
李宣（2012）「中国の医療と農村の光と影——各種調査結果からみる新医療制度改革の現状と課題」『横浜国際社会科学研究』16(6), pp. 27-49, 横浜国立大学．
――（2013）「中国の医療制度改革における再分配の課題」『横浜国際社会科学研究』17(6), 77-97, 横浜国立社会科学学会．
――（2014）「政策類型論にみる中国の医療制度改革の特徴——日本医療制度改革の特徴から示唆」『横浜国際社会科学研究』184(4・5), pp. 361-378, 横浜国立社会科学学会．
李東林（2000）「中国の医療保険制度の改革と展望」『日中医学』15(4), pp. 2-6, 日中医学協会．
李蓮花（2003）「中国の医療保険制度改革——経済体制改革との関連を中心に」『アジア経済』44(4), pp. 2-19, アジア経済研究所．
――（2013）「医療保障システムにおける民間保険——国際比較と中国の現状」『彦根論叢』395, pp. 176-191, 滋賀大学経済学会．

―― (2014)「『市場』から『政府』へ――中国における『全民医療保障』政策の成果と課題」（特集 中国の社会保障）『海外社会保障研究』189, pp. 44-56, 国立社会保障・人口問題研究所.

―― (2016)「『全民医療保障』の虚実――中央の戦略と地方の実践」瀋潔・澤田ゆかり編著『ポスト改革期の中国社会保障はどうなるのか――選別主義から普遍主義への転換の中で』（Minerva Library〈社会福祉〉3）ミネルヴァ書房.

劉暁梅 (1999)「市場経済体制下の社会主義中国の医療保障制度改革」『賃金と社会保障』1246, pp. 52-63, 旬報社.

―― (2000)「中国における医療保障制度の改革」『海外社会保障研究』130, pp. 86-95, 国立社会保障・人口問題研究所.

―― (2005)「中国における社会変動と社会保障制度改革」（特集中国・アジアにおける「持続可能な福祉社会」の構想　セッション1：福祉政策）『公共研究』2(2), pp. 5-19, 21世紀型COEプログラム「持続可能な福祉社会に向けた公共研究拠点」公共研究センター.

劉秀峰 (1997)「中国の医療保険制度とその改革」『日中医学』12(1), pp. 17-18, 日中医学協会.

劉波他 (2011)「中国新型農村合作医療保険制度の現状とDEAモデルによる制度運営公立の測定」『保険学雑誌』613, pp. 233-252, The Japanese Society of Insurance Science.

若林敬子・聶海松編著 (2012)『中国人口問題の年譜と統計：1949-2012年』御茶の水書房.

渡辺克博 (2003)「中国農村部における高齢者社会保障――農村合作医療保障制度について」『清和法学研究』10(2), pp. 199-217, 清和大学.

渡邉真理子 (2008)「中国の製薬産業――原料生産・輸出から国内製剤供給に転換」（アジア・環太平洋諸国の医療保障制度と医薬品市場）『Drug Magazine』51(11), pp. 32-35, ドラッグマガジン.

英語

Ahmad, E., et al. (2002). *Recentralization in China?* IMF Working Paper 2: 1-27.

Allen, P., Cao, Q. and Wang, H. (2014). Public Hospital Autonomy in China in an International Context. *The International Journal of Health Planning and Management* 29: 141-159.

Appelbaum, R. P. and Henderson, J. eds. (1992). *States and Development in the Asian Pacific Rim*. Newbury Park, Calif.: Sage Publications.

Barber, S. and Yao, L. (2011). Development and Status of Health Insurance Systems in China. *The International Journal of Health Planning and Management* 26: 339-356.

Bloom, G. and Gu, X. Y. (1997). Health Sector Reform: Lessons from China. *Social Science & Medicine* 45(3): 351-360.

Bloom, G., Liu, Y. and Qiao, J. (May 2009). *A Partnership for Health in China: Reflection on the Partnership between the Government of China, the World Bank and DFID in the China Basic Health Services Project*. IDS (Institute of Development Studies at the University of Sussex Brighton) Practice Paper 2.

Bloom, G., Tang, S. L. and Gu, X. Y. (1995). Financing Rural Health Services in China in the Context of Economic Reform. *Journal of International Development* 7(3): 423-441.

Boeke, J. H. (1953). *Economics and Economic Policy of Dual Societies, as Exemplified by Indonesia.* New York: Institute of Pacific Relations.

Boeri, T. (2000). *Structural Change, Welfare Systems, and Labour Reallocation: Lessons from the Transition of Formerly Planned Economies.* Oxford: Oxford University Press.

Chen, A., Liu, G. G. and Zhang, K. H. eds. (2004). *Urbanization and Social Welfare in China.* (The Chinese Economy Series) Aldershot, England; Burlington, Vt.: Ashgate.

Chen, C. C. and Bunge, F. M. (1989). *Medicine in Rural China: A Personal Account.* Berkeley: University of California Press.

Chen, G., et al. (2013). The Cyclical Behaviour of Public and Private Health Expenditure in China. *Health Economics* 22: 1071-1092.

Chen, G., Inder, B. and Hollingsworth, B. (2014). Health Investment and Economic Output in Regional China. *Contemporary Economic Policy* 32(2): 261-274.

Cheng, L., et al. (2015). The Impact of Health Insurance on Health Outcomes and Spending of the Elderly: Evidence from China's New Cooperative Medical Scheme. *Health Economics* 24: 672-691.

Childs, M. W. (1980). *Sweden: the Middle Way on Trial.* New Haven; London: Yale University Press.

Collier, I., et al. eds. (2000). *Welfare States in Transition: East and West.* Basingstoke: Macmillan; New York: St. Martin's Press.

Cornia, G. A., et al. (1996). *Long-Term Growth and Welfare in Transitional Economies: the Impact of Demographic, Investment and Social Policy Changes.* Helsinki, Finland: World Institute for Development Economics Research, United Nations University.

Daemmrich, A. (2013). The Political Economy of Healthcare Reform in China: Negotiating Public and Private. *Springerplus* 2: 448.

Dai, B., et al. (2014). Regional Inequity in Financing New Cooperative Medical Scheme in Jiangsu, China. *The International Journal of Health Planning and Management* 29: e97-e106.

Deyo, F. C. ed. (1987). *The Political Economy of the New Asian Industrialism.* Ithaca, N. Y.: Cornell University Press.

Duckett, J. (2001). Political Interests and the Implementation of China's Urban Health Insurance Reform. *Social Policy & Administration* 35(3): 290-306.

Editorial. (August 28, 2010). Chinese Doctors are under Threat. *Lancet* 376: 657.

Eggleston, K., et al. (2008). Health Service Delivery in China: A Literature Review. *Health Economics* 17: 149-165.

Esping-Andersen, G. ed. (1996). *Welfare States in Transition: National Adaptations in Global Economies.* London: Sage.

——. (1999). *Social Foundations of Postindustrial Economies.* Oxford; New York; Tokyo: Oxford University Press.

Ferdinand, P. and Gainsborough, M. eds. (2003). *Enterprise and Welfare Reform in Communist Asia.* London: Frank Cass.

Finer, C. J. ed. (2003). *Social Policy Reform in China: Views from Home and Abroad*. Aldershot: Ashgate.

Frazier, M. W. (2010). *Socialist Insecurity: Pensions and the Politics of Uneven Development in China*. Ithaca: Cornell University Press.

Goodman, R., White, G. and Kwon, H. J. eds. (1998). *The East Asian Welfare Model: Welfare Orientalism and the State*. London; New York: Routledge.

Graham, C. (1994). *Safety Nets, Politics, and the Poor: Transitions to Market Economies*. Washington, D.C.: Brookings Institution.

Grogan, C. M. (1995). Urban Economic Reform and Access to Health Care Coverage in the People's Republic of China. *Social Science & Medicine* 41(8): 1073–1084.

Hall, P. A. and Soskice, D. W. eds. (2001). *Varieties of Capitalism: the Institutional Foundations of Comparative Advantage*. Oxford; Tokyo: Oxford University Press.

Hillier, S. M. and Jewell, J. A. (1983). *Health Care and Traditional Medicine in China, 1800–1982*. London; Boston: Routledge & Kegan Paul.

Ho, C. Y., Li, X. and Zhou, W. M. (2014). Unbalanced Growth and Health Care Expenditure: Evidence from China. *Economics of Transition* 22(4): 739–758.

Ho, L. S. (1995). Market Reforms and China's Health Care System. *Social Science & Medicine* 41(8): 1065–1072.

Holliday, I. (2000). Productivist Welfare Capitalism: Social Policy in East Asia. *Political Studies* 48: 706–723.

——. (2005). East Asian Social Policy in the Wake of the Financial Crisis: Farewell to Productivism? *Policy and Politics* 33(1): 145–162.

——. and Wilding, P. eds. (2003). *Welfare Capitalism in East Asia: Social Policy in the Tiger Economies*. Basingstoke: Palgrave Macmillan.

Hsiao, W. C. (1984). Transformation of Health Care in China. *The New England Journal of Medicine* 310: 392.

—— (1995).The Chinese Health Care System: Lessons for Other Nations. *Social Science & Medicine* 41(8): 1047–1055.

Hu, S., et al. (November 22, 2008). Reform of How Health Care is Paid for in China: Challenges and Opportunities. *Lancet* 372: 1846–1853.

Hu, T. W., et al. (1999). The Effects of Economic Reform on Health Insurance and the Financial Burden for Urban Workers in China. *Health Economics* 8: 309–321.

Iversen, T. and Wren, A. (1998). Equality, Employment, and Budgetary Restraint: The Trilemma of the Service Economy. *World Politics* 50(4): 507–546.

Jessop, B. (2002). *The Future of the Capitalist State*. Cambridge: Polity.

Jones, C. (1990). Hong Kong, Singapore, South Korea and Taiwan: Oikonomic Welfare States. *Government and Opposition* 25(4): 446–462.

——. (1993). The Pacific Challenge: Confucian Welfare State. In Jones, C. ed. *New Perspectives on the Welfare State in Europe*. London; New York: Routledge, 198–215.

Jung, J. and Streeter, J. L. (2015). Does Health Insurance Decrease Health Expenditure Risk in Developing Countries? The Case of China. *Southern Economic Journal* 82(2):

361-384.

Kaser, M. C. (1976). *Health Care in the Soviet Union and Eastern Europe*. London: Croom Helm.

Kissick, W. L. (1994). *Medicine's Dilemmas: Infinite Needs versus Finite Resources*. (A Yale Fastback) New Haven, CT: Yale University Press.

Korpi, W. (1978). *The Working Class in Welfare Capitalism: Work, Unions and Politics in Sweden*. London; Boston: Routledge & Kegan Paul.

Kwon, H. J. (2002). Welfare Reform and Future Challenges in the Republic of Korea: Beyond the Developmental Welfare State? *International Social Security Review* 55(4): 23–38.

———. ed. (2005). *Transforming the Developmental Welfare State in East Asia*. Basingstoke: Palgrave Macmillan.

Lampton, D. M. (1974). *Health, Conflict, and the Chinese Political System*. (Michigan Papers in Chinese Studies: No.18) Ann Arbor: Center for Chinese Studies, University of Michigan.

Leung, J. C. B. and Nann, R. C. (1995). *Authority and Benevolence: Social Welfare in China*. Hong Kong: Chinese University Press.

Lewis, W. A. (1954). Economic Development with Unlimited Supplies of Labour. *The Manchester School* 22(2): 139–191.

Lindbeck, A. (2008). Economic-Social Interaction in China. *Economics of Transition* 16(1): 113–139.

Liu, G. and Zhao, Z. (2006). Urban Employee Health Insurance Reform and the Impact on Out-of-Pocket Payment in China. *The International Journal of Planning and Management* 21: 211–228.

Liu, Y., et al. (1995). Transformation of China's Rural Health Care Financing. *Social Science & Medicine* 41(8): 1085–1093.

———., Hsiao, W. C. and Eggleston, K. (1999). Equity in Health and Health Care: the Chinese Experience. *Social Science & Medicine* 49: 1349–1356.

Lu, A. (1997). *A Review of Welfare Changes in Asian Transitional Economies*. Helsinki, Finland: United Nations University World Institute for Development Economics Research.

Lu, C., Liu, Y. and Shen, J. (2012). Does China's Rural Cooperative Medical System Achieve its Goals? Evidence from the China Health Surveillance Baseline Survey in 2001. *Contemporary Economic Policy* 30(1): 93–112.

Manning, N. (2011). The Reform of Health Policy in China: Left Behind in the Race to Industrialize? *Social Policy & Administration* 45(6): 649–661.

Mares, I. (2003). *The Politics of Social Risk: Business and Welfare State Development*. (Cambridge Studies in Comparative Politics) Cambridge, UK; New York: Cambridge University Press.

McCollum, R., et al. (2014). Experiences with Primary Healthcare in Fuzhou, Urban China, in the Context of Health Sector Reform: a Mixed Methods Study. *The International*

Journal of Health Planning and Management 29: e107–e126.

Milanovic, B. (1998). *Income, Inequality, and Poverty during the Transition from Planned to Market Economy*. Washington, D.C.: World Bank.

Offe, C. and Keane, J. eds. (1984). *Contradictions of the Welfare State*. London: Hutchinson.

Office of the World Health Organization Representative in China and Social Development Department of China State Council Development Research Center. (2005). *China: Health, Poverty and Economic Development*.

Orlowski, L. T. ed. (2001). *Transition and Growth in Post-Communist Countries: The Ten-Year Experience*. Cheltenham, UK; Northampton, MA: Edward Elgar.

Pierson, P. (1994). *Dismantling the Welfare State? : Reagan, Thatcher, and the Politics of Retrenchment*. (Cambridge Studies in Comparative Politics) Cambridge, England; New York: Cambridge University Press.

———. ed. (2001). *The New Politics of Welfare State*. New York: Oxford University Press.

Qi, J. C. (1995). The Role of the Local State in China's Transitional Economy. *The China Quarterly* 144 (Special Issue: China's Transitional Economy): 1132–1149.

Ramesh, M. and Wu, X. (2009). Health Policy Reform in China: Lessons from Asia. *Social Science & Medicine* 68(12): 2256–2262.

Randall, D. and Chen, D. (2013). The Path of Public Health Finance, Implementation, and Reform in China; Lessons from the United States Medicaid System. *World Medical & Health Policy* 5(4): 395–402.

Shue, V. and Wong, C. eds. (2007). *Paying for Progress in China: Public Finance, Human Welfare and Changing Patterns of Inequality*. (RoutledgeCurzon Contemporary China Series 21) Abingdon: Routledge.

Sun, J., et al. (2014). Equity in Access to Healthcare among the Urban Elderly in China: Does Health Insurance Matter? *The International Journal of Health Planning and Management* 29: e127–e144.

Tang, S., Brixi, H. and Bekedam, H. (2014). Advancing Universal Coverage of Healthcare in China: Translating Political Will into Policy and Practice. *The International Journal of Health Planning and Management* 29: 160–174.

Titmuss, R. M. (1976). *Essays on "The Welfare State"*. 3rd ed. London: Allen & Unwin.

Twohey, M. (1999). *Authority and Welfare in China: Modern Debates in Historical Perspective*. (Studies on the Chinese Economy) Basingstoke: Macmillan.

Wagstaff, A., et al. (2009a). *Reforming China's Rural Health System*. Washington, D. C.: World Bank.

———, et al. (2009b). China's Health System and its Reform: A Review of Recent Studies. *Health Economics* 18: S7–S23.

Wang, M. L., Zhang, S. and Wang, X. W. (2007). *WTO, Globalization, and China's Health Care System*. New York: Palgrave Macmillan.

White, G. ed. (1988). *Developmental States in East Asia*. Basingstoke: Macmillan in association with the Institute of Development Studies at the University of Sussex.

WHO. (1983). *Primary Health Care: The Chinese Experience* (*Report of an Inter-regional Seminar*). Geneva: World Health Organization.

—— (2000). *The World Health Report 2000: Health Systems: Improving Performance*. Geneva: World Health Organization.

—— (2016). *World Health Statistics 2016: Monitoring Health for the SDGs*. Geneva: World Health Organization.

Wilson, P. ed. (2009). *Economic Policies and Social Welfare in the 21st Century: Challenges and Responses for China and Thailand*. Singapore: Cengage Learning.

Wong, C. K., Lo, V. I. and Tang, K. L. (2006). *China's Urban Health Care Reform: From State Protection to Individual Responsibility*. Lanham, Md.: Lexington Books.

Wong, L. and MacPherson, S. (1995). *Social Change and Social Policy in Contemporary China*. Aldershot, England; Brookfield, Vt., USA: Avebury.

World Bank (1997). *Financing Health Care: Issues and Options for China*. (China 2020 Series) Washington, D.C.: World Bank.

Xu, W. and Van de Ven, W. P. M. M. (2014). The Level of Consumer Information about Health Insurance in Nanjing, China. *The International Journal of Health Planning and Management* 29: 175–196.

Yip, W. C., et al. (March 27, 2010). Realignment of Incentives for Health-Care Providers in China. *Lancet* 375: 1120–1130.

——, et al. (March 3, 2012). Early Appraisal of China's Huge and Complex Health-Care Reforms. *Lancet* 379: 833–842.

Yip, W. C. and Hsiao, W. C. (2009). China's Health Care Reform: A Tentative Assessment. *China Economic Review* 20: 613–619.

Yu, B. (2009). The Politics of Social Harmony: Ruling Strategy and Health Care Policy in Hu's China. *Asian Politics & Policy* 1(2): 186–222.

Zhang, X. and Kanbur, R. (2005). Spatial Inequality in Education and Health Care in China. *China Economic Review* 16: 189–204.

Zheng, H., Jong, M. and Koppenjan, J. (2010). Applying Policy Network Theory to Policy-Making in China: The Case of Urban Health Insurance Reform. *Public Administration* 88(2): 398–417.

索　　引

あ　行

按需分配　29
按労分配　29, 175, 186
医患糾紛／医鬧　6
以収定支　130, 147, 157
以税代利　92
委託管理（托管制）　199
一元管理　21, 216, 217, 221, 224, 245, 246
一大二公　27, 43
一般的移転支出　105
以副補主　182, 186, 187
医薬組　68, 70, 215
医薬工業管理局　65, 67
医薬工作委員会　65, 66, 71
医薬品行政　21, 63–66, 71, 77, 78, 188, 213, 215–224, 226, 227
医薬品工作会議　64
医薬品三級供給制　69, 219, 221
医薬品市場　17, 21, 63, 66, 71, 75, 76, 115, 116, 168, 211–213, 215, 218–227, 232, 233, 242–244, 246, 247, 269
医薬品集中入札購入　8, 21, 22, 215, 232–238, 241, 242, 246, 247, 266
医薬品単独定価　222, 229, 231
医薬品重複生産　227
医薬品有効成分（原料薬）　218, 223
以薬補医　20, 22, 188, 193, 196, 198, 199, 202, 212, 215, 220, 232
医療機関　6, 7, 15, 23, 36, 170, 178, 194–196, 199, 205, 211, 220, 223, 227, 228
医療救助　119, 146, 156, 161–164, 167
医療行政　5, 10, 19, 23, 184, 204
医療資源　14, 36, 37, 41, 170, 173, 181, 183, 188, 204
医療市場　22, 192
医療従事者　3, 6–8, 38, 169, 170, 174, 186, 195–197, 205, 207, 212
医療提供　14, 16, 21, 170, 173–178, 181, 184–186, 190–193, 197–203, 204, 207, 210, 212
医療費負担　3, 7, 8, 18, 20, 41, 177, 188, 192, 200–202, 212

医療補助　128, 138, 166
医療保障　14, 15, 204
医療連合体　55, 261
院（所，站）長責任制　179
院長任期目標責任制　192
因病致貧　3
請負制　26, 173, 179, 181, 188, 199, 201, 207
営業外支出　38
衛生院　183, 199
衛生行政　20, 169, 175, 178, 180, 182–186, 188, 190, 191, 196, 201, 202, 205, 208, 210–213
衛生部門　14, 39, 40, 169, 176, 177, 181–185, 188, 191, 192, 195, 196, 206, 208, 210, 216, 217, 221, 223, 226, 232
衛生和計画生育委員会　253, 266
卸売市場　223, 224

か　行

改革開放　14, 19, 20, 169, 177, 217, 221
開業医　176
外資（系）企業　127
買付価格　185
外部委託（社会化）　186, 196, 197, 202
価格（制度，改革）　30
価格管理（体制，部門）　30, 210, 220, 222, 223, 228
化学工業部　65, 67, 77
価格補助　72
格差　183, 207, 228
革命傷痍軍人　39
過剰診療　176, 180, 187, 198, 208, 211
合作医療　15, 35
家庭生産請負制（家庭聯産承包責任制）　83
過渡期の総路線　24
下放　189, 194, 195, 220, 223
簡政放権　175, 179, 180, 182, 185, 186
官倒　92
看病難／看病貴　5, 187, 190, 199, 202, 204, 213
管弁分離　199, 200, 204
漢方薬　14
企業基金制度　99
技術的労務価値　195
規制　206

312 索　　引

基層医療機関　225
機能転換　182, 183, 190, 200, 201, 208, 220
基本医療保険（和工傷保険）薬品目録　131, 138
逆選択　151, 156
給付上限　129
給付スタートライン　129, 130
給付対象　41, 182, 185, 225, 231
供給制　29, 38
共産主義　23, 43
強制加入　127, 141, 149, 153, 165
居民身分証　110
行政体制　185, 214, 216
行政的分権　26, 29
行政ニーズ　101, 106
行政部門　185, 188, 190, 192, 215–217, 225
業績賃金　198
業務組　169
勤務医　7, 8, 176, 212
薬漬け・検査漬け　8, 176, 180, 183, 188, 198, 206, 212
経営採算　173, 175, 180, 185, 187, 207, 213, 230
経営自主権　175, 179, 188, 201, 208, 213
経営者自主定価　228
計画経済　1, 3, 8, 10, 13, 18–20, 22–25, 28–31, 33, 34, 41, 169, 174, 176, 177, 180, 182, 185, 188, 202, 205, 211, 213, 215–219
軽工業部　64, 65
経済改革　18, 28, 29, 32, 174, 176–178, 180, 187, 201, 206, 207, 211, 213
経済開発　173, 207
経済管理　3, 20, 170, 175, 176, 178, 192, 201, 220, 232
経済成長　5, 10–12, 211
経済責任制　186
経済組織　186, 203, 208, 220, 226
経済体制移行期　5, 9, 19, 169, 174, 182, 212, 215
契約買付（合同定購）85
結構工資制　186
検査料　37, 189
現代企業制度　95, 97
現代医院管理制度　261
現物給付　36, 38
憲法改正　95, 96
公益金　42, 49, 105
公益性　173, 181, 184, 185, 187, 189, 191, 200–205, 207, 213
工効掛鉤　109

公私合営　35
公衆衛生　14, 16
構造的問題　19, 198, 212, 213, 220, 228
郷村医師（郷村医生）170
郷鎮企業　86, 87, 95, 96, 110, 123, 127, 133, 147
公定価格　72, 92
公的医療保険　5, 8, 13, 15–20, 23, 24, 35, 115, 169, 177, 190, 193, 204, 213, 225, 231
後発医薬品（国産／外資系）8, 231
公費医療　20, 37, 39–41, 177, 182, 185, 194, 225
工分　42, 49
小売価格　73, 85, 228
公立病院改革　7, 8, 13, 17–21, 170, 174–, 180–186, 190, 220, 227, 232
効率優先，公平配慮　197
五ヵ年計画
　第一次—　24, 25, 28, 29, 31
　第七次—　222
小売物価指数　231
国営商業　69
国営労働者保険　32
国際環境　24
国内総生産（GDP）3, 187
国民医療費　3, 5, 8, 9, 21, 187, 188, 190, 213, 215
国民皆保険　156, 158, 160, 165
国民の健康状況　1
国務院　190, 205, 216, 222, 225, 226
国務院発展研究センター　203
国有医療資産　200
国有企業改革　174–177, 186, 188, 207, 215, 216
互助共済　42
個人医療口座　120, 122, 123, 127–129, 136, 137
戸籍制度　31
国家医薬管理総局　216–219, 220, 222, 224, 225, 227
国家衛生服務調査　164
国家機関　33
国家規範範囲内の企業定価　220, 222
国家基本薬物　22, 225, 231
国家計画委員会　38, 228, 229
国家経済委員会　38, 217
国家指導価格　193, 222
国家食品薬品監督管理局　241, 242, 244
国家定価　30, 193, 220, 222
国家発展改革委員会　204
国家発展計画委員会　195
国家薬品監督管理局　232, 241

国家薬価協議制度　266
五定（一奨）　175
五保（戸）　34
混合診療　132

さ　行

SARS（重症急性呼吸器症候群）危機　190, 197
財源調達　15, 34, 36
最高指導機関　36, 166
財産権　198, 200, 202, 259
再就業服務中心　127
財政（制度，改革）25, 205, 206, 207, 212
財政移転支出　102–106
財政部（門）39, 40
財政（大）包幹　98, 99
財政補助（制度）8, 169, 173–175, 179, 185, 186, 188, 191–193, 196, 197, 199, 206, 207, 211
最低生活保障　156, 160
三級医療衛生網　169, 183
三級所有（制）　27
三項改革　213
「暫住」戸籍　110
三戦建設　44
「3段階」方式　123–125
3中全会　37, 41
三提五統　105, 145
「三定」方案　182
「三当地」原則　86
3年2大目標　96
3年の困難な時期　49
三農問題　145
仕入れ価格　60, 73, 76, 228, 233, 237, 265
事業単位　29, 180, 197, 207
試行都市　122, 124, 155, 158
市場　203, 206, 207, 218
市場化　20, 187, 189, 201–203
市場価格　26, 185
市場経済　10, 13, 18, 20–22, 205, 210, 212
市場主導（派）16, 187, 203
市場調節価格　193, 194, 222
自然経済　24
指導性計画　218, 219
資本主義　24, 28
社会医療保険機構　123
社会基金　122–125, 129, 131, 135, 138
社会サービス（社会公益事業）10, 181, 186
社会主義改造　24, 176

社会主義市場経済　225, 226
社会主義商品経済　93
社会主義理論　24
社会保障制度　32–34
社会問題　207, 213
社区医療（サービス）　193
社区衛生サービス機構　130, 157
社隊企業　86
周恩来　37, 41
従業員　29, 205
重工業優先発展戦略　24, 32
集市貿易価（格）　220
収支両条線　241
終身雇用制度　109, 179
重層的な社会保障体系　133
集団（保健）医療　43–45
集団経済　49, 84, 89, 141, 144, 148, 179
集団所有制　54
集鎮　110
十四カ条　190–194, 199, 201, 202, 213
手術料　37, 39, 182
朱鎔基　104, 132
条塊関係　7, 8, 167, 224
条塊分割　185
償還払い　36, 254
省級財政　149, 159
商業部　65, 69, 70, 73, 74, 77
城郷統合　251
上山下郷　110
少子高齢化　9, 12
少数民族　39
城鎮居民基本医療保険　20, 21, 154
城鎮職工基本医療保険　20, 126, 190
承包経営責任制　94
賞与　180
奨励基金　38, 184
職域福祉　12
職員　33, 38
職級　195
職級工資制　186
職工病院　53, 170
職工福利基金　38
職務等級工資制　29, 176
ショック療法　18
所得税　99, 102, 186
処方レビュー制度　201
所有制　54, 191

314 索　引

「自理口糧」戸籍　110, 111
四梁八柱　205, 268
指令性計画　218, 219
常住人口　111
新医改　6, 8, 16, 27, 21, 200, 205, 221, 225
新型農村合作医療（新農合）20, 21
新経済政策　23
人口構造　10
診察料　39, 182, 183
人事制度　192
人民公社　27, 28, 34, 43
人民日報　41, 45
新薬　221, 222
人力資源和社会保障部／人社部門　252, 253
診療価格　9, 173, 176, 177, 180, 182, 183, 189, 191, 193–196, 200, 208, 210, 228
診療活動　181, 187, 191, 198, 206, 207, 208, 211, 213
診療ガイドライン　210
診療価格項目　182, 185, 189, 195, 196, 198, 201, 207, 210
診療収入　8, 182, 186, 196, 198, 212
診療報酬　8, 16, 20, 169, 173, 174, 177, 178, 180–183, 185, 189, 192, 194–198, 200, 205, 207, 210, 229
スターリン　24
西医　14
政企不分　63
政企分離　94, 191, 201, 226
政事不分　191, 208, 212
政事分離　191, 199, 201, 204, 208, 213
税収還付制度　102, 241
税制優遇　187, 192
政務院　39
生産者価格　220, 223, 227, 228
生産手段の公有制　24
生産（大）隊　27
政社合一　27
政出多門　185
政治運動　46, 110, 140, 142
政府機構改革　167, 169, 217, 225
政府指導価格　191, 194–196, 228
政府主導　16, 187, 203
西薬　63, 225
製薬企業（工業）218, 223
製薬工場　218
税利併存　91

全額管理　60, 61, 181
「専項」移転支出　105, 106, 156
「専項」補助　181, 196
全国診療価格項目規範　195, 196, 201
銭信忠　174
漸進主義　18–22, 112, 180, 207, 217, 221
全体推進　95, 97
専門病院　52, 55, 130
総合病院　52, 183, 212, 231
創収　198, 212
増分改革　20, 177, 178, 198
総量控制，結構調整　125, 193, 195, 196, 202, 212
抓大放小　96
属地管理　127, 188
ソビエトロシア　23
ソフトランディング　18, 19, 22
ソ連　18, 24, 25, 48, 65, 89, 96
損益請負　91
存量不動，増量調整　102

た　行

退職　33, 40, 108, 123, 128, 136, 254
多元管理　21, 216, 218
縦割り行政　49, 69
多方集資　178, 180
単位　38, 48, 53
大学病院　52
大行政区　39, 40
大鍋飯　178, 208
大都市　208
大病医療費用社会統籌　120
大病院志向　7, 189, 208
大躍進運動　27, 37, 173
地域価格差　73, 74
知識青年　47, 110
地方財政　15, 103, 175, 177, 207
地方政府　173, 185, 224, 225
地方保護主義　223, 224, 227
中医　14
中医病院　52, 53, 130
中央軍事委員会　64
中央財政　98, 185
中央（人民）政府　33, 50, 64
中華人民共和国憲法　1
中華全国総工会　36
中華ソビエト政権　38
中国医薬会社　69, 216, 219

中国医薬工業会社　67, 216
中国社会科学院　5
中小都市　112
中西医結合病院　52, 53, 130
中成薬　63, 225
中薬　60, 63
超過収入の上納　188, 190, 192
朝鮮戦争　24, 37
賃金水準　29, 186, 207
賃金制度改革　29, 40, 186, 192, 198
賃金総額　38, 186
通・転院交通費　35, 37, 39
定額包幹　179, 182, 207
低所得者　161, 205
統一領導，分級管理　69, 78, 228
東欧旧社会主義諸国　18, 89
投機取引　63, 75
統購統銷　26, 84, 85
統収統支　25, 59, 60
鄧小平　83, 95
統制　19, 78, 169, 182, 188, 206, 213
統制緩和　20, 169, 175, 176, 178, 182-184, 190, 201, 208, 215, 218-221, 224, 226
「当地有効」戸籍（藍印戸口）　111
統帳結合　122
独立採算制　186, 192
都市公立病院　196, 229, 255, 256
都市住民　25, 33, 34, 177, 208
都市労働者　35, 38, 177
土地改革　26, 34
トラスト　67

な　行

南巡講話　95
2週以内受診率　158
二重構造　30, 49, 166
二重制（双軌制）　20, 22, 113, 177, 178, 185, 194, 202, 207, 270
入院食費　37, 39
入院料　35, 39, 196
乳児死亡率　1
任意加入　150-153
燃料化学工業部　68
農業合作化運動　27, 42, 44
農業生産合作社　27
農業生産責任制　28, 83
農村医薬品供給ネットワーク　227

農村自由市場　85, 86, 223
農村住民　31, 42, 177, 210
農村税費改革　105
農民工　17, 134

は　行

配給制度　30, 31
破三鉄　109
裸足の医者（赤脚医生）　47, 141, 142, 170, 176
八級工資制　29
バックオフ率（倒扣率）　73, 220
反撃右傾翻案風　68
販売割引率　229
非営利的医療機関　191, 194, 212
非国有経済　83
一人っ子政策　9
非農業戸籍　31, 110, 112
被保険者　35-37, 39, 40, 127, 156
病院分級管理制度　183, 208
病床数　170, 175, 181
福祉国家理論　10-13
部際聯席会議　151, 155
部署業績賃金制（崗位績效工資制）　198
部署責任制（崗位責任制）192
2つの比重　100, 185
浮動価格　221, 222
婦幼保健院　52
扶養親族　32, 35, 37, 40
文化大革命　20, 28, 33, 41, 169, 170, 174, 215, 221
分税制　102, 189, 199, 207
分灶吃飯　98, 99
分別採算，分別管理　184, 188, 192, 227
文明医院　169, 170
分類管理　191, 193, 197, 201
プライマリーヘルスケア　14, 16, 55, 188
平均主義　29, 178, 186
平均余命　1, 143
包括支払　200, 201
貿易部　69
放権譲利　20, 22, 89, 90, 113, 174, 175, 177, 178, 270
包産到戸　28, 82, 83
暴力傷医　6, 7, 260
放任　21, 22, 184, 191, 206, 208, 213, 226
保険給付　165
保健所　42, 48
保険料　32, 34, 129, 148, 156

補充医療保険　119, 126, 130
本人負担　41, 130

ま 行

末端財政　207
末端政府（基層政府）　104
毛沢東　28, 41, 45
民営化　190, 198, 199, 202
民間医療保険　130, 133
民間企業　87
民間資本　192, 198, 199, 203, 205
民進国退　203
民政部（門）　162, 163, 167
民弁公助　144, 146, 147
民弁非企業単位　127
無医療保険者　134, 147
無料医療　38
目標管理責任制　186

や 行

薬害事件　6, 224, 243
薬剤収入　188, 192, 196, 202, 212
薬剤費　37, 42, 231
薬品管理法　217, 221, 222
薬品行政保護　225
薬品差比価　241
薬房托管　193
薬価管理（規制）　73, 220, 228, 261
薬価差益　20, 173, 191, 256
薬価差率　22, 60, 267
薬価の自由化　22, 228, 269
薬価引き下げ　231
予算外収入　101
余剰労働力　86
4つの分離　204, 205
世論　6, 203, 243, 250

ら 行

利益関係者　7, 237
利益構造　7, 248
利改税　91, 92
利潤分配　93
利潤留保　90, 91
リストラ　112
離退職者　118-120, 136, 189
リベート提供　198, 225-227
流通価格差率　220, 228
両権分離　93, 95
両江モデル　122-124
レーニン　32, 34
聯合診所（連合診療所）　42
聯合保健站（連合保健所）　42
労働組合　36, 37, 39, 49, 166
労働契約制　109, 186
労働保険条例（制度）　33-36
労働（保障）部門　49, 166, 167
労働和社会保障部　166, 167
労保医療　20, 35
六・二六指示　45

著者略歴
1985年　中国安徽省安慶市生まれ．
2007年　復旦大学国際関係与公共事務学院卒業．
2014年　東京大学大学院法学政治学研究科博士課程修了．
　　　　東京大学政策ビジョン研究センター特任研究員を経て，
現　在　政策研究大学院大学科学技術イノベーション政策研究
　　　　センターポストドクトラルフェロー．

現代中国の医療行政
「統制」から「予期せぬ放任」へ

2017年3月28日　初　版

［検印廃止］

著　者　金　貝
　　　　きん　かい

発行所　一般財団法人　東京大学出版会
　　　　代表者　吉見俊哉
　　　　153-0041 東京都目黒区駒場 4-5-29
　　　　http://www.utp.or.jp/
　　　　電話 03-6407-1069　Fax 03-6407-1991
　　　　振替 00160-6-59964

印刷所　株式会社理想社
製本所　誠製本株式会社

Ⓒ 2017 Bei JIN
ISBN 978-4-13-036261-0　Printed in Japan

JCOPY 〈(社)出版者著作権管理機構　委託出版物〉
本書の無断複写は著作権法上での例外を除き禁じられています．複写される場合は，そのつど事前に，(社)出版者著作権管理機構（電話 03-3513-6969，FAX 03-3513-6979, e-mail: info@jcopy.or.jp）の許諾を得てください．

辻　清明 著	新版　日本官僚制の研究	A5判	5800円
辻　清明 著	公　務　員　制　の　研　究	A5判	5800円
西尾　勝 著	行　政　学　の　基　礎　概　念	A5判	5400円
新藤宗幸 著	講義　現代日本の行政	A5判	2400円
新藤宗幸 著	概説　日本の公共政策	46判	2400円
前田健太郎 著	市　民　を　雇　わ　な　い　国　家	A5判	5800円
島崎謙治 著	日　　本　　の　　医　　療	A5判	4800円
毛里・園田 編	中　　国　　問　　題	46判	3000円
高原ほか 編	東大塾　社会人のための現代中国講義	A5判	2800円

ここに表示された価格は本体価格です．ご購入の際には消費税が加算されますのでご了承下さい．